7つのステップでわかる税効果会計実務完全ガイドブック

Tax Effect Accounting Guide ｜ 公認会計士／税理士 福留 聡

税務経理協会

はじめに

本書は，平成26年10月に出版した「7つのステップでわかる税効果会計実務入門」が好評で増刷が続いたこともあり，続編として執筆したものである。

前回の入門編が単体納税の法人税申告書及び地方税申告書の作成方法と単体納税の個別財務諸表の税効果会計のみのテーマについて執筆したのに対し，本書は，税効果会計のすべてのテーマについて執筆した税効果会計の完全版になる。

税効果会計は，税金と会計を結びつける会計であり，税金と会計両方の知識が必要にもかかわらず，税務申告書と税効果会計のワークシート等を結びつけて解説している実務書がほとんどないことがあげられる。実務で税効果会計を深く理解し，適切な処理をするには申告書の理解が欠かせないため，実務で利用する税務申告書とワークシートを大量に利用して，ワークシート間及びワークシートと税務申告書の結びつきに着目して解説した。

そのため，本書の構成は，すべての章とも実務的かつ実践的な設例，ワークシート及び税務申告書を用いて解説することとした。第1章　個別財務諸表における税効果会計，第2章　連結財務諸表における税効果会計及び持分法における税効果会計，第3章　四半期財務諸表及び中間財務諸表における税効果会計，第4章　組織再編における税効果会計，第5章　連結納税における税効果会計，第6章　IFRSにおける税効果会計から構成されている。

本書の特徴は，下記の通りである。

① 税効果会計におけるあらゆる論点に対応できるようになる。
② 税金（国税及び地方税）及び税効果会計に係る全ての資料（税効果会計の

計算，税効果会計および税金の仕訳，税効果会計の注記等）を作成できるようになる。

③ 税金（国税及び地方税）の考え方を適切に理解することで，税効果会計の理解が深まる。

④ 税務申告書の各種別表と税効果会計シートの繋がりがよく理解できる。

上記の通り，『7つのステップでわかる税効果会計実務入門』は公認会計士，税理士，売上10億円程度の小規模の上場企業や新規株式公開準備企業の経理担当者等を読者対象としていたが，本書は，売上100億円程度の中規模の上場企業まで幅広く対象にしている。

読者の方がこの本を読んで設例を解き，解説を読めば，実際の実務において標準的な難易度のものであれば，あらゆるテーマの税効果会計の資料を容易に作成できるようになるものと自負している。

多くの税効果会計実務及び税金実務に携わる方が本書を読んで，実務の資料の作成に役立つことを願っている。

最後にこの本の出版にあたり助言等尽力いただいた編集担当の税務経理協会日野西資延氏には深く感謝を申し上げたい。

平成27年 3 月

公認会計士　福留　聡

目　次

第1章 個別財務諸表における税効果会計

1　個別財務諸表における税効果会計の実務上のポイント

本格的な設例の解説に入る前に，税効果会計基準の実務上のポイントを整理しておこう。

個別財務諸表における税効果会計のポイントは概ね下記の7STEPを検討することにある。

STEP1　一時差異等を把握する。
STEP2　法定実効税率を算定する。
STEP3　回収可能性考慮前の繰延税金資産及び繰延税金負債を算定する。
STEP4　繰延税金資産の回収可能性の分類判定をする。
STEP5　一時差異解消のスケジューリングを実施する。
STEP6　回収可能性考慮後の繰延税金資産及び繰延税金負債を算定する。
STEP7　税金費用のプルーフテストを行い，税金費用の妥当性を検証する。

ポイントとなる7つのステップを，STEP1，STEP3，STEP6を「税効果シート①　税効果計算に関するワークシート」，STEP2を「税効果シート②　法定実効税率算定に関するワークシート」，STEP4を「税効果シート③　繰延税金資産の回収可能性　会社分類判定に関するワークシート」，STEP5を「税効果シート④　税効果スケジューリング表に関するワークシート」，STEP7を「税効果シート⑤　税効果プルーフに関するワークシート」の5つのシートに主要論点を落とし込むことにより整理する。

なお，繰延税金資産及び繰延税金負債の発生の主な原因別の内訳注記は，「税効果シート⑦　繰延税金資産及び繰延税金負債の発生の主な原因別の内訳注記に関するワークシート」に，税率差異の注記は，「税効果シート⑤　税効果プルーフに関するワークシート」を用いて整理する。

また，税効果会計の理解を深めるために，「所得の金額に関する明細書別表四」，「利益積立金額及び資本金等の額の計算に関する明細書別表五（一)」，「欠損金又は災害損失金の損金算入に関する明細書別表七（一)」を利用する。

章末に，設例で利用したすべてのワークシートと法人税申告書別表を掲載したので参照されたい。

個別財務諸表における税効果会計で利用する設例の前提条件は以下のとおりである。

福留聡㈱の2017年3月期の決算における税効果会計の計算を，税効果会計基準の実務上のポイントを7つのSTEPの順に説明するが，実務上の有用性を考え，法人税申告書の別表四，別表五（一)，別表七（一）を利用して説明していく。したがって税効果会計の計算は，法人税申告書の別表四，別表五（一)，別表七（一）の数字が前提になる。

なお，福留聡㈱は東京都に本社を有し，支店は有していないものとする。

2　一時差異等を把握する

個別財務諸表における税効果会計のSTEP1は，一時差異等を把握することである。

税効果会計に係る会計基準によると，一時差異とは，貸借対照表及び連結貸借対照表に計上されている資産及び負債の金額と課税所得計算上の資産及び負債の金額との差額をいう。一般的に以下のものが一時差異に該当する。

(1)　収益又は費用の帰属年度が相違することから生ずる差額

本設例では，未払事業税，貸倒引当金（流動)，貸倒引当金（固定)，賞与引当金，賞与引当金（社会保険料)，退職給付引当金，減価償却超過額（機械装置)，減価償却超過額（建物)，役員退職慰労引当金，土地減損損失，建物減損損失，固定資産圧縮積立金，有形固定資産（除去資産)，資産除去債務が該当する。

（２）　資産の評価替えにより生じた評価差額が直接資本の部に計上され，かつ，課税所得の計算に含まれていない場合の当該差額

本設例では，その他有価証券評価差額金が該当する。

なお，税務上の繰越欠損金と，税務上の繰越外国税額控除は，一時差異ではないが，繰越期間に課税所得が生じた場合，課税所得を減額でき，その結果納付税額が減額されるため，税金の前払いの効果のある一時差異と同様の税効果を有するものとして取り扱う。

一時差異には，当該一時差異が解消するときにその期の課税所得を減額する効果を持つ将来減算一時差異と，当該一時差異が解消するときにその期の課税所得を増額する効果を持つ将来加算一時差異がある。

なお，個別財務諸表における税効果会計に関する実務指針33項（税効果会計の方法）に税効果会計の方法として税効果会計基準で採用された資産負債法のほかに，繰延法があり，2つのアプローチが下記のとおり解説されている。

税効果会計基準が適用される前の税効果会計の実務では，主に繰延法が適用されていた。繰延法とは，会計上の収益又は費用の金額と税務上の益金又は損金の額に相違がある場合，その相違項目のうち，損益の期間帰属の相違に基づく差異（期間差異）について，発生した年度の当該差異に対する税金軽減額又は税金負担額を差異が解消する年度まで貸借対照表上，繰延税金資産又は繰延税金負債として計上する方法である。したがって，税効果会計に適用される税率は期間差異が発生した年度の課税所得に適用された税率である。これに対して，資産負債法とは，会計上の資産又は負債の金額と税務上の資産又は負債の金額との間に差異があり，会計上の資産又は負債が将来回収又は決済されるなどにより当該差異が解消されるときに，税金を減額又は増額させる効果がある場合に，当該差異（一時差異）の発生年度にそれに対する繰延税金資産又は繰延税金負債を計上する方法である。したがって，資産負債法に適用される税率は，一時差異が解消される将来の年度に適用される税率である。

一時差異と期間差異の範囲はほぼ一致するが，有価証券等の資産又は負債の評価替えにより直接純資産の部に計上された評価差額は一時差異ではあるが期

間差異ではない。なお，期間差異に該当する項目は，すべて一時差異に含まれる。

本設例では，上記に記載のとおり，その他有価証券評価差額金のみ期間差異でないが，一時差異となる。

なお，我が国の税効果会計基準は資産負債法を採用しているが，後ほど，2章連結財務諸表における税効果会計及び持分法における税効果会計で解説しているとおり，未実現損益の税効果会計のみ繰延法を限定的に採用しているのが我が国の税効果会計の特徴である。

本設例では，将来減算一時差異は，未払事業税，貸倒引当金（流動），貸倒引当金（固定），賞与引当金，賞与引当金（社会保険料），退職給付引当金，減価償却超過額（機械装置），減価償却超過額（建物），役員退職慰労引当金，土地減損損失，建物減損損失，資産除去債務が該当し，将来加算一時差異は，固定資産圧縮積立金，有形固定資産（除去資産），その他有価証券評価差額金が該当する。

一時差異及び繰越欠損金を併せて一時差異等として扱い，将来減算一時差異及び繰越欠損金に法定実効税率を乗じて算定したものが繰延税金資産となり，将来加算一時差異に法定実効税率を乗じて算定したものが繰延税金負債となる。

なお，一時差異に対峙する概念として永久差異があり，永久差異とは，税引前当期純利益の計算において，費用又は収益として計上されるが，課税所得の計算上は，永久に損金又は益金に算入されない項目をいい，将来，課税所得の計算上で加算又は減算させる効果を持たないため，一時差異等には該当せず，税効果会計の対象とならない。本設例では，交際費，役員賞与，寄附金，受取配当金が該当する。

一時差異等は法人税申告書の別表五（一）及び別表七（一）から把握できる。一時差異は主に，別表五（一）の項目を漏れなく抽出して「税効果シート①税効果計算に関するワークシート」に転記する。ただし，未払事業税は，別表五（一）の納税充当金から未納法人税，未納道府県民税及び未納市町村民税を差引いた金額を転記するか又は納付税額一覧表又は事業税・都道府県民税内訳表から転記する。また，繰越欠損金は一時差異ではないが，一時差異と同様の税効果を有するため，一時差異に準ずるものとして取り扱われるため，「税効果シート①　税効果計算に関するワークシート」に入力する。繰越欠損金の数字は，別表七（一）から転記する。

「税効果シート①　税効果計算に関するワークシート」に転記された一時差異等と法人税申告書別表の関係を整理すると以下のようになる。

・貸倒引当金（流動），貸倒引当金（固定），賞与引当金，賞与引当金（社会保険料），退職給付引当金，減価償却超過額（機械装置），減価償却超過額（建物），役員退職慰労引当金，土地減損損失，建物減損損失，資産除去債務，固定資産圧縮積立金，有形固定資産（除去資産），有価証券評価差額金否認→別表五（一）
・未払事業税→別表五（一）の納税充当金から未納法人税等（未納法人税，未納道府県民税及び未納市町村民税の合計）を差引いた金額又は納税一覧表又は事業税・都道府県民税内訳表の事業税及び地方法人特別税
・繰越欠損金→別表七（一）

別表五（一）Ⅰ　利益積立金額の計算に関する明細書に記載されている項目のうち，利益準備金，繰越損益金，納税充当金，未納法人税，未納道府県民税，繰延税金資産，繰延税金負債，有価証券評価差額金，役員賞与引当金は，一時差異として扱われない。

有価証券評価差額金，役員賞与引当金が一時差異として取り扱われない理由はそれぞれ下記とおりである。

有価証券評価差額金については，会計上と税務上の純資産額の相違となるため，別表五（一）に「有価証券評価差額金否認」として記入され（**図表1-2-1**），税効果会計の対象になる。

一方，「有価証券評価差額金否認」は損益や課税所得に影響を与えないため，別表四には記入されず，法人税，住民税及び事業税，法人税等調整額に影響する収益又は費用の帰属年度の相違から生じる差額である期間差異には該当しない。

図表1-2-1　別表五（一）

利益積立金額及び資本金等の額の計算に関する明細書

事業年度	平28・4・1 平29・3・31	法人名	福留聡株式会社

Ⅰ　利益積立金額の計算に関する明細書

区分		期首現在利益積立金額 ①	当期中の増減 減 ②	当期中の増減 増 ③	差引翌期首現在利益積立金額 ④
利益準備金	1	円 5,000,000	円	円	円 5,000,000
固定資産圧縮積立金	2			6,766,000	6,766,000
有価証券評価差額金否認	3	△ 500,000	△ 500,000	△ 300,000	△ 300,000
有価証券評価差額金	4	338,300	338,300	202,980	202,980
繰延税金負債（有価証券評価差額金）	5	161,700	161,700	97,020	97,020
減価償却超過額（機械装置）	6	150,000	70,000	100,000	180,000
賞与引当金	7	38,000,000	38,000,000	30,000,000	30,000,000
賞与引当金（社会保険料）	8	5,240,000	5,240,000	4,200,000	4,200,000
役員退職慰労引当金	9	3,500,000		1,000,000	4,500,000
退職給付引当金	10	4,000,000	50,000	300,000	4,250,000
役員賞与引当金	11	1,800,000	1,800,000	1,000,000	1,000,000
土地減損損失	12			54,000,000	54,000,000
貸倒引当金（固定）	13			2,000,000	2,000,000
圧縮積立金認定損	14		10,000,000		△ 10,000,000
有形固定資産（除去資産）	16	△ 10,000,000		500,000	△ 9,500,000
資産除去債務	17	10,000,000		200,000	10,200,000
減価償却超過額（建物）	19			10,000,000	10,000,000
建物減損損失	20			36,000,000	36,000,000
繰延税金資産（法人税等調整額）	21	△ 85,988,826		47,305,505	△ 38,683,321
貸倒引当金（流動）	22	20,000,000	20,000,000	30,000,000	30,000,000
	23				
	24				
	25				
繰越損益金	26	1,088,468,000	1,088,468,000	1,156,876,632	1,156,876,632
納税充当金	27	6,265,000	6,265,000	36,020,863	36,020,863
未納法人税等（退職年金等積立金に対するものを除く。） 未納法人税及び未納復興特別法人税（附帯税を除く。）	28			中間 確定 △ 20,912,500	△ 20,912,500
未納法人税等 未納道府県民税（均等割額及び利子割額を含む。）	29	△ 265,000	△ 530,000	中間 △ 265,000 確定 △ 4,593,888	△ 4,593,888
未納法人税等 未納市町村民税（均等割額を含む。）	30			中間 確定	
差引合計額	31	1,086,169,174	1,169,363,000	1,390,497,612	1,307,303,786

Ⅱ　資本金等の額の計算に関する明細書

区分		期首現在資本金等の額 ①	当期中の増減 減 ②	当期中の増減 増 ③	差引翌期首現在資本金等の額 ④
資本金又は出資金	32	円 500,000,000	円	円	円 500,000,000
資本準備金	33				
	34				
	35				
差引合計額	36	500,000,000			500,000,000

法 0301-0501

別表五（一）では，有価証券評価差額金否認の金額が，貸借対照表に計上される有価証券評価差額金と有価証券評価差額金に係る繰延税金負債合計の金額と相殺され0となるように調整される（**図表1-2-2**）。

上記説明は，原則的方法である全部純資産直入法の場合であり，継続適用を条件として認められる部分純資産直入法により評価損相当が生じた場合，結論が異なる。ただし，部分純資産直入法を採用している会社はほとんどなく，実務上ほぼ用いられることはないと考えられるため，説明は割愛する。

役員賞与引当金は，引当金計上した段階では，未確定債務として税務上，損金算入が否認され，別表四で役員賞与引当金否認として「留保」として処理される。一方，引当金計上した役員賞与は確定時にも法人税法34条に記載され

図表1-2-2　別表五（一）

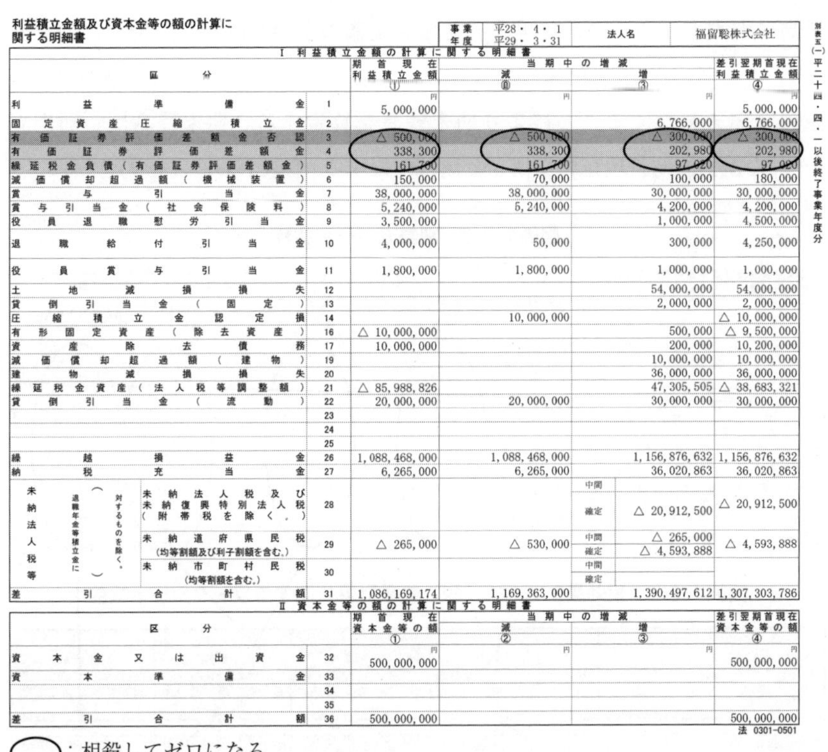

利益積立金額及び資本金等の額の計算に関する明細書

事業年度	平28・4・1 ～ 平29・3・31	法人名	福留聡株式会社

別表五(一)　平二十四・四・一以後終了事業年度分

Ⅰ　利益積立金額の計算に関する明細書

区分		期首現在利益積立金額 ①	当期中の増減 減 ②	当期中の増減 増 ③	差引翌期首現在利益積立金額 ④
利益準備金	1	円 5,000,000	円	円	円 5,000,000
固定資産圧縮積立金	2			6,766,000	6,766,000
有価証券評価差額金否認	3	△ 500,000	△ 500,000	△ 300,000	△ 300,000
有価証券評価差額金	4	338,300	338,300	202,980	202,980
繰延税金負債（有価証券評価差額金）	5	161,700	161,700	97,020	97,020
減価償却超過額（機械装置）	6	150,000	70,000	100,000	180,000
賞与引当金	7	38,000,000	38,000,000	30,000,000	30,000,000
賞与引当金（社会保険料）	8	5,240,000	5,240,000	4,200,000	4,200,000
役員退職慰労引当金	9	3,500,000		1,000,000	4,500,000
退職給付引当金	10	4,000,000	50,000	300,000	4,250,000
役員賞与引当金	11	1,800,000	1,800,000	1,000,000	1,000,000
土地減損損失	12			54,000,000	54,000,000
貸倒引当金（固定）	13			2,000,000	2,000,000
圧縮積立金認定損	14		10,000,000		△ 10,000,000
有形固定資産（除去資産）	16	△ 10,000,000		500,000	△ 9,500,000
資産除去債務	17	10,000,000		200,000	10,200,000
減価償却超過額（建物）	19			10,000,000	10,000,000
建物減損損失	20			36,000,000	36,000,000
繰延税金資産（法人税等調整額）	21	△ 85,988,826		47,305,505	△ 38,683,321
貸倒引当金（流動）	22	20,000,000	20,000,000	30,000,000	30,000,000
	23				
	24				
	25				
繰越損益金	26	1,088,468,000	1,088,468,000	1,156,876,632	1,156,876,632
納税充当金	27	6,265,000	6,265,000	36,020,863	36,020,863
未納法人税等（退職年金等積立金に対するものを除く。） 未納法人税及び未納復興特別法人税（附帯税を除く。）	28			中間 確定 △ 20,912,500	△ 20,912,500
未納法人税等（退職年金等積立金に対するものを除く。） 未納道府県民税（均等割額及び利子割額を含む。）	29	△ 265,000	△ 530,000	中間 △ 265,000 確定 △ 4,593,888	△ 4,593,888
未納法人税等（退職年金等積立金に対するものを除く。） 未納市町村民税（均等割額を含む。）	30			中間 確定	
差引合計額	31	1,086,169,174	1,169,363,000	1,390,497,612	1,307,303,786

Ⅱ　資本金等の額の計算に関する明細書

区分		期首現在資本金等の額 ①	当期中の増減 減 ②	当期中の増減 増 ③	差引翌期首現在資本金等の額 ④
資本金又は出資金	32	円 500,000,000	円	円	円 500,000,000
資本準備金	33				
	34				
	35				
差引合計額	36	500,000,000			500,000,000

法 0301-0501

◯：相殺してゼロになる

ている定期同額給与等一定の要件を満たしたものを除き，原則として損金算入されない。

具体的には，確定時に，役員賞与引当金として引当金計上していた金額を別表四で役員賞与引当金認容として減算・留保処理を行うと同時に，確定額を役員賞与否認として加算・社外流出処理される。

つまり，税効果会計Q&AのQ2によると，会計上費用処理された役員賞与のうち，将来にわたって損金に算入されないものは，将来減算一時差異に該当せず，税効果会計の対象にならない。

上記のとおり，一時差異等を把握した後，未払事業税，繰越欠損金を除く一時差異等は，「税効果シート①　税効果計算に関するワークシート」の前期末残高に別表五（一）の期首現在利益積立金額の金額を転記し，加算に別表五（一）の当期の増減の増の金額を転記し，減算に別表五（一）の当期の増減の減の金額を転記することにより期末残高を算定する。期末残高は，別表五（一）の差引翌期首現在利益積立金額に一致する（**図表1-2-3，1-2-4**）。

図表1-2-3　別表五（一）抜粋

利益積立金額及び資本金等の額の計算に関する明細書

事業年度	平28・4・1 平29・3・31	法人名	福留聡株式会社

別表五(一)平二十四・四・一以後終

I　利益積立金額の計算に関する明細書

区分		期首現在利益積立金額 ①	当期中の増減 減 ②	当期中の増減 増 ③	差引翌期首現在利益積立金額 ④
有価証券評価差額金否認	3	△ 500,000	△ 500,000	△ 300,000	△ 300,000
減価償却超過額（機械装置）	6	150,000	70,000	100,000	180,000
賞与引当金	7	38,000,000	38,000,000	30,000,000	30,000,000
賞与引当金（社会保険料）	8	5,240,000	5,240,000	4,200,000	4,200,000
役員退職慰労引当金	9	3,500,000		1,000,000	4,500,000
退職給付引当金	10	4,000,000	50,000	300,000	4,250,000
役員賞与引当金	11	1,800,000	1,800,000	1,000,000	1,000,000
土地減損損失	12			54,000,000	54,000,000
貸倒引当金（固定）	13			2,000,000	2,000,000
圧縮積立金認定損	14		10,000,000		△ 10,000,000
有形固定資産（除去資産）	16	△ 10,000,000		500,000	△ 9,500,000
資産除去債務	17	10,000,000		200,000	10,200,000
減価償却超過額（建物）	19			10,000,000	10,000,000
建物減損損失	20			36,000,000	36,000,000
貸倒引当金（流動）	22	20,000,000	20,000,000	30,000,000	30,000,000

図表1-2-4　税効果シート①　税、効果計算に関するワークシート抜粋

項目	A:前期末残高 =別表五(一)期首現在利益積立金額	B:加算 =別表五(一)当期中の増減の増	C:減算 =別表五(一)当期中の増減の減	D:期末残高 =別表五(一)差引翌期首現在利益積立金額
賞与引当金	38,000,000	30,000,000	38,000,000	30,000,000
未払事業税(注1)	6,000,000	10,514,475	6,000,000	10,514,475
賞与引当金(社会保険料)	5,240,000	4,200,000	5,240,000	4,200,000
貸倒引当金(流動)	20,000,000	30,000,000	20,000,000	30,000,000
小計	69,240,000	74,714,475	69,240,000	74,714,475
退職給付引当金	4,000,000	300,000	50,000	4,250,000
役員退職慰労引当金	3,500,000	1,000,000		4,500,000
土地減損損失		54,000,000		54,000,000
減価償却超過額(機械装置)	150,000	100,000	70,000	180,000
貸倒引当金(固定)		2,000,000		2,000,000
資産除去債務	10,000,000	200,000		10,200,000
減価償却超過額(建物)		10,000,000		10,000,000
繰越欠損金(注2)	200,000,000		162,500,000	37,500,000
建物減損損失		36,000,000		36,000,000
小計	217,650,000	103,600,000	162,620,000	158,630,000
合計	286,890,000	178,314,475	231,860,000	233,344,475
固定資産圧縮積立金		(10,000,000)		(10,000,000)
有形固定資産(除去資産)	(10,000,000)	500,000		(9,500,000)
その他有価証券評価差額金	(500,000)	(300,000)	(500,000)	(300,000)
合計	(10,500,000)	(9,800,000)	(500,000)	(19,800,000)

未払事業税は，別表五（一）の納税充当金から未納法人税等（未納法人税，未納道府県民税及び未納市町村民税の合計）を差引いた金額を上記で説明したよう

に，別表五（一）の他の項目と同様に転記するか又は納付税額一覧表又は事業税・都道府県民税内訳表から，「税効果シート①税効果計算に関するワークシート」の前期末残高と減算に前期末の差引納付額を転記し，加算と期末残高に当期末の差引納付額を転記する。

本設例では，税効果シート①税効果計算に関するワークシートに別表五（一）から転記する場合，前期末残高に別表五（一）の期首現在利益積立金額の項目27納税充当金6,265,000円，項目28未納法人税0円，項目29未納道府県民税△265,000円及び項目30未納市町村民税0円の合計6,000,000円を転記する。同様に加算に別表五（一）の当期の増減の増から転記するが，項目27納税充当金36,020,863円，項目28未納法人税の確定△20,912,500円，項目29未納道府県民税の確定△4,593,888円，項目30未納市町村民税の確定0円の合計10,514,475円を転記する。なお，項目29未納道府県民税の中間△265,000円は，当期の増減の減で，期首の△530,000円とともに解消されるため，考慮しない。減算には，当期増減の減から転記するが，項目27納税充当金6,265,000円，項目28未納法人税0円，項目29未納道府県民税△265,000円及び項目30未納市町村民税0円の合計6,000,000円を転記する。項目29未納道府県民税△265,000円は加算のところで説明したように，当期の増減の増と当期の増減の減で期中に増加するが即時に解消されるため，加算及び減算とも考慮しない。

期末残高は，別表五（一）の差引翌期首現在利益積立金額から転記するが，項目27納税充当金36,020,863円，項目28未納法人税の確定△20,912,500円，項目29未納道府県民税の確定△4,593,888円，項目30未納市町村民税の確定0円の合計10,514,475円を転記する（**図表1-2-5，1-2-6**）。

繰越欠損金は，「税効果シート①税効果計算に関するワークシート」の前期末残高に別表七（一）の控除未決済欠損金額の計を転記し，加算に別表七（一）の当期分の欠損金額を転記し，減算に別表七（一）の当期控除額を転記し，期末残高を算定する。期末残高は，別表七（一）の翌期繰越額に一致する（**図表1-2-5，1-2-6**）。

図表1-2-5　別表五（一）抜粋

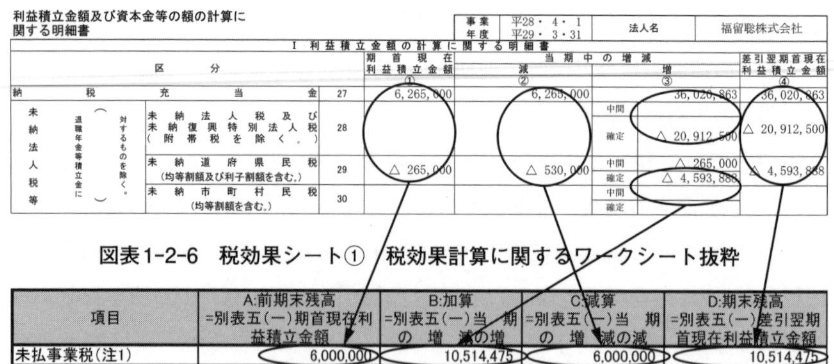

利益積立金額及び資本金等の額の計算に関する明細書

事業年度	平28・4・1 ～ 平29・3・31	法人名	福留聡株式会社

Ⅰ　利益積立金額の計算に関する明細書

区分			期首現在利益積立金額 ①	当期中の増減 減 ②	当期中の増減 増 ③		差引翌期首現在利益積立金額 ④
納税充当金		27	6,265,000	6,265,000		36,020,863	36,020,863
未納法人税等（退職年金等積立金に対するものを除く。）	未納法人税及び未納復興特別法人税（附帯税を除く。）	28			中間		
					確定	△ 20,912,500	△ 20,912,500
	未納道府県民税（均等割額及び利子割額を含む。）	29	△ 265,000	△ 530,000	中間	△ 265,000	△ 4,593,888
					確定	△ 4,593,888	
	未納市町村民税（均等割額を含む。）	30			中間		
					確定		

図表1-2-6　税効果シート①　税効果計算に関するワークシート抜粋

項目	A:前期末残高 =別表五(一)期首現在利益積立金額	B:加算 =別表五(一)当期の増減の増	C:減算 =別表五(一)当期の増減の減	D:期末残高 =別表五(一)差引翌期首現在利益積立金額
未払事業税(注1)	6,000,000	10,514,475	6,000,000	10,514,475

図表1-2-7　別表七（一）抜粋

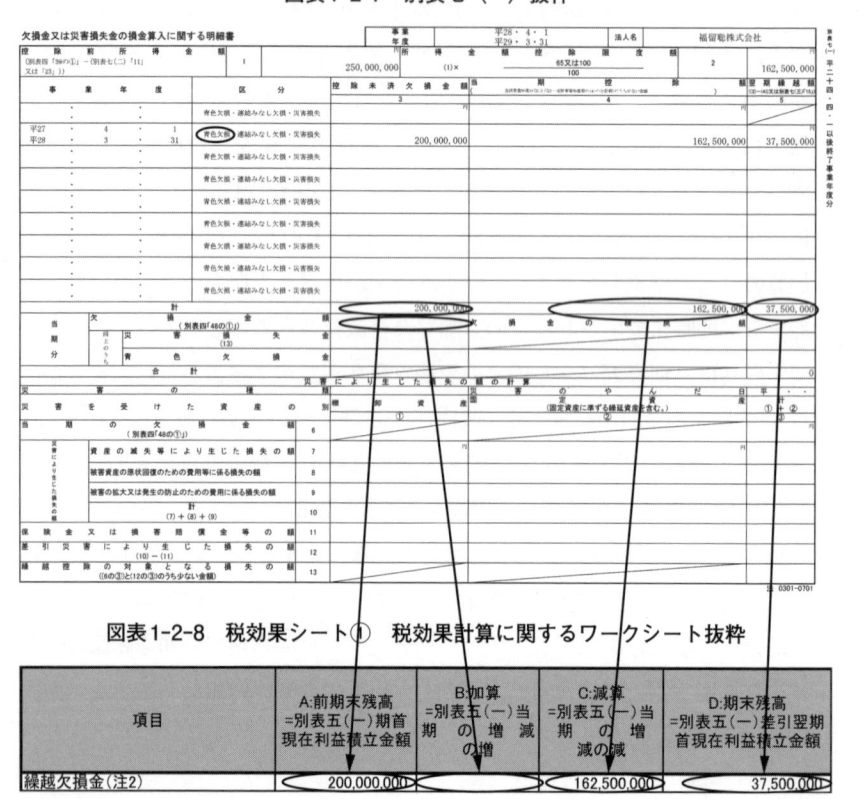

欠損金又は災害損失金の損金算入に関する明細書

事業年度	平28・4・1 ～ 平29・3・31	法人名	福留聡株式会社

控除前所得金額（(別表四「39の①」)－(別表七(二)「11」又は「23」)）	1	250,000,000円	所得金額控除限度額 (1)×65又は100/100	2	162,500,000円

事業年度	区分	控除未済欠損金額 3	当期控除額 4	翌期繰越額 5
・・	青色欠損・連結みなし欠損・災害損失			
平27・4・1 平28・3・31	青色欠損・連結みなし欠損・災害損失	200,000,000	162,500,000	37,500,000
・・	青色欠損・連結みなし欠損・災害損失			
・・	青色欠損・連結みなし欠損・災害損失			
・・	青色欠損・連結みなし欠損・災害損失			
・・	青色欠損・連結みなし欠損・災害損失			
・・	青色欠損・連結みなし欠損・災害損失			
・・	青色欠損・連結みなし欠損・災害損失			
・・	青色欠損・連結みなし欠損・災害損失			
・・	青色欠損・連結みなし欠損・災害損失			
計		200,000,000	162,500,000	37,500,000
当期分	欠損金額（別表四「48の①」）		欠損金の繰戻し額	
	同上のうち 災害損失金 (13)			
	同上のうち 青色欠損金			
合計				0

災害により生じた損失の額の計算

災害の種類			災害のやんだ日	平・・
災害を受けた資産の別		棚卸資産 ①	固定資産（固定資産に準ずる繰延資産を含む。）②	計 ①＋② ③
当期の欠損金額（別表四「48の①」）	6			円
災害により生じた損失の額　資産の滅失等により生じた損失の額	7	円	円	
被害資産の原状回復のための費用等に係る損失の額	8			
被害の拡大又は発生の防止のための費用に係る損失の額	9			
計 (7)＋(8)＋(9)	10			
保険金又は損害賠償金等の額	11			
差引災害により生じた損失の額 (10)－(11)	12			
繰越控除の対象となる損失の額（(6の③)と(12の③)のうち少ない金額）	13			

別表七(一)　平二十四・四・一以後終了事業年度分

法 0301-0701

図表1-2-8　税効果シート①　税効果計算に関するワークシート抜粋

項目	A:前期末残高 =別表五(一)期首現在利益積立金額	B:加算 =別表五(一)当期の増減の増	C:減算 =別表五(一)当期の増減の減	D:期末残高 =別表五(一)差引翌期首現在利益積立金額
繰越欠損金(注2)	200,000,000		162,500,000	37,500,000

3　法定実効税率を算定する

税効果会計のSTEP2は，法定実効税率を算定することである。法定実効税率は，個別財務諸表における税効果会計に関する実務指針17項に従い算定される。

『個別財務諸表における税効果会計に関する実務指針』17項によると，法定実効税率は，繰越外国税額控除に係る繰延税金資産を除き，繰延税金資産及び繰延税金負債の計算に使われる税率であり，事業税の損金算入の影響を考慮した税率になる。

なお，事業税の課税標準には所得割，外形標準課税の付加価値割，資本割があるが，外形標準課税による税率は，利益に関連する金額を課税標準とする税金ではないため，法定実効税率の算式に含まれる事業税率には外形標準課税の税率は含まれない。

法定実効税率の算定式は以下のとおりである。

$$
\text{法定実効税率}=\frac{\begin{array}{c}\text{法人税率}\times\{1+\text{住民税率(法人税割)}\}\\+(\text{事業税率(所得割)}+\text{事業税標準税率(所得割)}\\\times\text{地方法人特別税率})\end{array}}{\begin{array}{c}1+(\text{事業税率(所得割)}+\text{事業税標準税率(所得割)}\\\times\text{地方法人特別税率})\end{array}}
$$

上記算定式をもとに法定実効税率を算定すると以下のようになる。

なお，下記は，東京都23区所在の資本金が1億円を超える外形標準課税適用法人を前提としており，別表五（一）のⅡ資本金等の額の計算に関する明細書によると，福留　聡株式会社は資本金5億円の会社であるため，外形標準課税適用法人になる。

法定実効税率は，外形標準課税法人であるかどうか及び課税団体（都道府県）が異なることにより，住民税率（法人税割），事業税率（所得割），事業税標準税率（所得割），地方法人特別税率が相違するため異なってくる。

法定実効税率

$$32.34\% = \frac{23.9\% \times (1+20.7\%) + (2.26\% + 1.9\% \times 152.6\%)}{1 + (2.26\% + 1.9\% \times 152.6\%)}$$

『個別財務諸表における税効果会計に関する実務指針』17項に従い，繰延税金資産又は繰延税金負債の金額は，回収又は支払が行われると見込まれる期の税率に基づいて計算されるため，東京都23区所在の会社である福留　聡株式会社では，2016年4月1日以降に回収又は支払が見込まれる繰延税金資産又は繰延税金負債は32.34%の税率に基づいて計算される。ただし，後記どおり，平成28年税制改正大綱により変更予定である。

上記法定実効税率の算式を，ワークシートを用いて計算すると下記のようになる（**図表1-3-1**）。

図表1-3-1　税効果シート②　法定実効税率算定に関するワークシート

会社名:	福留聡㈱
事業年度:	2017年3月期

都道府県	東京都
区市町村	文京区
資本金(円)	500,000,000
資本金等(円)	500,000,000
法人税率	23.90%
地方法人税率	4.40%
県(都)民税率	16.30%
市民税率	
小計　住民税率	20.70%
事業税率(超過税率)	2.26%
事業税率(標準税率)	1.90%
地方法人特別税率	152.60%
小計　事業税率	5.16%
2016(H28)/4～法定実効税率	32.34%

なお，参考までに，平成28年度税制改正大綱による法定実効税率は下記の

とおり算定される（**図表1-3-2**）。

図表1-3-2　平成28年度税制改正大綱による法定実効税率算定に関するワークシート

（参考　外形標準課税適用法人で住民税及び事業税が標準税率適用法人，事業税が軽減税率不適用法人の場合の法定実効税率の算定）

法人税率（H28/4～H30/3）	23.40%
法人税率（H30/4～）	23.20%
地方法人税率	4.40%
県（都）民税率	3.20%
市民税率	9.70%
小計　住民税率	17.30%
地方法人税率(H29/4～)	10.30%
県（都）民税率(H29/4～)	1.00%
市民税率(H29/4～)	6.00%
小計　住民税率	17.30%
事業税率（標準税率）（H28/4～H29/3）	0.70%
地方法人特別税率（H28/4～H29/3）	414.20%
小計　事業税率	3.60%
事業税率（標準税率）（H29/4～）	3.60%
2016(H28)/4～法定実効税率	29.97%
2017(H29)/4～法定実効税率	29.97%
2018(H30)/4～法定実効税率	29.74%

法定実行税率（2016年4月1日以降に開始する事業年度）

$$29.97\% = \frac{23.4\% \times (1 + 17.3\%) + (0.7\% + 0.7\% \times 414.2\%)}{1 + (0.7\% + 0.7\% \times 414.2\%)}$$

法定実効税率（2017年4月1日以降に開始する事業年度）

$$29.97\% = \frac{23.4\% \times (1 + 17.3\%) + 3.6\%}{1 + 3.6\%}$$

法定実効税率（2018年4月1日以降に開始する事業年度）

$$29.74\% = \frac{23.2\% \times (1 + 17.3\%) + 3.6\%}{1 + 3.6\%}$$

4　回収可能性考慮前の繰延税金資産及び繰延税金負債を算定する

税効果会計のSTEP3は，回収可能性考慮前の繰延税金資産及び繰延税金負債を算定することである。ここでは，繰延税金資産の回収可能性の会社分類の判定やスケジューリング等回収可能性を考慮する前の繰延税金資産及び繰延税金負債を算定することが目的であるので，税効果会計のSTEP1で把握した一時差異等の期末残高に平成2017年3月時点の法定実効税率32.34％を乗じて評価性引当額控除前繰延税金資産Eを算定する（**図表1-4-1**）。

図表1-4-1　税効果シート①　税効果計算に関するワークシート　抜粋

会社名: 福留聡㈱
事業年度: 2017年3月期

項目	A:前期末残高 =別表五(一)期首現在利益積立金額	B:加算 =別表五(一)当期中の増減の増	C:減算 =別表五(一)当期中の増減の減	D:期末残高 =別表五(一)差引翌期首現在利益積立金額	E:評価性引当額控除前繰延税金資産 =D.期末残高×32.34%
賞与引当金	38,000,000	30,000,000	38,000,000	30,000,000	9,702,000
未払事業税(注1)	6,000,000	10,514,475	6,000,000	10,514,475	3,400,381
賞与引当金(社会保険料)	5,240,000	4,200,000	5,240,000	4,200,000	1,358,280
貸倒引当金(流動)	20,000,000	30,000,000	20,000,000	30,000,000	9,702,000
小計	69,240,000	74,714,475	69,240,000	74,714,475	24,162,661
退職給付引当金	4,000,000	300,000	50,000	4,250,000	1,374,450
役員退職慰労引当金	3,500,000	1,000,000		4,500,000	1,455,300
土地減損損失		54,000,000		54,000,000	17,463,600
減価償却超過額(機械装置)	150,000	100,000	70,000	180,000	58,212
貸倒引当金(固定)		2,000,000		2,000,000	646,800
資産除去債務	10,000,000	200,000		10,200,000	3,298,680
減価償却超過額(建物)		10,000,000		10,000,000	3,234,000
繰越欠損金(注2)	200,000,000		162,500,000	37,500,000	12,127,500
建物減損損失		36,000,000		36,000,000	11,642,400
小計	217,650,000	103,600,000	162,620,000	158,630,000	51,300,942
合計	286,890,000	178,314,475	231,860,000	233,344,475	75,463,603
固定資産圧縮積立金		(10,000,000)		(10,000,000)	(3,234,000)
有形固定資産(除去資産)	(10,000,000)	500,000		(9,500,000)	(3,072,300)
その他有価証券評価差額金	(500,000)	(300,000)	(500,000)	(300,000)	(97,020)
合計	(10,500,000)	(9,800,000)	(500,000)	(19,800,000)	(6,403,320)

5　繰延税金資産の回収可能性の分類判定

①　監査委員会報告66号及び企業会計基準適用指針第26号に基づく整理

税効果会計のSTEP4は，繰延税金資産の回収可能性の分類判定をすることである。一時差異に実効税率を乗じて繰延税金資産及び繰延税金負債は算定される。繰延税金負債は，個別財務諸表における税効果会計に関する実務指針16項に従い，支払が見込まれない税金の額を控除し，繰延税金負債を計上するが，同19項によると支払が見込まれない場合とは，事業休止等により，会社が清算するまでに明らかに将来加算一時差異を上回る損失が発生し，課税所得が発生しないことが合理的に見込まれる場合に限られるため，繰延税金負債は，通常支払可能性は問題にならず全額計上される。

一方，繰延税金資産は，16項に従い，将来の会計期間において回収が見込まれない税金の額を控除し，繰延税金資産を計上するが，将来減算一時差異及び繰越欠損金について繰延税金資産を計上できるかどうかは，当該資産額が，将来の税金負担軽減効果があるかどうかの判断が重要になり，21項に従い，(1) 収益力に基づく課税所得の十分性，(2) タックスプランニングの存在，(3) 将来加算一時差異の十分性により判断し，多くの場合，(1) 収益力に基づく課税所得の十分性により判断するが，将来年度の会社の収益力を客観的に判断するのは実務上困難なため監査委員会報告66号の将来年度の課税所得の見積額による繰延税金資産の回収可能性を過去の業績等に基づいて行う等の指針を判断基準として会社分類を行い，回収可能性を判断することになる。

繰延税金資産の回収可能性の分類判定は監査委員会報告66号『繰延税金資産の回収可能性の判断に関する監査上の取扱い』をもとに行われる。監査委員会報告66号『繰延税金資産の回収可能性の判断に関する監査上の取扱い』によると，会社分類は下記表のとおり整理できる（**図表1–5–1**）。

図表1-5-1　監査委員会報告66号に基づく将来年度の課税所得の見積額による繰延税金資産の回収可能性の判断指針)

会社の状況	通常の将来減算一時差異の回収可能性の判断	タックスプラニング（含み益のある固定資産や有価証券の売却による課税所得の発生）の実現可能性の判断
分類1 将来減算一時差異を十分に上回る課税所得を毎期計上(上記に加え，経営環境に著しい変化がないことが前提である)。	全額回収可能性あり。 なおスケジューリング不能一時差異も回収可能性あり。	該当なし。
分類2 業績は安定しているが将来減算一時差異を上回るほどの課税所得がない。	スケジューリング可能一時差異は回収可能性あり。	資産売却等の意思決定が取締役会等で承認された事業計画等にある。 資産含み益等の金額は1年内の不動産鑑定評価等の公正な時価によっている。
分類3 業績は不安定で将来減算一時差異を上回るほどの課税所得がない。	おおむね5年内の課税見積額を限度とするスケジューリング可能一時差異は回収可能性あり。	おおむね5年内に資産売却等の意思決定が取締役会等で承認された事業計画等がある。 資産含み益等の金額は1年内の不動産鑑定評価等の公正な時価によっている。
分類4 重要な税務上の繰越欠損金がある。 1) 期末に重要な繰越欠損金がある。 2) おおむね過去3年内に重要な繰越欠損金が期限切れとなった。 3) 当期末において繰越欠損金の期限切れが見込まれる。 4) 過去の経常的利益水準を大きく上回る将来減算一時差異があり，翌期末において重要な繰越欠損金の発生が見込まれる。	①翌期の課税見積額を限度とするスケジューリング可能一時差異は回収可能性あり。 ②ただし，繰越欠損金がリストラ等非経常的原因により発生しこれを除けば課税所得を毎期計上している場合は，おおむね5年内の課税見積額を限度とするスケジューリング可能一時差異は回収可能性あり（分類3と同一の取り扱い)。	資産売却等の意思決定が取締役会等で承認され契約等で確実に実行されると見込まれる。 資産含み益等の金額は1年内の不動産鑑定評価等の公正な時価によっている。

分類5 過去連続して重要な税務上の繰越欠損金を計上している。 1) おおむね過去3年以上連続して重要な繰越欠損金を計上しており，かつ当期も重要な税務上の欠損金の計上が見込まれる。 2) 債務超過が長期続き改善の見込みがない。 3) 資本の欠損が長期続き改善の見込みがない。	原則として回収可能性はない。	回収可能性を判断できない。但し繰越欠損金を上回る資産の含み益を有しており，資産売却等の意思決定が取締役会等で承認され契約等で確実に実行されると見込まれ，かつ資産含み益等の金額は1年内の不動産鑑定評価等の公正な時価によっている場合は，翌期の課税所得に織り込むこむことができる。

上記表を見て分かるとおり，監査委員会報告66号に基づく判断を正しく行うためには当期及び過去3期の経常利益，課税所得，将来減算一時差異，繰越欠損金の推移を整理する必要がある。

なお，企業会計基準委員会（ASBJ）は，平成27年12月28日に企業会計基準適用指針第26号「繰延税金資産の回収可能性に関する適用指針」を公表しており，監査委員会報告第66号「繰延税金資産の回収可能性の判断に関する監査上の取扱い」（以下「監査委員会報告第66号」という）を引き継ぎ，見直しを行った指針となる。

本適用指針は，平成28年4月1日以後開始する連結会計年度及び事業年度の期首から適用される。ただし，平成28年3月31日以後終了する連結会計年度及び事業年度の年度末に係る連結財務諸表及び個別財務諸表から適用することができるとされている。

本適用指針によると，会社分類は下記表のとおり整理できる（**図表1-5-2**）。

図表1-5-2　企業会計基準適用指針第26号に基づく将来年度の課税所得の見積額による繰延税金資産の回収可能性の判断指針

会社の状況	通常の将来減算一時差異の回収可能性の判断	タックス・プランニング(含み益のある固定資産や有価証券の売却による課税所得の発生）の実現可能性の判断
分類1 次の要件をいずれも満たす企業は,（分類1）に該当する。 (1) 過去（3年）及び当期のすべての事業年度において，期末における将来減算一時差異を十分に上回る課税所得が生じている。 (2) 当期末において，経営環境に著しい変化がない。	繰延税金資産の全額について回収可能性があり。 スケジューリング不能な将来減算一時差異に係る繰延税金資産についても回収可能性あり。	タックス・プランニングに基づく一時差異等加減算前課税所得の見積額を，将来の一時差異等加減算前課税所得の見積額に織り込んで繰延税金資産の回収可能性を考慮する必要はない。
分類2 次の要件をいずれも満たす企業は,（分類2）に該当する。 (1) 過去（3年）及び当期のすべての事業年度において，臨時的な原因により生じたものを除いた課税所得が，期末における将来減算一時差異を下回るものの，安定的に生じている。 (2) 当期末において，経営環境に著しい変化がない。 (3) 過去（3年）及び当期のいずれの事業年度においても重要な税務上の欠損金が生じていない。	一時差異等のスケジューリングの結果，繰延税金資産を見積る場合，当該繰延税金資産は回収可能性があり。 原則として，スケジューリング不能な将来減算一時差異に係る繰延税金資産について，回収可能性がない。 ただし，スケジューリング不能な将来減算一時差異のうち，税務上の損金算入時期が個別に特定できないが将来のいずれかの時点で損金算入される可能性が高いと見込まれるものについて，当該将来のいずれかの時点で回収できることを合理的に説明できる場合，当該スケジューリング不能な将来減算一時差異に係る繰延税金資産は回収可能性があり。	下記①及び②をいずれも満たす場合，タックス・プランニングに基づく一時差異等加減算前課税所得の見積額を，将来の一時差異等加減算前課税所得の見積額に織り込むことができる。 ①資産の売却等に係る意思決定の有無及び実行可能性 資産の売却等に係る意思決定が，事業計画や方針等で明確となっており，かつ，資産の売却等に経済的合理性があり，実行可能である場合 ②売却される資産の含み益等に係る金額の妥当性 売却される資産の含み益等に係る金額が，契約等で確定している場合又は契約等で確定していない場合でも，例えば，有価証券については期末の時価，不動産については期末前おおよそ1年以内の不動産鑑定評価額等の公正な評価額によっている場合

分類3 次の要件をいずれも満たす企業は，第26項(2)（過去（3年）において，重要な税務上の欠損金の繰越期限切れとなった事実がある。）又は(3)（当期末において，重要な税務上の欠損金の繰越期限切れが見込まれる。）の要件を満たす場合を除き，（分類3）に該当する。 (1) 過去（3年）及び当期において，臨時的な原因により生じたものを除いた課税所得が大きく増減している。 (2) 過去（3年）及び当期のいずれの事業年度においても重要な税務上の欠損金が生じていない。	将来の合理的な見積可能期間（おおむね5年）以内の一時差異等加減算前課税所得の見積額に基づいて，当該見積可能期間の一時差異等のスケジューリングの結果，繰延税金資産を見積る場合，当該繰延税金資産は回収可能性があり。 臨時的な原因により生じたものを除いた課税所得が大きく増減している原因，中長期計画，過去における中長期計画の達成状況，過去（3年）及び当期の課税所得の推移等を勘案して，5年を超える見積可能期間においてスケジューリングされた一時差異等に係る繰延税金資産が回収可能であることを合理的に説明できる場合，当該繰延税金資産は回収可能性があり。	①及び②をいずれも満たす場合，タックス・プランニングに基づく一時差異等加減算前課税所得の見積額を，将来の合理的な見積可能期間（おおむね5年）又は第24項に従って繰延税金資産を見積る企業においては5年を超える見積可能期間の一時差異等加減算前課税所得の見積額に織り込むことができる。 ①　資産の売却等に係る意思決定の有無及び実行可能性 将来の合理的な見積可能期間（おおむね5年）又は5年を超える見積可能期間においてスケジューリングされた一時差異等に係る繰延税金資産が回収可能であることを合理的に説明できる企業においては5年を超える見積可能期間に資産を売却する等の意思決定が事業計画や方針等で明確となっており，かつ，資産の売却等に経済的合理性があり，実行可能である場合 ②　売却される資産の含み益等に係る金額の妥当性 売却される資産の含み益等に係る金額が，契約等で確定している場合又は契約等で確定していない場合でも，例えば，有価証券については期末の時価，不動産については期末前おおよそ1年以内の不動産鑑定評価額等の公正な評価額によっている場合
分類4 次のいずれかの要件を満た	翌期の一時差異等加減算前課税所得の見積額に基づい	原則として，次の①及び②をいずれも満たす場合，

し，かつ，翌期において一時差異等加減算前課税所得が生じることが見込まれる企業は，（分類4）に該当する。 (1) 過去（3年）又は当期において，重要な税務上の欠損金が生じている。 (2) 過去（3年）において，重要な税務上の欠損金の繰越期限切れとなった事実がある。 (3) 当期末において，重要な税務上の欠損金の繰越期限切れが見込まれる。	て，翌期の一時差異等のスケジューリングの結果，繰延税金資産を見積る場合，当該繰延税金資産は回収可能性があり。 左記分類4の要件を満たす企業においては，重要な税務上の欠損金が生じた原因，中長期計画，過去における中長期計画の達成状況，過去（3年）及び当期の課税所得又は税務上の欠損金の推移等を勘案して，将来の一時差異等加減算前課税所得を見積る場合，将来において5年超にわたり一時差異等加減算前課税所得が安定的に生じることが合理的に説明できるときは（分類2）に該当するものとして取り扱われる。 左記分類4の要件を満たす企業においては，重要な税務上の欠損金が生じた原因，中長期計画，過去における中長期計画の達成状況，過去（3年）及び当期の課税所得又は税務上の欠損金の推移等を勘案して，将来の一時差異等加減算前課税所得を見積る場合，将来においておおむね3年から5年程度は一時差異等加減算前課税所得が生じることが合理的に説明できるときは（分類3）に該当するものとして取り扱われる。	タックス・プランニングに基づく一時差異等加減算前課税所得の見積額を，翌期の一時差異等加減算前課税所得の見積額に織り込むことができる。 ① 資産の売却等に係る意思決定の有無及び実行可能性 資産の売却等に係る意思決定が，取締役会等の承認，決裁権限者による決裁又は契約等で明確となっており，確実に実行されると見込まれる場合 ② 売却される資産の含み益等に係る金額の妥当性 売却される資産の含み益等に係る金額が，契約等で確定している場合又は契約等で確定していない場合でも，例えば，有価証券については期末の時価，不動産については期末前おおよそ1年以内の不動産鑑定評価額等の公正な評価額によっている場合
分類5 次の要件をいずれも満たす企業は，（分類5）に該当する。 (1) 過去（3年）及び当期のすべての事業年度におい	原則として，繰延税金資産の回収可能性はない。	原則として，繰延税金資産の回収可能性の判断にタックス・プランニングに基づく一時差異等加減算前課税所得の見積額を織り込むことはできないものとする。

て，重要な税務上の欠損金が生じている。 (2) 翌期においても重要な税務上の欠損金が生じることが見込まれる。		ただし，税務上の繰越欠損金を十分に上回るほどの資産の含み益等を有しており，かつ，分類4の①及び②をいずれも満たす場合，タックス・プランニングに基づく一時差異等加減算前課税所得の見積額を，翌期の一時差異等加減算前課税所得の見積額として織り込むことができる。

②　監査委員会報告66号に基づく繰延税金資産の回収可能性　会社分類判定にあたっての関連数値の整理

まずは監査委員会報告66号に基づき，「税効果シート③　繰延税金資産の回収可能性　会社分類判定に関するワークシート」へ繰延税金資産の回収可能性　会社分類判定に関して重要となる数値を整理する。ワークシートにこれら4つの指標の数字を記入する（**図表1-5-3**）。

図表1-5-3　税効果シート③　繰延税金資産の回収可能性　会社分類判定に関するワークシート

会社名:福留聡(株)
事業年度:2017年3月期
単位:円
監査委員会報告66号　会社の過去の業績並びに過去の課税所得と将来減算一時差異の推移

	2014年3月期	2015年3月期	2016年3月期	2017年3月期
経常利益	50,000,000	100,000,000	20,000,000	250,000,000
課税所得(繰越欠損金控除前)	51,000,000	110,000,000	(200,000,000)	250,000,000
将来減算一時差異	52,500,000	50,000,000	86,890,000	195,844,475
繰越欠損金	0	0	200,000,000	37,500,000

なお，各項目の数値は下記の資料から抽出する。

（ｉ）経常利益は損益計算書の経常利益の金額（当設例では所与の金額）

（ⅱ）課税所得は繰越欠損金控除前で，別表四の39差引計の金額（**図表1-5-4**）

（ⅲ）将来減算一時差異は「税効果シート①税効果計算に関するワークシート」で集計し，期末残高合計から繰越欠損金残高を差引いた金額（**図表1-5-5**）

（ⅳ）繰越欠損金は別表七（一）の合計の翌期繰越額（**図表1-5-6**）

(ⅱ) 課税所得(**図表1-5-4**)

所得の金額の計算に関する明細書(簡易様式)

事業年度	平28・4・1 平29・3・31	法人名	福留聡株式会社

区分			総額 ①	処分 留保 ②	社外流出 ③	
当期利益又は当期欠損の額(注1)		1	円 68, 408, 632	円 68, 408, 632	配当 その他	円
加算	損金経理をした法人税及び復興特別法人税(附帯税を除く。)	2				
	損金経理をした道府県民税(利子割額を除く。)及び市町村民税	3	265, 000	265, 000		
	損金経理をした道府県民税利子割額	4				
	損金経理をした納税充当金	5	36, 020, 863	36, 020, 863		
	損金経理をした附帯税(利子税を除く。)、加算金、延滞金(延納分を除く。)及び過怠税	6			その他	
	減価償却の償却超過額	7	10, 100, 000	10, 100, 000		
	役員給与の損金不算入額	8			その他	
	交際費等の損金不算入額	9	9, 060, 000		その他	9, 060, 000
	賞与引当金否認	10	30, 000, 000	30, 000, 000		
	役員退職慰労引当金否認	11	1, 000, 000	1, 000, 000		
	退職給付引当金否認	12	300, 000	300, 000		
	次葉合計		176, 705, 505	175, 205, 505		1, 500, 000
	小計	13	263, 451, 368	252, 891, 368		10, 560, 000
減算	減価償却超過額の当期認容額	14	70, 000	70, 000		
	納税充当金から支出した事業税等の金額	15	6, 000, 000	6, 000, 000		
	受取配当等の益金不算入額(別表八(一)「14」又は「29」)	16	10, 000, 000		※	10, 000, 000
	外国子会社から受ける剰余金の配当等の益金不算入額(別表八(二)「13」)	17			※	
	受贈益の益金不算入額	18			※	
	適格現物分配に係る益金不算入額	19			※	
	法人税等の中間納付額及び過誤納に係る還付金額	20				
	所得税額等及び欠損金の繰戻しによる還付金額等	21			※	
	役員賞与引当金認容	22	1, 800, 000	1, 800, 000		
	賞与引当金認容	23	38, 000, 000	38, 000, 000		
	賞与引当金認容(社会保険料)	24	5, 240, 000	5, 240, 000		
	次葉合計		30, 050, 000	30, 050, 000		
	小計	25	91, 160, 000	81, 160, 000	外※	10, 000, 000
仮計 (1)+(13)−(25)		26	240, 700, 000	240, 140, 000	外※	560, 000
寄附金の損金不算入額 (別表十四(二)「24」又は「40」)		27	9, 300, 000		その他	9, 300, 000
法人税額から控除される所得税額及び復興特別法人税額から控除される復興特別所得税額(別表六(一)「6の③」+復興特別法人税申告書別表二「6の③」)		31			その他	
税額控除の対象となる外国法人税の額等 (別表六(二の二)「10」−別表十七(二の二)「39の計」)		32			その他	
合計 (26)+(27)+(31)+(32)		35	250, 000, 000	240, 140, 000	外※	9, 860, 000
契約者配当の益金算入額 (別表九(一)「13」)		36				
非適格合併又は残余財産の全部分配等による移転資産等の譲渡利益額又は譲渡損失額		38			※	
差引計 (35)+(36)+(38)		39	250, 000, 000	240, 140, 000	外※	9, 860, 000
欠損金又は災害損失金等の当期控除額 (別表七(一)「4の計」+(別表七(二)「11」若しくは「21」又は別表七(三)「10」))		40	△ 162, 500, 000		※	△ 162, 500, 000
総計 (39)+(40)		41	87, 500, 000	240, 140, 000	外※	△ 162, 500, 000 9, 860, 000
新鉱床探鉱費又は海外新鉱床探鉱費の特別控除額(別表十(四)「40」)		42			※	
残余財産の確定の日の属する事業年度に係る事業税の損金算入額		47				
所得金額又は欠損金額		48	87, 500, 000	240, 140, 000	外※	△ 162, 500, 000 9, 860, 000

簡　法 0301-0402

別表四(簡易様式) 平二十四・四・一以後終了事業年度分

（iii）　将来減算一時差異（**図表1-5-5**）

税効果シート①　税効果計算に関するワークシート

会社名:	福留聡㈱
事業年度:	2017年3月期

項目	A:前期末残高 =別表五(一)期首現在利益積立金額	B:加算 =別表五(一)当期中の増減の増	C:減算 =別表五(一)当期中の増減の減	D:期末残高 =別表五(一)差引翌期首現在利益積立金額
賞与引当金	38,000,000	30,000,000	38,000,000	30,000,000
未払事業税(注1)	6,000,000	10,514,475	6,000,000	10,514,475
賞与引当金(社会保険料)	5,240,000	4,200,000	5,240,000	4,200,000
貸倒引当金(流動)	20,000,000	30,000,000	20,000,000	30,000,000
小計	69,240,000	74,714,475	69,240,000	74,714,475
退職給付引当金	4,000,000	300,000	50,000	4,250,000
役員退職慰労引当金	3,500,000	1,000,000		4,500,000
土地減損損失		54,000,000		54,000,000
減価償却超過額(機械装置)	150,000	100,000	70,000	180,000
貸倒引当金(固定)		2,000,000		2,000,000
資産除去債務	10,000,000	200,000		10,200,000
減価償却超過額(建物)		10,000,000		10,000,000
繰越欠損金(注2)	200,000,000		162,500,000	37,500,000
建物減損損失		36,000,000		36,000,000
小計	217,650,000	103,600,000	162,620,000	158,630,000
合計	286,890,000	178,314,475	231,860,000	233,344,475
固定資産圧縮積立金		(10,000,000)		(10,000,000)
有形固定資産(除去資産)	(10,000,000)	500,000		(9,500,000)
その他有価証券評価差額金	(500,000)	(300,000)	(500,000)	(300,000)
合計	(10,500,000)	(9,800,000)	(500,000)	(19,800,000)

（iv） 繰越欠損金（**図表1-5-6**）

別表七(一) 平二十四・四・一以後終了事業年度分

欠損金又は災害損失金の損金算入に関する明細書

事業年度	平28・4・1 平29・3・31	法人名	福留聡株式会社

控除前所得金額 (別表四「39の①」－(別表七(二)「11」又は「23」))	1	250,000,000円	所得金額控除限度額 (1)× 65又は100 / 100	2	162,500,000円

事業年度	区分	控除未済欠損金額 3	当期控除額 (当該事業年度の(3)と((2)－当該事業年度前の(4)の合計額)のうち少ない金額) 4	翌期繰越額 ((3)－(4))又は別表七(三)「15」) 5
・・	青色欠損・連結みなし欠損・災害損失	円	円	
平27・4・1 平28・3・31	(青色欠損)・連結みなし欠損・災害損失	200,000,000	162,500,000	円 37,500,000
・・	青色欠損・連結みなし欠損・災害損失			
・・	青色欠損・連結みなし欠損・災害損失			
・・	青色欠損・連結みなし欠損・災害損失			
・・	青色欠損・連結みなし欠損・災害損失			
・・	青色欠損・連結みなし欠損・災害損失			
・・	青色欠損・連結みなし欠損・災害損失			
・・	青色欠損・連結みなし欠損・災害損失			
計		200,000,000	162,500,000	37,500,000
当期分	欠損金額 (別表四「48の①」)		欠損金の繰戻し額	
当期分	同上のうち 災害損失金 (13)			
当期分	同上のうち 青色欠損金			
合計				37,500,000

災害により生じた損失の額の計算

災害の種類			災害のやんだ日	平・・
災害を受けた資産の別		棚卸資産 ①	固定資産 (固定資産に準ずる繰延資産を含む。) ②	計 ①＋② ③
当期の欠損金額 (別表四「48の①」)	6			円
災害により生じた損失の額 資産の滅失等により生じた損失の額	7	円	円	
災害により生じた損失の額 被害資産の原状回復のための費用等に係る損失の額	8			
災害により生じた損失の額 被害の拡大又は発生の防止のための費用に係る損失の額	9			
災害により生じた損失の額 計 (7)＋(8)＋(9)	10			
保険金又は損害賠償金等の額	11			
差引災害により生じた損失の額 (10)－(11)	12			
繰越控除の対象となる損失の額 ((6の③)と(12の③)のうち少ない金額)	13			

法 0301-0701

繰延税金資産の回収可能性　会社分類判定は「税効果シート③　繰延税金資産の回収可能性　会社分類判定に関するワークシート」に記入した関連数値を参考にしながら行う。

「税効果シート③　繰延税金資産の回収可能性　会社分類判定に関するワークシート」の数値の推移を見る限り，監査委員会報告66号分類4期末において重要な税務上の繰越欠損金が存在する会社等であるが，重要な繰越欠損金が発生した2016年3月期も経常利益は黒字であり，重要な税務上の繰越欠損金が，非経常的な特別の原因により発生したものであり，それを除けば課税所得を毎期計上している会社のため，分類4のただし書き＝分類3に分類される。

したがって，福留聡株式会社は，2017年3月期の会社分類は，「将来年度の課税所得の見積額による繰延税金資産の回収可能性の判断指針」に基づく場合（**図表1-5-2**）は，おおむね5年内の課税見積額を限度とするスケジューリング可能一時差異は回収可能性ありとする分類3業績は不安定で将来減算一時差異を上回るほどの課税所得がない会社として扱われることになる。

③　企業会計基準適用指針第26号に基づく繰延税金資産の回収可能性　会社分類判定にあたっての関連数値の整理

企業会計基準適用指針第26号に基づき，「税効果シート③　繰延税金資産の回収可能性　会社分類判定に関するワークシート」へ繰延税金資産の回収可能性　会社分類判定に関して重要となる数値を整理する。ワークシートにこれら5つの指標の数字を記入する（**図表1-5-7**）。

図表1-5-7　税効果シート③　繰延税金資産の回収可能性　会社分類判定に関するワークシート

会社名:	福留聡㈱
事業年度:	2017年3月期

単位:円

企業会計基準適用指針第26号　会社の過去の課税所得並びに将来減産一時差異と将来の一時差異等加減算前課税所得見積額の推移

	2014年3月期	2015年3月期	2016年3月期	2017年3月期	2018年3月	2019年3月期	2020年3月期	2021年3月	2022年3月期
課税所得（繰越欠損金控除前で臨時的な原因により生じたものを除く）	50,000,000	100,000,000	20,000,000	250,000,000	N/A	N/A	N/A	N/A	N/A
課税所得（繰越欠損金控除前）	51,000,000	110,000,000	(200,000,000)	250,000,000	N/A	N/A	N/A	N/A	N/A
将来減算一時差異	52,500,000	50,000,000	86,890,000	195,844,475	N/A	N/A	N/A	N/A	N/A
繰越欠損金	0	0	200,000,000	37,500,000	N/A	N/A	N/A	N/A	N/A
将来の一時差異等加減算前課税所得見積額	N/A	N/A	N/A	N/A	57,800,000	57,800,000	157,800,000	57,800,000	57,800,000

図表1-5-8　税効果シート④　税効果スケジューリング表に関するワークシート

会社名：福留聡㈱
事業年度：2017年3月期

監査委員会報告66号分類3→おおむね5年以内のスケジューリングの範囲内で回収可能　（単位：円）

項目			当期末残	解消予測					5年超解消
				2018年3月期	2019年3月期	2020年3月期	2021年3月期	2022年3月期	
			実効税率	32.34%	32.34%	32.34%	32.34%	32.34%	
課税所得①									
	税引前当期純利益			50,000,000	50,000,000	50,000,000	50,000,000	50,000,000	
	損金不算入項目　（交際費）			8,000,000	8,000,000	8,000,000	8,000,000	8,000,000	
	損金不算入項目　（寄付金）			1,000,000	1,000,000	1,000,000	1,000,000	1,000,000	
	益金不算入項目　（受取配当金）			△ 1,500,000	△ 1,500,000	△ 1,500,000	△ 1,500,000	△ 1,500,000	
	退職給付引当金			300,000	300,000	300,000	300,000	300,000	
	その他恒常的加減算項目			40,200,000					
	小計			98,000,000	57,800,000	57,800,000	57,800,000	57,800,000	
	将来加算一時差異の解消予定額								
	固定資産圧縮積立金			500,000	500,000	500,000	500,000	500,000	
	有形固定資産(除去資産)			500,000	500,000	500,000	500,000	500,000	
	タックスプランニング　（土地売却等）	ア				100,000,000			
	その他調整								
	課税所得①　合計	A		99,000,000	58,800,000	158,800,000	58,800,000	58,800,000	
将来減算一時差異解消予定額									
	賞与引当金		30,000,000	30,000,000					－
	賞与引当金(社会保険料)		4,200,000	4,200,000					－
	未払事業税		10,514,475	10,514,475					－
	貸倒引当金(流動)		30,000,000	30,000,000					－
	退職給付引当金		4,250,000	50,000	50,000	50,000	50,000	50,000	4,000,000
	減価償却超過額(機械装置)		180,000	30,000	30,000	30,000	30,000	30,000	30,000
	役員退職慰労引当金		4,500,000		1,000,000		1,500,000	1,000,000	1,000,000
	土地減損損失		54,000,000						54,000,000
	貸倒引当金(固定)		2,000,000						2,000,000
	資産除去債務		10,200,000						10,200,000
	減価償却超過額(建物)		10,000,000	500,000	500,000	500,000	500,000	500,000	7,500,000
	建物減損損失		36,000,000	1,800,000	1,800,000	1,800,000	1,800,000	1,800,000	27,000,000
	計	B	195,844,475	77,094,475	3,380,000	2,380,000	3,880,000	3,380,000	
	回収可能額	C	90,114,475	77,094,475	3,380,000	2,380,000	3,880,000	3,380,000	
	回収不能・繰越欠損金発生	イ		－	－	－	－	－	
	差引　課税所得②	ウ		21,905,525	55,420,000	156,420,000	54,920,000	55,420,000	
	（スケジューリング不能額）	エ							
	減価償却の償却超過額(機械装置)		30,000						
	役員退職慰労引当金		1,000,000						
	土地減損損失		54,000,000						
	貸倒引当金(固定)		2,000,000						
	資産除去債務		10,200,000						
	建物減損損失		27,000,000						
	計	D	94,230,000						
繰越欠損金		オ							
	当期末残		37,500,000	26,547,238	－	－	－	－	
	2018年3月期			－	－	－	－	－	
	2019年3月期								
	2020年3月期								
	2021年3月期								
	2022年3月期								
	未回収残高	E	37,500,000	26,547,238	－	－	－	－	
	回収可能額	F	37,500,000	10,952,762	26,547,238	－	－	－	
	回収不能額	G							

上記ワークシートで監査委員会報告66号から追加されているのは，将来の一時差異等加減算前課税所得見積額の行である。

企業会計基準適用指針第26号によると，「一時差異等加減算前課税所得」とは，将来の事業年度における課税所得の見積額から，当該事業年度において解消することが見込まれる当期末に存在する将来加算（減算）一時差異の額（及び該当する場合は，当該事業年度において控除することが見込まれる当期末に存在する税務上の繰越欠損金の額）を除いた額をいう。

「一時差異等加減算前課税所得」算定にあたり，企業会計基準適用指針第26号の設例1が参考になるが，本設例では，「税効果シート④　税効果スケジューリング表に関するワークシート」をもとに算定を行う。

「一時差異等加減算前課税所得」は「税効果シート④　税効果スケジューリング表に関するワークシート」表の差引課税所得②＋将来減算一時差異の解消予定額－将来加算一時差異の解消予定額－その他恒常的加減算項目で算定される（**図表1-5-8**）。

または「一時差異等加減算前課税所得」は「税効果シート④　税効果スケジューリング表に関するワークシート」表の課税所得①の小計－その他恒常的加減算項目＋タックスプランニング（土地売却等）で算定される（**図表1-5-8**）。

「税効果シート③　繰延税金資産の回収可能性　会社分類判定に関するワークシート」の数値の推移を見る限り，企業会計基準適用指針第26号に従うと，過去（3年）又は当期において，重要な税務上の欠損金が生じている分類4の会社になるが，重要な税務上の欠損金が生じた原因，中長期計画，過去（3年）及び当期の課税所得又は税務上の欠損金の推移等を勘案して，将来の一時差異等加減算前課税所得を見積った結果，将来においておおむね5年程度は一時差異等加減算前課税所得が生じることが合理的に説明できるため（分類3）に該当するものとして取り扱う。

なお，参考までに減損会計基準適用初年度のみ，過去の累積損失が一挙に損失として計上され，多額に損失が発生して，監査委員会報告66号の会社分類に不利が生じると予想されるため，特例として会社区分は下記表の取扱いとなる（**図表1-5-9**）。

図表1-5-9　減損会計基準適用初年度で将来減算一時差異が多額となった場合の会社分類の判定方法

会社の状況	固定資産減損損失が多額の場合の将来減算一時差異の回収可能性の判断税効果区分の判断
分類1 将来減算一時差異を十分に上回る課税所得	減損損失を計上した結果，将来減算一時差異が多額となり，分類2

を毎期計上。	に分類されることになる場合は，当該減損損失を除外すれば分類1に分類され，かつ，当該減損損失が平均的年間課税所得の範囲内である等多額でない場合に限り分類1と判断できる。
分類2 業績は安定しているが将来減算一時差異を上回るほどの課税所得がない。	減損損失を計上した結果，将来減算一時差異が多額となり，当該減損損失を除外すれば分類2に分類され，かつ，当該減損損失が平均的年間課税所得の範囲内である等多額でない場合に限り分類2と判断できる。
分類3 業績は不安定で将来減算一時差異を上回るほどの課税所得がない。	分類に影響なし。
分類4 重要な税務上の繰越欠損金がある。 1）期末に重要な繰越欠損金がある。 2）おおむね過去3年内に重要な繰越欠損金が期限切れとなった。 3）当期末において繰越欠損金の期限切れが見込まれる。 4）過去の経常的利益水準を大きく上回る将来減算一時差異がある。	分類に影響なし。
分類5 過去連続して重要な税務上の繰越欠損金を計上している。 1）おおむね過去3年以上連続して重要な繰越欠損金を計上しており，かつ当期も重要な税務上の欠損金の計上が見込まれる。 2）債務超過が長期続き改善の見込みがない。 3）資本の欠損が長期続き改善の見込みがない。	分類に影響なし。

6　一時差異解消のスケジューリング

税効果会計のSTEP5は，一時差異解消のスケジューリングを実施することである。

繰延税金資産の回収可能性を検討する上では，一時差異がどの期に解消するかのスケジューリングを行う必要がある。

繰延税金資産の回収可能性を判定するに際し，課税所得の発生時期と解消時期が明確になっている必要があり，これらが，明確でない場合は，将来減算一時差異解消前の課税所得に対して将来減算一時差異を充当することにより，課税所得を減らすことで税額を減少することができるかどうかの判定ができないことになる。

一時差異がどの期に解消するかスケジューリングを行うが，一時差異には，一時差異がどの期に解消するか合理的に見積り可能であるスケジューリング可能な一時差異と合理的な見積もりを行えないスケジューリング不能な一時差異がある。

一時差異は，通常，下記①又は②の要件を見込める場合にスケジューリング可能な一時差異となる。

① 将来の一定の事実が発生することによって，税務上損金又は益金算入の要件を充足することが見込まれる一時差異

② 会社による将来の一定の行為の実施についての意思決定又は実施計画等の存在により，税務上損金又は益金算入の要件を充足することが見込まれる一時差異

これらの一時差異について，期末に，将来の一定の事実の発生が見込めないこと又は将来の一定の実施についての意思決定又は実施計画等が存在しないことにより，税務上損金又は益金算入の要件を充足することが見込めない場合には，当該一時差異は，税務上の損金又は益金算入時期が明確でないため，スケジューリング不能な一時差異となる。

監査委員会報告66号によると，5．繰延税金資産の回収可能性の分類判定の（**図表1-5-1**　監査委員会報告66号に基づく将来年度の課税所得の見積額による繰延税金資産の回収可能性の判断指針）参照の通り，会社分類1を除き，スケジューリング不能な一時差異は，期末において将来の損金算入時期が明確となっていないため，将来の課税所得の減額が明確でないため繰延税金資産を計上できない。

ただし，企業会計基準適用指針第26号によると，**図表1-5-2** 企業会計基準適用指針第26号に基づく将来年度の課税所得の見積額による繰延税金資産の回収可能性の判断指針参照の通り，分類2の場合，原則として，スケジューリング不能な一時差異に係る繰延税金資産の回収可能性はないが，スケジューリング不能な将来減算一時差異のうち，税務上の損金算入時期が個別に特定できないが将来のいずれかの時点で損金算入される可能性が高いと見込まれるものについて，当該将来のいずれかの時点で回収できることを合理的に説明できる場合，当該スケジューリング不能な将来減算一時差異に係る繰延税金資産は回収可能性がありと改正されている点に注意が必要である。

① 課税所得見込額の算定

「税効果シート④ 税効果スケジューリング表に関するワークシート」の上段で最初に，将来減算一時差異解消額前の「課税所得①」を算定する（**図表1-6-1**）。

図表1-6-1 税効果シート④ 税効果スケジューリング表に関するワークシート

会社名：福留聡㈱
事業年度：2017年3月期

監査委員会報告66号分類3→おおむね5年以内のスケジューリングの範囲内で回収可能　（単位：円）

項目		当期末残	解消予測					5年超解消
			2018年3月期	2019年3月期	2020年3月期	2021年3月期	2022年3月期	
		実効税率	32.34%	32.34%	32.34%	32.34%	32.34%	
課税所得①								
	税引前当期純利益		50,000,000	50,000,000	50,000,000	50,000,000	50,000,000	
	損金不算入項目（交際費）		8,000,000	8,000,000	8,000,000	8,000,000	8,000,000	
	損金不算入項目（寄付金）		1,000,000	1,000,000	1,000,000	1,000,000	1,000,000	
	益金不算入項目（受取配当金）		△ 1,500,000	△ 1,500,000	△ 1,500,000	△ 1,500,000	△ 1,500,000	
	退職給付引当金		300,000	300,000	300,000	300,000	300,000	
	その他恒常的加減算項目		40,200,000					
	小計		98,000,000	57,800,000	57,800,000	57,800,000	57,800,000	
	将来加算一時差異解消予定額							
	固定資産圧縮積立金		500,000	500,000	500,000	500,000	500,000	
	有形固定資産(除去資産)		500,000	500,000	500,000	500,000	500,000	
	タックスプランニング（土地売却等 ア				100,000,000			
	その他調整							
	課税所得① 合計 A		99,000,000	58,800,000	158,800,000	58,800,000	58,800,000	

福留聡株式会社は，会社分類が3であり，おおむね5年内の課税見積額を限度とするスケジューリング可能一時差異は回収可能性ありと判断できる。したがって，平成2018年3月期～平成2022年3月期まで5年間の課税所得を見積もることができる。

なお，実務上，監査委員会報告66号『繰延税金資産の回収可能性の判断に関する監査上の取扱い』「5．将来年度の課税所得の見積額による繰延税金資産の回収可能性の判断指針（3）将来年度の課税所得を合理的に見積る際の留意事項」に記載の通り，「将来の課税所得の合理的な見積もり可能期間（おおむね5年）は，個々の会社の業績予測期間，業績予測能力，会社の置かれている経営環境等を勘案し，5年以内より短い期間となる場合がある」。その場合には，5年より短い期間を見積可能期間とする必要があることに留意する。

また，企業会計基準適用指針第26号でも同様に，将来の合理的な見積可能期間は，個々の企業の業績予測期間，業績予測能力，当該企業の置かれている経営環境等を勘案した結果，5年以内のより短い期間となる場合がある。その場合，当該期間を合理的な見積可能期間とされている。

各項目の記載する数値は，ワークシート上の「記載要領」に記載したとおりである（**図表1-6-2**）。

図表1-6-2　税効果シート④　税効果スケジューリング表に関するワークシート

会社名：福留聡㈱
事業年度：2017年3月期

監査委員会報告66号分類3→おおむね5年以内のスケジューリングの範囲内で回収可能

項目			記載要領
課税所得①			
	税引前当期純利益		経営計画数値を記載。
	損金不算入項目　（交際費）		経営計画に織り込んでいる交際費を戻し5年分記載。
	損金不算入項目　（寄付金）		経営計画に織り込んでいる寄附金を戻し5年分記載。
	益金不算入項目　（受取配当金）		経営計画に織り込んでいる受取配当金をもとに5年分記載。
	退職給付引当金		経営計画に織り込んでいる退職給付費用を戻し5年分記載。
	その他恒常的加減算項目		左記は流動分の賞与引当金、賞与引当金に係る社会保険料、事業税外形標準(税前利益から開始のため所得割除く)の合計。流動分の賞与引当金、賞与引当金に係る社会保険料はスケジューリング表の減算額とほぼ同額の加算と考え記載、事業税はスケジューリング表が税前利益から始まるためここは計画の外形標準課税分を加算、2期以降は流動項目は加算減算ほぼ同額と考え調整しない。
	小計		
	将来加算一時差異解消予定額		
	固定資産圧縮積立金		スケジューリングを行い、解消年度に記入する。
	有形固定資産(除去資産)		スケジューリングを行い、解消年度に記入する。
	タックスプランニング　（土地売却等）	ア	売却見込年年度に記入する。
	その他調整		
	課税所得①　合計	A	

税引前当期純利益は，経営計画の数値を転記する。その前提として，2018年3月期～2022年3月期までの経営計画は，取締役会の承認を得ており，過去の経営計画の計画値と実績値に大きな乖離はないため，計画値を信頼してそのまま使用できるものとする。

また，本設例の将来減算一時差異として土地減損損失があるが，特に売却計画等タックスプランニングは存在しないものとし，本設例で記載あるタックスプランニングの土地売却等は，土地減損損失を計上している土地とは別の固定資産の売却とする。

将来減算一時差異解消額前の「課税所得①」算定にあたっての実務上のポイントは，経営計画で見込まれている恒常的加減算項目のうち，固定項目は，経営計画で見込まれている5年間の金額を記入するが，流動項目は，初年度の平成2018年3月期は加算し，2年目以降は，加算される金額と減算される金額がほぼ同額と考えて調整しない実務対応が多いことである。ただし，流動項目の2年目以降も必要に応じて加減算金額の純額を調整しても構わない。

①　将来加算一時差異解消予定額の算定

税効果スケジューリング表に関するワークシートの課税所得①のその他恒常的加減算項目及び小計より下の将来加算一時差異解消予定額について説明する(**図表1-6-3**)。

税効果シート④　税効果スケジューリング表に関するワークシート

会社名：福留聡㈱
事業年度：2017年3月期

監査委員会報告66号分類3→おおむね5年以内のスケジューリングの範囲内で回収可能　　（単位：円）

項目		当期末残	解消予測					5年超解消
			2018年3月	2019年3月期	2020年3月期	2021年3月期	2022年3月期	
課税所得①		実効税率	32.34%	32.34%	32.34%	32.34%	32.34%	
	税引前当期純利益		50,000,000	50,000,000	50,000,000	50,000,000	50,000,000	
	損金不算入項目（交際費）		8,000,000	8,000,000	8,000,000	8,000,000	8,000,000	
	損金不算入項目（寄付金）		1,000,000	1,000,000	1,000,000	1,000,000	1,000,000	
	益金不算入項目（受取配当金）		△ 1,500,000	△ 1,500,000	△ 1,500,000	△ 1,500,000	△ 1,500,000	
	退職給付引当金		300,000	300,000	300,000	300,000	300,000	
	その他恒常的加減算項目		40,200,000					
	小計		98,000,000	57,800,000	57,800,000	57,800,000	57,800,000	
	将来加算一時差異解消予定額							
	固定資産圧縮積立金		500,000	500,000	500,000	500,000	500,000	
	有形固定資産(除去資産)		500,000	500,000	500,000	500,000	500,000	
	タックスプランニング（土地売却等）ア				100,000,000			
	その他調整							
	課税所得①　合計　A		99,000,000	58,800,000	158,800,000	58,800,000	58,800,000	

（ⅰ）　固定資産圧縮積立金

固定資産圧縮積立金は，対象資産の耐用年数に合致させて取崩を行うことにより，加算され解消される。

本設例では，2018年3月期～2022年3月期まで，当初積立金額10,000,000円，固定資産の耐用年数20年により，毎期500,000円ずつ均等に取崩される。

なお，繰延税金負債のため，2017年3月期将来加算一時差異残高10,000,000円全額に対し繰延税金負債を計上する。

（ⅱ）有形固定資産（除却資産）

資産除去債務は一般的に下記仕訳になる。税務上は資産除去債務会計基準が将来の見積費用の見積もり額をもとに計上するため，債務確定基準と相いれないことは否認される。

（借方）固定資産（除却資産）　　（貸方）資産除去債務

借方の固定資産（除去資産）は減価償却で減少することで，会計上の簿価が税務上の簿価に近づいていき，会計上の毎期の減価償却が税務上否認される又は資産を将来売却することで，会計上の簿価より小さい税務上の簿価で売却することで税務が会計よりも多額に売却益が認識されることで，将来の税金が増加するため繰延税金負債を認識する。

すなわち，有形固定資産（除却資産）は，資産除去債務に関する会計基準を適用して計上され，対象の固定資産の耐用年数にわたって減価償却費の加算というかたちで解消される。

本設例では，2018年3月期～2022年3月期まで，毎期500,000円ずつ均等に減価償却され加算される。

なお，繰延税金負債のため，2017年3月期将来加算一時差異残高9,500,000円全額に対し繰延税金負債を計上する。

②　将来減算一時差異解消額の算定

税効果スケジューリング表に関するワークシートの将来減算一時差異解消額前の課税所得①より下の，将来減算一時差異解消予定額について説明する（**図表1-6-4**）。

図表1-6-4　税効果シート④　税効果スケジューリング表に関するワークシート

会社名:福留聡㈱
事業年度:2017年3月期

監査委員会報告66号分類3→おおむね5年以内のスケジューリングの範囲内で回収可能　（単位:円）

項目		当期末残	解消予測					5年超解消
			2018年3月期	2019年3月期	2020年3月期	2021年3月期	2022年3月期	
将来減算一時差異解消予定額								
	賞与引当金	30,000,000	30,000,000					—
	賞与引当金（社会保険料）	4,200,000	4,200,000					—
	未払事業税	10,514,475	10,514,475					—
	貸倒引当金（流動）	30,000,000	30,000,000					—
	退職給付引当金	4,250,000	50,000	50,000	50,000	50,000	50,000	4,000,000
	減価償却超過額（機械装置）	180,000	30,000	30,000	30,000	30,000	30,000	30,000
	役員退職慰労引当金	4,500,000		1,000,000		1,500,000	1,000,000	1,000,000
	土地減損損失	54,000,000						54,000,000
	貸倒引当金（固定）	2,000,000						2,000,000
	資産除去債務	10,200,000						10,200,000
	減価償却超過額（建物）	10,000,000	500,000	500,000	500,000	500,000	500,000	7,500,000
	建物減損損失	36,000,000	1,800,000	1,800,000	1,800,000	1,800,000	1,800,000	27,000,000
	計　B	195,844,475	77,094,475	3,380,000	2,380,000	3,880,000	3,380,000	

将来減算一時差異のスケジューリングについては，スケジューリング可能な将来減算一時差異かスケジューリング不能な将来減算一時差異かの判断，スケジューリング可能な一時差異については，どの期にどれだけ解消するかが，将来減算一時差異解消のスケジューリングの重要なポイントになる。

本設例における将来減算一時差異の各項目のスケジューリング方法は下記，考え方に基づいている。

（i）　賞与引当金

翌期に賞与を支給することにより，減算され，一時差異は解消される。

本設例では，2017年3月期の賞与引当金残高30,000,000円は平成2018年3月期に全額支払いにより，解消され，2019年3月期～2022年3月期は，加算される金額と減算される金額がほぼ同額と考えて調整していない。

（ii）　賞与引当金（社会保険料）

賞与引当金に係る法定福利費も賞与引当金と同様に翌期に社会保険料が納付されることにより，減算され，一時差異は解消される。

本設例では，2017年3月期の賞与引当金（社会保険料）残高4,200,000円は2018年3月期に全額支払いにより，解消され，2019年3月期～2022年3月期は，加算される金額と減算される金額がほぼ同額と考えて調整していない。

（iii）　貸倒引当金（流動）

貸倒引当金は，貸倒引当金計上対象の債権が回収されるか，税務上の貸倒損失の要件を満たした時等に減算され，一時差異は解消される。回収スケジュールがあり，それにしたがって入金されている場合以外は，相手先の状況に依存する場合が多く，スケジューリングできない場合が多い。

しかし，監査委員会報告66号『繰延税金資産の回収可能性の判断に関する監査上の取扱い』によると，貸倒引当金は，「損失の発生時期を個別に特定し，スケジューリングすることが困難な場合には，過去の損金算入実績に将来の合理的な予測を加味した方法等により合理的にスケジューリングが行われている限りスケジューリング不能な一時差異とは取り扱わない」とされている。

すなわち，過去の損金算入実績の傾向把握に合理性があり，当該傾向把握をもとに解消方針を策定し，スケジューリングをパターン化する等によるスケジューリング可能な一時差異と同様に扱われうる。

本設例において，一般債権の貸倒引当金（流動）の2017年3月期残高30,000,000円は，過去の損金算入実績から，2018年3月期に全額解消され，2019年3月期～2022年3月期は，加算される金額と減算される金額がほぼ同額が発生し，解消されると考えて調整していない。

なお，一般債権の貸倒引当金（流動）の毎期の洗替は，毎期貸倒引当金を売掛金残高等に基づき再計算しているだけであり，貸倒引当金の洗替は，一時差異が解消されていることにならないことに留意する。

（iv）　未払事業税

翌期に事業税が納付されることにより，減算され，一時差異は解消される。

本設例では，2017年3月期の未払事業税残高10,514,475円は2018年3月期に全額支払いにより，解消され，2019年3月期～2022年3月期は，加算される金額と減算される金額がほぼ同額と考えて調整していない。

（v）　退職給付引当金

退職給付引当金，建物減価償却超過額等将来解消年度が長期にわたる将来減算一時差異の取扱いは監査委員会報告66号『繰延税金資産の回収可能性の判断に関する監査上の取扱い』の「5. 将来年度の課税所得の見積額による繰延税金資産の回収可能性の判断指針（2）将来解消年度が長期にわたる将来減算一時差異の取扱い」に記載があり，表形式で要約すると**図表1-6-5**の通りになる。

企業会計基準適用指針第26号においても，多少の文章の変更はあるが，監査委員会報告66号と同様の取扱いとなっているため，**図表1-6-5**をそのまま利用できる。

図表1-6-5　将来解消年度が長期にわたる将来減算一時差異の取扱い

会社の状況	通常の将来減算一時差異の回収可能性の判断
分類1 将来減算一時差異を十分に上回る課税所得を毎期計上。	全額回収可能性あり。
分類2 業績は安定しているが将来減算一時差異を上回るほどの課税所得がない。	全額回収可能性あり。
分類3 業績は不安定で将来減算一時差異を上回るほどの課税所得がない。	5年間（合理的な見積もり可能期間）のスケジューリングを行った上でその期間を超えた年度であっても最終解消年度までに解消されると見込まれる一時差異は回収可能性あり。
分類4 重要な税務上の繰越欠損金がある。 1）期末に重要な繰越欠損金がある。 2）おおむね過去3年内に重要な繰越欠損金が期限切れとなった。 3）当期末において繰越欠損金の期限切れが見込まれる。 4）過去の経常的利益水準を大きく上回る将来減算一時差異がある。	①翌期の課税見積額を限度とするスケジューリング可能一時差異は回収可能性あり。 ②ただし繰越欠損金がリストラ等非経常的原因により発生しこれを除けば課税所得を毎期計上している場合は，5年間（合理的な見積もり可能期間）のスケジューリングを行った上でその期間を超えた年度であっても最終解消年度までに解消されると見込まれる一時差異は回収可能性あり。
分類5 過去連続して重要な税務上の繰越欠損金を計上している。 1）おおむね過去3年以上連続して重要な繰越欠損金を計上しており，かつ当期も重要な税務上の欠損金の計上が見込まれる。 2）債務超過が長期続き改善の見込みがない。 3）資本の欠損が長期続き改善の見込みがない。	原則として回収可能性はない。

退職給付引当金は，年金掛金の拠出，一時金の支払，退職給付制度の移行・終了による退職給付引当金の取り崩し等により，減算され，一時差異は解消される。

また，退職給付引当金は，貸倒引当金同様に年金掛金の拠出，一時金の支払時期を個別に特定し，スケジューリングすることが困難な場合でも，過去の損金算入実績に将来の合理的な予測を加味した方法等により合理的にスケジューリングする方法等によりスケジューリングすることが実務上行われている。

なお，監査委員会報告第70号『その他有価証券の評価差額及び固定資産の減損損失に係る税効果会計の適用における監査上の取扱い』によると，固定資産の減損損失に係る将来減算一時差異については，「減損損失は，その本質が，減価償却とは異なる性質のものであり，臨時性が極めて高く，かつ，金額も巨額になる可能性が高いことから，監査委員会報告66号繰延税金資産の回収可能性の判断に関する監査上の取扱いの（2）将来解消年度が長期にわたる将来減算一時差異の取扱いと同様の取扱いを適用されないものとする」点に留意する。

企業会計基準適用指針第26号においても同様に，償却資産の減損損失に係る将来減算一時差異については，解消見込年度が長期にわたる将来減算一時差異の取扱いを適用しないものとされている。

本設例において，退職給付引当金が2017年3月期残高で4,250,000円あり，年金掛金の拠出又は一時金の支払は，支払時期を個別に特定し，スケジューリングすることは困難であるが，過去の損金算入実績から，毎期50,000円ずつ減算されているものと仮定すると，2018年3月期～2022年3月期の5年間で250,000円解消しており，5年超の2023年3月期以降に4,000,000円解消する予定であるが，上記の表にあてはめると，福留　聡株式会社は，会社分類が3であるため5年間のスケジューリングを行った上でその期間を超えた年度であっても最終解消年度までに解消されると見込まれる退職給付引当金に係る繰延税金資産は回収可能性がある＝全額回収可能と判断できるため，5年超の2023年3月期以降に解消される4,000,000円含め全額解消可能であると判断できる。

（vi） 減価償却超過額（建物）

建物減価償却超過額は，会計上の耐用年数が税務上の耐用年数より短い等の理由により生じたものであるため，会計上の償却期間が経過してから，税務上の償却期間に達するまでに徐々に解消されていく。また，売却，廃棄等により解消される。

建物減価償却超過額も，退職給付引当金同様に将来解消年度が長期にわたる将来減算一時差異とされており，監査委員会報告66号『繰延税金資産の回収可能性の判断に関する監査上の取扱い』の「5. 将来年度の課税所得の見積額による繰延税金資産の回収可能性の判断指針（2）将来解消年度が長期にわたる将来減算一時差異の取扱い」に従い，将来減算一時差異の回収可能性の判断をするため，（**図表1-6-5** 将来解消年度が長期にわたる将来減算一時差異の取扱い）を参照されたい。

2017年3月期の建物減価償却超過額10,000,000円は，毎期500,000円ずつ減価償却により税務と会計の差異が解消され減算されているものと仮定すると，2018年3月期～2022年3月期の5年間で2,500,000円解消しており，2018年3月期以降に7,500,000円解消されるが，福留　聡株式会社は，会社分類が3であるため5年間のスケジューリングを行った上でその期間を超えた年度であっても最終解消年度までに解消されると見込まれる建物減価償却超過額に係る繰延税金資産は回収可能性がある＝全額回収可能と判断できるため，全額回収可能であると判断できる。

（vii） 減価償却超過額（機械装置）

機械装置の減価償却超過額は，会計上の耐用年数が税務上の耐用年数より短い等の理由により生じたものであるため，会計上の償却期間が経過してから，税務上の償却期間に達するまでに徐々に解消されていく。また，売却，廃棄等により解消される。なお，監査委員会報告66号『繰延税金資産の回収可能性の判断に関する監査上の取扱い』の「5. 将来年度の課税所得の見積額による繰延税金資産の回収可能性の判断指針（2）将来解消年度が長期にわたる将来減算一時差異の取扱い」によると，長期解消一時差異は，退職給付引当金や建物の減価償却超過額等と記載されており，これは，例えば，一般的に解消年度が長期とならない役員退職慰労引当金や，建物以外の減価償却超過額は，長期解消一時差異に該当せず，通常のスケジューリングが必要とされると解されている。

福留聡株式会社は，会社分類が3の会社であり，設備の売却，廃棄等が5年以内に予定されていないものと仮定すると2017年3月期の減価償却超過額180,000円は，毎期30,000円ずつ減価償却により税務と会計の差異が解消され減算されているものと仮定すると，2018年3月期～2022年3月期の5年間で150,000円解消しており，2023年3月期以降に30,000円解消されるが，減価償却を通じて5年以内に解消される一時差異合計150,000円を除き，5年超に解消される一時差異30,000円は，回収不能な一時差異とされる。

(viii)　役員退職慰労引当金

『税効果会計に関するQ&A』によると，「役員退職慰労引当金に係る将来減算一時差異については，スケジューリングの結果に基づいて繰延税金資産の回収可能性を判断するものですので，退職給付引当金や建物の減価償却超過額のように将来解消年度が長期となる将来減算一時差異には該当しません。」「これまでの役員在任期間の実績や内規等に基づいて役員の退任時期を合理的に見込み，当該役員の退任時期に将来減算一時差異が解消され，税金負担額を軽減できる範囲内で繰延税金資産を計上することとなる」と記述がある。すなわち，通常の一時差異と同様に扱われ，退任し，役員退職慰労金が支給されることにより，減算され，一時差異は解消される。

企業会計基準適用指針第26号においても同様に，役員退職慰労引当金に係る将来減算一時差異は，役員在任期間の実績や内規等に基づいて役員の退任時期を合理的に見込む方法等によりスケジューリングが行われている場合は，スケジューリングの結果に基づいて繰延税金資産の回収可能性を判断するとされている。

一方，スケジューリングが行われていない場合は，役員退職慰労引当金に係る将来減算一時差異は，スケジューリング不能な将来減算一時差異として取り扱い，（分類2）に該当する企業においては，当該スケジューリング不能な将来減算一時差異に係る繰延税金資産について，**図表1-5-2　企業会計基準適用指針第26号に基づく将来年度の課税所得の見積額による繰延税金資産の回収可能性の判断指針の分類2の通常の将来減算一時差異の回収可能性の判断**を参照されたい。

福留聡株式会社は，会社分類が3の会社であり，「役員在任期間の実績や内規等に基づいて役員の退任時期を合理的に見込み」算定した5年以内に解消される一時差異（2019年3月期1,000,000円，2021年3月期1,500,000円，2022年3月期1,000,000円の合計3,500,000円）を除き，5年超に解消される一時差異（1,000,000円）は，回収不能な一時差異とされる。

（ix）　土地減損損失

監査委員会報告70号『その他有価証券の評価差額及び固定資産の減損損失に係る税効果会計の適用における監査上の取扱い』によると，「土地等の非償却資産に係る将来減算一時差異のスケジューリングは，売却処分等の予定がある場合は，それによるが，例えば，工場用地として現に使用中であるような場合は，通常，スケジューリングが困難な場合が多いため，スケジューリング不能な一時差異と判定される可能性が高い」。福留　聡株式会社は，会社分類が3の会社であり，5年以内に売却予定の取締役会の承認がある等売却等の合理的な計画等がないため，全額スケジューリング不能な一時差異とされる。

企業会計基準適用指針第26号においても同様に，土地等の非償却資産の減損損失に係る将来減算一時差異は，売却等に係る意思決定又は実施計画等がない場合，スケジューリング不能な一時差異として取り扱うとされている。

（x）　貸倒引当金（長期）

貸倒引当金のスケジューリングの考え方は，（iii）貸倒引当金（流動）を参照されたい。

本設例の2017年3月期貸倒引当金（長期）残高2,000,000円は，回収スケジュール等なく，過去の損金算入実績はほとんどないと仮定する。合理的なスケジューリングができないことから，全額スケジューリング不能な一時差異としている。

（xi）　資産除去債務

資産除去債務は，資産除去が見込まれる期間から決算日現在まで割り引いて計算されるため，将来割引期間が短くなることで，負債は増加していき，将来の除去をもって負債は清算されるため，税務上は増加される負債及び経過利息は否認され，将来の資産除去債務の取崩により，会計と税務上の簿価が一致することになり，負債の増加とともに繰延税金資産が増加していき，負債の清算により繰延税金資産が減少することになる。

監査委員会報告66号では，退職給付引当金や建物の減価償却額に係る将来減算一時差異のように，スケジューリングの結果，その将来解消年度が長期にわたる長期解消一時差異は，通常の一時差異とは異なる扱いがとられているが，資産除去債務の場合は，資産の除却の時期が長期にわたるのではなく，資産の除却を行った時に一時に将来減算一時差異が解消されるため，長期解消一時差異ではなく，通常の将来減算一時差異として扱うものと考えられている。
そこで，資産除去債務をスケジューリング可能な将来減算一時差異か，スケジューリング不能な将来減算一時差異として扱うか問題になる。

(a)　資産除去債務をスケジューリング可能な将来減算一時差異として考える説

資産除去債務のスケジューリングは，資産除去債務の履行時期を見積もって割引計算しているため，合理的なスケジューリングは可能であり，履行時期に渡りスケジューリングをするという説であり，その場合は，通常のスケジューリング可能な一時差異として監査委員会報告66号又は企業会計基準適用指針第26号の会社分類に応じて繰延税金資産を計上する。

(b)　資産除去債務をスケジューリング不能な将来減算一時差異と考える説

資産除去債務は，除去に関する意思決定が明確になった時点で繰延税金資産を認識し，それまでは，除去に関する合理的な見積もりはできないとして，スケジューリング不能な将来減算一時差異と取り扱う。

貸倒引当金等損金算入時期が読めない項目も過去の損金算入実績等をもとに一定のスケジューリングをしている場合は回収可能としている点から，どこまで厳格に資産除去債務の繰延税金資産の回収可能性を判断するかという問題はあるが，実務上では，上記（a）（b）のうち，（b）資産除去債務をスケジューリング不能な将来減算一時差異と考える説の方が有力であり，割引計算する履行時期では，スケジューリング可能とまでは言えず，除去が明確になって初めて，スケジューリング可能な一時差異となる。

したがって，本設例では，資産除去債務の除去に関する意思決定が明確になっておらず，資産除去債務10,200,000円全額をスケジューリング不能な将来減算一時差異と扱う。

（xii） 建物減損損失

監査委員会報告70号『その他有価証券の評価差額及び固定資産の減損損失に係る税効果会計の適用における監査上の取扱い』によると，固定資産の減損損失に係る将来減算一時差異については，「減損損失は，その本質が，減価償却とは異なる性質のものであり，臨時性が極めて高く，かつ，金額も巨額になる可能性が高いことから，監査委員会報告66号繰延税金資産の回収可能性の判断に関する監査上の取扱いの（2）将来解消年度が長期にわたる将来減算一時差異の取扱いと同様の取扱いを適用されないものとする」点に留意するとされ，通常通り減価償却計算を通じてスケジューリングを行い，減価償却計算の基礎である耐用年数の終了を待たずに処分が予定されている場合は，当該処分予定に基づいてスケジューリングすることになる。

企業会計基準適用指針第26号でも同様の取り扱いであり，償却資産の減損損失に係る将来減算一時差異は，減価償却計算を通して解消されることから，スケジューリング可能な一時差異として取り扱い，解消見込年度が長期にわたる将来減算一時差異の取扱いを適用しないものとするとされている。

本設例では，建物減損損失を計上している建物の処分予定はなく，減価償却計算を通して解消され，2018年３月期～2022年３月期の５年間で9,000,000円解消しており，2023年３月期以降に27,000,000円解消されるが，減価償却を通じて５年以内に解消される一時差異合計9,000,000円を除き，５年超に解消される一時差異27,000,000円は，回収不能な一時差異とされる。

(xiii)　その他有価証券評価差額金

(a)　採用した会計方針，計上された有価証券評価差額金の仮定

福留　聡株式会社は，その他有価証券評価差額金の処理は，継続適用を条件として認められる例外的方法である部分純資産直入法によらず，原則的方法である全部純資産直入法を採用しているものとする（金融商品会計に関する実務指針73項）。

また，福留聡株式会社は，その他有価証券評価差額金の税効果会計について，評価差額を原則的処理（個別銘柄ごとに評価差損については回収可能性を検討した上で繰延税金資産を認識するとともに，評価差益について繰延税金負債を認識する方法）によらずに，例外処理（評価差額について一括して税効果会計を適用する方法）を採用しているものとする（監査委員会報告第70号その他有価証券の評価差額及び固定資産の減損損失に係る税効果会計の適用における監査上の取扱い2．その他有価証券の評価差額に対する税効果会計の適用における監査上の取扱い）。

また，計上されているその他有価証券の評価差額金は全額スケジューリング不能なものとする。

その他有価証券の評価差額は，全額スケジューリングが不能な場合，その評価差額を評価差損と評価差益とに区分せず，各合計額を相殺した後の純額の評価差損又は評価差益について，繰延税金資産又は繰延税金負債を認識することとなる（監査委員会報告第70号その他有価証券の評価差額及び固定資産の減損損失に係る税効果会計の適用における監査上の取扱いの2．その他有価証券の評価差額に対する税効果会計の適用における監査上の取扱い(2)）。

なお，例外処理（評価差額について一括して税効果会計を適用する方法）

を採用した場合に，スケジューリング可能な場合は，評価差損（将来減算一時差異）については，回収可能性を検討した上で繰延税金資産を認識するとともに，評価差益（将来減算一時差異）については繰延税金負債を認識する。

(b)　本設例による取扱い

福留聡株式会社においては，純額で評価差益になるので，『監査委員会報告第70号その他有価証券の評価差額及び固定資産の減損損失に係る税効果会計の適用における監査上の取扱い』「3. その他有価証券の評価差額について純額で繰延税金資産又は繰延税金負債を認識した場合の監査上の取扱い（1）純額で評価差益の場合」に従い，期末評価差益300,000円に対し繰延税金負債を認識する。また，当該評価差益はスケジューリング不能な将来加算一時差異のため，繰延税金資産の回収可能性の判断にあたっては，評価差額以外の将来減算一時差異とは相殺できないものとして取り扱われる。したがって，「税効果シート④　税効果スケジューリング表に関するワークシート」の将来加算一時差異の解消予定額には入れないことに留意する。

なお，参考までに，その他有価証券の評価差額のうち，スケジューリングが不能な場合の純額で評価差損の場合の取扱いを，監査委員会報告第70号『その他有価証券の評価差額及び固定資産の減損損失に係る税効果会計の適用における監査上の取扱い』「3. その他有価証券の評価差額について純額で繰延税金資産又は繰延税金負債を認識した場合の監査上の取扱い（2)」に従い，要約すると**図表1-6-6**のとおりとなる。

図表1-6-6

会社の状況	通常の将来減算一時差異の 回収可能性の判断
分類1 将来減算一時差異を十分に上回る課税所得を毎期計上	全額回収可能性あり。

分類2 業績は安定しているが将来減算一時差異を上回るほどの課税所得がない。	全額回収可能性あり。
分類3 業績は不安定で将来減算一時差異を上回るほどの課税所得がない。	おおむね5年内の課税見積額からスケジューリング可能な一時差異の解消額を加減した額を限度として純額の評価差損に係る繰延税金資産を計上しているときは，当該繰延税金資産は回収可能性あり。
分類4 重要な税務上の繰越欠損金がある。 1）期末に重要な繰越欠損金がある。 2）おおむね過去3年内に重要な繰越欠損金が期限切れとなった。 3）当期末において繰越欠損金の期限切れが見込まれる。 4）過去の経常的利益水準を大きく上回る将来減算一時差異がある。	①原則として回収可能性はない。 ②ただし繰越欠損金がリストラ等非経常的原因により発生しこれを除けば課税所得を毎期計上している場合は，おおむね5年内の課税見積額からスケジューリング可能な一時差異の解消額を加減した額を限度として純額の評価差損に係る繰延税金資産を計上しているときは，当該繰延税金資産は回収可能性あり。
分類5 過去連続して重要な税務上の繰越欠損金を計上している。 1）おおむね過去3年以上連続して重要な繰越欠損金を計上しており，かつ当期も重要な税務上の欠損金の計上が見込まれる。 2）債務超過が長期続き改善の見込みがない。 3）資本の欠損が長期続き改善の見込みがない。	原則として回収可能性はない。

企業会計基準適用指針第26号でも基本的に同様の取り扱いであり，会社分類3の場合に，臨時的な原因により生じたものを除いた課税所得が大きく増減している原因，中長期計画，過去における中長期計画の達成状況，過去（3年）及び当期の課税所得の推移等を勘案して，5年を超える見積可能期間においてスケジューリングされた一時差異等に係る繰延税金資産が回収可能であることを合理的に説明できる場合，繰延税金資産を見積る企業においては5年を超える見積可能期間の一時差異等加減算前課税所得の見積額にスケジューリング可

能な一時差異の解消額を加減した額に基づき，純額の評価差損に係る繰延税金資産を見積る場合，当該繰延税金資産の回収可能性はあるものとする点が，今回の適用指針の影響を受けて改正されている。

上記，将来減算一時差異解消額の各項目について見てきたように福留聡株式会社は，会社分類が3の会社であり，将来解消年度が長期にわたる将来減算一時差異の取扱いを除き（本設例では退職給付引当金及び建物減価償却超過額が該当），5年超に解消される一時差異は，解消不能な一時差異とされる。「税効果シート④　税効果スケジューリング表に関するワークシート」上では，解消不能な一時差異を「将来減算一時差異解消額」「(スケジューリング不能額)」欄，将来解消年度が長期にわたる将来減算一時差異を「(繰延税金資産)」「長期解消項目一時差異」欄にそれぞれ転記する（**図表1-6-7**）。

③　回収可能額の算定

各年度の「差引課税所得②」は「課税所得①」合計から「将来減算一時差異解消額」合計額を差引いて算定され，例えば，2018年3月期は99,000,000円－77,094,475円＝21,905,525円となる。プラスの場合は，「将来減算一時差異解消額」合計額は全て回収され，マイナスの場合は，繰越欠損金が発生することになる。例えば，2018年3月期の場合，「差引課税所得②」が21,905,525円とプラスのため，2018年3月期の将来減算一時差異解消額計77,094,475円は全額回収でき，回収可能額は，77,094,475円となる。すなわち，「課税所得①」合計と将来減算一時差異解消額計のいずれか小さい金額が回収可能額となるため，「課税所得①」合計の金額によっては，一部のみ回収可能額となり，一部が回収不能・繰越欠損金発生となるケースもある。

繰越欠損金は，税務上の大法人（資本金1億円超）や資本金の額が5億円以上の法人による完全支配関係がある中小法人等は，2017年4月1日以後に終了した事業年度において生じた欠損金額から「差引課税所得②」の50%の控除制限の範囲内で充当され，回収できなかった繰越欠損金は，10年間にわたり，充当できるため，2017年3月期残高37,500,000円のうち，2018年3月期は，「差引課税所得②」の50%である10,952,762円充当＝回収し，残額の26,547,238円は2019年3月期に充当＝回収できる。

なお，大法人の欠損金の繰越控除制度の所得制限は，2015年（平成27年）4月1日から2017年（平成29年3月31日）までの間に開始する繰越控除をする事業年度について，その繰越控除前の所得の金額の100分の65相当額であり，2017年（平成29年）4月1日以後に開始する繰越控除をする事業年度について，その繰越控除前の所得の金額の100分の 50 相当額である。

また，大法人の欠損金の繰越期間は，2017年（平成29年）4月1日以後に開始する事業年度から10年（現行9年）になる。

福留聡株式会社が今後，繰越欠損金が生じた場合は，会社分類が3の会社のまま変更なく，5 年を超える見積可能期間においてスケジューリングされた一時差異等に係る繰延税金資産が回収可能であることを合理的に説明できない場合は，税務上の繰越欠損金の繰越可能期間10年ではなく，5年以内に充当できる繰越欠損金のみ回収可能として繰延税金資産を計上できることに留意する。

なお，平成28年税制改正大綱によると，下記のとおり，大法人の欠損金の繰越控除制度の所得制限及び繰越期間が改正されている。

平成28年税制改正大綱によると，大法人の欠損金の繰越控除制度の所得制限は，2015年（平成27年）4月1日から2016年（平成28年3月31日）までの間に開始する繰越控除をする事業年度について，その繰越控除前の所得の金額の100分の65相当額であり，2016年（平成28年4月1日）から2017年（平成29年3月31日）までの間に開始する繰越控除をする事業年度について，その繰越控除前の所得の金額の100分の60相当額であり，2017年（平成29年4月1日）から2018年（平成30年3月31日）までの間に開始する繰越控除をする事業年度について，その繰越控除前の所得の金額の100分の55相当額であり，2018年（平成30年）4月1日以後に開始する繰越控除をする事業年度について，その繰越控除前の所得の金額の100分の50相当額である。

また，平成28年税制改正大綱によると，大法人の欠損金の繰越期間は，2018年（平成30年）4月1日以後に開始する事業年度から10年（現行9年）になる。

図表1-6-7　税効果シート④　税効果スケジューリング表に関するワークシート

会社名: 福留聡㈱
事業年度: 2017年3月期

監査委員会報告66号分類3→おおむね5年以内のスケジューリングの範囲内で回収可能　　（単位：円）

項目			当期末残	解消予測 2018年3月期	2019年3月期	2020年3月期	2021年3月期	2022年3月期	5年超解消	
			実効税率	32.34%	32.34%	32.34%	32.34%	32.34%		
課税所得①										
	税引前当期純利益			50,000,000	50,000,000	50,000,000	50,000,000	50,000,000		
	損金不算入項目（交際費）			8,000,000	8,000,000	8,000,000	8,000,000	8,000,000		
	損金不算入項目（寄付金）			1,000,000	1,000,000	1,000,000	1,000,000	1,000,000		
	益金不算入項目（受取配当金）			△ 1,500,000	△ 1,500,000	△ 1,500,000	△ 1,500,000	△ 1,500,000		
	退職給付引当金			300,000	300,000	300,000	300,000	300,000		
	その他恒常的加減算項目			40,200,000						
	小計			98,000,000	57,800,000	57,800,000	57,800,000	57,800,000		
	将来加算一時差異解消予定額									
	固定資産圧縮積立金			500,000	500,000	500,000	500,000	500,000		
	有形固定資産（除去資産）			500,000	500,000	500,000	500,000	500,000		
	タックスプランニング（土地売却等）	ア				100,000,000				
	その他調整									
	課税所得① 合計	A		99,000,000	58,800,000	158,800,000	58,800,000	58,800,000		
将来減算一時差異解消予定額										
	賞与引当金		30,000,000	30,000,000					—	OK
	賞与引当金（社会保険料）		4,200,000	4,200,000					—	OK
	未払事業税		10,514,475	10,514,475					—	OK
	貸倒引当金（流動）		30,000,000	30,000,000					—	OK
	退職給付引当金		4,250,000	50,000	50,000	50,000	50,000	50,000	4,000,000	
	減価償却超過額（機械装置）		180,000	30,000	30,000	30,000	30,000	30,000	30,000	スケジューリング不能
	役員退職慰労引当金		4,500,000		1,000,000		1,500,000	1,000,000	1,000,000	スケジューリング不能
	土地減損損失		54,000,000						54,000,000	スケジューリング不能
	貸倒引当金（固定）		2,000,000						2,000,000	スケジューリング不能
	資産除去債務		10,200,000						10,200,000	スケジューリング不能
	減価償却超過額（建物）		10,000,000	500,000	500,000	500,000	500,000	500,000	7,500,000	
	建物減損損失		36,000,000	1,800,000	1,800,000	1,800,000	1,800,000	1,800,000	27,000,000	スケジューリング不能
	計	B	195,844,475	77,094,475	3,380,000	2,380,000	3,880,000	3,380,000		
	回収可能額	C	90,114,475	77,094,475	3,380,000	2,380,000	3,880,000	3,380,000		
	回収不能・繰越欠損金発生	イ		—	—	—	—	—		

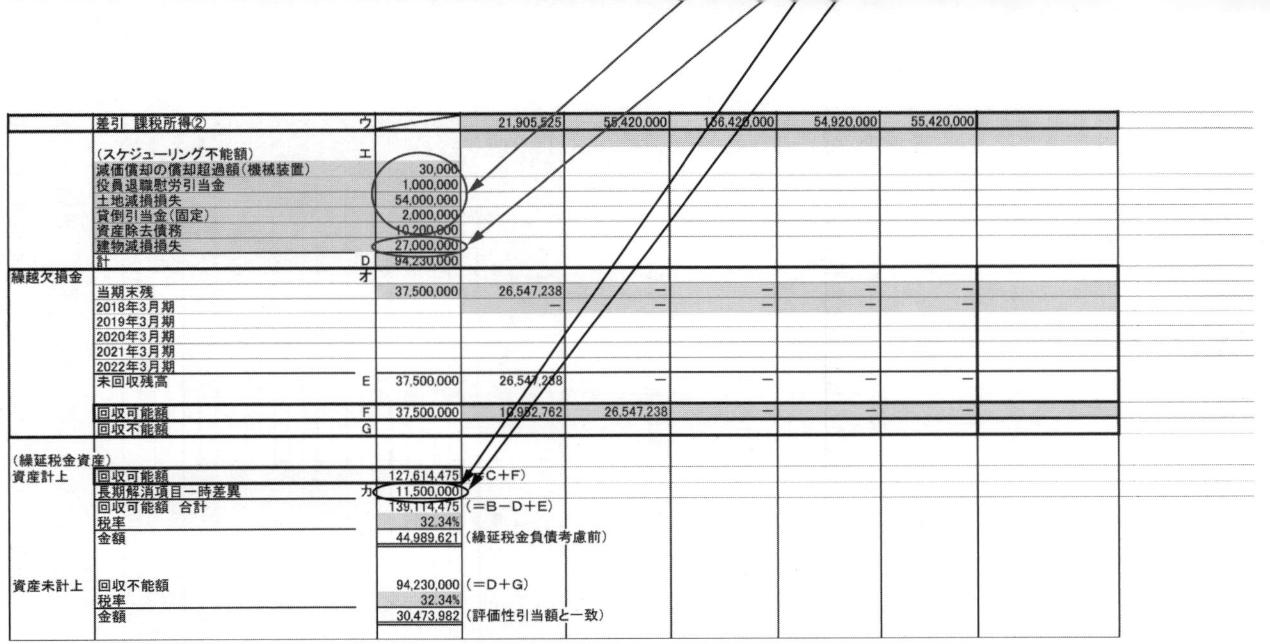

	差引　課税所得②	ウ		21,905,525	55,420,000	156,420,000	54,920,000	55,420,000
	（スケジューリング不能額）	エ						
	減価償却の償却超過額（機械装置）		30,000					
	役員退職慰労引当金		1,000,000					
	土地減損損失		54,000,000					
	貸倒引当金（固定）		2,000,000					
	資産除去債務		10,200,000					
	建物減損損失		27,000,000					
	計	D	94,230,000					
繰越欠損金		オ						
	当期末残		37,500,000	26,547,238	—	—	—	—
	2018年3月期			—	—	—	—	—
	2019年3月期							
	2020年3月期							
	2021年3月期							
	2022年3月期							
	未回収残高	E	37,500,000	26,547,238	—	—	—	—
	回収可能額	F	37,500,000	10,952,762	26,547,238	—	—	—
	回収不能額	G						
（繰延税金資産） 資産計上	回収可能額		127,614,475	（＝C＋F）				
	長期解消項目一時差異	カ	11,500,000					
	回収可能額　合計		139,114,475	（＝B－D＋E）				
	税率		32.34%					
	金額		44,989,621	（繰延税金負債考慮前）				
資産未計上	回収不能額		94,230,000	（＝D＋G）				
	税率		32.34%					
	金額		30,473,982	（評価性引当額と一致）				

7　回収可能性考慮後の繰延税金資産及び繰延税金負債を算定する

税効果会計のSTEP6　回収可能性考慮後の繰延税金資産及び繰延税金負債を算定することにある。

STEP6の目的は，「税効果シート④　税効果スケジューリング表に関するワークシート」で繰延税金資産の回収可能性で検討した結果を，「税効果シート①　税効果計算に関するワークシート」に記入して最終的に財務諸表で開示される繰延税金資産及び繰延税金負債を算定することである。

STEP3　回収可能性考慮前の繰延税金資産及び繰延税金負債の算定の段階では「税効果シート①　税効果計算に関するワークシート」で，評価性引当額控除前繰延税金資産Eまで算定している（**図表1-7-1**）。

図表1-7-1　税効果シート①　税効果計算に関するワークシート

会社名：福留聡㈱
事業年度：2017年3月期

項目	A:前期末残高 =別表五(一)期首現在利益積立金額	B:加算 =別表五(一)当期中の増減の増	C:減算 =別表五(一)当期中の増減の減	D:期末残高 =別表五(一)差引翌期首現在利益積立金額	E:評価性引当額控除前繰延税金資産 =D.期末残高×32.34%
賞与引当金	38,000,000	30,000,000	38,000,000	30,000,000	9,702,000
未払事業税(注1)	6,000,000	10,514,475	6,000,000	10,514,475	3,400,381
賞与引当金(社会保険料)	5,240,000	4,200,000	5,240,000	4,200,000	1,358,280
貸倒引当金(流動)	20,000,000	30,000,000	20,000,000	30,000,000	9,702,000
小計	69,240,000	74,714,475	69,240,000	74,714,475	24,162,661
退職給付引当金	4,000,000	300,000	50,000	4,250,000	1,374,450
役員退職慰労引当金	3,500,000	1,000,000		4,500,000	1,455,300
土地減損損失		54,000,000		54,000,000	17,463,600
減価償却超過額(機械装置)	150,000	100,000	70,000	180,000	58,212
貸倒引当金(固定)		2,000,000		2,000,000	646,800
資産除去債務	10,000,000	200,000		10,200,000	3,298,680
減価償却超過額(建物)		10,000,000		10,000,000	3,234,000
繰越欠損金(注2)	200,000,000		162,500,000	37,500,000	12,127,500
建物減損損失		36,000,000		36,000,000	11,642,400
小計	217,650,000	103,600,000	162,620,000	158,630,000	51,300,942
合計	286,890,000	178,314,475	231,860,000	233,344,475	75,463,603
固定資産圧縮積立金		(10,000,000)		(10,000,000)	(3,234,000)
有形固定資産(除去資産)	(10,000,000)	500,000		(9,500,000)	(3,072,300)
その他有価証券評価差額金	(500,000)	(300,000)	(500,000)	(300,000)	(97,020)
合計	(10,500,000)	(9,800,000)	(500,000)	(19,800,000)	(6,403,320)

次のステップとして，回収不能一時差異を「税効果シート④　税効果スケジューリング表に関するワークシート」の「(スケジューリング不能額)」を項

目ごと「F：回収不能一時差異」に転記する（**図表1-7-2**）。

D：将来減算一時差異の期末残高から税効果スケジューリングの結果としてのF：回収不能一時差異を控除したものが「H：評価性引当額控除後一時差異」として算出される。最終的には，「H：評価性引当額控除後一時差異」の法定実効税率である32.34％を乗じることにより「I：評価性引当額控除後繰延税金資産」が算定され，貸借対照表に計上される繰延税金資産・繰延税金負債の額が算出される。

評価性引当金とは，繰延税金資産の算定にあたり，繰延税金資産から控除された金額であり，評価性引当金がある場合には，財務諸表に注記が必要なため，「G：評価性引当額＝F：回収不能一時差異×32.34％」で算定把握する必要がある。

なお，前期末の繰延税金資産は，「税効果シート①　税効果計算に関するワークシート」A列，J列～L列で税効果の仕訳をシート上で作成するための参考値として算定している。前期末は，役員退職慰労引当金と資産除去債務を回収不能一時差異として繰延税金資産及び繰延税金負債を算定している（**図表1-7-3**）。なお，法人税等調整額は，純資産直入されるその他有価証券評価差額に係る繰延税金負債を除いた税効果である前期末の繰延税金資産及び繰延税金負債合計85,988,826円から当期末の繰延税金資産及び繰延税金負債合計38,683,321円を差引した47,305,505円が費用として法人税等調整額として費用計上される。また，財務諸表を開示する際に，流動資産に属する繰延税金資産と流動負債に属する繰延税金負債がある場合及び投資その他の資産に属する繰延税金資産と固定負債に属する繰延税金負債がある場合には，それぞれ相殺して表示するため，設例の固定の繰延税金資産20,826,960円と固定の繰延税金負債6,403,320円は相殺して固定の繰延税金資産14,423,640円として開示される。

なお，「税効果シート①　税効果計算に関するワークシート」で算定した繰延税金資産合計44,989,621円とG：評価性引当額の合計30,473,982円は，「税効果シート④　税効果スケジューリング表に関するワークシート」の資産計上の税率を乗じた後の金額，資産未計上の税率を乗じた金額とそれぞれ一致するため，一致の有無を確認することでそれぞれの計算の正確性を検証できる（**図表1-7-4**）。

図表1-7-2　税効果シート④　税効果スケジューリング表に関するワークシート

会社名:	福留聡㈱
事業年度:	2017年3月期

監査委員会報告66号分類3→おおむね5年以内のスケジューリングの範囲内で回収可能

	項目		当期末残	2018年3月期
	(スケジューリング不能額)	エ		
	減価償却の償却超過額(機械装置)		30,000	
	役員退職慰労引当金		1,000,000	
	土地減損損失		54,000,000	
	貸倒引当金(固定)		2,000,000	
	資産除去債務		10,200,000	
	建物減損損失		27,000,000	
	計	D	94,230,000	

税効果シート①　税効果計算に関するワークシート

会社名:	福留聡㈱
事業年度:	2017年3月期

項目	A:前期末残高 =別表五(一)期首現在利益積立金額	B:加算 =別表五(一)当期中の増減の増	C:減算 =別表五(一)当期中の増減の減	D:期末残高 =別表五(一)差引翌期首現在利益積立金額
賞与引当金	38,000,000	30,000,000	38,000,000	30,000,000
未払事業税(注1)	6,000,000	10,514,475	6,000,000	10,514,475
賞与引当金(社会保険料)	5,240,000	4,200,000	5,240,000	4,200,000
貸倒引当金(流動)	20,000,000	30,000,000	20,000,000	30,000,000
小計	69,240,000	74,714,475	69,240,000	74,714,475
退職給付引当金	4,000,000	300,000	50,000	4,250,000
役員退職慰労引当金	3,500,000	1,000,000		4,500,000
土地減損損失		54,000,000		54,000,000
減価償却超過額(機械装置)	150,000	100,000	70,000	180,000
貸倒引当金(固定)		2,000,000		2,000,000
資産除去債務	10,000,000	200,000		10,200,000
減価償却超過額(建物)		10,000,000		10,000,000
繰越欠損金(注2)	200,000,000		162,500,000	37,500,000
建物減損損失		36,000,000		36,000,000
小計	217,650,000	103,600,000	162,620,000	158,630,000
合計	286,890,000	178,314,475	231,860,000	233,344,475
固定資産圧縮積立金		(10,000,000)		(10,000,000)
有形固定資産(除去資産)	(10,000,000)	500,000		(9,500,000)
その他有価証券評価差額金	(500,000)	(300,000)	(500,000)	(300,000)
合計	(10,500,000)	(9,800,000)	(500,000)	(19,800,000)

（単位：円）

解消予測				5年超解消
2019年3月期	2020年3月期	2021年3月期	2022年3月期	

（単位：円）

E:評価性引当額控除前繰延税金資産 =D.期末残高×32.34%	F:回収不能一時差異	G:評価性引当額 =回収不能一時差異×32.34%	H:評価性引当額控除後一時差異=D+F	I:評価性引当額控除後繰延税金資産 =G×32.34%	
9,702,000	0	0	30,000,000	9,702,000	
3,400,381	0	0	10,514,475	3,400,381	
1,358,280	0	0	4,200,000	1,358,280	
9,702,000	0	0	30,000,000	9,702,000	
24,162,661	0	0	74,714,475	24,162,661	①
1,374,450	0	0	4,250,000	1,374,450	
1,455,300	(1,000,000)	(323,400)	3,500,000	1,131,900	
17,463,600	(54,000,000)	(17,463,600)	0	0	
58,212	(30,000)	(9,702)	150,000	48,510	
646,800	(2,000,000)	(646,800)	0	0	
3,298,680	(10,200,000)	(3,298,680)	0	0	
3,234,000	0	0	10,000,000	3,234,000	
12,127,500	0	0	37,500,000	12,127,500	
11,642,400	(27,000,000)	(8,731,800)	9,000,000	2,910,600	
51,300,942	(94,230,000)	(30,473,982)	64,400,000	20,826,960	②
75,463,603	(94,230,000)	(30,473,982)	139,114,475	44,989,621	
(3,234,000)			(10,000,000)	(3,234,000)	
(3,072,300)			(9,500,000)	(3,072,300)	
(97,020)			(300,000)	(97,020)	
(6,403,320)	0	0	(19,800,000)	(6,403,320)	④

期末将来減算一時差異合計	195,844,475	
(流動)繰延税金資産	24,162,661	①
(固定)繰延税金資産	20,826,960	②
繰延税金資産合計	44,989,621	③=①+②
(固定)繰延税金負債	(6,403,320)	④
開示　(固定)繰延税金資産	14,423,640	⑤=②+④
法人税等調整額	47,305,505	⑥=③'−③

図表1-7-3　税効果シート①

会社名:	福留聡㈱
事業年度:	2017年3月期

項目	A:前期末残高 =別表五(一)期首現在利益積立金額	
賞与引当金	38,000,000	
未払事業税(注1)	6,000,000	
賞与引当金(社会保険料)	5,240,000	
貸倒引当金(流動)	20,000,000	
小計	69,240,000	①
退職給付引当金	4,000,000	
役員退職慰労引当金	3,500,000	
土地減損損失		
減価償却超過額(機械装置)	150,000	
貸倒引当金(固定)		
資産除去債務	10,000,000	
減価償却超過額(建物)		
繰越欠損金(注2)	200,000,000	
建物減損損失		
小計	217,650,000	②
合計	286,890,000	
固定資産圧縮積立金		
有形固定資産(除去資産)	(10,000,000)	
その他有価証券評価差額金	(500,000)	
合計	(10,500,000)	④

税効果計算に関するワークシート

（注0）　（単位：円）

J:前期末評価性引当額控除前繰延税金資産 ＝A×32.34%	K:前期末評価性引当額 =回収不能一時差異×32.34%	L:前期末の開示ベースの繰延税金資産 =J+K	
12,289,200		12,289,200	
1,940,400		1,940,400	
1,694,616		1,694,616	
6,468,000		6,468,000	
22,392,216	0	22,392,216	①'
1,293,600		1,293,600	
1,131,900	(323,400)	808,500	
0		0	
48,510		48,510	
0		0	
3,234,000	(3,234,000)	0	
0		0	
64,680,000		64,680,000	
0		0	
70,388,010	(3,557,400)	66,830,610	②'
92,780,226	(3,557,400)	89,222,826	
0		0	
(3,234,000)		(3,234,000)	
(190,050)		(190,050)	
(3,424,050)	0	(3,424,050)	④'

期末将来減算一時差異合計	86,890,000		
(流動)繰延税金資産	22,392,216	①'	前期末B/Sと一致確認
(固定)繰延税金資産	66,830,610	②'	
繰延税金資産合計	89,222,826	③'＝①'＋②'	
(固定)繰延税金負債	(3,424,050)	④'	
開示(固定)繰延税金資産	63,406,560	⑤'＝②'＋④'	前期末B/Sと一致確認

8　税金費用のプルーフテストを行い，税金費用の妥当性を検証する

税効果会計の最終ステップであるSTEP7は，税金費用のプルーフテストを行い，税金費用の妥当性を検証することである。この税効果プルーフにより，法人税申告書及び地方税申告書で算定した法人税，住民税及び事業税と税効果

図表1-7-4　税効果シート④　税効果スケジューリング表に関するワークシート

会社名：福留聡㈱
事業年度：2017年3月期

監査委員会報告66号分類3→おおむね5年以内のスケジューリングの範囲内で回収可能　　　　（単位：円）

区分	項目	記号	当期末残	解消予測 2018年3月期	2019年3月期	2020年3月期	2021年3月期	2022年3月期	5年超解消	
			実効税率	32.34%	32.34%	32.34%	32.34%	32.34%		
課税所得①										
	税引前当期純利益			50,000,000	50,000,000	50,000,000	50,000,000	50,000,000		
	損金不算入項目（交際費）			8,000,000	8,000,000	8,000,000	8,000,000	8,000,000		
	損金不算入項目（寄付金）			1,000,000	1,000,000	1,000,000	1,000,000	1,000,000		
	益金不算入項目（受取配当金）			△ 1,500,000	△ 1,500,000	△ 1,500,000	△ 1,500,000	△ 1,500,000		
	退職給付引当金			300,000	300,000	300,000	300,000	300,000		
	その他恒常的加減算項目			40,200,000						
	小計			98,000,000	57,800,000	57,800,000	57,800,000	57,800,000		
	将来加算一時差異解消予定額									
	固定資産圧縮積立金			500,000	500,000	500,000	500,000	500,000		
	有形固定資産（除去資産）			500,000	500,000	500,000	500,000	500,000		
	タックスプランニング（土地売却等	ア				100,000,000				
	その他調整									
	課税所得① 合計	A		99,000,000	58,800,000	158,800,000	58,800,000	58,800,000		
将来減算一時差異解消予定額										
	賞与引当金		30,000,000	30,000,000					—	OK
	賞与引当金（社会保険料）		4,200,000	4,200,000					—	OK
	未払事業税		10,514,475	10,514,475					—	OK
	貸倒引当金（流動）		30,000,000	30,000,000					—	OK
	退職給付引当金		4,250,000	50,000	50,000	50,000	50,000	50,000	4,000,000	
	減価償却超過額（機械装置）		180,000	30,000	30,000	30,000	30,000	30,000	30,000	スケジューリング不能
	役員退職慰労引当金		4,500,000		1,000,000		1,500,000	1,000,000	1,000,000	スケジューリング不能
	土地減損損失		54,000,000						54,000,000	スケジューリング不能
	貸倒引当金（固定）		2,000,000						2,000,000	スケジューリング不能
	資産除去債務		10,200,000						10,200,000	スケジューリング不能
	減価償却超過額（建物）		10,000,000	500,000	500,000	500,000	500,000	500,000	7,500,000	
	建物減損損失		36,000,000	1,800,000	1,800,000	1,800,000	1,800,000	1,800,000	27,000,000	スケジューリング不能
	計	B	195,844,475	77,094,475	3,380,000	2,380,000	3,880,000	3,380,000		
	回収可能額	C	90,114,475	77,094,475	3,380,000	2,380,000	3,880,000	3,380,000		
	回収不能・繰越欠損金発生	イ		—	—	—	—	—		
	差引 課税所得②	ウ		21,905,525	55,420,000	156,420,000	54,920,000	55,420,000		
	（スケジューリング不能額）	エ								
	減価償却の償却超過額（機械装置）		30,000							
	役員退職慰労引当金		1,000,000							
	土地減損損失		54,000,000							
	貸倒引当金（固定）		2,000,000							
	資産除去債務		10,200,000							
	建物減損損失		27,000,000							
	計	D	94,230,000							
繰越欠損金		オ								
	当期末残		37,500,000	26,547,238	—	—	—	—		
	2018年3月期				—	—	—	—		
	2019年3月期									
	2020年3月期									
	2021年3月期									
	2022年3月期									
	未回収残高	E	37,500,000	26,547,238	—	—	—	—		
	回収可能額	F	37,500,000	10,952,762	26,547,238	—	—	—		
	回収不能額	G								

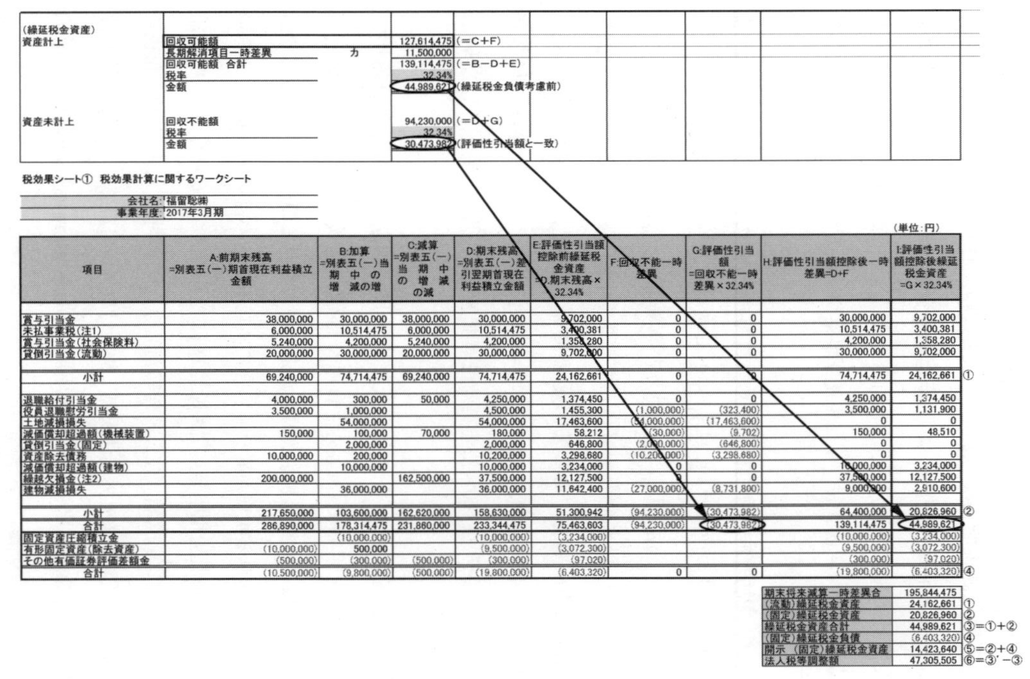

（繰延税金資産）			
資産計上	回収可能額	127,614,475	（＝C＋F）
	長期解消項目一時差異　カ	11,500,000	
	回収可能額　合計	139,114,475	（＝B－D＋E）
	税率	32.34%	
	金額	44,989,621	（繰延税金負債考慮前）
資産未計上	回収不能額	94,230,000	（＝D＋G）
	税率	32.34%	
	金額	30,473,982	（評価性引当額と一致）

税効果シート①　税効果計算に関するワークシート

会社名：福留聡㈱
事業年度：2017年3月期

（単位：円）

項目	A:前期末残高 =別表五(一)期首現在利益積立金額	B:加算 =別表五(一)当期中の増減の増	C:減算 =別表五(一)当期中の増減の減	D:期末残高 =別表五(一)差引翌期首現在利益積立金額	E:評価性引当額控除前繰延税金資産 =D.期末残高×32.34%	F:回収不能一時差異	G:評価性引当額 =回収不能一時差異×32.34%	H:評価性引当額控除後一時差異=D+F	I:評価性引当額控除後繰延税金資産 =G×32.34%	
賞与引当金	38,000,000	30,000,000	38,000,000	30,000,000	9,702,000	0	0	30,000,000	9,702,000	
未払事業税（注1）	6,000,000	10,514,475	6,000,000	10,514,475	3,400,381	0	0	10,514,475	3,400,381	
賞与引当金（社会保険料）	5,240,000	4,200,000	5,240,000	4,200,000	1,358,280	0	0	4,200,000	1,358,280	
貸倒引当金（流動）	20,000,000	30,000,000	20,000,000	30,000,000	9,702,000	0	0	30,000,000	9,702,000	
小計	69,240,000	74,714,475	69,240,000	74,714,475	24,162,661	0	0	74,714,475	24,162,661	①
退職給付引当金	4,000,000	300,000	50,000	4,250,000	1,374,450	0	0	4,250,000	1,374,450	
役員退職慰労引当金	3,500,000	1,000,000		4,500,000	1,455,300	(1,000,000)	(323,400)	3,500,000	1,131,900	
土地減損損失		54,000,000		54,000,000	17,463,600	(54,000,000)	(17,463,600)	0	0	
減価償却超過額（機械装置）	150,000	100,000	70,000	180,000	58,212	(30,000)	(9,702)	150,000	48,510	
貸倒引当金（固定）		2,000,000		2,000,000	646,800	(2,000,000)	(646,800)	0	0	
資産除去債務	10,000,000	200,000		10,200,000	3,298,680	(10,200,000)	(3,298,680)	0	0	
減価償却超過額（建物）		10,000,000		10,000,000	3,234,000	0	0	10,000,000	3,234,000	
繰越欠損金（注2）	200,000,000		162,500,000	37,500,000	12,127,500	0	0	37,500,000	12,127,500	
建物減損損失		36,000,000		36,000,000	11,642,400	(27,000,000)	(8,731,800)	9,000,000	2,910,600	
小計	217,650,000	103,600,000	162,620,000	158,630,000	51,300,942	(94,230,000)	(30,473,982)	64,400,000	20,826,960	②
合計	286,890,000	178,314,475	231,860,000	233,344,475	75,463,603	(94,230,000)	(30,473,982)	139,114,475	44,989,621	
固定資産圧縮積立金		(10,000,000)		(10,000,000)	(3,234,000)			(10,000,000)	(3,234,000)	
有形固定資産（除去資産）	(10,000,000)	500,000		(9,500,000)	(3,072,300)			(9,500,000)	(3,072,300)	
その他有価証券評価差額金	(500,000)	(300,000)	(500,000)	(300,000)	(97,020)			(300,000)	(97,020)	
合計	(10,500,000)	(9,800,000)	(500,000)	(19,800,000)	(6,403,320)	0	0	(19,800,000)	(6,403,320)	④

期末将来減算一時差異合	195,844,475	
（流動）繰延税金資産	24,162,661	①
（固定）繰延税金資産	20,826,960	②
繰延税金資産合計	44,989,621	③＝①＋②
（固定）繰延税金負債	(6,403,320)	④
開示　（固定）繰延税金資産	14,423,640	⑤＝②＋④
法人税等調整額	47,305,505	⑥＝③'－③

会計で算定した法人税等調整額の算定の適切性を検証できる。

税金費用（＝法人税，住民税及び事業税＋法人税等調整額）は，下記算式で算定される。

税金費用＝税引前当期純利益×法定実効税率

なお，一時差異は，課税所得を増減させ，法人税，住民税及び事業税を増加又は減少させる一方，税効果会計により繰延税金資産及び繰延税金負債を計上する結果，法人税等調整額を減少又は増加させるため，評価制引当金を計上しない限り税金費用合計（＝法人税，住民税及び事業税＋法人税等調整額）には影響しない。

上記は，例えば，税引前当期純利益100，賞与引当金否認100の場合，課税所得は税引前当期純利益100及び賞与引当金否認100の合計で200のため，法定実効税率40％とすると，法人税，住民税及び事業税は＝200×40％＝80となる。法人税等調整額は，賞与引当金否認100に税効果会計を適用すると，法人税等調整額＝100×40％＝40（貸方）となる。その結果，税金費用合計（＝法人税，住民税及び事業税＋法人税等調整額）は80−40＝40となり，一時差異は，税金費用合計（40＝税引前当期純利益100×法定実効税率40％）に影響を与えていないことがわかる。

すなわち，上記算式を満たさない，永久差異項目，当期に採用している法定実効税率と異なる税率を用いて繰延税金資産や繰延税金負債，税額等を算定している金額（繰延税金資産や繰延税金負債の算定で解消される期間により異なる複数税率，所在地により適用される税率が異なる場合に本社所在地の税率を採用している場合，軽減税率，同族会社の特別税率等），課税標準に税率を乗じて算定された税額に別途追加して課税される税額（住民税均等割額等）や控除される税額（租税特別措置法上の税額控除，控除対象外外国法人税，控除対象外所得税等），一時差異ではあるが，税効果をとらないことで，税金費用を増加させる評価性引当額の増加額等が税率差異の対象になる。

したがって，税金費用は，下記算式でも算定することができ，下記の項目が，税率差異が生じる要因の項目になる。

図表1-8-1　税効果シート⑤　税効果プルーフに関するワークシート

会社名: 福留聡㈱
事業年度: 2017年3月期

（単位:円）

税引前当期純利益				P/L	146,000,000			
						法定実効税率		32.34%
永久差異								
交際費				別表四	9,060,000	×32.34%	2,930,004	2.01%
役員賞与				別表四	700,000	×32.34%	226,380	0.16%
寄附金の損金不算入額				別表四	9,300,000	×32.34%	3,007,620	2.06%
受取配当等の益金不算入額				別表四	−10,000,000	×32.34%	−3,234,000	△2.22%
計					155,060,000			
					↓×32.34%			
					50,146,404			
住民税均等割額				納税一覧表	530,000	×100%=	530,000	0.36%
計					50,676,404			
評価性引当額の増加額	前期	3,557,400	シート①		26,916,582	×100%=	26,916,582	18.44%
	当期	30,473,982	シート⑦					
計（期待値）					77,592,986			
						その他		△0.00%
計上額								
法人税、住民税及び事業税				P/L	30,285,863			
法人税等調整額				P/L	47,305,505			
計					77,591,368			53.14%
差異					−1,618			
差異率					0.0%			
判定					○重要な差異なし			

税金費用＝(税引前当期純利益＋(－)永久差異)×法定実効税率＋住民税均等割額＋評価性引当額の増加額＋(－)適用税率の差異－税額控除

なお，本設例で，税率差異に影響を与える項目は，永久差異（交際費，役員賞与，寄附金，受取配当金），住民税均等割額，評価性引当額の増加額となる。

本設例における「税効果シート⑤　税効果プルーフに関するワークシート」を参照いただきたい（**図表1-8-1**）。

「税効果シート⑤　税効果プルーフに関するワークシート」の入力数値と税率差異項目について解説する。

（i）　税引前当期純利益

最終損益計算書上の税引前当期純利益を転記する。

（ii）　永 久 差 異

別表四で社外流出の項目を転記する。代表的な項目としては，交際費，寄附金，受取配当金がある。

また，2. 一時差異等を把握するの箇所で記載したとおり，役員賞与引当金は，確定時に損金算入される一定の例外を除き永久差異と同様に取り扱われることになる。すなわち，社外流出項目が永久差異とされる役員賞与否認に加えて，留保項目である役員賞与引当金否認，役員賞与引当金認容も税効果を認識しないため，評価性引当額に近い項目となり，役員賞与否認とあわせて永久差異として調整項目となる。

交際費や寄附金等永久に損金に算入されない項目は，税引前当期純利益に加算され，税引前所得より課税所得が大きくなるが，一時差異でないので税効果会計が適用されないため，法人税等調整額が計上されず，法人税等の負担率が法定実効税率より大きくなる要因となるため，税率差異調整の加算要因となる。

一方，受取配当金等永久に益金に算入されない項目は，税引前当期純利益から減算され，税引前所得より課税所得が小さくなるが，一時差異でないので税効果会計が適用されないため，法人税等調整額が計上されず，法人税等の負担率が法定実効税率より小さくなる要因となるため，税率差異調整の減算要因となる。

なお，法人税等の負担率とは，法人税，住民税及び事業税を控除する前の当期純利益に対する税金費用（＝法人税，住民税及び事業税＋法人税等調整額）の比率のことをいう。

福留聡株式会社は，交際費は別表四の交際費等の損金不算入額9,060,000円を転記し，役員賞与は，加算項目である役員賞与否認1,500,000円に役員賞与引当金否認1,000,000円を加算し，減算項目である役員賞与引当金認容1,800,000円を減算して算定した金額700,000円を転記し，寄附金は別表四の寄附金の損金不算入額の金額9,300,000円を転記し，受取配当金は別表四の受取配当等の益金不算入額10,000,000円を転記する（**図表1-8-2，1-8-3**）。

税率差異に与える影響は，別表四で加減算される上記合計の9,060,000円分課税所得が増加するため，これに実効税率32.34％を乗じて算定した2,930,004円が税率差異に与える影響額となる。

税率差異に与える影響では，交際費，役員賞与，寄附金，受取配当金とも，2017年3月期の法定実効税率32.34％を乗じて算定される税金費用に影響を与える金額を税引前当期純利益146,000,000円に与える影響を％表示で表示する

図表 1-8-2

所得の金額の計算に関する明細書（簡易様式）

事業年度	平28・4・1 ～ 平29・3・31	法人名	福留聡株式会社

別表四（簡易様式）　平二十四・四・一以後終了事業年度分

区分			総額 ①	処分 留保 ②	処分 社外流出	③
当期利益又は当期欠損の額（注１）		1	円 68, 408, 632	円 68, 408, 632	配当	円
					その他	
加算	損金経理をした法人税及び復興特別法人税（附帯税を除く。）	2				
	損金経理をした道府県民税（利子割額を除く。）及び市町村民税	3	265, 000	265, 000		
	損金経理をした道府県民税利子割額	4				
	損金経理をした納税充当金	5	36, 020, 863	36, 020, 863		
	損金経理をした附帯税（利子税を除く。）、加算金、延滞金（延納分を除く。）及び過怠税	6			その他	
	減価償却の償却超過額	7	10, 100, 000	10, 100, 000		
	役員給与の損金不算入額	8			その他	
	交際費等の損金不算入額	9	9, 060, 000		その他	9, 060, 000
	賞与引当金否認	10	30, 000, 000	30, 000, 000		
	役員退職慰労引当金否認	11	1, 000, 000	1, 000, 000		
	退職給付引当金否認	12	300, 000	300, 000		
	次葉合計		176, 705, 505	175, 205, 505		1, 500, 000
	小計	13	263, 451, 368	252, 891, 368		10, 560, 000
減算	減価償却超過額の当期認容額	14	70, 000	70, 000		
	納税充当金から支出した事業税等の金額	15	6, 000, 000	6, 000, 000		
	受取配当等の益金不算入額（別表八（一）「14」又は「29」）	16	10, 000, 000		※	10, 000, 000
	外国子会社から受ける剰余金の配当等の益金不算入額（別表八（二）「13」）	17			※	
	受贈益の益金不算入額	18			※	
	適格現物分配に係る益金不算入額	19			※	
	法人税等の中間納付額及び過誤納に係る還付金額	20				
	所得税額等及び欠損金の繰戻しによる還付金額等	21			※	
	役員賞与引当金認容	22	1, 800, 000	1, 800, 000		
	賞与引当金認容	23	38, 000, 000	38, 000, 000		
	賞与引当金認容（社会保険料）	24	5, 240, 000	5, 240, 000		
	次葉合計		30, 050, 000	30, 050, 000		
	小計	25	91, 160, 000	81, 160, 000	外※	10, 000, 000
仮計 (1)＋(13)－(25)		26	240, 700, 000	240, 140, 000	外※	560, 000
寄附金の損金不算入額（別表十四(二)「24」又は「40」）		27	9, 300, 000		その他	9, 300, 000
法人税額から控除される所得税額及び復興特別法人税額から控除される復興特別所得税額（別表六(一)「6の③」＋復興特別法人税申告書別表二「6の③」）		31			その他	
税額控除の対象となる外国法人税の額等（別表六(二の二)「10」－別表十七(二の二)「39の計」）		32			その他	
合計 (26)＋(27)＋(31)＋(32)		35	250, 000, 000	240, 140, 000	外※	9, 860, 000
契約者配当の益金算入額（別表九(一)「13」）		36				
非適格合併又は残余財産の全部分配等による移転資産等の譲渡利益額又は譲渡損失額		38			※	
差引計 (35)＋(36)＋(38)		39	250, 000, 000	240, 140, 000	外※	9, 860, 000
欠損金又は災害損失金等の当期控除額（別表七(一)「4の計」＋(別表七(二)「11」若しくは「23」又は別表七(三)「10」))		40	△ 162, 500, 000		※	△ 162, 500, 000
総計 (39)＋(40)		41	87, 500, 000	240, 140, 000	外※	△ 162, 500, 000 9, 860, 000
新鉱床探鉱費又は海外新鉱床探鉱費の特別控除額（別表十（四）「40」）		42			※	
残余財産の確定の日の属する事業年度に係る事業税の損金算入額		47				
所得金額又は欠損金額		48	87, 500, 000	240, 140, 000	外※	△ 162, 500, 000 9, 860, 000

㊠　法 0301-0402

図表1-8-3

所得の金額の計算に関する明細書
（次葉）

事業年度	平28・4・1 平29・3・31	法人名	福留聡株式会社	別表四

区分		総額 ①	処分 留保 ②	処分 社外流出 ③	
		円	円		円
加算	賞与引当金否認（社会保険料）	4,200,000	4,200,000		
	貸倒引当金否認（固定）	2,000,000	2,000,000		
	役員賞与否認	1,500,000		賞与	1,500,000
	土地減損損失	54,000,000	54,000,000		
	役員賞与引当金否認	1,000,000	1,000,000		
	減価償却超過額（除去資産）	500,000	500,000		
	利息費用否認（資産除去債務）	200,000	200,000		
	建物減損損失	36,000,000	36,000,000		
	法人税等調整額	47,305,505	47,305,505		
	貸倒引当金繰入額（流動）	30,000,000	30,000,000		
	小計	176,705,505	175,205,505		1,500,000
減算	退職給付引当金認容	50,000	50,000		
	圧縮積立金認定損	10,000,000	10,000,000		
	貸倒引当金戻入額（流動）	20,000,000	20,000,000		
	小計	30,050,000	30,050,000	※	

とそれぞれ2.01%，0.16%，2.06%，－2.22%となる。

（iii）　住民税均等割額

住民税均等割は，税引前当期純利益の金額に関係なく課税され，法人税，住民税及び事業税に含めて計上されるため，法人税等の負担率が法定実効税率より大きくなる要因となるため，税率差異調整の加算要因となる。

納付税額一覧表の年税額の都道府県民税の均等割額に市町村民税の均等割額を加算した金額を転記する。または，事業税・都道府県民税内訳表の均等割額の年税額合計と市町村民税内訳表の均等割額の年税額合計を加算して算定した金額でも算定できる。本設例では，道府県民税の均等割額530,000円を「税効果シート⑤　税効果プルーフに関するワークシート」に転記する。

税率差異に与える影響では，住民税均等割額は100％税金費用に影響を与えるため，法定実効税率を乗じる必要なく，住民税均等割額530,000円の税引前当期純利益146,000,000円に与える影響を％表示で表示すると0.36％となる。

（iv）　評価性引当額の増加額

評価性引当額の増加額を仕訳で表すと下記のとおりになる。

（借方）法人税等調整額　　　　（貸方）繰延税金資産

すなわち，評価性引当額の増加は，税金費用が増加することになり，法人税等の負担率が法定実効税率より大きくなる要因となる。評価性引当額は税効果ベースの金額であるため，100％税金費用に影響を与える。したがって，法定実効税率を乗じる必要なく，評価性引当額の増加額26,916,582円の税引前当期純利益146,000,000円に与える影響を％表示で表示すると18.44％となる。

当期末の評価性引当金は「税効果シート①　税効果計算に関するワークシート」の「G：評価性引当額＝F：回収不能一時差異×32.34％」の合計の数字30,473,982円を転記する（**図表1-8-4**）。

前期末の評価制引当金は「税効果シート①　税効果計算に関するワークシート」の「K：前期末評価性引当額＝回収不能一時差異×32.34％」の合計の数字3,557,400円を転記する（**図表1-8-5**）。

以上を踏まえ，福留聡株式会社の税金費用の妥当性を金額ベースで検証すると税金費用は下記算式で算定できる。

税金費用＝（税引前当期純利益＋永久差異）×法定実効税率（32.34％）＋住民税均等割額＋評価性引当額の増加額

税金費用（推定値）＝（税引前当期純利益146,000,000円＋交際費9,060,000円＋役員賞与700,000円＋寄附金9,300,000円－受取配当金10,000,000円）×法定実効税率（32.34％）＋住民税均等割額（530,000円）＋評価性引当額の増加額（26,916,582円＝30,473,982円－3,557,400円）＝77,592,986円

税金費用（推定値）の計算の結果，「計（期待値）」の欄が77,592,986円となり，

図表1-8-4　税効果シート①

会社名:	福留聡㈱
事業年度:	2017年3月期

項目	A:前期末残高 =別表五(一)期首現在利益積立金額	B:加算 =別表五(一)当期中の増減の増	C:減算 =別表五(一)当期中の増減の減
賞与引当金	38,000,000	30,000,000	38,000,000
未払事業税(注1)	6,000,000	10,514,475	6,000,000
賞与引当金(社会保険料)	5,240,000	4,200,000	5,240,000
貸倒引当金(流動)	20,000,000	30,000,000	20,000,000
小計	69,240,000	74,714,475	69,240,000
退職給付引当金	4,000,000	300,000	50,000
役員退職慰労引当金	3,500,000	1,000,000	
土地減損損失		54,000,000	
減価償却超過額(機械装置)	150,000	100,000	70,000
貸倒引当金(固定)		2,000,000	
資産除去債務	10,000,000	200,000	
減価償却超過額(建物)		10,000,000	
繰越欠損金(注2)	200,000,000		162,500,000
建物減損損失		36,000,000	
小計	217,650,000	103,600,000	162,620,000
合計	286,890,000	178,314,475	231,860,000
固定資産圧縮積立金		(10,000,000)	
有形固定資産(除去資産)	(10,000,000)	500,000	
その他有価証券評価差額金	(500,000)	(300,000)	(500,000)
合計	(10,500,000)	(9,800,000)	(500,000)

前期：図表1-8-5

(注3)
(参考:前期末)　　(単位:円)

J:前期末評価性引当額控除前繰延税金資産 =A×32.34%	K:前期末評価性引当額 =回収不能一時差異×32.34%	L:前期末の開示ベースの繰延税金資産 =J+K
12,289,200		12,289,200
1,940,400		1,940,400
1,694,616		1,694,616
6,468,000		6,468,000
22,392,216	0	22,392,216
1,293,600		1,293,600
1,131,900	(323,400)	808,500
0		0
48,510		48,510
0		0
3,234,000	(3,234,000)	0
0		0
64,680,000		64,680,000
0		0
70,388,010	(3,557,400)	66,830,610
92,780,226	(3,557,400)	89,222,826
0		0
(3,234,000)		(3,234,000)
(190,050)		(190,050)
(3,424,050)	0	(3,424,050)

税効果計算に関するワークシート

（単位：円）

D:期末残高 =別表五(一)差引翌期首現在利益積立金額	E:評価性引当額控除前繰延税金資産 =D.期末残高×32.34%	F:回収不能一時差異	G:評価性引当額 =回収不能一時差異×32.34%	H:評価性引当額控除後一時差異=D+F	I:評価性引当額控除後繰延税金資産 =G×32.34%
30,000,000	9,702,000	0	0	30,000,000	9,702,000
10,514,475	3,400,381	0	0	10,514,475	3,400,381
4,200,000	1,358,280	0	0	4,200,000	1,358,280
30,000,000	9,702,000	0	0	30,000,000	9,702,000
74,714,475	24,162,661	0	0	74,714,475	24,162,661
4,250,000	1,374,450	0	0	4,250,000	1,374,450
4,500,000	1,455,300	(1,000,000)	(323,400)	3,500,000	1,131,900
54,000,000	17,463,600	(54,000,000)	(17,463,600)	0	0
180,000	58,212	(30,000)	(9,702)	150,000	48,510
2,000,000	646,800	(2,000,000)	(646,800)	0	0
10,200,000	3,298,680	(10,200,000)	(3,298,680)	0	0
10,000,000	3,234,000	0	0	10,000,000	3,234,000
37,500,000	12,127,500	0	0	37,500,000	12,127,500
36,000,000	11,642,400	(27,000,000)	(8,731,800)	9,000,000	2,910,600
158,630,000	51,300,942	(94,230,000)	(30,473,982)	64,400,000	20,826,960
233,344,475	75,463,603	(94,230,000)	(30,473,982)	139,114,475	44,989,621
(10,000,000)	(3,234,000)			(10,000,000)	(3,234,000)
(9,500,000)	(3,072,300)			(9,500,000)	(3,072,300)
(300,000)	(97,020)			(300,000)	(97,020)
(19,800,000)	(6,403,320)	0	0	(19,800,000)	(6,403,320)

損益計算書計上額である法人税，住民税及び事業税30,285,863円と法人税等調整額47,305,505円の合計77,591,368円との差異は1,618円となり，差異率0.0％と僅少のため，法人税申告書及び地方税申告書で算定した法人税，住民税及び事業税と税効果会計で算定した法人税等調整額の算定はおおむね適切であるということが検証されたことになる（**図表1-8-6**）。

なお，本来，法人税申告書，地方税申告書で算定されるためワークシートは不要であるが，参考までに法人税，住民税及び事業税30,285,863円の算定過程を税効果シート⑥　損益計算書に計上される法人税，住民税及び事業税算定に関するワークシートに示している（**図表1-8-7**）。

図表1-8-6　税効果シート⑤　税効果プルーフに関するワークシート

会社名:	福留聡㈱
事業年度:	2017年3月期

（単位：円）

税引前当期純利益				P/L	146,000,000			
						法定実効税率		32.34%
永久差異								
交際費				別表四	9,060,000	×32.34%	2,930,004	2.01%
役員賞与				別表四	700,000	×32.34%	226,380	0.16%
寄附金の損金不算入額				別表四	9,300,000	×32.34%	3,007,620	2.06%
受取配当等の益金不算入額				別表四	−10,000,000	×32.34%	−3,234,000	△2.22%
計					155,060,000			
					↓×32.34%			
					50,146,404			
住民税均等割額				納税一覧表	530,000	×100%=	530,000	0.36%
計					50,676,404			
評価性引当額の増加額	前期	3,557,400	シート①		26,916,582	×100%=	26,916,582	18.44%
	当期	30,473,982	シート⑦					
計（期待値）					77,592,986			
						その他		△0.00%
計上額								
法人税、住民税及び事業税				P/L	30,285,863			
法人税等調整額				P/L	47,305,505			
計					77,591,368			53.14%
差異					−1,618			
差異率					0.0%			
判定					○重要な差異なし			

図表1-8-7　税効果シート⑥　損益計算書に計上される法人税，住民税及び事業税算定に関するワークシート（参考）

会社名:	福留聡㈱
事業年度:	2017年3月期

税区分						
		課税所得		税率	計算値	
法人税	法人税額	87,500,000	別表四の48所得金額又は欠損金額	23.9%	20,912,500	
	法人税額合計				20,912,500	
住民税	均等割額				530,000	
	法人税割=20.7%×法人税額	20,912,500	法人税額	20.7%	4,328,888	
	住民税額合計				4,858,888	
事業税	所得割	87,500,000	通常は、別表四の48所得金額又は欠損金額	5.16%	4,514,475	
	法人税、住民税及び事業税				30,285,863	P/L
			当期適用される法定実効税率	32.34%		

（注1）事業税は、実際には、課税所得が、年400万円以下の金額、年400万円を超え 年800万円以下の金額、年800万円を超える金額ごとに適用される税率が異なり、上記は、年800万円を超える金額の税率を前提として計算しているため、地方税申告書で実際に算定した場合の税額と異なる。

9　個別財務諸表における税効果会計に係る仕訳と財務諸表における表示

（1）　税効果会計に係る仕訳

STEP1～STEP7の作業により得られた回収可能性考慮後の繰延税金資産及び繰延税金資産の金額をもとに，当期末の繰延税金資産及び繰延税金負債を計上するとともに，前期末の繰延税金資産及び繰延税金負債を取崩す仕訳を「税効果シート①　税効果計算に関するワークシート」を用いて仕訳を行う（**図表1-9-1**）。

・その他包括利益項目以外の税効果仕訳

繰延税金資産または繰延税金負債（その他包括利益項目であるその他有価証券評価差額金以外）はそれぞれ流動，固定ごとに当期末と前期末の差額として算定される（繰延税金資産（流動）①24,162,661円－①′ 22,392,216円＝1,770,445円，繰延税金資産（固定）②20,826,960円－②′ 66,830,610円＝－46,003,650円，繰延税金負債（固定）－6,306,300円－（－3,234,000円）＝－3,072,300円）。法人税等調整額として繰延税金資産及びその他有価証券評価差額金を除く繰延税金負債合計の差額として算定される（＝46,003,650円＋3,072,300円－1,770,445円＝47,305,505円）

・その他包括利益の税効果仕訳

繰延税金負債（固定）は有価証券評価差額金に係る繰延税金負債の当期末と前期末の差額として算定される（－97,020円）－④′（－190,050円）＝93,030円。投資有価証券が「その他有価証券評価差額金」欄の当期末と前期末の差額として算定される300,000円－500,000円＝－200,000円。

差額としてその他有価証券評価差額金が計上される200,000円－93,030円＝106,970円

・開示のための固定の繰延税金資産と固定の繰延税金負債の相殺仕訳

税効果会計に係る財務諸表における表示で解説するが，固定の繰延税金資産20,826,960円と固定の繰延税金負債6,403,320円を相殺表示して，固定の繰延税金資産14,423,640円として開示するために固定の繰延税金負債6,403,320円を同

図表1-9-1　税効果シート①

会社名:	福留聡㈱
事業年度:	2017年3月期

項目	A:前期末残高 =別表五(一)期首現在利益積立金額	B:加算 =別表五(一)当期中の増減の増	C:減算 =別表五(一)当期中の増減の減	D:期末残高 =別表五(一)差引翌期首現在利益積立金額	E:評価性引当額控除前繰延税金資産 =D.期末残高×32.34%	F:回収不能一時差異
賞与引当金	38,000,000	30,000,000	38,000,000	30,000,000	9,702,000	0
未払事業税(注1)	6,000,000	10,514,475	6,000,000	10,514,475	3,400,381	0
賞与引当金(社会保険料)	5,240,000	4,200,000	5,240,000	4,200,000	1,358,280	0
貸倒引当金(流動)	20,000,000	30,000,000	20,000,000	30,000,000	9,702,000	0
小計	69,240,000	74,714,475	69,240,000	74,714,475	24,162,661	0
退職給付引当金	4,000,000	300,000	50,000	4,250,000	1,374,450	0
役員退職慰労引当金	3,500,000	1,000,000		4,500,000	1,455,300	(1,000,000)
土地減損損失		54,000,000		54,000,000	17,463,600	(54,000,000)
減価償却超過額(機械装置)	150,000	100,000	70,000	180,000	58,212	(30,000)
貸倒引当金(固定)		2,000,000		2,000,000	646,800	(2,000,000)
資産除去債務	10,000,000	200,000		10,200,000	3,298,680	(10,200,000)
減価償却超過額(建物)		10,000,000		10,000,000	3,234,000	0
繰越欠損金(注2)	200,000,000		162,500,000	37,500,000	12,127,500	0
建物減損損失		36,000,000		36,000,000	11,642,400	(27,000,000)
小計	217,650,000	103,600,000	162,620,000	158,630,000	51,300,942	(94,230,000)
合計	286,890,000	178,314,475	231,860,000	233,344,475	75,463,603	(94,230,000)
固定資産圧縮積立金		(10,000,000)		(10,000,000)	(3,234,000)	
有形固定資産(除去資産)	(10,000,000)	500,000		(9,500,000)	(3,072,300)	
その他有価証券評価差額金	(500,000)	(300,000)	(500,000)	(300,000)	(97,020)	
合計	(10,500,000)	(9,800,000)	(500,000)	(19,800,000)	(6,403,320)	0

（注1）未払事業税の金額は、別表五(一)、納税一覧表又は事業税・都道府県民税の内訳明細書から転記する。

（注2）繰越欠損金の金額は、別表七(一)から転記する。

（注3）前期末の数字は、前期末の開示用ではなく、当期の仕訳作成、評価性引当額の増加額算定のために参考として作成している。

会計処理(2017年3月期)

その他包括利益項目以外の税効果仕	法人税等調整額	47,305,505	(固定)繰延税金資産	46,003,650
	(流動)繰延税金資産	1,770,445	(固定)繰延税金負債	3,072,300
その他包括利益項目の税効果仕訳	その他有価証券評価差額	106,970	投資有価証券	200,000
	(固定)繰延税金負債	93,030		

額の固定の繰延税金資産と相殺する仕訳をする。

(2)　税効果会計に係る財務諸表における表示

①　繰延税金資産及び繰延税金負債等の表示方法

税効果会計に係る会計基準三　繰延税金資産及び繰延税金負債等の表示方法によると繰延税金資産及び繰延税金負債は，これらに関連した資産・負債の分類に基づいて，繰延税金資産については流動資産又は投資その他の資産として，繰延税金負債については流動負債又は固定負債として表示しなければならない。ただし，特定の資産・負債に関連しない繰越欠損金等に係る繰延税金資産については，翌期に解消される見込みの一時差異等に係るものは流動資産として，それ以外の一時差異等に係るものは投資その他の資産として表示しなければならないとある。なお，特定の資産・負債に関連しない繰延税金資産は，繰越欠損金以外に繰越外国税額控除，一括償却資産等がある。

税効果計算に関するワークシート

（単位：円）

G:評価性引当額=回収不能一時差異×32.34%	H:評価性引当額控除後一時差異=D+F	I:評価性引当額控除後繰延税金資産=G×32.34%	
0	30,000,000	9,702,000	
0	10,514,475	3,400,381	
0	4,200,000	1,358,280	
0	30,000,000	9,702,000	
0	74,714,475	24,162,661	①
0	4,250,000	1,374,450	
(323,400)	3,500,000	1,131,900	
(17,463,600)	0	0	
(9,702)	150,000	48,510	
(646,800)	0	0	
(3,298,680)	0	0	
0	10,000,000	3,234,000	
0	37,500,000	12,127,500	
(8,731,800)	9,000,000	2,910,600	
(30,473,982)	64,400,000	20,826,960	②
(30,473,982)	139,114,475	44,989,621	
	(10,000,000)	(3,234,000)	
	(9,500,000)	(3,072,300)	
	(300,000)	(97,020)	
0	(19,800,000)	(6,403,320)	④

期末将来減算一時差異合計	195,844,475	
（流動）繰延税金資産	24,162,661	①
（固定）繰延税金資産	20,826,960	②
繰延税金資産合計	44,989,621	③=①+②
（固定）繰延税金負債	(6,403,320)	④
開示（固定）繰延税金資産	14,423,640	⑤=②+④
法人税等調整額	47,305,505	⑥=③’−③

（注3）　（単位：円）

J:前期末評価性引当額控除前繰延税金資産＝A×32.34%	K:前期末評価性引当額=回収不能一時差異×32.34%	L:前期末の開示への繰延税金資産=J+K	
12,289,200		12,289,200	
1,940,400		1,940,400	
1,694,616		1,694,616	
6,468,000		6,468,000	
22,392,216	0	22,392,216	①’
1,293,600		1,293,600	
1,131,900	(323,400)	808,500	
0		0	
48,510		48,510	
0		0	
3,234,000	(3,234,000)	0	
0		0	
64,680,000		64,680,000	
0		0	
70,388,010	(3,557,400)	66,830,610	②’
92,780,226	(3,557,400)	89,222,826	
0		0	
(3,234,000)		(3,234,000)	
(190,050)		(190,050)	
(3,424,050)	0	(3,424,050)	④’

期末将来減算一時差異合計	86,890,000		
（流動）繰延税金資産	22,392,216	①’	前期末B/Sと一致確認
（固定）繰延税金資産	66,830,610	②’	
繰延税金資産合計	89,222,826	③’＝①’＋②’	
（固定）繰延税金負債	(3,424,050)	④’	
開示（固定）繰延税金資産	63,406,560	⑤’＝②’＋④’	前期末B/Sと一致確認

具体的に，本設例の繰延税金資産及び繰延税金負債を分類すると下記のとおりになる。

（ｉ）　賞与引当金

特定の資産・負債に関連し，賞与引当金が流動負債表示されるため，賞与引当金に係る繰延税金資産も流動資産表示される。

（ii）　賞与引当金（社会保険料）

特定の資産・負債に関連し，賞与引当金（社会保険料）が流動負債表示されるため，賞与引当金（社会保険料）に係る繰延税金資産も流動資産表示される。

（iii）　貸倒引当金（流動）

特定の資産・負債に関連し，一般債権に係る貸倒引当金に係る繰延税金資産であり，貸倒引当金（流動）が流動資産から控除される形で表示されるため，貸倒引当金（流動）に係る繰延税金資産も流動資産表示される。

（iv）　未払事業税

特定の資産・負債に関連し，未払事業税が流動負債表示されるため，未払事業税に係る繰延税金資産も流動資産表示される。

（v） 繰越欠損金

特定の資産・負債に関連しないため，翌期に解消される見込みの一時差異等に係るものは流動資産として，それ以外の一時差異等に係るものは投資その他の資産として表示しなければならないが，2017年3月期において，2019年3月期までに1年を超えて解消される見込みであったため全額を投資その他の資産に表示した。なお，「税効果シート④　税効果スケジューリング表に関するワークシート」に従い，2018年3月期解消予定分3,542,123円（＝10,952,762円×32.34％）を流動資産に，2019年3月期解消予定分8,585,376円（＝26,547,238円×32.34％）を投資その他の資産に表示することもできる。

（vi） 退職給付引当金

特定の資産・負債に関連し，退職給付引当金が固定負債表示されるため，退職給付引当金に係る繰延税金資産も投資その他の資産として表示される。

（vii） 役員退職慰労引当金

特定の資産・負債に関連し，役員退職慰労引当金が固定負債表示されるため，役員退職慰労引当金に係る繰延税金資産も投資その他の資産として表示される。

（viii） 土地減損損失

特定の資産・負債に関連し，土地が有形固定資産表示されるため，土地に係る繰延税金資産も投資その他の資産として表示される。

（ix） 建物減損損失

特定の資産・負債に関連し，建物が有形固定資産表示されるため，建物に係る繰延税金資産も投資その他の資産として表示される。

（x） 減価償却超過額（建物）

特定の資産・負債に関連し，減価償却超過額（建物）が有形固定資産から控除される形で表示されるため，減価償却超過額（建物）に係る繰延税金資産も投資その他の資産として表示される。

（xi） 減価償却超過額（機械装置）

特定の資産・負債に関連し，減価償却超過額（機械装置）が有形固定資産から控除される形で表示されるため，減価償却超過額（機械装置）に係る繰延税金資産も投資その他の資産として表示される。

(xii)　貸倒引当金（固定）

特定の資産・負債に関連し破産更生債権に係る貸倒引当金に係る繰延税金資産であり，貸倒引当金（固定）が投資その他の資産から控除される形で表示されるため，貸倒引当金（固定）に係る繰延税金資産も投資その他の資産として表示される。

(xiii)　資産除去債務

特定の資産・負債に関連し，資産除去債務が固定負債表示されるため，資産除去債務に係る繰延税金資産も投資その他の資産として表示される。

(xiv)　その他有価証券評価差額金

特定の資産・負債に関連し，その他有価証券評価差額金が生じる要因となった投資有価証券が投資その他の資産として表示されるため，その他有価証券評価差額金に係る繰延税金負債も固定負債として表示される。

(xv)　固定資産圧縮積立金

特定の資産・負債に関連し，固定資産圧縮積立金が生じる要因となった固定資産が固定資産として表示されるため，固定資産圧縮積立金に係る繰延税金負債も固定負債として表示される。

(xvi)　有形固定資産（除去資産）

特定の資産・負債に関連し，有形固定資産（除去資産）が固定資産表示されるため，有形固定資産（除去資産）に係る繰延税金負債も固定負債として表示される。

税効果会計に係る会計基準三　繰延税金資産及び繰延税金負債等の表示方法によると，流動資産に属する繰延税金資産と流動負債に属する繰延税金負債がある場合及び投資その他の資産に属する繰延税金資産と固定負債に属する繰延税金負債がある場合には，それぞれ相殺して表示するものとする。

本設例では，2017年3月期は，投資その他の資産に属する繰延税金資産

20,826,960円と固定の繰延税金負債6,403,320円があるため，相殺表示して投資その他の資産に繰延税金資産14,423,640円として表示する。

10 個別財務諸表における税効果会計に係る注記の作成方法

有価証券報告書における税効果会計の注記は，税効果会計に係る会計基準第四注記事項，財務諸表等規則第8条の12税効果会計に関する注記に記載のとおり，下記の注記が必要となる。

① 繰延税金資産及び繰延税金負債の発生原因別の主な内訳

② 税引前当期純利益又は税金等調整前当期純利益に対する法人税等（法人税等調整額を含む。）の比率と法定実効税率との間に重要な差異があるときは，当該差異の原因となった主要な項目別の内訳

③ 税率の変更により繰延税金資産及び繰延税金負債の金額が修正されたときは，その旨及び修正額

④ 決算日後に税率の変更があった場合には，その内容及びその影響

現状，福留 聡株式会社では，2017年3月期に税率の変更は予定されていないため，上記4つの注記事項のうち，下記2つの注記が必要となる。

ただし，平成28年税制改正大綱により，税率の変更が予定されており，③，④の注記の要否を検討する必要がある。

① 繰延税金資産及び繰延税金負債の発生原因別の主な内訳

なお，税効果会計に係る会計基準第四注記事項，財務諸表等規則第8条の12税効果会計に関する注記によると，繰延税金資産及び繰延税金負債の発生原因別の主な内訳で，評価性引当額の注記が必要である。

② 税引前当期純利益又は税金等調整前当期純利益に対する法人税等（法人税等調整額を含む。）の比率と法定実効税率との間に重要な差異があるときは，当該差異の原因となった主要な項目別の内訳

なお，財務諸表等規則第8条の12税効果会計に関する注記によると，法定実

効税率と税効果会計適用後の法人税等の負担率との間の差異が法定実効税率の100分の5以下である場合には，注記を省略できるほか，税引前当期純利益又は税金等調整前当期純利益に対する法人税等（法人税等調整額を含む。）の比率と記載があることから，税引前当期純損失又は税金等調整前当期純損失の場合は注記を省略することができる。

①　繰延税金資産及び繰延税金負債の発生原因別の主な内訳

繰延税金資産及び繰延税金負債の発生原因別の主な内訳の注記であるが，「税効果シート⑥　繰延税金資産及び繰延税金負債の発生の主な原因別の内訳注記に関するワークシート」（**図表1-10-2**）をご覧いただきたい。税効果シート⑥　繰延税金資産及び繰延税金負債の発生の主な原因別の内訳注記に関するワークシート（**図表1-10-2**）は，「税効果シート①　税効果計算に関するワークシート」（**図表1-10-1**）から下記のとおり転記して作成される。

上記ワークシートにより集計された「E：評価性引当額控除前繰延税金資産」から「G：評価性引当額」を差引いて「I：開示ベースの繰延税金資産」が算出される形式で「繰延税金資産及び繰延税金負債の発生の主な原因別の内訳の開示」が作成される（**図1-10-3**）。

図表1-10-1　税効果シート①　税効果計算に関するワークシート

会社名:	福留聡㈱
事業年度:	2017年3月期

項目	A:前期末残高 =別表五(一)期首 現在利益積立金額	B:加算 =別表五(一)当　期 中　の　増　減の増	C:減算 =別表五(一)当　期 中　の　増　減の減	D:期末残高 =別表五(一)差引翌期 首現在利益積立金額
賞与引当金	38,000,000	30,000,000	38,000,000	30,000,000
未払事業税(注1)	6,000,000	10,514,475	6,000,000	10,514,475
賞与引当金(社会保険料)	5,240,000	4,200,000	5,240,000	4,200,000
貸倒引当金(流動)	20,000,000	30,000,000	20,000,000	30,000,000
小計	69,240,000	74,714,475	69,240,000	74,714,475
退職給付引当金	4,000,000	300,000	50,000	4,250,000
役員退職慰労引当金	3,500,000	1,000,000		4,500,000
土地減損損失		54,000,000		54,000,000
減価償却超過額(機械装置)	150,000	100,000	70,000	180,000
貸倒引当金(固定)		2,000,000		2,000,000
資産除去債務	10,000,000	200,000		10,200,000
減価償却超過額(建物)		10,000,000		10,000,000
繰越欠損金(注2)	200,000,000		162,500,000	37,500,000
建物減損損失		36,000,000		36,000,000
小計	217,650,000	103,600,000	162,620,000	158,630,000
合計	286,890,000	178,314,475	231,860,000	233,344,475
固定資産圧縮積立金		(10,000,000)		(10,000,000)
有形固定資産(除去資産)	(10,000,000)	500,000		(9,500,000)
その他有価証券評価差額金	(500,000)	(300,000)	(500,000)	(300,000)
合計	(10,500,000)	(9,800,000)	(500,000)	(19,800,000)

図表1-10-2　税効果シート⑦　繰延税金資産及び繰延税金負債の発生の主な原因別の内訳注記に関するワークシート

会社名:	福留聡㈱
事業年度:	2017年3月期

(単位:円)

項目	E:評価性引当額控除前繰延税金資産 =D.期末残高×32.34%	G:評価性引当額 =回収不能一時差異 ×32.34%	I:評価性引当額控除後 繰延税金資産 =G×32.34%
賞与引当金	9,702,000	0	9,702,000
未払事業税(注1)	3,400,381	0	3,400,381
賞与引当金(社会保険料)	1,358,280	0	1,358,280
貸倒引当金(流動)	9,702,000	0	9,702,000
小計	24,162,66[illegible]	0	24,162,66[illegible]
退職給付引当金	1,374,450	0	1,374,450
役員退職慰労引当金	1,455,300	(323,400)	1,131,900
土地減損損失	17,463,600	(17,463,600)	0
減価償却超過額(機械装置)	58,212	(9,702)	48,510
貸倒引当金(固定)	646,800	(646,800)	0
資産除去債務	3,298,680	(3,298,680)	0
減価償却超過額(建物)	3,234,000	0	3,234,000
繰越欠損金(注2)	12,127,500	0	12,127,500
建物減損損失	11,642,400	(8,731,800)	2,910,600
小計	51,300,942	(30,473,982)	20,826,960
合計	75,463,603	(30,473,982)	44,989,621
固定資産圧縮積立金	(3,234,000)		(3,234,000)
有形固定資産(除去資産)	(3,072,300)		(3,072,300)
その他有価証券評価差額金	(97,020)		(97,020)
合計	(6,403,320)	0	(6,403,320)

（単位：円）

E:評価性引当額控除前繰延税金資産=D.期末残高×32.34%	F:回収不能一時差異	G:評価性引当額=回収不能一時差異×32.34%	H:評価性引当額控除後一時差異=D+F	I:評価性引当額控除後繰延税金資産=G×32.34%
9,702,000	0	0	30,000,000	9,702,000
3,400,381	0	0	10,514,475	3,400,381
1,358,280	0	0	4,200,000	1,358,280
9,702,000	0	0	30,000,000	9,702,000
24,162,661	0	0	74,714,475	24,162,661
1,374,450	0	0	4,250,000	1,374,450
1,455,300	(1,000,000)	(323,400)	3,500,000	1,131,900
17,463,600	(54,000,000)	(17,463,600)	0	0
58,212	(30,000)	(9,702)	150,000	48,510
646,800	(2,000,000)	(646,800)	0	0
3,298,680	(10,200,000)	(3,298,680)	0	0
3,234,000	0	0	10,000,000	3,234,000
12,127,500	0	0	37,500,000	12,127,500
11,642,400	(27,000,000)	(8,731,800)	9,000,000	2,910,600
51,300,942	(94,230,000)	(30,473,982)	64,400,000	20,826,960
75,463,603	(94,230,000)	(30,473,982)	139,114,475	44,989,621
(3,234,000)			(10,000,000)	(3,234,000)
(3,072,300)			(9,500,000)	(3,072,300)
(97,020)			(300,000)	(97,020)
(6,403,320)	0	0	(19,800,000)	(6,403,320)

図表1-10-3　税効果シート⑦　繰延税金資産及び繰延税金負債の発生の主な原因別の内訳注記に関するワークシート

会社名:	福留聡㈱
事業年度:	2017年3月期

（繰延税金資産及び繰延税金負債の発生の主な原因別の内訳の開示）

	2017/3/31 現在	
繰延税金資産		
賞与引当金	11,060,280	E
未払事業税	3,400,381	E
繰越欠損金	12,127,500	E
退職給付引当金	1,374,450	E
役員退職慰労引当金	1,455,300	E
固定資産減損損失	29,106,000	E
資産除去債務	3,298,680	E
減価償却超過額	3,292,212	E
貸倒引当金	10,348,800	E
繰延税金資産小計	75,463,603	E合計
評価制引当額	(30,473,982)	G合計
繰延税金資産合計	44,989,621	E+G=Iに一致
繰延税金負債		
固定資産圧縮積立金	(3,234,000)	E
除去資産	(3,072,300)	E
その他有価証券評価差額金	(97,020)	E
繰延税金負債合計	(6,403,320)	E+G=Iに一致
繰延税金資産の純額	38,586,301	

②　法定実効税率と税効果会計適用後の法人税等の負担率との間に重要な差異があるときの当該差異の原因となった主要な項目別の内訳

「税効果シート⑤　税効果プルーフに関するワークシート」の税率差異の開示をそのまま注記で利用することになる（**図表1-10-4**）。

図表1-10-4　税効果シート⑤　税効果プルーフに関するワークシート内訳注記に関するワークシート

会社名:	福留聡㈱
事業年度:	2017年3月期

税率差異の開示

（単位：円）

税引前当期純利益			
	32.34%	32.3%	法定実効税率
永久差異			
交際費	2.01%	2.0%	交際費
役員賞与	0.16%	0.2%	役員賞与
寄附金の損金不算入額	2.06%	2.1%	寄附金
受取配当等の益金不算入額	△2.22%	△2.2%	受取配当金等永久に益金に算入されない項目
計			
住民税均等割額	0.36%	0.4%	住民税均等割等
計			
評価性引当額の増加額	18.44%	18.4%	評価性引当額
計（期待値）			
	△0.00%	ー	その他
計上額			
法人税、住民税及び事業税			
法人税等調整額			
計	53.14%	53.1%	負担率

（交際費・役員賞与・寄附金）4.3% 交際費等永久に損金に算入されない項目

11　第１章の本設例で利用したすべてのワークシートと法人税申告書の別表の紹介

最後に，本設例で利用したすべてのワークシートと法人税申告書の別表を掲載しておくので利用されたい。

所得の金額の計算に関する明細書（簡易様式）

事業年度	平28・4・1 平29・3・31	法人名	福留聡株式会社

区分			総額 ①	処分 留保 ②	社外流出	③
当期利益又は当期欠損の額（注１）		1	円 68,408,632	円 68,408,632	配当	円
					その他	
加算	損金経理をした法人税及び復興特別法人税（附帯税を除く。）	2				
	損金経理をした道府県民税（利子割額を除く。）及び市町村民税	3	265,000	265,000		
	損金経理をした道府県民税利子割額	4				
	損金経理をした納税充当金	5	36,020,863	36,020,863		
	損金経理をした附帯税（利子税を除く。）、加算金、延滞金（延納分を除く。）及び過怠税	6			その他	
	減価償却の償却超過額	7	10,100,000	10,100,000		
	役員給与の損金不算入額	8			その他	
	交際費等の損金不算入額	9	9,060,000		その他	9,060,000
	賞与引当金否認	10	30,000,000	30,000,000		
	役員退職慰労引当金否認	11	1,000,000	1,000,000		
	退職給付引当金否認	12	300,000	300,000		
	次葉合計		176,705,505	175,205,505		1,500,000
	小計	13	263,451,368	252,891,368		10,560,000
減算	減価償却超過額の当期認容額	14	70,000	70,000		
	納税充当金から支出した事業税等の金額	15	6,000,000	6,000,000		
	受取配当等の益金不算入額（別表八（一）「14」又は「29」）	16	10,000,000		※	10,000,000
	外国子会社から受ける剰余金の配当等の益金不算入額（別表八（二）「13」）	17			※	
	受贈益の益金不算入額	18			※	
	適格現物分配に係る益金不算入額	19			※	
	法人税等の中間納付額及び過誤納に係る還付金額	20				
	所得税額等及び欠損金の繰戻しによる還付金額等	21			※	
	役員賞与引当金認容	22	1,800,000	1,800,000		
	賞与引当金認容	23	38,000,000	38,000,000		
	賞与引当金認容（社会保険料）	24	5,240,000	5,240,000		
	次葉合計		30,050,000	30,050,000		
	小計	25	91,160,000	81,160,000	外※	10,000,000
仮計 (1)＋(13)－(25)		26	240,700,000	240,140,000	外※	560,000
寄附金の損金不算入額 (別表十四(二)「24」又は「40」)		27	9,300,000		その他	9,300,000
法人税額から控除される所得税額及び復興特別法人税額から控除される復興特別所得税額(別表六(一)「6の③」＋復興特別法人税申告書別表二「6の③」)		31			その他	
税額控除の対象となる外国法人税の額等 (別表六(二の二)「10」－別表十七(二の二)「39の計」)		32			その他	
合計 (26)＋(27)＋(31)＋(32)		35	250,000,000	240,140,000	外※	9,860,000
契約者配当の益金算入額 (別表九(一)「13」)		36				
非適格合併又は残余財産の全部分配等による移転資産等の譲渡利益額又は譲渡損失額		38			※	
差引計 (35)＋(36)＋(38)		39	250,000,000	240,140,000	外※	9,860,000
欠損金又は災害損失金等の当期控除額 (別表七(一)「4の計」＋(別表七(二)「11」若しくは「23」又は別表七(三)「10」))		40	△ 162,500,000		※	△ 162,500,000
総計 (39)＋(40)		41	87,500,000	240,140,000	外※	△ 162,500,000 9,860,000
新鉱床探鉱費又は海外新鉱床探鉱費の特別控除額（別表十（四）「40」）		42			※	
残余財産の確定の日の属する事業年度に係る事業税の損金算入額		47				
所得金額又は欠損金額		48	87,500,000	240,140,000	外※	△ 162,500,000 9,860,000

簡　法 0301-0402

所得の金額の計算に関する明細書
（次葉）

事業年度	平28・4・1 平29・3・31	法人名	福留聡株式会社

別表四

区分		総額 ①	処分 留保 ②	処分 社外流出 ③	
		円	円		円
加算	賞与引当金否認（社会保険料）	4,200,000	4,200,000		
	貸倒引当金否認（固定）	2,000,000	2,000,000		
	役員賞与否認	1,500,000		賞与	1,500,000
	土地減損損失	54,000,000	54,000,000		
	役員賞与引当金否認	1,000,000	1,000,000		
	減価償却超過額（除去資産）	500,000	500,000		
	利息費用否認(資産除去債務)	200,000	200,000		
	建物減損損失	36,000,000	36,000,000		
	法人税等調整額	47,305,505	47,305,505		
	貸倒引当金繰入額（流動）	30,000,000	30,000,000		
	小計	176,705,505	175,205,505		1,500,000
減算	退職給付引当金認容	50,000	50,000		
	圧縮積立金認定損	10,000,000	10,000,000		
	貸倒引当金戻入額（流動）	20,000,000	20,000,000		
	小計	30,050,000	30,050,000	※	

利益積立金額及び資本金等の額の計算に関する明細書

事業年度	平28・4・1 平29・3・31	法人名	福留聡株式会社

別表五(一) 平二十四・四・一以後終了事業年度分

I 利益積立金額の計算に関する明細書

区分		期首現在利益積立金額 ①	当期中の増減 減 ②	当期中の増減 増 ③	差引翌期首現在利益積立金額 ④	繰延税金資産・繰延税金負債流動固定分類
		円	円	円	円	
利益準備金	1	5,000,000			5,000,000	×
固定資産圧縮積立金	2			6,766,000	6,766,000	×
有価証券評価差額金否認	3	△ 500,000	△ 500,000	△ 300,000	△ 300,000	繰延税金負債・固定
有価証券評価差額金	4	338,300	338,300	202,980	202,980	×
繰延税金負債(有価証券評価差額金)	5	161,700	161,700	97,020	97,020	×
減価償却超過額(機械装置)	6	150,000	70,000	100,000	180,000	繰延税金資産・固定
賞与引当金	7	38,000,000	38,000,000	30,000,000	30,000,000	繰延税金資産・流動
賞与引当金(社会保険料)	8	5,240,000	5,240,000	4,200,000	4,200,000	繰延税金資産・流動
役員退職慰労引当金	9	3,500,000		1,000,000	4,500,000	繰延税金資産・固定
退職給付引当金	10	4,000,000	50,000	300,000	4,250,000	繰延税金資産・固定
役員賞与引当金	11	1,800,000	1,800,000	1,000,000	1,000,000	×
土地減損損失	12			54,000,000	54,000,000	繰延税金資産・固定
貸倒引当金(固定)	13			2,000,000	2,000,000	繰延税金資産・固定
圧縮積立金認定損	14		10,000,000		△ 10,000,000	繰延税金負債・固定
有形固定資産(除去資産)	16	△ 10,000,000		500,000	△ 9,500,000	繰延税金負債・固定
資産除去債務	17	10,000,000		200,000	10,200,000	繰延税金資産・固定
減価償却超過額(建物)	19			10,000,000	10,000,000	繰延税金資産・固定
建物減損損失	20			36,000,000	36,000,000	繰延税金資産・固定
繰延税金資産(法人税等調整額)	21	△ 85,988,826		47,305,505	△ 38,683,321	×
貸倒引当金(流動)	22	20,000,000	20,000,000	30,000,000	30,000,000	
	23					
	24					
	25					
繰越損益金	26	1,088,468,000	1,088,468,000	1,156,876,632	1,156,876,632	×
納税充当金	27	6,265,000	6,265,000	36,020,863	36,020,863	×
未納法人税等(退職年金等積立金に対するものを除く。) 未納法人税及び未納復興特別法人税(附帯税を除く。)	28			中間 確定 △ 20,912,500	△ 20,912,500	×
未納道府県民税(均等割額及び利子割額を含む。)	29	△ 265,000	△ 530,000	中間 △ 265,000 確定 △ 4,593,888	△ 4,593,888	×
未納市町村民税(均等割額を含む。)	30			中間 確定		
差引合計額	31	1,086,169,174	1,169,363,000	1,390,497,612	1,307,303,786	

II 資本金等の額の計算に関する明細書

区分		期首現在資本金等の額 ①	当期中の増減 減 ②	当期中の増減 増 ③	差引翌期首現在資本金等の額 ④
		円	円	円	円
資本金又は出資金	32	500,000,000			500,000,000
資本準備金	33				
	34				
	35				
差引合計額	36	500,000,000			500,000,000

法 0301-0501

別表七(一)　平二十四・四・一以後終了事業年度分

欠損金又は災害損失金の損金算入に関する明細書

事業年度	平28・4・1 平29・3・31	法人名	福留聡株式会社

控除前所得金額 (別表四「39の①」−(別表七(二)「11」又は「23」))	1	250,000,000円	所得金額控除限度額 (1)× 65又は100 / 100	2	162,500,000円

事業年度	区分	控除未済欠損金額 3	当期控除額 (当該事業年度の(3)と((2)−当該事業年度前の(4)の合計額)のうち少ない金額) 4	翌期繰越額 ((3)−(4))又は別表七(三)「15」) 5
・・ ・・	青色欠損・連結みなし欠損・災害損失	円	円	
平27・4・1 平28・3・31	(青色欠損)・連結みなし欠損・災害損失	200,000,000	162,500,000	37,500,000円
・・ ・・	青色欠損・連結みなし欠損・災害損失			
・・ ・・	青色欠損・連結みなし欠損・災害損失			
・・ ・・	青色欠損・連結みなし欠損・災害損失			
・・ ・・	青色欠損・連結みなし欠損・災害損失			
・・ ・・	青色欠損・連結みなし欠損・災害損失			
・・ ・・	青色欠損・連結みなし欠損・災害損失			
・・ ・・	青色欠損・連結みなし欠損・災害損失			
計		200,000,000	162,500,000	37,500,000
当期分	欠損金額 (別表四「48の①」)		欠損金の繰戻し額	
	同上のうち 災害損失金 (13)			
	同上のうち 青色欠損金			
合計				37,500,000

災害により生じた損失の額の計算

災害の種類			災害のやんだ日	平・・
災害を受けた資産の別		棚卸資産 ①	固定資産 (固定資産に準ずる繰延資産を含む。) ②	計 ①＋② ③
当期の欠損金額 (別表四「48の①」)	6			円
災害により生じた損失の額：資産の滅失等により生じた損失の額	7	円	円	
災害により生じた損失の額：被害資産の原状回復のための費用等に係る損失の額	8			
災害により生じた損失の額：被害の拡大又は発生の防止のための費用に係る損失の額	9			
災害により生じた損失の額：計 (7)＋(8)＋(9)	10			
保険金又は損害賠償金等の額	11			
差引災害により生じた損失の額 (10)−(11)	12			
繰越控除の対象となる損失の額 ((6の③)と(12の③)のうち少ない金額)	13			

法 0301-0701

税効果シート①

会社名:	福留聡㈱
事業年度:	2017年3月期

項目	A:前期末残高 =別表五(一)期首現在利益積立金額	B:加算 =別表五(一)当期中の増減の増	C:減算 =別表五(一)当期中の増減の減	D:期末残高 =別表五(一)差引翌期首現在利益積立金額	E:評価性引当額控除前繰延税金資産 =D.期末残高×32.34%	F:回収不能一時差異
賞与引当金	38,000,000	30,000,000	38,000,000	30,000,000	9,702,000	0
未払事業税(注1)	6,000,000	10,514,475	6,000,000	10,514,475	3,400,381	0
賞与引当金(社会保険料)	5,240,000	4,200,000	5,240,000	4,200,000	1,358,280	0
貸倒引当金(流動)	20,000,000	30,000,000	20,000,000	30,000,000	9,702,000	0
小計	69,240,000	74,714,475	69,240,000	74,714,475	24,162,661	0
退職給付引当金	4,000,000	300,000	50,000	4,250,000	1,374,450	0
役員退職慰労引当金	3,500,000	1,000,000		4,500,000	1,455,300	(1,000,000)
土地減損損失		54,000,000		54,000,000	17,463,600	(54,000,000)
減価償却超過額(機械装置)	150,000	100,000	70,000	180,000	58,212	(30,000)
貸倒引当金(固定)		2,000,000		2,000,000	646,800	(2,000,000)
資産除去債務	10,000,000	200,000		10,200,000	3,298,680	(10,200,000)
減価償却超過額(建物)		10,000,000		10,000,000	3,234,000	0
繰越欠損金(注2)	200,000,000		162,500,000	37,500,000	12,127,500	0
建物減損損失		36,000,000		36,000,000	11,642,400	(27,000,000)
小計	217,650,000	103,600,000	162,620,000	158,630,000	51,300,942	(94,230,000)
合計	286,890,000	178,314,475	231,860,000	233,344,475	75,463,603	(94,230,000)
固定資産圧縮積立金		(10,000,000)		(10,000,000)	(3,234,000)	
有形固定資産(除去資産)	(10,000,000)	500,000		(9,500,000)	(3,072,300)	
その他有価証券評価差額金	(500,000)	(300,000)	(500,000)	(300,000)	(97,020)	
合計	(10,500,000)	(9,800,000)	(500,000)	(19,800,000)	(6,403,320)	0

(注1) 未払事業税の金額は、別表五(一)、納税一覧表又は事業税・都道府県民税の内訳明細書から転記する。
(注2) 繰越欠損金の金額は、別表七(一)から転記する。
(注3) 前期末の数字は、前期末の開示用ではなく、当期の仕訳作成、評価性引当額の増加額算定のために参考として作成している。

会計処理(2017年3月期)

	借方	金額	貸方	金額
その他包括利益項目以外の税効果仕	法人税等調整額	47,305,505	(固定)繰延税金資産	46,003,650
	(流動)繰延税金資産	1,770,445	(固定)繰延税金負債	3,072,300
その他包括利益項目の税効果仕訳	その他有価証券評価差額	106,970	投資有価証券	200,000
	(固定)繰延税金負債	93,030		

税効果シート②　法定実効税率算定に関するワークシート

会社名:	福留聡㈱
事業年度:	2017年3月期

都道府県	東京都
区市町村	文京区
資本金(円)	500,000,000
資本金等(円)	500,000,000
法人税率	23.90%
地方法人税率	4.40%
県(都)民税率	16.30%
市民税率	
小計　住民税率	20.70%
事業税率(超過税率)	2.26%
事業税率(標準税率)	1.90%
地方法人特別税率	152.60%
小計　事業税率	5.16%
2016(H28)/4〜法定実効税率	32.34%

税効果計算に関するワークシート

（単位：円）

G:評価性引当額=回収不能一時差異×32.34%	H:評価性引当額控除後一時差異=D+F	I:評価性引当額控除後繰延税金資産=G×32.34%	
0	30,000,000	9,702,000	
0	10,514,475	3,400,381	
0	4,200,000	1,358,280	
0	30,000,000	9,702,000	
0	74,714,475	24,162,661	①
0	4,250,000	1,374,450	
(323,400)	3,500,000	1,131,900	
(17,463,600)	0	0	
(9,702)	150,000	48,510	
(646,800)	0	0	
(3,298,680)	0	0	
0	10,000,000	3,234,000	
0	37,500,000	12,127,500	
(8,731,800)	9,000,000	2,910,600	
(30,473,982)	64,400,000	20,826,960	②
(30,473,982)	139,114,475	44,989,621	
	(10,000,000)	(3,234,000)	
	(9,500,000)	(3,072,300)	
	(300,000)	(97,020)	
0	(19,800,000)	(6,403,320)	④

期末将来減算一時差異合	195,844,475	
（流動）繰延税金資産	24,162,661	①
（固定）繰延税金資産	20,826,960	②
繰延税金資産合計	44,989,621	③=①+②
（固定）繰延税金負債	(6,403,320)	④
開示（固定）繰延税金資産	14,423,640	⑤=②+④
法人税等調整額	47,305,505	⑥=③′−③

（注3）　（単位：円）

J:前期末評価性引当額控除前繰延税金資産＝A×32.34%	K:前期末評価性引当額=回収不能一時差異×32.34%	L:前期末の開示ベースの繰延税金資産=J+K	
12,289,200		12,289,200	
1,940,400		1,940,400	
1,694,616		1,694,616	
6,468,000		6,468,000	
22,392,216	0	22,392,216	①′
1,293,600		1,293,600	
1,131,900	(323,400)	808,500	
0		0	
48,510		48,510	
0		0	
3,234,000	(3,234,000)	0	
0		0	
64,680,000		64,680,000	
0		0	
70,388,010	(3,557,400)	66,830,610	②′
92,780,226	(3,557,400)	89,222,826	
0		0	
(3,234,000)		(3,234,000)	
(190,050)		(190,050)	
(3,424,050)	0	(3,424,050)	④′

期末将来減算一時差異合	86,890,000		
（流動）繰延税金資産	22,392,216	①′	前期末B/Sと一致確認
（固定）繰延税金資産	66,830,610	②′	
繰延税金資産合計	89,222,826	③′=①′+②′	
（固定）繰延税金負債	(3,424,050)	④′	
開示（固定）繰延税金資産	63,406,560	⑤′=②′+④′	前期末B/Sと一致確認

税効果シート③　繰延税金資産の回収可能性　会社分類判定に関するワークシート

会社名:	福留聡㈱
事業年度:	2017年3月期

単位：円

監査委員会報告66号　会社の過去の業績並びに過去の課税所得と将来減算一時差異の推移

	2014年3月期	2015年3月期	2016年3月期	2017年3月期
経常利益	50,000,000	100,000,000	20,000,000	250,000,000
課税所得（繰越欠損金控除前）	51,000,000	110,000,000	(200,000,000)	250,000,000
将来減算一時差異	52,500,000	50,000,000	86,890,000	195,844,475
繰越欠損金	0	0	200,000,000	37,500,000

監査委員会報告66号分類

福留聡㈱の分類　　分類3

企業会計基準適用指針第26号　会社の過去の課税所得並びに将来減算一時差異と将来の一時差異等加減算前課税所得見積額の推移

	2014年3月期	2015年3月期	2016年3月期	2017年3月期	2018年3月期	2019年3月期	2020年3月期	2021年3月期	2022年3月期
課税所得（繰越欠損金控除前で臨時的な原因により生じたものを除く）	50,000,000	100,000,000	20,000,000	250,000,000	N/A	N/A	N/A	N/A	N/A
課税所得（繰越欠損金控除前）	51,000,000	110,000,000	(200,000,000)	250,000,000	N/A	N/A	N/A	N/A	N/A
将来減算一時差異	52,500,000	50,000,000	86,890,000	195,844,475	N/A	N/A	N/A	N/A	N/A
繰越欠損金	0	0	200,000,000	37,500,000	N/A	N/A	N/A	N/A	N/A
将来の一時差異等加減算前課税所得見積額	N/A	N/A	N/A	N/A	57,800,000	57,800,000	157,800,000	57,800,000	57,800,000

企業会計基準適用指針第26号分類

福留聡㈱の分類　　分類3

税効果シート④　税効果スケジューリング表に

会社名：福留聡㈱
事業年度：2017年3月期

監査委員会報告66号分類3→おおむね5年以内のスケジューリングの範囲内で回収可能　（単位：円）

	項目		当期末残	解消予測				
				2018年3月期	2019年3月期	2020年3月期	2021年3月期	2022年3月期
			実効税率	32.34%	32.34%	32.34%	32.34%	32.34%
課税所得①								
	税引前当期純利益			50,000,000	50,000,000	50,000,000	50,000,000	50,000,000
	損金不算入項目　（交際費）			8,000,000	8,000,000	8,000,000	8,000,000	8,000,000
	損金不算入項目　（寄付金）			1,000,000	1,000,000	1,000,000	1,000,000	1,000,000
	益金不算入項目　（受取配当金）			△ 1,500,000	△ 1,500,000	△ 1,500,000	△ 1,500,000	△ 1,500,000
	退職給付引当金			300,000	300,000	300,000	300,000	300,000
	その他恒常的加減算項目			40,200,000				
	小計			98,000,000	57,800,000	57,800,000	57,800,000	57,800,000
	将来加算一時差異解消予定額							
	固定資産圧縮積立金			500,000	500,000	500,000	500,000	500,000
	有形固定資産(除去資産)			500,000	500,000	500,000	500,000	500,000
	タックスプランニング　（土地売却等）	ア				100,000,000		
	その他調整							
	課税所得①　合計	A		99,000,000	58,800,000	158,800,000	58,800,000	58,800,000
将来減算一時差異解消予定額								
	賞与引当金		30,000,000	30,000,000				
	賞与引当金(社会保険料)		4,200,000	4,200,000				
	未払事業税		10,514,475	10,514,475				
	貸倒引当金(流動)		30,000,000	30,000,000				
	退職給付引当金		4,250,000	50,000	50,000	50,000	50,000	50,000
	減価償却超過額(機械装置)		180,000	30,000	30,000	30,000	30,000	30,000
	役員退職慰労引当金		4,500,000		1,000,000		1,500,000	1,000,000
	土地減損損失		54,000,000					
	貸倒引当金(固定)		2,000,000					
	資産除去債務		10,200,000					
	減価償却超過額(建物)		10,000,000	500,000	500,000	500,000	500,000	500,000
	建物減損損失		36,000,000	1,800,000	1,800,000	1,800,000	1,800,000	1,800,000
	計	B	195,844,475	77,094,475	3,380,000	2,380,000	3,880,000	3,380,000
	回収可能額	C	90,114,475	77,094,475	3,360,000	2,380,000	3,880,000	3,380,000
	回収不能・繰越欠損金発生	イ		—	—	—	—	—
	差引　課税所得②	ウ		21,905,525	55,420,000	156,420,000	54,920,000	55,420,000
	（スケジューリング不能額）	エ						
	減価償却の償却超過額(機械装置)		30,000					
	役員退職慰労引当金		1,000,000					
	土地減損損失		54,000,000					
	貸倒引当金(固定)		2,000,000					
	資産除去債務		10,200,000					
	建物減損損失		27,000,000					
	計	D	94,230,000					
繰越欠損金		オ						
	当期末残		37,500,000	26,547,238	—	—	—	—
	2018年3月期			—	—	—	—	—
	2019年3月期							
	2020年3月期							
	2021年3月期							
	2022年3月期							
	未回収残高	E	37,500,000	26,547,238	—	—	—	—
	回収可能額	F	37,500,000	10,952,762	26,547,238	—	—	—
	回収不能額	G						
（繰延税金資産）								
資産計上	回収可能額		127,614,475	（＝C＋F）				
	長期解消項目一時差異	カ	11,500,000					
	回収可能額　合計		139,114,475	（＝B－D＋E）				
	税率		32.34%					
	金額		44,989,621	（繰延税金負債考慮前）				
資産未計上	回収不能額		94,230,000	（＝D＋G）				
	税率		32.34%					
	金額		30,473,982	（評価性引当額と一致）				

関するワークシート

5年超解消		記載要領
		経営計画数値を記載。
		経営計画に織り込んでいる交際費を戻し5年分記載。
		経営計画に織り込んでいる寄附金を戻し5年分記載。
		経営計画に織り込んでいる受取配当金をもとに5年分記載。
		経営計画に織り込んでいる退職給付費用を戻し5年分記載。
		左記は流動分の賞与引当金、賞与引当金に係る社会保険料、事業税外形標準（税前利益から開始のため所得割除く）の合計。流動分の賞与引当金、賞与引当金に係る社会保険料はスケジューリング表の減算額とほぼ同額の加算と考え記載、事業税はスケジューリング表が税前利益から始まるためここは計画の外形標準課税分を加算、2期以降は流動項目は加算減算ほぼ同額と考え調整しない。
		スケジューリングを行い、解消年度に記入する。
		スケジューリングを行い、解消年度に記入する。
		売却見込年年度に記入する。
－	OK	
－	OK	
－	OK	
－	OK	過去の損金算入実績をもとにスケジューリングを行い、解消年度に記入する。
4,000,000		会社負担年金掛金拠出額と一時金支払額の合計、分類3の場合、年金掛金拠出額は5年間の拠出予定額、一時金支払額は定年支給予定額を5年間分記載、実務指針66号5(2)、税効果会計に関するQ＆Aに従い5年間のスケジューリングを行った上で、その期間を超えた年度であっても最終解消年度までに解消されると見込まれる退職給付引当金は回収可能。
30,000	スケジューリング不能	スケジューリングを行い、解消年度に記入する。
1,000,000	スケジューリング不能	内規にしたがった解消年度に記入する。
54,000,000	スケジューリング不能	売却計画経たない限りスケジューリング不能。
2,000,000	スケジューリング不能	固定貸倒引当金は返済予定表あれば返済スケジュールに従い入力する。
10,200,000	スケジューリング不能	資産除去債務算定にあたり、見積で利用した履行時期をもとに入力する。
7,500,000		実務指針66号5(2)に従い5年間のスケジューリングを行った上で、その期間を超えた年度であっても最終解消年度までに解消されると見込まれる建物減価償却超過額は回収可能。
27,000,000	スケジューリング不能	減損損失は実務指針66号5(2)の長期解消一時差異には該当せず、通常通りスケジューリングする。
		年度ごとに 一時差異解消予定額(B)が課税所得(A)以下の場合はBの金額。 一時差異解消予定額(B)が課税所得(A)以上の場合はAの金額。
		A＞Cの場合のみ、課税所得(A)-回収可能額(C)を記入
		分類3の場合、5年内の減算認容が見込まれないものがあれば、記載
		分類3の場合、5年内の減算認容が見込まれないものがあれば、記載
		分類3の場合、5年内の減算認容が見込まれないものがあれば、記載
		分類3の場合、5年内の減算認容が見込まれないものがあれば、記載
		上記課税所得の発生している年度に充当をしていく。大法人は、平成29年4月1日以後に終了した事業年度において生じた欠損金額からウ差引　課税所得②の50%の控除制限がある。
		上記課税所得の発生している年度に充当をしていく。大法人は、平成29年4月1日以後に終了した事業年度において生じた欠損金額からウ差引　課税所得②の50%の控除制限がある。
		充当できた金額を記入していく(1番左はその合計が記載される)。大法人は、平成29年4月1日以後に終了した事業年度において生じた欠損金額からウ差引　課税所得②の50%の控除制限がある。
		分類3の場合、上記で退職給付引当金、建物減価償却超過額の5年間のスケジューリングを行い、5年超分を回収可能額として記載する。)

税効果シート⑤　税効果プルーフに

会社名: 福留聡㈱
事業年度: 2017年3月期

税引前当期純利益				P/L	146,000,000	
						法定実効税率
永久差異						
交際費				別表四	9,060,000	×32.34%
役員賞与				別表四	700,000	×32.34%
寄附金の損金不算入額				別表四	9,300,000	×32.34%
受取配当等の益金不算入額				別表四	−10,000,000	×32.34%
計					155,060,000	
					↓×32.34%	
					50,146,404	
住民税均等割額				納税一覧表	530,000	×100%=
計					50,676,404	
評価性引当額の増加額	前期	3,557,400	シート①		26,916,582	×100%=
	当期	30,473,982	シート⑦			
計（期待値）					77,592,986	
						その他
計上額						
法人税、住民税及び事業税				P/L	30,285,863	
法人税等調整額				P/L	47,305,505	
計					77,591,368	
差異					−1,618	
差異率					0.0%	
判定					○重要な差異なし	

税効果シート⑥　損益計算書に計上される法人税、住民税及び事業税算定に関するワークシート（参考）

会社名: 福留聡㈱
事業年度: 2017年3月期

税区分						
		課税所得		税率	計算値	
法人税	法人税額	87,500,000	別表四の48所得金額又は欠損金額	23.9%	20,912,500	
	法人税額合計				20,912,500	
住民税	均等割額				530,000	
	法人税割=20.7%×法人税額	20,912,500	法人税額	20.7%	4,328,888	
	住民税額合計				4,858,888	
事業税	所得割	87,500,000	通常は、別表四の48所得金額又は欠損金額	5.16%	4,514,475	
	法人税、住民税及び事業税				30,285,863	P/L
			当期適用される法定実効税率	32.34%		

（注1）事業税は、実際には、課税所得が、年400万円以下の金額、年400万円を超え年800万円以下の金額、年800万円を超える金額ごとに適用される税率が異なり、上記は、年800万円を超える金額の税率を前提として計算しているため、地方税申告書で実際に算定した場合の税額と異なる。

関するワークシート

税率差異の開示

（単位：円）

	32.34%	32.3%	法定実効税率
2,930,004	2.01%	2.0%	交際費
226,380	0.16%	0.2%	役員賞与
3,007,620	2.06%	2.1%	寄附金
−3,234,000	△2.22%	△2.2%	受取配当金等永久に益金に算入されない項目
530,000	0.36%	0.4%	住民税均等割等
26,916,582	18.44%	18.4%	評価性引当額
	△0.00%	ー	その他
	53.14%	53.1%	負担率

（交際費・役員賞与・寄附金）4.3%　交際費等永久に損金に算入されない項目

税効果シート⑦　繰延税金資産及び繰延税金負債の発生の主な原因別の内訳注記に関するワークシート

会社名：福留聡㈱
事業年度：2017年3月期

（単位：円）

項目	E:評価性引当額控除前繰延税金資産＝D.期末残高×32.34%	G:評価性引当額＝回収不能一時差異×32.34%	I:評価性引当額控除後繰延税金資産＝G×32.34%
賞与引当金	9,702,000	0	9,702,000
未払事業税（注1）	3,400,381	0	3,400,381
賞与引当金（社会保険料）	1,358,280	0	1,358,280
貸倒引当金（流動）	9,702,000	0	9,702,000
小計	24,162,661	0	24,162,661
退職給付引当金	1,374,450	0	1,374,450
役員退職慰労引当金	1,455,300	(323,400)	1,131,900
土地減損損失	17,463,600	(17,463,600)	0
減価償却超過額（機械装置）	58,212	(9,702)	48,510
貸倒引当金（固定）	646,800	(646,800)	0
資産除去債務	3,298,680	(3,298,680)	0
減価償却超過額（建物）	3,234,000	0	3,234,000
繰越欠損金（注2）	12,127,500	0	12,127,500
建物減損損失	11,642,400	(8,731,800)	2,910,600
小計	51,300,942	(30,473,982)	20,826,960
合計	75,463,603	(30,473,982)	44,989,621
固定資産圧縮積立金	(3,234,000)		(3,234,000)
有形固定資産（除去資産）	(3,072,300)		(3,072,300)
その他有価証券評価差額金	(97,020)		(97,020)
合計	(6,403,320)	0	(6,403,320)

	2017/3/31 現在	
繰延税金資産		
賞与引当金	11,060,280	E
未払事業税	3,400,381	E
繰越欠損金	12,127,500	E
退職給付引当金	1,374,450	E
役員退職慰労引当金	1,455,300	E
固定資産減損損失	29,106,000	E
資産除去債務	3,298,680	E
減価償却超過額	3,292,212	E
貸倒引当金	10,348,800	E
繰延税金資産小計	75,463,603	E合計
評価制引当額	(30,473,982)	G合計
繰延税金資産合計	44,989,621	E+G=Iに一致
繰延税金負債		
固定資産圧縮積立金	(3,234,000)	E
除去資産	(3,072,300)	E
その他有価証券評価差額金	(97,020)	E
繰延税金負債合計	(6,403,320)	E+G=Iに一致
繰延税金資産の純額	38,586,301	

第2章 連結財務諸表における税効果会計及び持分法における税効果会計

連結財務諸表における税効果会計は，連結財務諸表における税効果会計に関する実務指針2項によると，個別財務諸表において財務諸表上の一時差異等に係る税効果会計を適用した後，連結財務諸表作成手続において連結財務諸表固有の一時差異に係る税金の額を期間配分する手続である。

連結財務諸表における税効果会計及び持分法における税効果会計の作成のポイントは概ね下記のステップを検討することにある。

STEP1　各連結グループ会社の個別財務諸表に税効果会計を適用する。

STEP2　連結グループ会社の個別財務諸表を合算し，単純合算財務諸表を作成する。

STEP3　連結仕訳及び持分法仕訳を行う際に連結ベースで税効果会計を適用し連結財務諸表を作成する。

STEP4　連結財務諸表における税金費用のプルーフテストを行い，税金費用の妥当性を検証する。

ポイントとなる4つのSTEPを，STEP1は**図表1**（前期末（2016年3月31日）の個別貸借対照表）及び**図表2**（当期末（2017年3月31日）の個別貸借対照表），STEP2は**図表3**（当期末（2017年3月31日）の単純合算表の作成），STEP3は**図表4**（連結仕訳及び持分法仕訳）及び**図表5**（連結精算表），STEP4は**図表7**（連結税効果プルーフに関するワークシート）の6つのシートに主要論点を落とし込むことにより整理する。

繰延税金資産及び繰延税金負債の発生の主な原因別の内訳注記は，**図表6**（繰延税金資産及び繰延税金負債の発生の主な原因別の内訳注記に関するワークシート）に，税率差異の注記は，**図表7**（連結税効果プルーフに関するワークシート）を用いて整理する。

章末に，設例で利用したすべてのワークシートを掲載したので参照されたい。

連結財務諸表における税効果会計及び持分法における税効果会計で利用する

設例の前提条件は以下のとおりである。

福留聡㈱の2017年3月31日の連結財務諸表を作成することを目的とする。福留聡㈱，㈱福留商事，㈱福留コンサルティングとも決算日は3月31日の同日であり，当期は2016年4月1日～2017年3月31日の1年間とする。

福留聡㈱の個別財務諸表は第1章で税効果会計を適用した後の決算書をそのまま利用している。

前期末（2016年3月31日）の各社の個別貸借対照表は下記のとおりである。

（図表1）　前期末（2016年3月31日）の個別貸借対照表

①　福留聡㈱の前期末（2016年3月31日）の個別貸借対照表

現金預金	400,000,000	買掛金	300,000,000
受取手形	100,000,000	未払金	329,376,526
売掛金	300,000,000	短期借入金	500,000,000
棚卸資産	115,000,000	賞与引当金	43,240,000
繰延税金資産（流動）	22,392,216	役員賞与引当金	1,800,000
貸倒引当金	(20,000,000)	役員退職慰労引当金	3,500,000
土地	500,000,000	退職給付引当金	4,000,000
建物	400,000,000	資産除去債務	10,000,000
機械装置	1,500,000	資本金	500,000,000
投資有価証券	900,000,000	利益準備金	5,000,000
繰延税金資産（固定）	66,830,610	利益剰余金	1,088,468,000
		その他有価証券評価差額金	338,300
合計	2,785,722,826	合計	2,785,722,826

②　㈱福留商事の前期末（2016年3月31日）の個別貸借対照表

現金預金	200,000,000	買掛金	200,000,000
受取手形	50,000,000	短期借入金	300,000,000
売掛金	200,000,000	繰延税金負債（固定）	16,170,000
棚卸資産	100,000,000	資本金	200,000,000
土地	400,000,000	利益剰余金	350,000,000
投資有価証券	150,000,000	その他有価証券評価差額金	33,830,000
合計	1,100,000,000	合計	1,100,000,000

③　㈱福留コンサルティングの前期末（2016年3月31日）の個別貸借対照表

現金預金	200,000,000	買掛金	100,000,000
受取手形	100,000,000	短期借入金	100,000,000
売掛金	100,000,000	資本金	100,000,000
棚卸資産	100,000,000		

土地	100,000,000	利益剰余金	300,000,000
合計	600,000,000	合計	600,000,000

当期末（2017年3月31日）の各社の個別貸借対照表は下記のとおりである。

（図表2）　当期末（2017年3月31日）の個別貸借対照表

①　福留聡㈱の当期末（2017年3月31日）の個別貸借対照表

現金預金	528,000,000	買掛金	400,000,000
受取手形	200,000,000	未払金	198,569,826
売掛金	390,000,000	未払法人税等	36,020,863
棚卸資産	120,000,000	短期借入金	600,000,000
繰延税金資産（流動）	24,162,661	賞与引当金	34,200,000
短期貸付金	10,000,000	役員賞与引当金	1,000,000
貸倒引当金（流動）	(30,000,000)	役員退職慰労引当金	4,500,000
土地	500,000,000	退職給付引当金	4,250,000
建物	300,000,000	資産除去債務	10,200,000
機械装置	1,000,000	資本金	500,000,000
投資有価証券	900,000,000	利益準備金	5,000,000
繰延税金資産（固定）	14,423,640	固定資産圧縮積立金	6,766,000
破産更生債権等	2,000,000	利益剰余金	
貸倒引当金（固定）	(2,000,000)	期首残高	1,088,468,000
		当期利益	68,408,632
		その他有価証券評価差額金	202,980
合計	2,957,586,301	合計	2,957,586,301

福留聡㈱の当期末（2017年3月31日）の個別損益計算書

売上高	(10,000,000,000)		
売上原価	8,000,000,000		
販売費及び一般管理費	1,810,000,000		
営業外収益	(80,000,000)		
営業外費用	64,000,000		
特別利益	(60,000,000)		
特別損失	120,000,000		
税前利益	(146,000,000)		
法人税，住民税及び事業税	30,285,863		
法人税等調整額	47,305,505		
当期純利益	(68,408,632)		

②　㈱福留商事の当期末（2017年3月31日）の個別貸借対照表

現金預金	300,000,000	買掛金	300,000,000
受取手形	100,000,000	短期借入金	400,000,000
売掛金	300,000,000	未払法人税等	52,034,000

棚卸資産	200,000,000	繰延税金負債（固定）	32,340,000
土地	400,000,000	資本金	200,000,000
投資有価証券	200,000,000	利益剰余金	
		期首残高	350,000,000
		当期純利益	107,966,000
		配当	(10,000,000)
		その他有価証券評価差額金	67,660,000
合計	1,500,000,000	合計	1,500,000,000

㈱福留商事の当期末（2017年3月31日）の個別損益計算書

売上高	(5,000,000,000)
売上原価	3,000,000,000
販売費及び一般管理費	1,800,000,000
営業外収益	(70,000,000)
営業外費用	100,000,000
特別利益	(30,000,000)
特別損失	40,000,000
税前利益	(160,000,000)
法人税，住民税及び事業税	52,034,000
当期純利益	(107,966,000)

③　㈱福留コンサルティングの当期末（2017年3月31日）の個別貸借対照表

現金預金	310,000,000	買掛金	210,000,000
受取手形	200,000,000	短期借入金	200,000,000
売掛金	200,000,000	未払法人税等	64,860,000
棚卸資産	200,000,000	資本金	100,000,000
土地	100,000,000	利益剰余金	
		期首残高	300,000,000
		当期純利益	135,140,000
合計	1,010,000,000	合計	1,010,000,000

㈱福留コンサルティングの当期末（2017年3月31日）の個別損益計算書

売上高	(4,000,000,000)
売上原価	2,600,000,000
販売費及び一般管理費	1,160,000,000
営業外収益	(70,000,000)
営業外費用	100,000,000
特別利益	(30,000,000)
特別損失	40,000,000
税前利益	(200,000,000)
法人税，住民税及び事業税	64,860,000
当期純利益	(135,140,000)

① 福留聡㈱は，㈱福留商事株式の60％を，600,000,000円で一括して前期末に外部の株主より取得し連結子会社とした。当期末に㈱福留商事株式の売却意思を固め，2019年3月期に650,000,000円で全て売却する予定である。

② 福留聡㈱は，㈱福留コンサルティング株式の30％を，300,000,000円で一括して前期末に外部の株主より取得し持分法適用関連会社とした。

③ ㈱福留商事は，上場有価証券である㈱福留孝介の10％を，以前から保有している。取得原価は，100,000,000円であり，前期末の時価は，150,000,000円，当期末の時価は200,000,000円である。

④ 福留聡㈱の投資有価証券は，㈱福留商事株式，㈱福留コンサルティング株式からなる。

⑤ ㈱福留商事は，土地を以前から保有しており，取得原価は，400,000,000円であり，取得時の前期末時価は，500,000,000円である。

⑥ ㈱福留コンサルティングは，土地を以前から保有しており，取得原価は，100,000,000円であり，取得時の前期末時価は，200,000,000円である。

⑦ ㈱福留商事株式取得時において投資有価証券及び土地以外に簿価と時価に差異が生じているものはない。

⑧ ㈱福留コンサルティング株式取得時において土地以外に簿価と時価に差異が生じているものはない。

⑨ 当期末において，福留聡㈱は，㈱福留商事に対して，売掛金100,000,000円を有しており，また，㈱福留商事は，福留聡㈱に対して，買掛金100,000,000円を有している。

⑩ 当期において，福留聡㈱は，㈱福留商事に対して，800,000,000円を売上げており，㈱福留商事は，福留聡㈱から800,000,000円を仕入れており，㈱福留商事は，当期末において，福留聡㈱から仕入れた商品50,000,000円を有しており，福留聡㈱の付加した利益率は30.0％である。

⑪ 当期において，㈱福留商事は，福留聡㈱に対して，500,000,000円を売上げており，福留聡㈱は，㈱福留商事から500,000,000円を仕入れており，福留聡㈱は，当期末において，㈱福留商事から仕入れた商品50,000,000円

を有しており，㈱福留商事の付加した利益率は20.0％である。

⑫　当期末において，㈱福留コンサルティングは，福留聡㈱から仕入れた商品50,000,000円を有しており，福留聡㈱の付加した利益率は30.0％である。

⑬　当期末において，福留聡㈱は，㈱福留コンサルティングから仕入れた商品50,000,000円を有しており，㈱福留コンサルティングの付加した利益率は20.0％である。

⑭　当期において，㈱福留商事は，利益剰余金を原資として，10,000,000円の配当を実施している。

⑮　福留聡㈱の方針では，持分法適用会社㈱福留コンサルティングに留保利益を半永久的に配当させない。

⑯　当期首より，福留聡㈱は，㈱福留商事に対して貸付金10,000,000円を有している。また，㈱福留商事は㈱福留ホールディングスに対して借入金10,000,000円を有している。なお，当期末までに借入金は返済されていない。

⑰　福留聡㈱が㈱福留商事に対する貸付金に付した利率は年3％であり，利払日と決算日は一致しているものとする。

⑱　福留聡㈱は，売掛金，受取手形及び貸付金に対して，貸倒実績率5.0％を乗じた金額を貸倒引当金として設定している。なお，貸倒引当金は，税務上損金として認められない。一方，㈱福留商事及び㈱福留コンサルティングはこれまでに貸倒実績がなく貸倒引当金は計上していない。

⑲　のれん及びのれん相当額の償却期間は5年とする。

⑳　福留聡㈱は，㈱福留商事株式を2019年3月期に，全株式を売却する意思を固めている。

一方，福留聡㈱は，㈱福留コンサルティング株式を将来にわたり売却及び清算する予定はない。

㉑　福留聡㈱は退職金一時金制度を採用しており，前期末の予測退職給付債務は4,000,000円，実際退職給付債務は4,100,000円で，差額の100,000円を数理計算上の差異として10年間にわたり，当期から定額法で費用処理する。

当期は，数理計算上の差異償却額10,000円，勤務費用と利息費用合計で290,000円，一時金の支払50,000円で当期末の予測退職給付債務は4,340,000円，実際退職給付債務は4,400,000円とする。

連結財務諸表上で，その他の包括利益（未認識数理計算上の差異）に係る税効果会計を適用する。

㉒　福留聡㈱は66号分類3，㈱福留商事は66号分類2，㈱福留コンサルティングは66号分類1とし，ともに実効税率は毎期32.34％とし，繰延税金資産の回収可能性に問題はないものとする。

1　各連結グループ会社の個別財務諸表に税効果会計を適用する

連結財務諸表税効果会計及び持分法税効果会計の最初のステップであるSTEP1は，各連結グループ会社の個別財務諸表に税効果会計を適用することである。

図表1及び**図表2**を参照すると，既に各社で税効果会計を適用していることがわかる。福留聡㈱の税効果会計の算定は，第1章を参照いただきたい。㈱福留商事の税効果会計はその他有価証券評価差額金にのみ適用されており，投資有価証券の時価評価差額100,000,000円に法定実効税率32.34％を乗じて繰延税金負債（固定）が32,340,000円計上されていることがわかる。

2　連結グループ会社の個別財務諸表を合算し，単純合算財務諸表を作成する

連結財務諸表税効果会計及び持分法税効果会計のSTEP2は，連結グループ会社の個別財務諸表を合算し，単純合算財務諸表を作成することである。

親会社の福留聡㈱及び連結子会社である㈱福留商事の個別財務諸表を単純合算して，単純合算財務諸表を作成する。

その際に，繰延税金資産，繰延税金負債，法人税等調整額も単純に合算された数値を算定する。

(図表3)　当期末（2017年3月31日）の単純合算表

①貸借対照表

勘定科目	福留聡㈱	㈱福留商事	単純合算
現金預金	528,000,000	300,000,000	828,000,000
受取手形	200,000,000	100,000,000	300,000,000
売掛金	390,000,000	300,000,000	690,000,000
棚卸資産	120,000,000	200,000,000	320,000,000
繰延税金資産（流動）	24,162,661		24,162,661
短期貸付金	10,000,000		10,000,000
貸倒引当金	(30,000,000)		(30,000,000)
土地	500,000,000	400,000,000	900,000,000
建物	300,000,000	200,000,000	500,000,000
機械装置	1,000,000		1,000,000
投資有価証券	900,000,000		900,000,000
繰延税金資産（固定）	14,423,640		14,423,640
破産更生債権等	2,000,000		2,000,000
貸倒引当金（固定）	(2,000,000)		(2,000,000)
買掛金	(400,000,000)	(300,000,000)	(700,000,000)
未払金	(198,569,826)		(198,569,826)
未払法人税等	(36,020,863)	(52,034,000)	(88,054,863)
短期借入金	(600,000,000)	(400,000,000)	(1,000,000,000)
賞与引当金	(34,200,000)		(34,200,000)
役員賞与引当金	(1,000,000)		(1,000,000)
役員退職慰労引当金	(4,500,000)		(4,500,000)
退職給付引当金	(4,250,000)		(4,250,000)
資産除去債務	(10,200,000)		(10,200,000)
繰延税金負債（固定）		(32,340,000)	(32,340,000)
資本金	(500,000,000)	(200,000,000)	(700,000,000)
利益準備金	(5,000,000)		(5,000,000)
固定資産圧縮積立金	(6,766,000)		(6,766,000)
利益剰余金			0

期首残高	(1,088,468,000)	(350,000,000)	(1,438,468,000)
当期純利益	(68,408,632)	(107,966,000)	(176,374,632)
配当		10,000,000	10,000,000
その他有価証券評価差額金	(202,980)	(67,660,000)	(67,862,980)

②損益計算書

勘定科目	福留聡㈱	㈱福留商事	単純合算
売上高	(10,000,000,000)	(5,000,000,000)	(15,000,000,000)
売上原価	8,000,000,000	3,000,000,000	11,000,000,000
販売費及び一般管理費	1,810,000,000	1,800,000,000	3,610,000,000
営業外収益	(80,000,000)	(70,000,000)	(150,000,000)
営業外費用	64,000,000	100,000,000	164,000,000
特別利益	(60,000,000)	(30,000,000)	(90,000,000)
特別損失	120,000,000	40,000,000	160,000,000
税金等調整前当期純利益	(146,000,000)	(160,000,000)	(306,000,000)
法人税、住民税及び事業税	30,285,863	52,034,000	82,319,863
法人税等調整額	47,305,505		47,305,505
当期純利益	(68,408,632)	(107,966,000)	(176,374,632)

3　連結仕訳及び持分法仕訳を行う際に連結ベースで税効果会計を適用し連結財務諸表を作成する

連結財務諸表税効果会計及び持分法税効果会計のSTEP3は，連結仕訳及び持分法仕訳を行う際に連結ベースで税効果会計を適用し連結財務諸表を作成することである。

設例の前提条件をもとに連結仕訳及び持分法仕訳を行うと下記のとおりとなる。

上記のうち，税効果会計に係る仕訳のみ詳細な解説を行う。

各連結仕訳及び持分法仕訳に係る税効果会計の解説の前に連結手続上生じた繰延税金資産の回収可能性について解説する。

連結財務諸表における税効果会計に関する実務指針41項によると，連結手続上生じた繰延税金資産の回収可能性について，連結手続上生じた将来減算一

（図表4）　連結仕訳及び持分法仕訳

（1）開始仕訳（本設例では資本連結仕訳のみ）
図表1前期末（2016年3月31日）の個別貸借対照表と設例の前提条件①～⑤をご覧いただきたい。

① 連結子会社㈱福留商事株式取得に係る連結開始仕訳
のれん=株式取得金額600,000,000－（資本金200,000,000+利益剰余金350,000,000+その他有価証券評価差額金33,830,000+土地評価差額67,660,000）×持分比率60%＝209,106,000
少数株主持分=（資本金200,000,000+利益剰余金350,000,000+その他有価証券評価差額金33,830,000+土地評価差額67,660,000）×少数株主持分比率40%=232,000,000

（借方）	土地	100,000,000		土地評価差額	67,660,000
				繰延税金負債（固定）	32,340,000
（借方）	資本金	200,000,000	（貸方）	投資有価証券	600,000,000
（借方）	利益剰余金期首残高	350,000,000	（貸方）	少数株主持分	260,596,000
（借方）	その他有価証券評価差額金	33,830,000			
（借方）	土地評価差額	67,660,000			
（借方）	のれん	209,106,000			

② 持分法適用関連会社㈱福留コンサルティング株式取得に係るのれん相当額の算定
のれん相当額=株式取得金額300,000,000－（資本金100,000,000+利益剰余金300,000,000+土地評価差額67,660,000）×持分比率30%＝159,702,000

（2）債権と債務の相殺消去仕訳
設例の前提条件⑨、⑯、⑱をご覧いただきたい。

① 設例の前提条件⑨の連結消去仕訳

（借方）	買掛金	100,000,000	（貸方）	売掛金	100,000,000

② 設例の前提条件⑯の連結消去仕訳

（借方）	短期借入金	10,000,000	（貸方）	短期貸付金	10,000,000

③ 設例の前提条件⑱の連結消去仕訳
貸倒引当金=（売掛金100,000,000+短期貸付金10,000,000）×貸倒実績率5%=5,500,000
税効果=貸倒引当金5,500,000×32.34%=1,778,700

（借方）	貸倒引当金	5,500,000	（貸方）	貸倒引当金繰入額（販管費）	5,500,000
（借方）	法人税等調整額	1,778,700	（貸方）	繰延税金資産（流動）	1,778,700

（3）取引高の相殺消去仕訳と未実現利益の消去仕訳
設例の前提条件⑰、⑩～⑬をご覧いただきたい。

① 設例の前提条件⑰の連結消去仕訳
利息10,000,000×3%＝300,000

（借方）	受取利息（営業外収益）	300,000	（貸方）	支払利息（営業外費用）	300,000

② 設例の前提条件⑩の連結消去仕訳（ダウンストリーム）
未実現利益=50,000,000×利益率30%=15,000,000
税効果=未実現利益15,000,000×32.34%=4,851,000

（借方）	売上高	800,000,000	（貸方）	売上原価	800,000,000
（借方）	売上原価	15,000,000	（貸方）	棚卸資産	15,000,000
（借方）	繰延税金資産（流動）	4,851,000	（貸方）	法人税等調整額	4,851,000

③ 設例の前提条件⑪の連結消去仕訳（アップストリーム）
未実現利益=50,000,000×利益率20%=10,000,000
税効果=未実現利益10,000,000×32.34%=4,000,000
少数株主への按分=（未実現利益10,000,000−税効果3,234,000）×少数株主持分比率40%=2,706,400

（借方）	売上高	500,000,000	（貸方）	売上原価	500,000,000
（借方）	売上原価	10,000,000	（貸方）	棚卸資産	10,000,000
（借方）	繰延税金資産（流動）	3,234,000	（貸方）	法人税等調整額	3,234,000
（借方）	少数株主持分	2,706,400	（貸方）	少数株主損益	2,706,400

④ 設例の前提条件⑫の持分法仕訳（ダウンストリーム）
未実現利益=50,000,000×利益率30%×持分比率30%=4,500,000
税効果=未実現利益4,500,000×32.34%=1,455,300

（借方）　売上高　4,500,000（貸方）　投資有価証券　4,500,000
（借方）　繰延税金資産（流動）　1,455,300（貸方）　法人税等調整額　1,455,300

⑤　設例の前提条件⑬の持分法仕訳（アップストリーム）
未実現利益=50,000,000×利益率20%×持分比率30%=3,000,000
税効果=未実現利益3,000,000×32.34%=1,200,000

（借方）　持分法による投資損益（営業外損益　3,000,000（貸方）　棚卸資産　3,000,000
（借方）　投資有価証券　970,200（貸方）　持分法による投資損益（営業外損益　970,200

（4）配当金の振替仕訳
設例の前提条件⑪をご覧いただきたい。
①　設例の前提条件⑪の連結仕訳
受取配当金=配当金10,000,000×持分比率60%=6,000,000
少数株主持分=配当金10,000,000×少数持分比率40%=4,000,000

（借方）　受取配当金（営業外収益）　6,000,000（貸方）　配当金　10,000,000
（借方）　少数株主持分　4,000,000

（5）のれんの償却仕訳
（1）開始仕訳ののれんの額と設例の前提条件⑯をご覧いただきたい。
①　連結子会社㈱福留商事株式取得に係るのれんの償却
のれん償却額=のれん209,106,000÷5年=41,821,200

（借方）　のれん償却額（販管費）　41,821,200（貸方）　のれん　41,821,200

②　持分法適用関連会社㈱福留コンサルティング株式取得に係るのれん相当額の償却
のれん相当償却額=のれん相当額159,702,000÷5年=31,940,400
なお、福留聡㈱は、㈱福留コンサルティング株式を将来にわたり売却及び清算する予定はないため、のれん相当償却額に税効果は認識しない。

（借方）　持分法による投資損益（営業外損益　31,940,400（貸方）　投資有価証券　31,940,400

（6）当期純利益の少数株主損益、持分法投資損益への振替仕訳
①　当期純利益の少数株主損益への振替
少数株主への按分=当期純利益107,966,000×少数株主持分比率40%=43,302,400

（借方）　少数株主損益　43,186,400（貸方）　少数株主持分　43,186,400

②　当期純利益の持分法投資損益への振替
利益の按分=当期純利益135,140,000×持分比率30%=40,596,000

（借方）　投資有価証券　40,542,000（貸方）　持分法による投資損益（営業外損益　40,542,000

（7）その他有価証券評価差額金の少数株主持分への振替仕訳
①　その他有価証券評価差額金の少数株主持分への振替
少数株主持分=その他有価証券評価差額金増加額（67,660,000−33,830,000）×少数株主持分比率40%=13,532,000

（借方）　その他有価証券評価差額金　13,532,000（貸方）　少数株主持分　13,532,000

（8）連結子会社への投資に係る親会社の税効果の仕訳
①　福留　聡　㈱の個別財務諸表における連結子会社㈱福留商事株式の簿価＝取得原価600,000,000
福留　聡　㈱の連結財務諸表における連結子会社㈱福留商事株式の簿価＝（資本金200,000,000+利益剰余金期首残高350,000,000+当期純利益107,966,000−配当10,000,000+その他有価証券評価差額金67,660,000）×60%+（のれん残高209,106,000−41,821,200）=596,660,400
個別簿価　600,000,000　連結簿価　596,660,400
税効果＝（600,000,000−596,384,400）×32.34%＝1,080,027

（借方）　繰延税金資産（固定）　1,080,027（貸方）　法人税等調整額　1,080,027

（9）退職給付の連結調整仕訳
（借方）　退職給付引当金　4,000,000（貸方）　退職給付に係る負債　4,100,000
（借方）　退職給付に係る調整累計額　100,000
（借方）　繰延税金資産（固定）　32,340（貸方）　退職給付に係る調整累計額　32,340
（借方）　退職給付引当金　250,000（貸方）　退職給付に係る負債　300,000
（借方）　退職給付に係る調整額　50,000
（借方）　繰延税金資産（固定）　16,170（貸方）　退職給付に係る調整額　16,170

時差異（未実現利益の消去に係る将来減算一時差異を除く。）に係る税効果額は，各納税主体ごとに個別貸借対照表上の繰延税金資産の計上額（繰越外国税額控除に係る繰延税金資産を除く。）と合算し，個別税効果実務指針第21項（回収可能性の判断要件）に定める回収可能性の判断要件及び個別税効果実務指針第22項（繰延税金資産の計上限度額）に従って繰延税金資産の連結貸借対照表への計上の可否及び計上額を決定し，個別税効果実務指針第23項（繰延税金資産から控除すべき金額は会社の毎決算日現在で見直し，将来減算一時差異及び税務上の繰越欠損金に係る繰延税金資産の全部又は一部が第21項の判断要件を満たさなくなった場合には，計上されていた繰延税金資産のうち過大となった金額を取り崩す。過年度に未計上であった繰延税金資産の回収見込額を見直した結果，第21項の判断要件を満たすことになった場合には，回収されると見込まれる金額まで新たに繰延税金資産を計上する。）に従って，計上した繰延税金資産の修正を行わなければならない。なお，個別税効果実務指針第21項(3)（将来加算一時差異の十分性）に定める回収可能性の判断要件を適用するに当たり，未実現損失の消去に係る将来加算一時差異の将来における解消見込額を含めてはならない。

上記は，下記未実現利益同様に繰延法の考え方によっているため，繰延税金資産の回収可能性の将来加算一時差異の将来における解消見込額を考慮してはいけないとされている。

未実現利益の消去に係る繰延税金資産の回収可能性については，他の繰延税金資産とその性格が異なることから，個別税効果実務指針第21項（回収可能性の判断要件）の判断要件は適用しないこととする。したがって，当該繰延税金資産は，連結財務諸表における税効果会計に関する実務指針第13項（未実現利益に係る一時差異と会計処理）の取扱いに従って取り崩さなければならないとされている。

上記は，後で未実現利益の消去のところでも詳細に解説するが，売却元で発生した税金額を繰延税金資産として計上し，当該未実現利益の実現に対応させて取り崩す繰延法の考え方によっているためであり，その他の税効果の資産負債法と異なるためである。

監査委員会報告66号によると，重要性の乏しい連結子会社及び持分法適用会社に対して繰延税金資産の回収可能性を簡便的に期末の一時差異等の合計額と過去5年間の課税所得の合計額のいずれか少ない額に法定実効税率を乗じた額を計上している場合には，回収可能性があると判断できる取扱いがある。

ただし，上記取扱いは，企業会計基準適用指針第26号では削除されている。

(1)　子会社の資産及び負債の時価評価による評価差額（資本連結手続に係る子会社の資産及び負債の時価評価から生ずる一時差異）

連結財務諸表における税効果会計に関する実務指針21項によると，資本連結手続上，子会社の資産及び負債は，投資取得日又は支配獲得日の時価をもって評価され，その評価差額（個別財務諸表において資本又は損益に計上されたものを除く。）は資本として処理されることとなる。当該評価差額は親会社の投資と子会社の資本との相殺消去及び少数株主持分への振替により全額消去されるが，評価対象となった子会社の資産及び負債の連結貸借対照表上の価額と個別貸借対照表上の資産額及び負債額との間に差異が生ずる。この差異は連結財務諸表固有の一時差異に該当する。

連結財務諸表における税効果会計に関する実務指針23項によると，資本連結手続上，本設例のように，子会社の所有する土地について時価による評価を行った結果，評価増が行われた場合は，将来加算一時差異が生じる。すなわち，当該土地を売却した年度において，子会社の個別損益計算書上の利益が連結損益計算書上の利益より多く計上される。その結果，子会社の個別損益計算書上の税金費用が連結損益計算書上の利益に対応する税金費用に比べて多くなるため，子会社の土地を時価評価した時点で評価増に対応する税効果額を繰延税金負債に計上する一方，土地の売却年度に当該繰延税金負債を取り崩し，当該取崩額を法人税等調整額に貸方計上する。

連結財務諸表における税効果会計に関する実務指針24項によると，子会社への投資に際して資本連結手続を行う場合に，子会社の資産及び負債の時価評価により生じた評価差額は資本として処理されることになるが，その金額は対応する税効果額を控除した純額となる。

本設例において，前提条件⑤㈱福留商事は，土地を以前から保有しており，取得原価は，400,000,000円であり，取得時の前期末時価は，500,000,000円とされているため，時価評価差額100,000,000円の将来加算一時差異が生じており，法定実効税率32.34％を乗じて繰延税金負債（固定）を32,340,000円と認識し，評価差額は純額で67,660,000円を認識する。

仕訳は，(1) 開始仕訳（本設例では資本連結仕訳のみ）①連結子会社㈱福留商事株式取得に係る連結開始仕訳を参照されたい。

なお，評価減の場合は，連結財務諸表における税効果会計に関する実務指針22項によると，資本連結手続上，本設例において子会社の土地について時価による評価を行った結果，評価減が行われた場合，子会社の個別貸借対照表上の資産額は評価替えが行われないため，将来減算一時差異が生ずる。つまり，当該土地を翌期以降販売したときの子会社の個別損益計算書上の利益が連結損益計算書上の利益より少なく計上される結果となる。そのため，当該土地を販売した年度において，子会社の個別損益計算書上の税金費用が連結損益計算書上の利益に対応する税金費用に比べて小さくなる。したがって，子会社の土地を時価評価した時点で評価減に対応する税効果額を繰延税金資産に計上する一方，土地の販売年度に当該繰延税金資産を取り崩し，当該取崩額を法人税等調整額に借方計上する。

ただし，子会社保有の土地の評価減に係る繰延税金資産は，子会社である㈱福留商事における繰延税金資産の回収可能性をもとに判断し，㈱福留商事は会社分類が2であり，土地の評価減に係る将来減算一時差異は，スケジューリング不能な一時差異になり，監査委員会報告66号では，タックスプランニング等に基づき売却予定の取締役会の承認がある等売却等の合理的な計画等が見込めない限り繰延税金資産は計上できない。

企業会計基準適用指針第26号によっても会社分類2の場合，本来スケジューリング不能な将来減算一時差異に係る繰延税金資産について，回収可能性がない。

ただし，スケジューリング不能な将来減算一時差異のうち，税務上の損金算入時期が個別に特定できないが将来のいずれかの時点で損金算入される可能性が高いと見込まれるものについて，当該将来のいずれかの時点で回収できることを合理的に説明できる場合，当該スケジューリング不能な将来減算一時差異に係る繰延税金資産は回収可能性がありとされ，タックスプラニング等によらなくても繰延税金資産を計上できる可能性があることに留意する。

なお，本設例でも連結子会社㈱福留商事を資本連結することにより，のれんが生じているが，連結財務諸表における税効果会計に関する実務指針27項によると，投資時における資本連結手続上，子会社への投資額と子会社資本の親会社持分額（第21項「子会社の資産及び負債の時価評価による評価差額」を考慮後）との間に差額が生じている場合は，のれんとして連結貸借対照表上の資産又は負債に計上され，のれんについては税務上の資産又は負債の計上もその償却額の損金又は益金算入も認められておらず，また，子会社における個別貸借対照表上の簿価は存在しないから一時差異が生ずるが，これについて繰延税金負債又は繰延税金資産は計上しないものとされている。

これは，親会社の投資額と子会社の時価評価後の純資産に対する持分相当額の差額により計上され，のれんに税効果を認識すると，子会社の財務諸表に繰延税金資産及び繰延税金負債が計上され，結果として親会社持分が増減し，のれんの金額が変動する循環を回避するためである。

（2）　債権債務の相殺消去に伴い減額修正される貸倒引当金

連結財務諸表における税効果会計に関する実務指針18項によると，連結手続において，連結会社相互間の債権債務の相殺消去が行われ，相殺された債権に対応する貸倒引当金が減額修正される。その結果，減額修正される貸倒引当金が税務上損金として認められたものである場合，個別貸借対照表上の貸倒引当金と税務上の貸倒引当金との間に差異はないが，連結貸借対照表上の貸倒引当金は税務上の貸倒引当金より小さくなり，将来加算一時差異が生ずる。

そのため，原則として連結手続上，繰延税金負債を計上する。この場合，適用される税率は債権者側の連結会社に適用されるものである（連結財務諸表における税効果会計に関する実務指針19項）。

一方，減額修正される貸倒引当金が税務上損金として認められず所得に加算されている場合には，個別貸借対照表上の貸倒引当金は税務上の貸倒引当金より大きくなるため，個別財務諸表上，将来減算一時差異が発生する。しかし，連結手続上，貸倒引当金の減額修正が行われると，連結貸借対照表上の貸倒引当金は当該修正額だけ小さくなり，結果として税務上の貸倒引当金に一致し，個別財務諸表上で発生した将来減算一時差異は消滅することになる。

そのため，個別貸借対照表に計上した繰延税金資産を連結手続上，取り崩すことになる（連結財務諸表における税効果会計に関する実務指針20項）。

本設例において，設例の前提条件⑨，⑯，⑱に従い，福留聡㈱の債権と㈱福留商事の債務が相殺消去されているが，前提条件⑱に貸倒引当金は，税務上損金として認められないとされているため個別財務諸表上，将来減算一時差異が発生している。しかし，連結手続上，貸倒引当金の減額修正により，連結貸借対照表上の貸倒引当金は当該修正額だけ小さくなり，結果として税務上の貸倒引当金に一致し，個別財務諸表上で発生した将来減算一時差異は消滅したケースであるため，繰延税金資産を取り崩すことになる。

具体的には，貸倒引当金設定対象債権総額に貸倒実績率を乗じて算定した貸倒引当金5,500,000円に債権者側の連結会社である福留聡㈱に適用される税率32.34％を乗じて計算した繰延税金資産1,778,700円を取り崩すことになり，借方は法人税等調整額となる。

（3） 未実現損益に係る一時差異

① 連結会社間取引の未実現損益の税効果

連結会社間で棚卸資産等の資産の売買取引を行い，期末に連結グループ内で在庫として保有されている場合，連結手続上未実現損益は消去されることになる。

連結財務諸表における税効果会計に関する実務指針12項に記載のとおり，連結手続上，未実現利益の消去が行われると，売却された資産の連結貸借対照表上の価額と購入側の連結会社の個別貸借対照表上の資産額との間に一時差異が生ずる。

個別財務諸表では，単体課税の場合，資産を売却し利益を計上した売却元である連結会社において当該利益に対し課税され法人税等が計上される。つまり，連結財務諸表上，資産売却益は消去されているが，税務上は資産売却益に対して課税され，逆に当該利益が連結上実現したときには課税されないことになる。

個別財務諸表ベースでみた場合，未実現利益が発生した連結会社と一時差異の対象となった資産を保有している連結会社が相違する点で，他の一時差異とは性質が異なる。すなわち，未実現利益が発生した連結会社においては，個別財務諸表において課税関係は完了しており，当該連結会社においては未実現利益の消去に係る将来の税金の減額効果は存在しないことになる。

同様に，資産を保有する連結会社の個別財務諸表においても購入した資産の計上価額と税務上の資産額とは原則として一致しており，一時差異は発生しない。しかしながら，連結手続上消去された未実現利益は連結財務諸表固有の一時差異に該当するため，税効果を認識することになる。

上記は，税効果会計を適用しないと，売却益に対する税金費用が個別財務諸表上は，連結会社間売却時に計上されるが，連結財務諸表上は，連結グループ外部に売却したときに売却益が計上されるため，この時に税金費用を計上する必要があるため，税効果会計を適用し，税金費用の期間対応を修正する必要がある。

連結財務諸表における税効果会計に関する実務指針13項に記載のとおり，連結手続上，消去された未実現利益に関する税効果は，未実現利益が発生した連結会社と一時差異の対象となった資産を保有する連結会社が異なるという特殊性を考慮し，かつ，従来からの実務慣行を勘案し，売却元で発生した税金額を繰延税金資産として計上し，当該未実現利益の実現に対応させて取り崩すこととされている。

繰延法を採用し，支払った税金を繰延べるだけのため，売却元に適用される税率がその後改正されても，未実現利益に関連して認識し測定した繰延税金資産は，その税率変更の影響を受けることがないため，個別税効果実務指針第19項（税効果会計に適用される税率が変更された場合には，決算日現在における改正後の税率を用いて，当期首における繰延税金資産及び繰延税金負債の金額を修正する）の適用はないことになる。

また，上記の未実現利益の消去に伴う税効果は，土地，建物等であって，その未実現利益の実現が長期間にわたることになっても認識するものとされている。

未実現損失に係る一時差異と会計処理についても，連結財務諸表における税効果会計に関する実務指針14項に記載のとおり，未実現利益と同様の取扱いとされ，連結手続上，消去された未実現損失に係る税効果は，売却元で課税所得の計算上，未実現損失が損金処理されたことによる税金軽減額を繰延税金負債として計上し，当該未実現損失の実現に対応させて取り崩すことになる。

本設例において，前提条件⑩によると，親会社の福留聡㈱から連結子会社㈱福留商事に販売した商品が連結グループ外に販売されていない㈱福留商事保有在庫50,000,000円に含まれる利益15,000,000円（＝50,000,000円×利益率30％）を未実現利益として消去する。

福留聡㈱の個別財務諸表において，商品を㈱福留商事に販売した年度に上記売却による利益に対応する法人税，住民税及び事業税が4,851,000円（＝未実現利益15,000,000円×法定実効税率32.34％）が計上されているため，連結財務諸表上，（借方）繰延税金資産4,851,000円（貸方）法人税等調整額4,851,000円を計上し，連結損益計算書における税金費用を減額する。

上記はダウンストリームのケースであるが，連結子会社である㈱福留商事から親会社の福留聡㈱へ販売した商品が，福留聡㈱から連結グループ外部へ販売されずに在庫として保有しているアップストリームのケースでも同様である。

ただし，アップストリームの場合，連結財務諸表における税効果会計に関する実務指針17項に記載の通り，少数株主が存在する場合の未実現損益の消去に係る法人税等調整額は，未実現損益の消去額に対応して親会社持分と少数株主持分に配分しなければならない点が，ダウンストリームと異なる。

したがって，本設例の前提条件⑪により，㈱福留商事から仕入れた福留聡㈱保有の在庫50,000,000円に含まれる利益10,000,000円（＝50,000,000円×利益率20％）を未実現利益として消去し，㈱福留商事の未実現利益に対応する対応する法人税，住民税及び事業税に対し繰延税金資産3,234,000円（＝未実現利益10,000,000円×法定実効税率32.34％）を連結財務諸表に計上し，そのうえで未実現損益の消去に係る法人税等調整額は，未実現損益の消去額に対応して親会社持分と少数株主持分に配分する必要があり，少数株主損益は，税引後利益を按分するため，少数株主への按分額は（未実現利益10,000,000円－税効果3,234,000円）×少数株主持分比率40％＝2,706,400円となる。

未実現利益の計上限度額は，連結財務諸表における税効果会計に関する実務指針15項に従い，未実現利益の税効果は，個別財務諸表上で支払った税金を連結財務諸表上の売却益に対応させて繰延べる繰延法を採用しているため，未実現利益の消去に係る将来減算一時差異の額は，売却元の売却年度における課税所得額を超えてはならないとされている。また，未実現損失の税効果は，個別財務諸表上で減額された税金を連結財務諸表上の売却損に対応させて繰延べる繰延法を採用しているため，未実現損失の消去に係る将来加算一時差異の額は，売却元の当該未実現損失に係る損金を計上する前の課税所得額を超えてはならない。

また，未実現利益の消去に係る繰延税金資産の回収可能性については，連結財務諸表における税効果会計に関する実務指針16項に従い，繰延法を採用しており，資産負債法を採用している他の繰延税金資産とその性格が異なることから，個別税効果実務指針第21項（回収可能性の判断要件）の判断要件は適用しないこととされ回収可能性の検討は不要とされている。したがって，当該繰延税金資産は，連結財務諸表における税効果会計に関する実務指針第13項の取扱いに従って取り崩さなければならないとされている。

なお，本設例において，福留聡㈱の課税所得は第1章の設例によると，

250,000,000円，㈱福留商事の課税所得は税引前利益と同額とし160,000,000円のため，ともに売却年度における課税所得が未実現利益の消去に係る将来減算一時差異の額（福留聡㈱15,000,000円，㈱福留商事10,000,000円）を上回っており，計上限度制限はかからない。

② 投資会社と持分法適用会社取引の未実現損益の税効果

持分法会計に関する実務指針24項に記載のとおり，連結会社が売手側（ダウンストリーム）となって発生した未実現利益は，その対象が棚卸資産，有価証券又は固定資産等である場合には，持分法適用会社における翌期以降の売却又は償却等により実現するので，その消去に係る一時差異は，連結会社に帰属するものとして税効果を認識する。当該将来減算一時差異の額については，売手側である連結会社の売却年度の課税所得額を超えていないことを確かめる。

未実現損失についても未実現利益と同様に処理するが，その将来加算一時差異の額は，売手側である連結会社の当該未実現損失に係る損金を計上する前の課税所得を超えてはならないとされている。

本設例では，前提条件⑫により，福留聡㈱から仕入れた㈱福留コンサルティング保有の在庫50,000,000円に含まれる利益15,000,000円（＝50,000,000円×利益率30％）が未実現利益となり，未実現損益の消去額に対応して投資会社の持分へ按分のうえで投資会社の売上高を4,500,000円（＝未実現利益15,000,000円×持分比率30％）を消去のうえ（相手勘定は投資有価証券又は関係会社株式），福留聡㈱の未実現利益に対応する法人税，住民税及び事業税に対し繰延税金資産1,455,300円（＝消去する売上高4,500,000円×法定実効税率32.34％）を計上する。

持分法会計に関する実務指針25項に記載のとおり，持分法適用会社が売手側（アップストリーム）となって発生した未実現利益の消去に係る一時差異については，連結実務指針の第13項において売却元で繰延税金資産を計上するものとしているので，持分法適用会社に帰属するものとして扱うことになる。

上記一時差異については，持分法適用会社の貸借対照表上，繰延税金資産を計上することとなるが，当該一時差異の額については，売却元である持分法適用会社の売却年度の課税所得額を超えていないことを確かめる。

未実現損失についても未実現利益と同様に処理するが，当該未実現損失の消去に係る一時差異の額は，売却元である持分法適用会社の当該未実現損失に係る損金を計上する前の課税所得を超えてはならないとされており，連結財務諸表における税効果会計に関する実務指針14項と同様に処理することになる。

なお，持分法適用会社の純資産の増減額は投資有価証券（又は関係会社株式）に加減するため，未実現利益に対応する繰延税金資産を計上すると投資有価証券（又は関係会社株式）の増加，未実現損失に対応する繰延税金負債を計上した場合は投資有価証券（又は関係会社株式）の減少とし，相手勘定は持分法投資損益として会計処理する。

本設例では，前提条件⑬により，㈱福留コンサルティングから仕入れた福留聡㈱保有の在庫50,000,000円に含まれる利益10,000,000円（＝50,000,000円×利益率20%）が未実現利益となり，未実現損益の消去額に対応して投資会社の持分へ按分のうえで持分法適用会社の棚卸資産を3,000,000円（＝未実現利益10,000,000円×持分比率30%）を消去のうえ（相手勘定は持分法投資損益），㈱福留コンサルティングの未実現利益に対応する法人税，住民税及び事業税に対し繰延税金資産相当額970,200円（＝消去する売上高3,000,000円×法定実効税率32.34%）を投資有価証券（又は関係会社株式）の増加として計上する。

(4)　子会社への投資に係る一時差異

連結財務諸表における税効果会計に関する実務指針29項に記載のとおり，子会社へ投資を行ったときには，投資の取得価額と投資の連結貸借対照表上の価額とは一致し，親会社にとって投資に係る一時差異は生じない。しかし，投資後，子会社が計上した損益，為替換算調整勘定及びのれんの償却により，投資の連結貸借対照表上の価額が変動する。その結果，子会社への投資の連結貸借対照表上の価額と，親会社の個別貸借対照表上の投資簿価との間に差額が生ずる。当該差額は，子会社が親会社へ配当を実施した場合，親会社が保有する投資を第三者に売却した場合又は保有する投資に対して個別財務諸表上の評価減を実施した場合に解消され，親会社において税金を増額又は減額する効果が生ずることがある。このように将来，税金の増減効果が生ずる場合には，子会社への投資の連結貸借対照表上の価額と親会社の個別貸借対照表上の投資簿価との差額は連結財務諸表固有の一時差異に該当する。

子会社への投資に係る税効果について，連結財務諸表における税効果会計に関する実務指針30項によると，子会社への投資に係る一時差異の税効果は，以下の事由により解消する。

・投資の売却（他の子会社等への売却の場合を含む。）

・投資評価減の税務上の損金算入

・配当受領

投資の売却及び投資評価減の税務上の損金算入を解消事由とする子会社への投資に係る一時差異の税効果に関しては，予測可能な将来，売却の意思決定が明確な場合又は投資評価減の損金算入の要件が満たされることとなる場合を除き，認識しないこととされている。配当受領を解消事由とする子会社の留保利益に係る税効果に関しては，通常，親会社は子会社の留保利益を回収するものであるので，原則として認識することとされている。

本設例は設例の前提条件⑳に従い，売却の意思決定が明確な場合に該当し，子会社への投資に係る一時差異の税効果を認識する。

具体的には，本設例では，子会社への投資の連結貸借対照表上の価額が親会社の個別貸借対照表上の投資簿価を下回るケースに該当し，将来減算一時差異が生じており，投資後に子会社が計上した損益の親会社持分額及び資産の部に計上されたのれんの償却額からなる。

子会社への投資に係る将来減算一時差異については，原則として，連結手続上，親会社において繰延税金資産を計上しないが，次の要件のいずれも満たす場合においては繰延税金資産を計上するものとされている。福留聡㈱は福留商事㈱の株式を2年以内に売却する意思決定が明確であり，繰延税金資産の回収可能性は会社分類3の会社であるため，本設例では，(1) 及び (2) の要件をともに満たすため繰延税金資産を計上する。

(1)　将来減算一時差異が，予測可能な将来，税務上の損金算入が認められる評価減の要件を満たすか，又は予測可能な将来，第三者への投資の売却によって解消される可能性が高いこと

(2)　繰延税金資産の計上につき，第41項（連結手続上生じた繰延税金資産の回収可能性）に係る判断要件が満たされること

連結財務諸表における税効果会計に関する実務指針55項に記載の通り，親会社が投資を売却した場合，個別損益計算書上の子会社に対する投資の売却簿価が連結損益計算書上の売却簿価より大きくなるため，個別損益計算書上の子会社投資売却益（損）が小さく（大きく）なり，税金を減額させる効果が実現するため，繰延税金資産を計上する。

繰延税金資産算定には，連結財務諸表上の子会社の簿価と個別財務諸表上の子会社の簿価を算定のうえ，税効果会計を適用することになる。

子会社の福留商事㈱株式の2017年3月期の個別財務諸表上の簿価は，取得原価の600,000,000円である。

子会社の福留商事㈱株式の2017年3月期の連結財務諸表上の簿価は，(資本金200,000,000円＋利益剰余金期首残高350,000,000円＋当期純利益107,966,000円－配当10,000,000円＋その他有価証券評価差額金67,660,000円)×60%＋(のれん残高209,106,000円－41,821,200円)＝596,660,400円である。

連結財務諸表上の簿価596,660,400円＜個別財務諸表上の簿価600,000,000円であり，差異3,339,600円は2019年3月期に全株式売却により解消する予定のため，(600,000,000円－596,384,400円)×法定実効税率32.34%＝1,080,027円の繰延税金資産を2017年3月期に計上する。

(5)　持分法適用会社ののれんの償却に伴う税効果

持分法会計に関する実務指針29項によると，持分法適用会社ののれん及び負ののれんは，株式取得時の取得した株式に対応する持分と個別貸借対照表上の投資簿価（取得価額）との差額であり，のれん及び負ののれんの当初残高については，連結実務指針の第27項（連結調整勘定に係る繰延税金資産又は繰

延税金負債計上の可否）により，持分法適用会社において繰延税金資産又は繰延税金負債を計上しない。しかし，これを償却又は処理すると，投資会社において償却額又は処理額だけ持分法上の投資価額と個別貸借対照表上の投資簿価との間に差異が生じる。この差異は，株式を売却したとき（又は清算したとき）に実現し，課税対象となるので税効果会計の対象となるが，投資会社が，その投資の売却を自ら決めることができることを前提として予測可能な将来の期間に売却する意思がない場合には，当該一時差異に対しては繰延税金資産又は繰延税金負債を計上しない。しかし，予測可能な将来の期間に投資を売却するか，税務上の損益算入が認められる評価減の要件を満たす可能性が高くなった場合には当該将来減算一時差異に対して繰延税金資産を計上する。売却するという意思決定を行った場合は当該将来加算一時差異に対して繰延税金負債を計上する。

のれんの償却額に係る税効果会計の適用に当たっては，連結実務指針の第55項（資産の部に計上された連結調整勘定の償却に係る将来減算一時差異）に基づいて行い，連結実務指針の第32項（1）（将来減算一時差異が，予測可能な将来，税務上の損金算入が認められる評価減の要件を満たすか，又は予測可能な将来，第三者への投資の売却によって解消される可能性が高いこと）の要件を満たして，例えば，予測可能な将来，投資を売却する可能性が高い場合には，親会社においてのれんの償却額に係る税効果額を連結実務指針の第32項（2）（繰延税金資産の計上につき，第41項の回収可能性に係る判断要件が満たされること）に示す計上限度額まで繰延税金資産に計上する。

本設例においては，前提条件⑳に従い，福留聡㈱は，㈱福留コンサルティング株式を将来にわたり売却及び清算する予定はないため，持分法適用会社ののれんの償却に伴う税効果は認識しない。

（6） 退職給付のその他の包括利益（未認識数理計算上の差異）に係る税効果

企業会計基準委員会が平成24年5月17日に公表した企業会計基準第26号「退

職給付に関する会計基準」及び企業会計基準適用指針第25号「退職給付に関する会計基準の適用指針」によると連結財務諸表上，未認識数理計算上の差異及び未認識過去勤務費用を，税効果を調整の上で貸借対照表の純資産の部（その他の包括利益累計額）で認識し（退職給付に関する会計基準24項及び25項），積立状況を示す額をそのまま負債（退職給付に係る負債）又は資産（退職給付に係る資産）として計上する（退職給付に関する会計基準13項）。

対して，個別財務諸表においては，当面の間，改正前会計基準等の取扱いを継続するとされているため，未認識数理計算上の差異及び未認識過去勤務費用については貸借対照表に計上せず，これに対応する部分を除いた，退職給付債務と年金資産の差額を負債又は資産として計上する（退職給付に関する会計基準39項）ため，連結財務諸表上で未認識数理計算上の差異及び未認識過去勤務費用のその他包括利益への組替と税効果の調整が必要となる。

その他の包括利益累計額に計上されている未認識数理計算上の差異及び未認識過去勤務費用のうち，当期に費用処理された部分についてはその他の包括利益の調整（組替調整）を行う（退職給付に関する会計基準15項）。

対して，個別財務諸表においては，当面の間，改正前会計基準等の取扱いを継続するとされているため，未認識数理計算上の差異及び未認識過去勤務費用のうち，当期に費用処理された部分についてはその他包括利益の調整は行われず，税効果を調整の上，損益計算書を通して利益剰余金の調整を行う（退職給付に関する会計基準39項）ため，連結財務諸表上で未認識数理計算上の差異及び未認識過去勤務費用のその他包括利益の調整と税効果の調整が必要となる。

本設例において，**図表5**「(9) 退職給付に係る負債に関する原則法のワークシート（2017年3月期）」及び前提条件21を参照されたい。

前期末の個別財務諸表の退職給付引当金4,000,000円と連結財務諸表の退職給付に係る負債は4,100,000円で，差額の100,000円を数理計算上の差異として退職給付に係る調整累計額（その他包括利益）に組替調整のうえで退職給付に係る調整累計額（その他包括利益）に対して法定実効税率32.34%を乗じて繰延税金資産を32,340円と認識する。なお，相手方（貸方）の勘定科目は退職給付に係る調整累計額（その他包括利益）になる。

また，上記に加え，個別財務諸表の退職給付引当金の当期末残高と前期末残高の差額250,000円と，連結財務諸表の退職給付に係る負債の当期末残高と前期末残高の差額300,000円の差額は，数理計算上の差異50,000円の増加であり，退職給付に係る調整累計額（その他包括利益）に組替調整のうえで退職給付に係る調整累計額（その他包括利益）に対して法定実効税率32.34％を乗じて繰延税金資産を16,170円認識する。相手方（貸方）の勘定科目は上記同様に退職給付に係る調整累計額（その他包括利益）になる。

監査委員会報告66号，及び企業会計基準適用指針第26号においても，未認識項目の会計処理により生じる将来減算一時差異に係る繰延税金資産の回収の可能性は，個別財務諸表の退職給付引当金と同様に，解消見込年度が長期にわたる将来減算一時差異の取扱いを適用する。したがって，福留聡㈱は，会社分類3であり，個別財務諸表の退職給付引当金同様に，連結財務諸表の退職金給付に係る負債に係る繰延税金資産も全額回収可能である。

連結仕訳及び持分法仕訳を単純合算表に追加して連結精算表を作成すると**図表6**のようになる。

（図表5）　(9) 退職給付に係る負債に関する原則法のワークシート（2017年3月期）

会社名：福留聡(株)
事業年度：2017年3月期

(1)個別財務諸表
2017年3月期（2016年4月1日から2017年3月31日）
数理差異の処理年数　10　　定額法　10,000

単位：円

2017年3月期	期首実績 2016/4/1		退職給付費用		年金掛金/給付金支払	期末予定 2017/3/31	数理差異	期末実績 2017/3/31
退職給付債務	(4,100,000)	S+I	(290,000)	P	50,000	(4,340,000)	(60,000)	(4,400,000)
				C		0		
未積立退職給付債務	(4,100,000)					(4,340,000)		(4,400,000)
未認識数理差異	100,000	A1	(10,000)			90,000	60,000	150,000
								0
前払年金費用／（退職給付引当金）	(4,000,000)		(300,000)		50,000	(4,250,000)	0	(4,250,000)

会計処理	借方	金額	貸方	金額
①退職給付費用	退職給付費用	300,000	退職給付引当金	300,000
	繰延税金資産	97,020	法人税等調整額	97,020
②年金掛金	退職給付引当金	50,000	現金預金	50,000
③期末における表示上の組替（前払年金費用振替）	前払年金費用	0	退職給付引当金	0

(2)連結財務諸表
2017年3月期（2016年4月1日から2017年3月31日）
数理差異の処理年数　10　　定額法　10,000

単位：円

2017年3月期	期首実績 2016/4/1		退職給付費用				年金掛金/給付金支払	期末予定 2017/3/31	数理差異	期末実績 2017/3/31
退職給付債務	(4,100,000)	S+I	(290,000)			P	50,000	(4,340,000)	(60,000)	(4,400,000)
						C		0	0	
退職給付に係る資産（負債）	(4,100,000)		(290,000)				50,000	(4,340,000)	(60,000)	(4,400,000)
退職給付費用			290,000		10,000					
退職給付に係る調整額					(10,000)				60,000	
（その他の包括利益）					3,234				(19,404)	
								0		0
未認識数理差異	100,000			A1	(10,000)			90,000	60,000	150,000
（控除：税効果分）	(32,340)				3,234			(29,106)	(19,404)	(48,510)
								0		0
退職給付に係る調整累計額（その他の包括利益累計額）	67,660				(6,766)			60,894	40,596	101,490

2017年3月期の会計処理（初度適用の取扱い除く）	借方	金額	貸方	金額
①退職給付費用	退職給付費用	290,000	退職給付に係る負債	290,000
	繰延税金資産	93,786	法人税等調整額	93,786
②数理計算上の差異、過去勤務費用、会計基準変更時差異の費用処理（組替調整）	退職給付費用	10,000	退職給付に係る調整額	10,000
	退職給付に係る調整額	3,234	法人税等調整額	3,234
③年金掛金	退職給付に係る負債	50,000	現金預金	50,000
④期末における数理計算上の差異の処理額	退職給付に係る調整額	60,000	退職給付に係る負債	60,000
	繰延税金資産	19,404	退職給付に係る調整額	19,404
⑤期末における表示上の組替（退職給付に係る資産振替）	退職給付に係る資産		退職給付に係る負債	0

（図表6） 連結精算表

①連結貸借対照表

				連結仕訳									
勘定科目	福留聡㈱	㈱福留商事	単純合算	(1)開始仕訳	(2)債権債務の相殺消去仕訳	(3)取引高の相殺消去仕訳と未実現利益の消去仕訳	(4)配当金の振替仕訳	(5)のれんの償却	(6)当期純利益の少数株主損益、持分法投資損益への振替仕訳	(7)その他有価証券評価差額金の少数株主持分への振替仕訳	(8)子会社投資に係る親会社の税効果の仕訳	(9)退職給付の連結調整仕訳	連結貸借対照表
現金預金	528,000,000	300,000,000	828,000,000										828,000,000
受取手形	200,000,000	100,000,000	300,000,000										300,000,000
売掛金	390,000,000	300,000,000	690,000,000		(100,000,000)								590,000,000
棚卸資産	120,000,000	200,000,000	320,000,000			(28,000,000)							292,000,000
繰延税金資産(流動)	24,162,661		24,162,661		(1,778,700)	9,540,300							31,924,261
短期貸付金	10,000,000		10,000,000		(10,000,000)								0
貸倒引当金	(30,000,000)		(30,000,000)		5,500,000								(24,500,000)
土地	500,000,000	400,000,000	900,000,000	100,000,000									1,000,000,000
建物	300,000,000		300,000,000										300,000,000
機械装置	1,000,000		1,000,000										1,000,000
のれん			0	209,106,000				(41,821,200)					167,284,800
投資有価証券	900,000,000	200,000,000	1,100,000,000	(600,000,000)		(3,529,800)		(31,940,400)	40,542,000				505,071,800
繰延税金資産(固定)	14,423,640		14,423,640								1,080,027	48,510	15,552,177
破産更生債権等	2,000,000		2,000,000										2,000,000
貸倒引当金(固定)	(2,000,000)		(2,000,000)										(2,000,000)
資産合計	2,957,586,301	1,500,000,000	4,457,586,301	(290,894,000)	(106,278,700)	(21,989,500)	0	(73,761,600)	40,542,000	0	1,080,027	48,510	4,006,333,038
買掛金	(400,000,000)	(300,000,000)	(700,000,000)		100,000,000								(600,000,000)
未払金	(198,569,826)		(198,569,826)										(198,569,826)
未払法人税等	(36,020,863)	(52,034,000)	(88,054,863)										(88,054,863)
短期借入金	(600,000,000)	(400,000,000)	(1,000,000,000)		10,000,000								(990,000,000)
賞与引当金	(34,200,000)		(34,200,000)										(34,200,000)
役員賞与引当金	(1,000,000)		(1,000,000)										(1,000,000)
役員退職慰労引当金	(4,500,000)		(4,500,000)										(4,500,000)
退職給付引当金	(4,250,000)		(4,250,000)									4,250,000	0
退職給付に係る負債			0									(4,400,000)	(4,400,000)
資産除去債務	(10,200,000)		(10,200,000)										(10,200,000)
繰延税金負債(固定)		(32,340,000)	(32,340,000)	(32,340,000)									(64,680,000)
資本金	(500,000,000)	(200,000,000)	(700,000,000)	200,000,000									(500,000,000)
利益準備金	(5,000,000)		(5,000,000)										(5,000,000)
固定資産圧縮積立金	(6,766,000)		(6,766,000)										(6,766,000)
利益剰余金			0										0
期首残高	(1,088,468,000)	(350,000,000)	(1,438,468,000)	350,000,000									(1,088,468,000)
当期純利益	(68,408,632)	(107,966,000)	(176,374,632)		(3,721,300)	19,283,100	6,000,000	73,761,600	2,644,400	0	(1,080,027)	0	(79,486,859)
配当		10,000,000	10,000,000				(10,000,000)						0
その他有価証券評価差額金	(202,980)	(67,660,000)	(67,862,980)	33,830,000						13,532,000			(20,500,980)
退職給付に係る調整累計額			0									101,490	101,490
少数株主持分			0	(260,596,000)		2,706,400	4,000,000		(43,186,400)	(13,532,000)			(310,608,000)
負債純資産合計	(2,957,586,301)	(1,500,000,000)	(4,457,586,301)	290,894,000	106,278,700	21,989,500	0	73,761,600	(40,542,000)	0	(1,080,027)	(48,510)	(4,006,333,038)

②連結損益計算書

				連結仕訳									
勘定科目	福留聡㈱	㈱福留商事	単純合算	(1)開始仕訳	(2)債権債務の相殺消去仕訳	(3)取引高の相殺消去仕訳と未実現利益の消去仕訳	(4)配当金の振替仕訳	(5)のれんの償却	(6)当期純利益の少数株主損益、持分法投資損益への振替仕訳	(7)その他有価証券評価差額金の少数株主持分への振替仕訳	(8)子会社投資に係る親会社の税効果の仕訳	(9)退職給付の連結調整仕訳	連結損益計算書
売上高	(10,000,000,000)	(5,000,000,000)	(15,000,000,000)			1,304,500,000							(13,695,500,000)
売上原価	8,000,000,000	3,000,000,000	11,000,000,000			(1,275,000,000)							9,725,000,000
販売費及び一般管理費	1,810,000,000	1,800,000,000	3,610,000,000		(5,500,000)			41,821,200					3,646,321,200
営業外収益	(80,000,000)	(70,000,000)	(150,000,000)			300,000	6,000,000		(40,542,000)				(184,242,000)
営業外費用	64,000,000	100,000,000	164,000,000			1,729,800		31,940,400					197,670,200
特別利益	(60,000,000)	(30,000,000)	(90,000,000)										(90,000,000)
特別損失	120,000,000	40,000,000	160,000,000										160,000,000
税金等調整前当期純利益	(146,000,000)	(160,000,000)	(306,000,000)		(5,500,000)	31,529,800	6,000,000	73,761,600	(40,542,000)	0	0		(240,750,600)
法人税、住民税及び事業税	30,285,863	52,034,000	82,319,863										82,319,863
法人税等調整額	47,305,505		47,305,505		1,778,700	(9,540,300)					(1,080,027)		38,463,878
少数株主調整前当期純利益	(68,408,632)	(107,966,000)	(176,374,632)										(176,374,632)
少数株主損益			0			(2,706,400)			43,186,400				40,480,000
当期純利益	(68,408,632)	(107,966,000)	(176,374,632)		(3,721,300)	19,283,100	6,000,000	73,761,600	2,644,400	0	(1,080,027)		(79,486,859)

4　連結財務諸表における税金費用のプルーフテストを行い，税金費用の妥当性を検証する

連結財務諸表税効果会計及び持分法税効果会計の最終ステップであるSTEP4は，連結財務諸表における税金費用のプルーフテストを行い，税金費用の妥当性を検証することである。

(図表8)「連結税効果プルーフに関するワークシート」を参照されたい。

これまでの連結財務諸表税効果会計及び持分法税効果会計の作成プロセスをSTEP3までみてきて分かるように，連結財務諸表税効果及び持分法税効果は連結グループ各社の個別財務諸表に係る税効果と連結仕訳及び持分法仕訳に係る税効果から構成されていることがわかる。

したがって，連結財務諸表における税率差異についても，作成プロセス同様に，連結グループ各社の個別財務諸表自体に生じている税率差異と連結仕訳及び持分法仕訳から生じる税率差異で構成されることになる。

本設例において税率差異を分類のうえ解説する。

(1)　連結グループ各社の個別財務諸表自体に生じている税率差異

①　福留聡㈱の個別財務諸表で生じた永久差異（交際費，役員賞与，寄附金，受取配当金）

第1章　個別財務諸表における税効果会計の8.税金費用のプルーフテストを行い，税金費用の妥当性を検証するの（ii）永久差異の解説を参照されたい。

②　福留聡㈱及び㈱福留商事の個別財務諸表で生じた住民税均等割額

第1章　個別財務諸表における税効果会計の8.税金費用のプルーフテストを行い，税金費用の妥当性を検証するの（iv）住民税均等割額の解説を参照されたい。

連結財務諸表における税率差異については，福留聡㈱の住民税均等割額530,000円及び㈱福留商事の住民税均等割額290,000円を単純合算して算定し，

（図表8） 連結税効果プルーフに関するワークシート

会社名：福留聡㈱
事業年度：2017年3月期

（単位：円）

税引前当期純利益			P/L	240,750,600			
					法定実効税率		32.34%
永久差異							
交際費			別表四	9,060,000	×32.34%	2,930,004	1.22%
役員賞与			別表四	700,000	×32.34%	226,380	0.09%
寄附金の損金不算入額			別表四	9,300,000	×32.34%	3,007,620	1.25%
受取配当等の益金不算入額			別表四−連結仕訳	−4,000,000	×32.34%	−1,293,600	△0.54%
計				255,810,600			
				↓×32.34%			
				82,729,148			
のれん償却額			連結仕訳×税率	13,524,976	×100%=	13,524,976	5.62%
持分法のれん相当額償却額			連結仕訳×税率	10,329,525	×100%=	10,329,525	4.29%
持分法アップストリーム			連結仕訳×税率	656,437	×100%=	656,437	0.27%
当期純利益の持分法投資損益への振替			連結仕訳×税率	−13,111,283	×100%=	−13,111,283	△5.45%
子会社投資に係る親会社の税効			連結仕訳×税率	−1,080,027	×100%=	−1,080,027	△0.45%
住民税均等割額			親会社と連結子会社均等割	820,000	×100%=	820,000	0.34%
計				93,868,777			
評価性引当額の増加額	前期	3,557,400		26,916,582	×100%=	26,916,582	11.18%
	当期	30,473,982					
計（期待値）				120,785,359			
					その他		△0.00%
計上額							
法人税、住民税及び事業税			P/L	82,319,863			
法人税等調整額			P/L	38,463,878			
計				120,783,741			50.17%
差異				−1,618			
差異率				0.0%			
判定				○重要な差異なし			

32.3% 法定実効税率

1.2% 交際費
0.1% 役員賞与
1.2% 寄附金
} 2.5% 交際費等永久に損金に算入されない項目

△0.5% 受取配当金等永久に益金に算入されない項目

5.62% のれん償却額

4.29%
0.27%
} △0.9% 持分法投資損益
△5.45%

△0.45% 連結子会社への投資に係る一時差異

0.3% 住民税均等割等

11.2% 評価性引当額

－ その他

820,000円となる。

③　福留聡㈱の個別財務諸表で生じた評価性引当額の増加額

第1章　個別財務諸表における税効果会計の8.税金費用のプルーフテストを行い，税金費用の妥当性を検証するの（v）評価性引当額の増加額の解説を参照されたい。

（2）　連結仕訳及び持分法仕訳から生じる税率差異

①　受取配当金の消去額

連結上は，子会社㈱福留商事からの親会社への配当6,000,000円が消去されるが，親会社福留聡㈱の個別財務諸表上の受取配当金益金不算入額のマイナスになるため，個別財務諸表上の受取配当金益金不算入額10,000,000円－受取配当金消去額6,000,000円＝4,000,000円に法定実効税率32.34％を乗じて算定される税金費用に影響を与える金額1,293,600円の税引前当期純利益240,750,600円に与える影響を％表示で表示すると－0.54％となる。

②　のれん償却額

連結子会社㈱福留商事株式取得に係るのれん償却額に税効果を認識しないため，税率差異になる。

税率差異に与える影響では，のれん償却額41,821,200円に法定実効税率32.34％を乗じて算定される税金費用に影響を与える金額13,524,976円の税引前当期純利益240,750,600円に与える影響を％表示で表示すると5.62％になる。

③　持分法ののれん相当償却額

持分法適用会社㈱福留コンサルティング株式取得に係るのれん相当償却額に税効果を認識しないため，税率差異になる。

税率差異に与える影響では，のれん相当償却額31,940,400円に法定実効税率32.34％を乗じて算定される税金費用に影響を与える金額10,329,525円の税引前当期純利益240,750,600円に与える影響を％表示で表示すると4.29％になる。

④ 持分法アップストリームによる未実現利益消去額

福留聡㈱の㈱福留コンサルティングから仕入れた商品に係る未実現利益は消去されるが，未実現利益に係る税効果は認識するが，（借方）投資有価証券（貸方）持分法投資損益で会計処理されるため，税効果を認識しない場合と同様に税率差異になる。

税率差異に与える影響では，持分法投資損益で処理されている未実現利益消去額3,000,000円から税効果相当額970,200円を控除した純額2,029,800円に法定実効税率32.34％を乗じて算定される税金費用に影響を与える金額656,437円の税引前当期純利益240,750,600円に与える影響を％表示で表示すると0.27％になる。

⑤ 当期純利益の持分法投資損益への振替額

持分法適用会社㈱福留コンサルティングの当期純利益の持分法投資損益への振替は持分法投資損益として営業外損益処理されるが，税引後利益を振替えており，当期純利益の持分法投資損益に対し税効果を認識しないため税率差異になる。

税率差異に与える影響では，持分法投資損益40,542,000円に法定実効税率32.34％を乗じて算定される税金費用に影響を与える金額13,111,283円の税引前当期純利益240,750,600円に与える影響を％表示で表示すると－5.45％になる。

⑥ 連結子会社への投資に係る一時差異

連結子会社㈱福留商事投資後，子会社が計上した損益，その他有価証券評価差額金及びのれんの償却により，投資の連結貸借対照表上の価額が変動し，子会社への投資の連結貸借対照表上の価額と，親会社の個別貸借対照表上の投資簿価との間に差額が生じ，親会社が保有する子会社株式の第三者への売却を決定した当期末に繰延税金資産を認識したため税率差異となる。

なお，子会社投資当初から税効果を認識している場合は税率差異とならない。

連結子会社への投資に係る一時差異に対する税効果は，税効果ベースの金額であるため，100%税金費用に影響を与える。したがって，法定実効税率を乗じる必要はない。連結子会社への投資に係る一時差異に対する税効果計上額1,080,027円の税引前当期純利益240,750,600円に与える影響を%表示で表示すると－0.45%になる。

以上を踏まえ，福留　聡株式会社の連結財務諸表の税金費用の妥当性を金額ベースで検証すると税金費用は下記算式で算定できる。

税金費用＝(税引前当期純利益＋永久差異)×法定実効税率（32.34%)＋連結仕訳及び持分法仕訳から生じる税率差異＋住民税均等割額＋評価性引当額の増加額

税金費用（推定値）＝(税引前当期純利益240,750,600円＋交際費9,060,000円＋役員賞与700,000円＋寄附金9,300,000円－受取配当金10,000,000円＋(2) ①受取配当金の消去額6,000,000円)×法定実効税率（32.34%)＋連結仕訳及び持分法仕訳から生じる税率差異（(2) ②～⑥）の合計額（10,319,629円)＋住民税均等割額（820,000円)＋評価性引当額の増加額（26,916,582円＝30,473,982円－3,557,400円)＝120,785,359円

税金費用（推定値）の計算の結果，「計（期待値)」の欄が120,785,359円となり，損益計算書計上額である法人税，住民税及び事業税82,319,863円と法人税等調整額38,463,878円の合計120,783,741円との差異は1,618円となり，差異率0.0%と僅少のため，法人税申告書及び地方税申告書で算定した法人税，住民税及び事業税の連結グループの単純合算と税効果会計で算定した法人税等調整額の算定はおおむね適切であるということが検証されたことになる（**図表8**)。

5　税効果会計に係る連結財務諸表における表示

連結財務諸表における税効果会計に関する実務指針42項によると，同一納税主体に係る税金については，繰延税金資産と繰延税金負債を相殺して表示する。なお，同一納税主体とは，納税申告書の作成主体をいい，通常は「法人」単位で考えることができるが，連結納税制度が採用されている国又は地域では，連結納税の範囲に含まれる連結会社群が同一納税主体となる。

したがって本設例では，単体納税のため，福留聡㈱に係る繰延税金資産と繰延税金負債を相殺して繰延税金資産（流動）31,924,261円，繰延税金資産（固定）15,552,177円として表示しているが，納税主体が異なる連結子会社㈱福留商事の繰延税金負債（固定）64,680,000円は相殺せず区分して表示している。

連結財務諸表における税効果で新たに生じた科目の表示方法は以下のとおりである。

（ⅰ）　連結会社間内部利益消去

特定の資産・負債に関連し，連結会社間内部利益消去対象の棚卸資産が流動資産表示されるため，連結会社間内部利益消去に係る繰延税金資産も流動資産表示される。

（ⅱ）　退職給付に係る負債

個別財務諸表では退職給付引当金であるが，連結財務諸表では退職給付に係る負債として表示され，特定の資産・負債に関連し，退職給付に係る負債が固定負債表示されるため，退職給付に係る負債に係る繰延税金資産も固定資産表示される。

（ⅲ）　連結子会社への投資に係る一時差異

連結子会社への投資に係る一時差異に関連する繰延税金資産は，子会社の留保利益，のれん償却，その他有価証券評価差額から生じており，また，連結子会社株式は連結財務諸表上全額消去されているため，特定の資産・負債に関連しないため，翌期に解消される見込みの一時差異等に係るものは流動資産として，それ以外の一時差異等に係るものは投資その他の資産として表示しなければばならないが，2017年3月期において，福留聡㈱は，㈱福留商事株式を2019年3月期に，全株式を売却予定であり，1年を超えて解消される見込みであったため全額を投資その他の資産に表示した。

（iv）　土地評価差額

特定の資産・負債に関連し，土地が固定資産表示されるため，土地評価差額に係る繰延税金負債も固定負債表示される。

6　連結財務諸表における税効果会計に係る注記の作成方法

有価証券報告書における税効果会計の注記は，税効果会計に係る会計基準第四注記事項，連結財務諸表規則第15条の5税効果会計に関する注記に記載のとおり，連結財務諸表，個別財務諸表とも同様の注記が要求され，下記の注記が必要となる。

①　繰延税金資産及び繰延税金負債の発生原因別の主な内訳

②　税引前当期純利益又は税金等調整前当期純利益に対する法人税等（法人税等調整額を含む。）の比率と法定実効税率との間に重要な差異があるときは，当該差異の原因となった主要な項目別の内訳

③　税率の変更により繰延税金資産及び繰延税金負債の金額が修正されたときは，その旨及び修正額

④　連結決算日後に税率の変更があった場合には，その内容及びその影響

現状，福留　聡株式会社では，2017年3月期に税率の変更は予定されていないため，上記4つの注記事項のうち，下記2つの注記が必要となる。

ただし，平成28年税制改正大綱により，税率の変更が予定されており，③④の注記の要否を検討する必要がある。

①　繰延税金資産及び繰延税金負債の発生原因別の主な内訳

なお，税効果会計に係る会計基準第四注記事項，連結財務諸表規則15条の5第2項税効果会計に関する注記，連結財務諸表における税効果会計に関する実

務指針43項によると，繰延税金資産及び繰延税金負債の発生原因別の主な内訳で，評価性引当額の注記が必要である。

② 税引前当期純利益又は税金等調整前当期純利益に対する法人税等（法人税等調整額を含む。）の比率と法定実効税率との間に重要な差異があるときは，当該差異の原因となった主要な項目別の内訳

なお，連結財務諸表規則15条の5第3項税効果会計に関する注記によると，法定実効税率と税効果会計適用後の法人税等の負担率との間の差異が法定実効税率の100分の5以下である場合には，注記を省略できるほか，税引前当期純利益又は税金等調整前当期純利益に対する法人税等（法人税等調整額を含む。）の比率と記載があることから，税引前当期純損失又は税金等調整前当期純損失の場合は注記を省略することができる。

③ 繰延税金資産及び繰延税金負債の発生原因別の主な内訳

繰延税金資産及び繰延税金負債の発生原因別の主な内訳の注記であるが，(**図表7**)「繰延税金資産及び繰延税金負債の発生の主な原因別の内訳注記に関するワークシート」をご覧いただきたい。

連結財務諸表における繰延税金資産及び繰延税金負債の発生原因別の主な内訳の注記は，J：子会社税効果として㈱福留商事㈱の税効果が単純合算され，E′：連結調整評価性引当額控除前繰延税金資産に連結仕訳及び持分法仕訳で計上された税効果仕訳の数字を項目別に集計され，転記されていることがわかる。

なお，図表の繰延税金資産及び繰延税金負債の発生の主な原因別の内訳の開示の繰延税金資産の賞与引当金は賞与引当金（社会保険料）を含んだ数字である。

上記ワークシートにより集計された「E：評価性引当額控除前繰延税金資産」，「J：子会社税効果」，「E′：連結調整評価性引当額控除前繰延税金資産」の合計から「G：評価性引当額」と「G′：連結調整評価性引当額」の合計を差引いて「I′：連結調整後評価性引当額控除後繰延税金資産」が算出される形式で

（図表7）　繰延税金資産及び繰延税金負債の発生の主な原因別の内訳注記に関するワークシート

会社名：福留聡㈱
事業年度：2017年3月期

（単位：円）

項目	（個別注記）E:評価性引当額控除前繰延税金資産=D.期末残高×32.34%	（個別注記）G:評価性引当額=回収不能一時差異×32.34%	（個別注記）I:評価性引当額控除後繰延税金資産=G×32.34%	子会社追加 J:子会社税効果	連結調整 E':連結調整評価性引当額控除前繰延税金資産=D.期末残高×32.34%	連結調整 G':連結調整評価性引当額=回収不能一時差異×32.34%	（連結注記）I':連結調整後評価性引当額控除後繰延税金資産=G×32.34%
賞与引当金	9,702,000	0	9,702,000			0	9,702,000
未払事業税（注1）	3,400,381	0	3,400,381			0	3,400,381
賞与引当金（社会保険料）	1,358,280	0	1,358,280			0	1,358,280
貸倒引当金（流動）	9,702,000	0	9,702,000		(1,778,700)	0	7,923,300
連結会社間内部利益消去					9,540,300	0	9,540,300
小計	24,162,661	0	24,162,661		7,761,600	0	31,924,261
退職給付に係る負債	1,374,450	0	1,374,450		48,510	0	1,422,960
役員退職慰労引当金	1,455,300	(323,400)	1,131,900			0	1,131,900
土地減損損失	17,463,600	(17,463,600)	0		0	0	0
減価償却超過額（機械装置）	58,212	(9,702)	48,510			0	48,510
貸倒引当金（固定）	646,800	(646,800)	0		0	0	0
資産除去債務	3,298,680	(3,298,680)	0		0	0	0
減価償却超過額（建物）	3,234,000	0	3,234,000			0	3,234,000
繰越欠損金（注2）	12,127,500	0	12,127,500			0	12,127,500
建物減損損失	11,642,400	(8,731,800)	2,910,600			0	2,910,600
連結子会社への投資に係る一時差異					1,080,027		1,080,027
小計	51,300,942	(30,473,982)	20,826,960		1,128,537	0	21,955,497
合計	75,463,603	(30,473,982)	44,989,621		8,890,137		53,879,758
固定資産圧縮積立金	(3,234,000)		(3,234,000)				(3,234,000)
有形固定資産（除去資産）	(3,072,300)		(3,072,300)				(3,072,300)
その他有価証券評価差額金	(97,020)		(97,020)	(32,340,000)			(32,437,020)
土地評価差額			0		(32,340,000)		(32,340,000)
合計	(6,403,320)	0	(6,403,320)	(32,340,000)	(32,340,000)	0	(71,083,320)

（繰延税金資産及び繰延税金負債の発生の主な原因別の内訳の開示）

	2017/3/31 現在	
繰延税金資産		
賞与引当金	11,060,280	E
未払事業税	3,400,381	E
繰越欠損金	12,127,500	E
退職給付に係る負債	1,422,960	E+'E
連結会社間内部利益消去	9,540,300	'E
連結子会社への投資に係る一時差	1,080,027	'E
役員退職慰労引当金	1,455,300	E
固定資産減損損失	29,106,000	E
資産除去債務	3,298,680	E
減価償却超過額	3,292,212	E
貸倒引当金	8,570,100	E+'E
繰延税金資産小計	84,353,740	E合計
評価制引当額	(30,473,982)	G合計
繰延税金資産合計	53,879,758	E+G=Iに一致
繰延税金負債		
固定資産圧縮積立金	(3,234,000)	E
除去資産	(3,072,300)	E
その他有価証券評価差額金	(32,437,020)	E+J
土地評価差額	(32,340,000)	'E
繰延税金負債合計	(71,083,320)	E+G=Iに一致
繰延税金資産の純額	(17,203,562)	

「繰延税金資産及び繰延税金負債の発生の主な原因別の内訳の開示」が作成される。

（繰延税金資産及び繰延税金負債の発生の主な原因別の内訳の開示）

	2017/3/31 現在	
繰延税金資産		
賞与引当金	11,060,280	E
未払事業税	3,400,381	E
繰越欠損金	12,127,500	E
退職給付に係る負債	1,422,960	E+'E
連結会社間内部利益消去	9,540,300	'E
連結子会社への投資に係る一時差	1,080,027	'E
役員退職慰労引当金	1,455,300	E
固定資産減損損失	29,106,000	E
資産除去債務	3,298,680	E
減価償却超過額	3,292,212	E
貸倒引当金	8,570,100	E+'E
繰延税金資産小計	84,353,740	E合計
評価制引当額	(30,473,982)	G合計
繰延税金資産合計	53,879,758	E+G=Iに一致
繰延税金負債		
固定資産圧縮積立金	(3,234,000)	E
除去資産	(3,072,300)	E
その他有価証券評価差額金	(32,437,020)	E+J
土地評価差額	(32,340,000)	'E
繰延税金負債合計	(71,083,320)	E+G=Iに一致
繰延税金資産の純額	(17,203,562)	

④　法定実効税率と税効果会計適用後の法人税等の負担率との間に重要な差異があるときの当該差異の原因となった主要な項目別の内訳

（**図表8**）「連結税効果プルーフに関するワークシート」の税率差異の開示をそのまま注記で利用することになる。

（図表8）　連結税効果プルーフに関するワークシート

会社名:	福留聡㈱	（単位：円）
事業年度:	2017年3月期	

項目	比率	注記
税引前当期純利益		
	32.34%	32.3% 法定実効税率
永久差異		
交際費	1.22%	1.2% 交際費
役員賞与	0.09%	0.1% 役員賞与　2.5% 交際費等永久に損金に算入されない項目
寄附金の損金不算入額	1.25%	1.2% 寄附金
受取配当等の益金不算入額	△0.54%	△0.5% 受取配当金等永久に益金に算入されない項目
計		
のれん償却額	5.62%	5.62% のれん償却額
持分法のれん相当額償却額	4.29%	4.29%
持分法アップストリーム	0.27%	0.27%　△0.9% 持分法投資損益
当期純利益の持分法投資損益への振替	△5.45%	△5.45%
子会社投資に係る親会社の税効	△0.45%	△0.45% 連結子会社への投資に係る一時差異
住民税均等割額	0.34%	0.3% 住民税均等割等
計		
評価性引当額の増加額	11.18%	11.2% 評価性引当額
計（期待値）		
	△0.00%	－ その他
計上額		
法人税、住民税及び事業税		
法人税等調整額		
計	50.17%	

7　第2章の本設例で利用したすべてのワークシートの紹介

最後に，本設例で利用したすべてのワークシートを掲載しておくので利用されたい。

（図表1）　前期末（2016年3月31日）の個別貸借対照表

① 福留聡㈱の前期末（2016年3月31日）の個別貸借対照表

現金預金	400,000,000	買掛金	300,000,000
受取手形	100,000,000	未払金	329,376,526
売掛金	300,000,000	短期借入金	500,000,000
棚卸資産	115,000,000	賞与引当金	43,240,000
繰延税金資産（流動）	22,392,216	役員賞与引当金	1,800,000
貸倒引当金	(20,000,000)	役員退職慰労引当金	3,500,000
土地	500,000,000	退職給付引当金	4,000,000
建物	400,000,000	資産除去債務	10,000,000
機械装置	1,500,000	資本金	500,000,000
投資有価証券	900,000,000	利益準備金	5,000,000
繰延税金資産（固定）	66,830,610	利益剰余金	1,088,468,000
		その他有価証券評価差額金	338,300
合計	2,785,722,826	合計	2,785,722,826

② ㈱福留商事の前期末（2016年3月31日）の個別貸借対照表

現金預金	200,000,000	買掛金	200,000,000
受取手形	50,000,000	短期借入金	300,000,000
売掛金	200,000,000	繰延税金負債（固定）	16,170,000
棚卸資産	100,000,000	資本金	200,000,000
土地	400,000,000	利益剰余金	350,000,000
投資有価証券	150,000,000	その他有価証券評価差額金	33,830,000
合計	1,100,000,000	合計	1,100,000,000

③ ㈱福留コンサルティングの前期末（2016年3月31日）の個別貸借対照表

現金預金	200,000,000	買掛金	100,000,000
受取手形	100,000,000	短期借入金	100,000,000
売掛金	100,000,000	資本金	100,000,000
棚卸資産	100,000,000		
土地	100,000,000	利益剰余金	300,000,000
合計	600,000,000	合計	600,000,000

（図表2）　当期末（2017年3月31日）の個別貸借対照表

①　福留聡㈱の当期末（2017年3月31日）の個別貸借対照表

現金預金	528,000,000	買掛金	400,000,000
受取手形	200,000,000	未払金	198,569,820
売掛金	390,000,000	未払法人税等	36,020,863
棚卸資産	120,000,000	短期借入金	600,000,000
繰延税金資産（流動）	24,162,661	賞与引当金	34,200,000
短期貸付金	10,000,000	役員賞与引当金	1,000,000
貸倒引当金（流動）	(30,000,000)	役員退職慰労引当金	4,500,000
土地	500,000,000	退職給付引当金	4,250,000
建物	300,000,000	資産除去債務	10,200,000
機械装置	1,000,000	資本金	500,000,000
投資有価証券	900,000,000	利益準備金	5,000,000
繰延税金資産（固定）	14,423,640	固定資産圧縮積立金	6,766,000
破産更生債権等	2,000,000	利益剰余金	
貸倒引当金（固定）	(2,000,000)	期首残高	1,088,468,000
		当期利益	68,408,632
		その他有価証券評価差額金	202,980
合計	2,957,586,301	合計	2,957,586,301

福留聡㈱の当期末（2017年3月31日）の個別損益計算書

売上高	(10,000,000,000)		
売上原価	8,000,000,000		
販売費及び一般管理費	1,810,000,000		
営業外収益	(80,000,000)		
営業外費用	64,000,000		
特別利益	(60,000,000)		
特別損失	120,000,000		
税前利益	(146,000,000)		
法人税，住民税及び事業税	30,285,863		
法人税等調整額	47,305,505		
当期純利益	(68,408,632)		

（図表2）　当期末（2017年3月31日）の個別貸借対照表（つづき）

②　㈱福留商事の当期末（2017年3月31日）の個別貸借対照表

現金預金	300,000,000	買掛金	300,000,000
受取手形	100,000,000	短期借入金	400,000,000
売掛金	300,000,000	未払法人税等	52,034,000
棚卸資産	200,000,000	繰延税金負債（固定）	32,340,000
土地	400,000,000	資本金	200,000,000
投資有価証券	200,000,000	利益剰余金	
		期首残高	350,000,000
		当期純利益	107,966,000
		配当	(10,000,000)
		その他有価証券評価差額金	67,660,000
合計	1,500,000,000	合計	1,500,000,000

㈱福留商事の当期末（2017年3月31日）の個別損益計算書

売上高	(5,000,000,000)
売上原価	3,000,000,000
販売費及び一般管理費	1,800,000,000
営業外収益	(70,000,000)
営業外費用	100,000,000
特別利益	(30,000,000)
特別損失	40,000,000
税前利益	(160,000,000)
法人税，住民税及び事業税	52,034,000
当期純利益	(107,966,000)

（図表2）　当期末（2017年3月31日）の個別貸借対照表（つづき）

③　㈱福留コンサルティングの当期末（2017年3月31日）の個別貸借対照表

現金預金	310,000,000	買掛金	210,000,000
受取手形	200,000,000	短期借入金	200,000,000
売掛金	200,000,000	未払法人税等	64,860,000
棚卸資産	200,000,000	資本金	100,000,000
土地	100,000,000	利益剰余金	
		期首残高	300,000,000
		当期純利益	135,140,000
合計	1,010,000,000	合計	1,010,000,000

㈱福留コンサルティングの当期末（2017年3月31日）の個別損益計算書

売上高	(4,000,000,000)
売上原価	2,600,000,000
販売費及び一般管理費	1,160,000,000
営業外収益	(70,000,000)
営業外費用	100,000,000
特別利益	(30,000,000)
特別損失	40,000,000
税前利益	(200,000,000)
法人税，住民税及び事業税	64,860,000
当期純利益	(135,140,000)

（図表3） 当期末（2017年3月31日）の単純合算表

①貸借対照表

勘定科目	福留聡㈱	㈱福留商事	単純合算
現金預金	528,000,000	300,000,000	828,000,000
受取手形	200,000,000	100,000,000	300,000,000
売掛金	390,000,000	300,000,000	690,000,000
棚卸資産	120,000,000	200,000,000	320,000,000
繰延税金資産（流動）	24,162,661		24,162,661
短期貸付金	10,000,000		10,000,000
貸倒引当金	(30,000,000)		(30,000,000)
土地	500,000,000	400,000,000	900,000,000
建物	300,000,000	200,000,000	500,000,000
機械装置	1,000,000		1,000,000
投資有価証券	900,000,000		900,000,000
繰延税金資産（固定）	14,423,640		14,423,640
破産更生債権等	2,000,000		2,000,000
貸倒引当金（固定）	(2,000,000)		(2,000,000)
買掛金	(400,000,000)	(300,000,000)	(700,000,000)
未払金	(198,569,826)		(198,569,826)
未払法人税等	(36,020,863)	(52,034,000)	(88,054,863)
短期借入金	(600,000,000)	(400,000,000)	(1,000,000,000)
賞与引当金	(34,200,000)		(34,200,000)
役員賞与引当金	(1,000,000)		(1,000,000)
役員退職慰労引当金	(4,500,000)		(4,500,000)
退職給付引当金	(4,250,000)		(4,250,000)
資産除去債務	(10,200,000)		(10,200,000)
繰延税金負債（固定）		(32,340,000)	(32,340,000)
資本金	(500,000,000)	(200,000,000)	(700,000,000)
利益準備金	(5,000,000)		(5,000,000)
固定資産圧縮積立金	(6,766,000)		(6,766,000)
利益剰余金			0
期首残高	(1,088,468,000)	(350,000,000)	(1,438,468,000)
当期純利益	(68,408,632)	(107,966,000)	(176,374,632)
配当		10,000,000	10,000,000
その他有価証券評価差額金	(202,980)	(67,660,000)	(67,862,980)

(図表3)　当期末（2017年3月31日）の単純合算表（つづき）

②損益計算書

勘定科目	福留聡㈱	㈱福留商事	単純合算
売上高	(10,000,000,000)	(5,000,000,000)	(15,000,000,000)
売上原価	8,000,000,000	3,000,000,000	11,000,000,000
販売費及び一般管理費	1,810,000,000	1,800,000,000	3,610,000,000
営業外収益	(80,000,000)	(70,000,000)	(150,000,000)
営業外費用	64,000,000	100,000,000	164,000,000
特別利益	(60,000,000)	(30,000,000)	(90,000,000)
特別損失	120,000,000	40,000,000	160,000,000
税金等調整前当期純利益	(146,000,000)	(160,000,000)	(306,000,000)
法人税、住民税及び事業税	30,285,863	52,034,000	82,319,863
法人税等調整額	47,305,505		47,305,505
当期純利益	(68,408,632)	(107,966,000)	(176,374,632)

（図表4）　連結仕訳及び持分法仕訳

（1）開始仕訳（本設例では資本連結仕訳のみ）
図表1前期末（2016年3月31日）の個別貸借対照表と設例の前提条件①～⑤をご覧いただきたい。

① 連結子会社㈱福留商事株式取得に係る連結開始仕訳
のれん=株式取得金額600,000,000－（資本金200,000,000+利益剰余金350,000,000+その他有価証券評価差額金33,830,000+土地評価差額67,660,000）×持分比率60%＝209,106,000
少数株主持分=（資本金200,000,000+利益剰余金350,000,000+その他有価証券評価差額金33,830,000+土地評価差額67,660,000）×少数株主持分比率40%=232,000,000

（借方）	土地	100,000,000		土地評価差額	67,660,000
				繰延税金負債（固定）	32,340,000
（借方）	資本金	200,000,000	（貸方）	投資有価証券	600,000,000
（借方）	利益剰余金期首残高	350,000,000	（貸方）	少数株主持分	260,596,000
（借方）	その他有価証券評価差額金	33,830,000			
（借方）	土地評価差額	67,660,000			
（借方）	のれん	209,106,000			

② 持分法適用関連会社㈱福留コンサルティング株式取得に係るのれん相当額の算定
のれん相当額=株式取得金額300,000,000－（資本金100,000,000+利益剰余金300,000,000+土地評価差額67,660,000）×持分比率30%＝159,702,000

（2）債権と債務の相殺消去仕訳
設例の前提条件⑨、⑯、⑱をご覧いただきたい。

① 設例の前提条件⑨の連結消去仕訳

（借方）	買掛金	100,000,000	（貸方）	売掛金	100,000,000

② 設例の前提条件⑯の連結消去仕訳

（借方）	短期借入金	10,000,000	（貸方）	短期貸付金	10,000,000

③ 設例の前提条件⑱の連結消去仕訳
貸倒引当金=（売掛金100,000,000+短期貸付金10,000,000）×貸倒実績率5%=5,500,000
税効果=貸倒引当金5,500,000×32.34%=1,778,700

（借方）	貸倒引当金	5,500,000	（貸方）	貸倒引当金繰入額（販管費）	5,500,000
（借方）	法人税等調整額	1,778,700	（貸方）	繰延税金資産（流動）	1,778,700

（3）取引高の相殺消去仕訳と未実現利益の消去仕訳
設例の前提条件⑰、⑩～⑬をご覧いただきたい。

① 設例の前提条件⑰の連結消去仕訳
利息10,000,000×3%＝300,000

（借方）	受取利息（営業外収益）	300,000	（貸方）	支払利息（営業外費用）	300,000

② 設例の前提条件⑩の連結消去仕訳（ダウンストリーム）
未実現利益=50,000,000×利益率30%=15,000,000
税効果=未実現利益15,000,000×32.34%=4,851,000

（借方）	売上高	800,000,000	（貸方）	売上原価	800,000,000
（借方）	売上原価	15,000,000	（貸方）	棚卸資産	15,000,000
（借方）	繰延税金資産（流動）	4,851,000	（貸方）	法人税等調整額	4,851,000

③ 設例の前提条件⑪の連結消去仕訳（アップストリーム）
未実現利益=50,000,000×利益率20%=10,000,000
税効果=未実現利益10,000,000×32.34%=4,000,000
少数株主への按分=（未実現利益10,000,000−税効果3,234,000）×少数株主持分比率40%=2,706,400

（借方）	売上高	500,000,000	（貸方）	売上原価	500,000,000
（借方）	売上原価	10,000,000	（貸方）	棚卸資産	10,000,000
（借方）	繰延税金資産（流動）	3,234,000	（貸方）	法人税等調整額	3,234,000
（借方）	少数株主持分	2,706,400	（貸方）	少数株主損益	2,706,400

④ 設例の前提条件⑫の持分法仕訳（ダウンストリーム）
未実現利益=50,000,000×利益率30%×持分比率30%=4,500,000
税効果=未実現利益4,500,000×32.34%=1,455,300

（借方）　売上高　4,500,000（貸方）　投資有価証券　4,500,000
（借方）　繰延税金資産（流動）　1,455,300（貸方）　法人税等調整額　1,455,300
⑤　設例の前提条件⑬の持分法仕訳（アップストリーム）
未実現利益=50,000,000×利益率20%×持分比率30%=3,000,000
税効果=未実現利益3,000,000×32.34%=1,200,000
（借方）　持分法による投資損益（営業外損益　3,000,000（貸方）　棚卸資産　3,000,000
（借方）　投資有価証券　970,200（貸方）　持分法による投資損益（営業外損益　970,200

（4）配当金の振替仕訳
設例の前提条件⑪をご覧いただきたい。
①　設例の前提条件⑪の連結仕訳
受取配当金=配当金10,000,000×持分比率60%=6,000,000
少数株主持分=配当金10,000,000×少数持分比率40%=4,000,000
（借方）　受取配当金（営業外収益）　6,000,000（貸方）　配当金　10,000,000
（借方）　少数株主持分　4,000,000

（5）のれんの償却仕訳
（1）開始仕訳ののれんの額と設例の前提条件⑯をご覧いただきたい。
①　連結子会社㈱福留商事株式取得に係るのれんの償却
のれん償却額=のれん209,106,000÷5年=41,821,200
（借方）　のれん償却額（販管費）　41,821,200（貸方）　のれん　41,821,200
②　持分法適用関連会社㈱福留コンサルティング株式取得に係るのれん相当額の償却
のれん相当償却額=のれん相当額159,702,000÷5年=31,940,400
なお、福留聡㈱は、㈱福留コンサルティング株式を将来にわたり売却及び清算する予定はないため、のれん相当償却額に税効果は認識しない。
（借方）　持分法による投資損益（営業外損益　31,940,400（貸方）　投資有価証券　31,940,400

（6）当期純利益の少数株主損益、持分法投資損益への振替仕訳
①　当期純利益の少数株主損益への振替
少数株主への按分=当期純利益107,966,000×少数株主持分比率40%=43,302,400
（借方）　少数株主損益　43,186,400（貸方）　少数株主持分　43,186,400
②　当期純利益の持分法投資損益への振替
利益の按分=当期純利益135,140,000×持分比率30%=40,596,000
（借方）　投資有価証券　40,542,000（貸方）　持分法による投資損益（営業外損益　40,542,000

（7）その他有価証券評価差額金の少数株主持分への振替仕訳
①　その他有価証券評価差額金の少数株主持分への振替
少数株主持分=その他有価証券評価差額金増加額（67,660,000−33,830,000）×少数株主持分比率40%=13,532,000
（借方）　その他有価証券評価差額金　13,532,000（貸方）　少数株主持分　13,532,000

（8）連結子会社への投資に係る親会社の税効果の仕訳
①　福留　聡　㈱の個別財務諸表における連結子会社㈱福留商事株式の簿価＝取得原価600,000,000
福留　聡　㈱の連結財務諸表における連結子会社㈱福留商事株式の簿価＝（資本金200,000,000+利益剰余金期首残高350,000,000+
当期純利益107,966,000−配当10,000,000+その他有価証券評価差額金67,660,000）×60%+（のれん残高209,106,000−41,821,200）=596,660,400
個別簿価　600,000,000　連結簿価　596,660,400
税効果＝（600,000,000−596,384,400）×32.34%＝1,080,027
（借方）　繰延税金資産（固定）　1,080,027（貸方）　法人税等調整額　1,080,027

（9）退職給付の連結調整仕訳
（借方）　退職給付引当金　4,000,000（貸方）　退職給付に係る負債　4,100,000
（借方）　退職給付に係る調整累計額　100,000
（借方）　繰延税金資産（固定）　32,340（貸方）　退職給付に係る調整累計額　32,340
（借方）　退職給付引当金　250,000（貸方）　退職給付に係る負債　300,000
（借方）　退職給付に係る調整額　50,000
（借方）　繰延税金資産（固定）　16,170（貸方）　退職給付に係る調整額　16,170

（図表5）（9）退職給付に係る負債に関する

会社名:	福留聡㈱
事業年度:	2017年3月期

（1）個別財務諸表
2017年3月期（2016年4月1日から2017年3月31日）

数理差異の処理年数	10	

2017年3月期		
	期首実績 2016/4/1	
退職給付債務	(4,100,000)	S+I
未積立退職給付債務	(4,100,000)	
未認識数理差異	100,000	A1
前払年金費用／ （退職給付引当金）	(4,000,000)	

会計処理	
①退職給付費用	退職給付費用 繰延税金資産
②年金掛金	退職給付引当金
③期末における表示上の組替（前払年金費用振替）	前払年金費用

（2）連結財務諸表
2017年3月期（2016年4月1日から2017年3月31日）

数理差異の処理年数	10	

2017年3月期		
	期首実績 2016/4/1	
退職給付債務	(4,100,000)	S+I
退職給付に係る資産（負債）	(4,100,000)	
退職給付費用 退職給付に係る調整額 （その他の包括利益）		
未認識数理差異	100,000	
（控除：税効果分）	(32,340)	
退職給付に係る調整累計額 （その他の包括利益累計額）	67,660	

2017年3月期 の会計処理（初度適用の取扱い除く）	
①退職給付費用	退職給付費用 繰延税金資産
②数理計算上の差異、過去勤務費用、会計基準変更時差異の費用処理（組替調整）	退職給付費用 退職給付に係る調整額
③年金掛金	退職給付に係る負債
④期末における数理計算上の差異の処理額	退職給付に係る調整額 繰延税金資産
⑤期末における表示上の組替（退職給付に係る資産振替）	退職給付に係る資産

原則法のワークシート（2017年3月期）

定額法	10,000

単位：円

退職給付費用			年金掛金/給付金支払	期末予定 2017/3/31	数理差異	期末実績 2017/3/31
(290,000)		P	50,000	(4,340,000)	(60,000)	(4,400,000)
		C		0		
				(4,340,000)		(4,400,000)
(10,000)				90,000	60,000	150,000
						0
(300,000)			50,000	(4,250,000)	0	(4,250,000)

300,000	退職給付引当金	300,000
97,020	法人税等調整額	97,020
50,000	現金預金	50,000
0	退職給付引当金	0

定額法	10,000

単位：円

退職給付費用				年金掛金/給付金支払	期末予定 2017/3/31	数理差異	期末実績 2017/3/31
(290,000)			P	50,000	(4,340,000)	(60,000)	(4,400,000)
			C		0	0	
(290,000)				50,000	(4,340,000)	(60,000)	(4,400,000)
290,000		10,000					
		(10,000)				60,000	
		3,234				(19,404)	
					0		0
	A1	(10,000)			90,000	60,000	150,000
		3,234			(29,106)	(19,404)	(48,510)
					0		0
		(6,766)			60,894	40,596	101,490

290,000	退職給付に係る負債	290,000
93,786	法人税等調整額	93,786
10,000	退職給付に係る調整額	10,000
3,234	法人税等調整額	3,234
50,000	現金預金	50,000
60,000	退職給付に係る負債	60,000
19,404	退職給付に係る調整額	19,404
	退職給付に係る負債	0

（図表6）

①連結貸借対照表

勘定科目	福留聡㈱	㈱福留商事	単純合算	（1）開始仕訳	（2）債権債務の相殺消去仕訳	（3）取引高の相殺消去仕訳と未実現利益の消去仕訳
現金預金	528,000,000	300,000,000	828,000,000			
受取手形	200,000,000	100,000,000	300,000,000			
売掛金	390,000,000	300,000,000	690,000,000		(100,000,000)	
棚卸資産	120,000,000	200,000,000	320,000,000			(28,000,000)
繰延税金資産（流動）	24,162,661		24,162,661		(1,778,700)	9,540,300
短期貸付金	10,000,000		10,000,000		(10,000,000)	
貸倒引当金	(30,000,000)		(30,000,000)		5,500,000	
土地	500,000,000	400,000,000	900,000,000	100,000,000		
建物	300,000,000		300,000,000			
機械装置	1,000,000		1,000,000			
のれん			0	209,106,000		
投資有価証券	900,000,000	200,000,000	1,100,000,000	(600,000,000)		(3,529,800)
繰延税金資産（固定）	14,423,640		14,423,640			
破産更生債権等	2,000,000		2,000,000			
貸倒引当金（固定）	(2,000,000)		(2,000,000)			
資産合計	2,957,586,301	1,500,000,000	4,457,586,301	(290,894,000)	(106,278,700)	(21,989,500)
買掛金	(400,000,000)	(300,000,000)	(700,000,000)		100,000,000	
未払金	(198,569,826)		(198,569,826)			
未払法人税等	(36,020,863)	(52,034,000)	(88,054,863)			
短期借入金	(600,000,000)	(400,000,000)	(1,000,000,000)		10,000,000	
賞与引当金	(34,200,000)		(34,200,000)			
役員賞与引当金	(1,000,000)		(1,000,000)			
役員退職慰労引当金	(4,500,000)		(4,500,000)			
退職給付引当金	(4,250,000)		(4,250,000)			
退職給付に係る負債			0			
資産除去債務	(10,200,000)		(10,200,000)			
繰延税金負債（固定）		(32,340,000)	(32,340,000)	(32,340,000)		
資本金	(500,000,000)	(200,000,000)	(700,000,000)	200,000,000		
利益準備金	(5,000,000)		(5,000,000)			
固定資産圧縮積立金	(6,766,000)		(6,766,000)			
利益剰余金			0			
期首残高	(1,088,468,000)	(350,000,000)	(1,438,468,000)	350,000,000		
当期純利益	(68,408,632)	(107,966,000)	(176,374,632)		(3,721,300)	19,283,100
配当		10,000,000	10,000,000			
その他有価証券評価差額金	(202,980)	(67,660,000)	(67,862,980)	33,830,000		
退職給付に係る調整累計額			0			
少数株主持分			0	(260,596,000)		2,706,400
負債純資産合計	(2,957,586,301)	(1,500,000,000)	(4,457,586,301)	290,894,000	106,278,700	21,989,500

②連結損益計算書

勘定科目	福留聡㈱	㈱福留商事	単純合算	（1）開始仕訳	（2）債権債務の相殺消去仕訳	（3）取引高の相殺消去仕訳と未実現利益の消去仕訳
売上高	(10,000,000,000)	(5,000,000,000)	(15,000,000,000)			1,304,500,000
売上原価	8,000,000,000	3,000,000,000	11,000,000,000			(1,275,000,000)
販売費及び一般管理費	1,810,000,000	1,800,000,000	3,610,000,000		(5,500,000)	
営業外収益	(80,000,000)	(70,000,000)	(150,000,000)			300,000
営業外費用	64,000,000	100,000,000	164,000,000			1,729,800
特別利益	(60,000,000)	(30,000,000)	(90,000,000)			
特別損失	120,000,000	40,000,000	160,000,000			
税金等調整前当期純利益	(146,000,000)	(160,000,000)	(306,000,000)		(5,500,000)	31,529,800
法人税、住民税及び事業税	30,285,863	52,034,000	82,319,863			
法人税等調整額	47,305,505		47,305,505		1,778,700	(9,540,300)
少数株主調整前当期純利益	(68,408,632)	(107,966,000)	(176,374,632)			
少数株主損益			0			(2,706,400)
当期純利益	(68,408,632)	(107,966,000)	(176,374,632)		(3,721,300)	19,283,100

連結精算表

連結仕訳						
(4)配当金の振替仕訳	(5)のれんの償却	(6)当期純利益の少数株主損益、持分法投資損益への振替仕訳	(7)その他有価証券評価差額金の少数株主持分への振替仕訳	(8)子会社投資に係る親会社の税効果の仕訳	(9)退職給付の連結調整仕訳	連結貸借対照表
						828,000,000
						300,000,000
						590,000,000
						292,000,000
						31,924,261
						0
						(24,500,000)
						1,000,000,000
						300,000,000
						1,000,000
	(41,821,200)					167,284,800
	(31,940,400)	40,542,000				505,071,800
				1,080,027	48,510	15,552,177
						2,000,000
						(2,000,000)
0	(73,761,600)	40,542,000	0	1,080,027	48,510	4,006,333,038
						(600,000,000)
						(198,569,826)
						(88,054,863)
						(990,000,000)
						(34,200,000)
						(1,000,000)
						(4,500,000)
					4,250,000	0
					(4,400,000)	(4,400,000)
						(10,200,000)
						(64,680,000)
						(500,000,000)
						(5,000,000)
						(6,766,000)
						0
						(1,088,468,000)
6,000,000	73,761,600	2,644,400	0	(1,080,027)	0	(79,486,859)
(10,000,000)						0
			13,532,000			(20,500,980)
					101,490	101,490
4,000,000		(43,186,400)	(13,532,000)			(310,608,000)
0	73,761,600	(40,542,000)	0	(1,080,027)	(48,510)	(4,006,333,038)

連結仕訳						
(4)配当金の振替仕訳	(5)のれんの償却	(6)当期純利益の少数株主損益、持分法投資損益への振替仕訳	(7)その他有価証券評価差額金の少数株主持分への振替仕訳	(8)子会社投資に係る親会社の税効果の仕訳	(9)退職給付の連結調整仕訳	連結損益計算書
						(13,695,500,000)
						9,725,000,000
	41,821,200					3,646,321,200
6,000,000		(40,542,000)				(184,242,000)
	31,940,400					197,670,200
						(90,000,000)
						160,000,000
6,000,000	73,761,600	(40,542,000)	0	0		(240,750,600)
						82,319,863
				(1,080,027)		38,463,878
						(176,374,632)
		43,186,400				40,480,000
6,000,000	73,761,600	2,644,400	0	(1,080,027)		(79,486,859)

(図表7) 繰延税金資産及び繰延税金負債の発生の

会社名:	福留聡㈱
事業年度:	2017年3月期

	(個別注記)	(個別注記)	(個別注記)	子会社追加	連結調整
項目	E:評価性引当額控除前繰延税金資産=D.期末残高×32.34%	G:評価性引当額=回収不能一時差異×32.34%	I:評価性引当額控除後繰延税金資産=G×32.34%	J:子会社税効果	E':連結調整評価性引当額控除前繰延税金資産=D.期末残高×32.34%
賞与引当金	9,702,000	0	9,702,000		
未払事業税(注1)	3,400,381	0	3,400,381		
賞与引当金(社会保険料)	1,358,280	0	1,358,280		
貸倒引当金(流動)	9,702,000	0	9,702,000		(1,778,700)
連結会社間内部利益消去					9,540,300
小計	24,162,661	0	24,162,661		7,761,600
退職給付に係る負債	1,374,450	0	1,374,450		48,510
役員退職慰労引当金	1,455,300	(323,400)	1,131,900		
土地減損損失	17,463,600	(17,463,600)	0		0
減価償却超過額(機械装置)	58,212	(9,702)	48,510		
貸倒引当金(固定)	646,800	(646,800)	0		0
資産除去債務	3,298,680	(3,298,680)	0		0
減価償却超過額(建物)	3,234,000	0	3,234,000		
繰越欠損金(注2)	12,127,500	0	12,127,500		
建物減損損失	11,642,400	(8,731,800)	2,910,600		
連結子会社への投資に係る一時差異					1,080,027
小計	51,300,942	(30,473,982)	20,826,960		1,128,537
合計	75,463,603	(30,473,982)	44,989,621		8,890,137
固定資産圧縮積立金	(3,234,000)		(3,234,000)		
有形固定資産(除去資産)	(3,072,300)		(3,072,300)		
その他有価証券評価差額金	(97,020)		(97,020)	(32,340,000)	
土地評価差額			0		(32,340,000)
合計	(6,403,320)	0	(6,403,320)	(32,340,000)	(32,340,000)

主な原因別の内訳注記に関するワークシート

連結調整　（単位：円）（連結注記）

G':連結調整評価性引当額=回収不能一時差異×32.34%	I':連結調整後評価性引当額控除後繰延税金資産=G×32.34%
0	9,702,000
0	3,400,381
0	1,358,280
0	7,923,300
0	9,540,300
0	31,924,261
0	1,422,960
0	1,131,900
0	0
0	48,510
0	0
0	0
0	3,234,000
0	12,127,500
0	2,910,600
	1,080,027
0	21,955,497
	53,879,758
	(3,234,000)
	(3,072,300)
	(32,437,020)
	(32,340,000)
0	(71,083,320)

（繰延税金資産及び繰延税金負債の発生の主な原因別の内訳の開示）

	2017/3/31 現在	
繰延税金資産		
賞与引当金	11,060,280	E
未払事業税	3,400,381	E
繰越欠損金	12,127,500	E
退職給付に係る負債	1,422,960	E+'E
連結会社間内部利益消去	9,540,300	'E
連結子会社への投資に係る一時差	1,080,027	'E
役員退職慰労引当金	1,455,300	E
固定資産減損損失	29,106,000	E
資産除去債務	3,298,680	E
減価償却超過額	3,292,212	E
貸倒引当金	8,570,100	E+'E
繰延税金資産小計	84,353,740	E合計
評価制引当額	(30,473,982)	G合計
繰延税金資産合計	53,879,758	E+G=Iに一致
繰延税金負債		
固定資産圧縮積立金	(3,234,000)	E
除去資産	(3,072,300)	E
その他有価証券評価差額金	(32,437,020)	E+J
土地評価差額	(32,340,000)	'E
繰延税金負債合計	(71,083,320)	E+G=Iに一致
繰延税金資産の純額	(17,203,562)	

（図表8）　連結税効果プルーフに

会社名:	福留聡㈱
事業年度:	2017年3月期

項目			根拠	金額
税引前当期純利益			P/L	240,750,600
永久差異				
交際費			別表四	9,060,000
役員賞与			別表四	700,000
寄附金の損金不算入額			別表四	9,300,000
受取配当等の益金不算入額			別表四−連結仕訳	−4,000,000
計				255,810,600
				↓×32.34%
				82,729,148
のれん償却額			連結仕訳×税率	13,524,976
持分法のれん相当額償却額			連結仕訳×税率	10,329,525
持分法アップストリーム			連結仕訳×税率	656,437
当期純利益の持分法投資損益への振替			連結仕訳×税率	−13,111,283
子会社投資に係る親会社の税効			連結仕訳×税率	−1,080,027
住民税均等割額			親会社と連結子会社均等割	820,000
計				93,868,777
評価性引当額の増加額	前期	3,557,400		26,916,582
	当期	30,473,982		
計（期待値）				120,785,359
計上額				
法人税、住民税及び事業税			P/L	82,319,863
法人税等調整額			P/L	38,463,878
計				120,783,741
差異				−1,618
差異率				0.0%
判定				○重要な差異なし

関するワークシート

（単位：円）

法定実効税率		32.34%
×32.34%	2,930,004	1.22%
×32.34%	226,380	0.09%
×32.34%	3,007,620	1.25%
×32.34%	−1,293,600	△0.54%
×100%=	13,524,976	5.62%
×100%=	10,329,525	4.29%
×100%=	656,437	0.27%
×100%=	−13,111,283	△5.45%
×100%=	−1,080,027	△0.45%
×100%=	820,000	0.34%
×100%=	26,916,582	11.18%
その他		△0.00%
		50.17%

32.3% 法定実効税率

1.2% 交際費
0.1% 役員賞与
1.2% 寄附金
}2.5% 交際費等永久に損金に算入されない項目

△0.5% 受取配当金等永久に益金に算入されない項目

5.62% のれん償却額
4.29%
0.27%
}△0.9% 持分法投資損益

△5.45%
△0.45% 連結子会社への投資に係る一時差異
0.3% 住民税均等割等

11.2% 評価性引当額

－ その他

第3章 四半期財務諸表及び中間財務諸表における税効果会計

四半期財務諸表及び中間財務諸表は一事業年度を構成する部分的な会計期間の財務諸表であるため，財務諸表作成の考え方に実績主義と予測主義の2つの考え方がある。

実績主義は，四半期会計期間及び中間会計期間を事業年度と並ぶ一会計期間とみる考え方であり，四半期会計期間及び中間会計期間に係る企業集団又は企業の財政状態，経営成績及びキャッシュ・フローの状況の実績に関する情報を提供することを目的としている。そのため，原則として，事業年度の財務諸表と同じ会計処理の原則及び手続を適用して作成する。

予測主義は，四半期会計期間及び中間会計期間を事業年度の一構成部分と位置付ける考え方であり，年度の業績予測に資する情報を提供することを目的とする。そのため，事業年度の財務諸表と部分的に異なる会計処理の原則及び手続を適用して作成する。

我が国では，実績主義が採用されており，そのため，四半期財務諸表及び中間財務諸表に係る税効果会計における税効果会計についても，基本的には，年度決算と同様の会計処理を行う。

ただし，適時開示の要請や四半期決算や中間決算という特殊性から年度決算と異なる扱いや簡便的な会計処理が認められており，四半期決算と中間決算では同様の取扱いの点も多いが，四半期決算のほうがより適時開示の要請があり，中間決算よりも簡便的な取扱いが認められている。

I　四半期財務諸表における税効果会計

四半期財務諸表に関する会計基準の適用指針15項によると，法人税その他利益に関する金額を課税標準とする税金（以下「法人税等」という。）については，原則として年度決算と同様の方法により計算するものとされているが（会計基準第14項本文)，財務諸表利用者の判断を誤らせない限り，納付税額の算出等において，簡便的な方法によることができる。この場合における簡便的な方法としては，例えば，納付税額の算出にあたり加味する加減算項目や税額控除項目を，重要なものに限定する方法がある。

原則法である年度決算と同様の方法により計算する方法は他の章での解説を参照されたい。この章では簡便法を設例により解説する。

簡便法による税効果会計のポイントは概ね下記の3STEPを検討することにある。

STEP1　年間見積実効税率を算定する

STEP2　年間見積実効税率をもとに税効果を含む税金費用を算定する

STEP3　前年度末に計上した繰延税金資産の回収可能性を検討する

福留聡㈱の四半期財務諸表における税効果会計で利用する設例の前提条件は以下のとおりである。

① 予想年間税引前利益が150,000,000円，永久差異として交際費損金不算入額が年間9,000,000円，役員賞与が年間700,000円，寄附金の損金不算入額が年間9,500,000円，受取配当等の益金不算入額が年間10,000,000円予測されている。

② 第2四半期の税引前利益は60,000,000円である。

③ 前期末（2016年3月31日）に計上した繰延税金資産は，流動資産22,392,216円，固定資産66,830,610円であり，前期末から重要な企業結合や事業分離，業績の著しい好転又は悪化，その他経営環境の著しい変化が生じておらず，かつ，一時差異等の発生状況について前年度末から大幅な変動がないと認められるため，繰延税金資産の回収可能性の判断にあたり，前年度末の検討において使用した将来の業績予測やタックス・プランニングを利用することができるものとする（四半期財務諸表に関する会計基準の適用指針16項)。

④ なお，前期末において繰延税金資産を計上しなかったが，当四半期において回収可能性が見込まれると判断される重要な一時差異等はなく，税制

改正による税率変更も見込まれていないものとする。

本設例の下記ワークシートを参照されたい。

四半期財務諸表簡便法に関するワークシート

	第2四半期	期末
税引前利益	60,000,000	150,000,000
永久差異		
交際費		9,000,000
役員賞与		700,000
寄附金の損金不算入額		9,500,000
受取配当等の益金不算入額		－10,000,000
合計		159,200,000
実効税率		32.34%
推定税金費用		51,485,280
見積税率（期末見込みで算定）	34.32%	34.32%
法人税，住民税及び事業税	20,594,112	

1. 年間見積実効税率を算定する

四半期における年間見積実効税率の算定は，四半期財務諸表に関する会計基準の適用指針19項を参照されたい。「中間財務諸表等における税効果会計に関する実務指針」9項に準じて算定され，下記算定式で算定する。

見積実効税率＝予想年間税金費用（注）÷予想年間税引前当期純利益

（注）予想年間税金費用＝（予想年間税引前当期純利益±一時差異等に該当しない差異）×法定実効税率

本設例では，予想年間税金費用＝（予想年間税引前当期純利益150,000,000円＋交際費9,000,000円＋役員賞与700,000円＋寄附金の損金不算入額9,500,000円－受取配当等の益金不算入額10,000,000円）×法定実効税率（32.34％）＝51,485,280円

見積実効税率＝予想年間税金費用51,485,280円（注）÷予想年間税引前当期純利益150,000,000円＝34.32％

2. 年間見積実効税率をもとに税効果を含む税金費用を算定する

税金費用＝第2四半期税引前利益60,000,000円×見積実効税率34.32％＝20,594,112円

仕訳は下記のとおりになる。

（借方）法人税，住民税及び事業税 20,594,112 （貸方）未払法人税等 20,594,112

なお，中間財務諸表等における税効果会計に関する実務指針14項に従い，簡便法により計算した中間会計期間における税金費用は，損益計算書上，**法人税，住民税及び事業税と法人税等調整額を**一括して記載する。また，中間貸借対照表計上額は，未払法人税等その他適当な名称を付した科目により，貸方残高の場合は流動負債の区分に，借方残高の場合は流動資産の区分に一括表示する。

3. 前年度末に計上した繰延税金資産の回収可能性を検討する

設例の前提条件③，④に従い，前年度末に計上した繰延税金資産の回収可能性の判断に著しい変化は認められないため，前期末の計上額，流動資産22,392,216円，固定資産66,830,610円をそのまま計上する。

四半期財務諸表における税効果会計の注記は，四半期財務諸表に関する会計基準の適用指針37項に従い，税金費用の計算における年度と異なる処理方法である簡便法を採用している場合に簡便的な会計処理及び四半期特有の会計処理を採用している旨及びその内容を記載するが，質的及び金額的な重要性を考慮する。

Ⅱ 中間財務諸表における税効果会計

中間財務諸表等における税効果会計に関する実務指針2項によると，中間財務諸表の作成上，法人税その他利益に関連する金額を課税標準とする税金は，中間会計期間を一事業年度とみなして，中間会計期間を含む事業年度の法人税，

住民税及び事業税の計算に適用される税率に基づき，年度決算と同様に税効果会計を適用して計算するものとされているが，中間会計期間に係る税金費用については，第2項の方法に代えて，中間会計期間を含む事業年度の税引前当期純利益に対する税効果会計適用後の実効税率を合理的に見積もり，税引前中間純利益に当該見積実効税率を乗じて計算する方法によることができるとされており，四半期同様，簡便法が認められている（中間財務諸表等における税効果会計に関する実務指針8項）。

また，簡便法の場合，前期末に計上された繰延税金資産及び繰延税金負債については，繰延税金資産の回収見込額を中間決算日時点で見直した上で，中間貸借対照表上に計上することになる（中間財務諸表等における税効果会計に関する実務指針8項）。

原則法である年度決算と同様の方法により計算する方法は他の章での解説を参照されたい。また簡便法は，Ⅰ四半期財務諸表における税効果会計の設例を参照されたい。

原則法において，中間財務諸表等における税効果会計に関する実務指針3項によると，税効果会計上で適用する税率は，中間決算日現在における税法規定に基づく税率による。したがって，改正税法が当該中間決算日までに公布され，将来の適用税率が確定している場合は，改正後の税率を適用するとされており，年度決算と同様のため，他の章での解説を参照されたい。

また，簡便法の見積実効税率の算定方法は，中間財務諸表等における税効果会計に関する実務指針9項に記載あるとおり，四半期財務諸表における税効果会計の簡便法と同様のため，Ⅰ四半期財務諸表における税効果会計の設例を参照されたい。

中間財務諸表の注記は，中間財務諸表等における税効果会計に関する実務指針14項に記載あるとおり，簡便法により計算した中間会計期間における税金費用は，中間損益計算書上一括して記載するとともにその旨を注記する（中間財務諸表等規則第52条第2項）。また，中間貸借対照表計上額は，未払法人税等その他適当な名称を付した科目により，貸方残高の場合は流動負債の区分に，借方残高の場合は流動資産の区分に一括表示するとされており，四半期財務諸表における税効果会計の簡便法と同様のため，Ｉ四半期財務諸表における税効果会計の設例を参照されたい。

なお，中間財務諸表規則や中間連結財務諸表規則では，年度決算で要求される繰延税金資産及び繰延税金負債の発生原因別の主な内訳の注記や法定実効税率と税効果会計適用後の法人税等の負担率との間に重要な差異があるときの当該差異の原因となった主要な項目別の内訳等の詳細な注記は求められていない。

第4章 組織再編における税効果会計

組織再編における税効果会計は，個別に税効果会計のみを取扱っている会計基準，適用指針等がなく，組織再編に係る会計基準，適用指針の中で規定されており，下記の会計基準，適用指針がある。

・企業会計基準第21号　企業結合に関する会計基準

・企業会計基準第7号　事業分離等に関する会計基準

・企業会計基準適用指針第10号　企業結合会計基準及び事業分離等会計基準に関する適用指針

組織再編の税効果会計は，事業受入企業の税効果，分離元企業の税効果，株主の税効果の3つに区分できる。

設例においても上記3つに区分のうえ，典型的なパターンの16の設例に基づき解説する。

組織再編における税効果会計のポイントは概ね下記の7STEPを検討することにある。

組織再編における税効果会計は，前章までと異なり，難解なため，理解しやすくするために，会計処理，税務処理を行ったうえで，税効果会計の処理を行うプロセスで解説する。

STEP1　組織再編前の税効果会計仕訳を繰延税金資産の回収可能性を検討のうえで計上する。

STEP2　組織再編による会計仕訳を行う。

STEP3　組織再編による税務仕訳を行う。

STEP4　組織再編による税務仕訳と会計仕訳の差異を算出し税務調整仕訳を行う。

STEP5　別表五（一）記入のための分解した税務調整仕訳を行ったうえで別表五（一）に記入する。

STEP6　別表五（一）をもとに組織再編後の税効果会計仕訳を繰延税金資

産の回収可能性を検討のうえで計上する。

STEP7　組織再編後の税効果会計仕訳を行い別表五（一）記入のための分解した税務調整仕訳を行ったうえで別表五（一）に記入する。

Ⅰ　事業受入企業の税効果

(1)　合　　併

①　取得–適格

（設例1の前提）

（ⅰ）　福留聡㈱が㈱福留商事を合併により全持分を取得する。

（ⅱ）　福留聡㈱と㈱福留商事は合併前の資本関係はない。

（ⅲ）　税務上は，共同事業要件を満たすものとして適格合併に該当する。

（ⅳ）　会計上は取得と判定され，福留聡㈱が取得企業，㈱福留商事が被取得企業になり，パーチェス法で会計処理される。

取得原価は，福留聡㈱株式の時価860,000,000円，合併に関する取得関連費用（アドバイザリー費用）10,000,000円，合計で870,000,000円とする。

なお，増加資本金は合併契約上150,000,000円とし，取得価額合計から増加資本金を除いた金額は全てその他資本剰余金として処理する。

（ⅴ）　被合併法人である㈱福留商事の合併最終事業年度の貸借対照表は以下のとおりである。なお，土地の時価は，500,000,000円，土地以外の資産及び負債の時価と簿価に差異はないものとする。

（ⅵ）　税効果会計に適用する実効税率は32.34％とする。

（ⅶ）　繰延税金資産の回収可能性は，合併前の被合併法人である福留商事㈱は繰延税金資産の回収可能性の分類が5であったが，合併により，企業結合日以後は分類1になったものとする。

（ⅷ）　合併前の被合併法人である福留商事㈱は，繰越欠損金はないものとする。

設例１　㈱福留商事の当期末（2017年３月31日）の個別貸借対照表

現金預金	300,000,000	買掛金	300,000,000
受取手形	100,000,000	短期借入金	400,000,000
売掛金	300,000,000	未払法人税等	52,034,000
棚卸資産	200,000,000	繰延税金負債(固定)	32,340,000
土地	400,000,000	資本金	200,000,000
投資有価証券	200,000,000	利益剰余金	
		期首残高	447,966,000
		当期純利益	
		その他有価証券評価差額金	67,660,000
合計	1,500,000,000	合計	1,500,000,000

STEP1～STEP7まで順に解説する。

STEP1　組織再編前の税効果会計仕訳を繰延税金資産の回収可能性を検討のうえで計上する。

すでに認識しているその他有価証券評価差額金に係る繰延税金負債（固定）を除き福留聡㈱が㈱福留商事を合併する前に特に認識すべき繰延税金資産及び繰延税金負債はない。

なお，本設例では，繰延税金資産はないが，合併前の合併存続会社及び合併消滅会社においては，合併がないものと仮定して繰延税金資産の回収可能性を検討する（設例2～4も同様である）。

STEP2　組織再編による会計仕訳を行う。

合併による会計仕訳は下記のとおりとなる。

	合併受入仕訳(会計)						
(借方)	現金預金	300,000,000		(貸方)	買掛金	300,000,000	
(借方)	受取手形	100,000,000		(貸方)	短期借入金	400,000,000	
(借方)	売掛金	300,000,000		(貸方)	未払法人税等	52,034,000	
(借方)	棚卸資産	200,000,000		(貸方)	繰延税金負債(固定)	64,680,000	
(借方)	土地	500,000,000		(貸方)	資本金	150,000,000	
(借方)	投資有価証券	200,000,000		(貸方)	その他資本剰余金	642,340,000	
(借方)	のれん	86,714,000		(貸方)	その他有価証券評価差額金	67,660,000	
				(貸方)	現金	10,000,000	
	株式取得価額	870,000,000	識別可能資産負債時価		783,286,000	差額＝のれん	86,714,000

会計上取得の場合，合併消滅会社である㈱福留商事の識別可能な資産及び負債は，繰延税金資産及び繰延税金負債を除き時価で評価する。

本設例の場合，土地が時価500,000,000円へ評価替される。そのため会計上の簿価500,000,000円と税務上の簿価400,000,000円（適格合併）の差額100,000,000円について実効税率32.34％を乗じて繰延税金負債32,340,000円を認識する。

のれんは，合併対価である株式取得価額から繰延税金資産及び繰延税金負債を含む識別可能な資産及び負債を控除した残余がのれんとして計上される。

のれん＝株式取得価額870,000,000円－（現金預金300,000,000円＋受取手形100,000,000円＋売掛金300,000,000円＋棚卸資産200,000,000円＋土地500,000,000円＋投資有価証券200,000,000円－買掛金300,000,000円－短期借入金400,000,000円－未払法人税等52,034,000円－繰延税金負債64,680,000円）＝86,714,000円

前提条件（iv）に記載のとおり，増加資本金は，合併契約上150,000,000円とし，取得価額合計から増加資本金を除いた金額は全てその他資本剰余金として処理するため，差額は全てその他資本剰余金として処理する。

STEP3　組織再編による税務仕訳を行う。

合併による税務仕訳は下記のとおりとなる。

合併受入仕訳（税務）

（借方）	現金預金	300,000,000	（貸方）	買掛金	300,000,000
（借方）	受取手形	100,000,000	（貸方）	短期借入金	400,000,000
（借方）	売掛金	300,000,000	（貸方）	未払法人税等	52,034,000
（借方）	棚卸資産	200,000,000	（貸方）	資本金等の額	200,000,000
（借方）	土地	400,000,000	（貸方）	利益積立金額	437,966,000
（借方）	投資有価証券	100,000,000	（貸方）	現金	10,000,000

税務上，適格合併の場合，合併消滅会社の資産及び負債を合併直前の帳簿価額で引き継ぐことになり，資産調整勘定又は差額負債調整勘定は生じない。

また，合併消滅会社に税務上の繰越欠損金があれば，引き継ぐが，本設例においては，被合併法人である福留商事㈱の繰越欠損金はないため問題にならない。

適格合併において，増加資本金等の額は被合併法人の最終事業年度終了時における資本金等の額相当額200,000,000円となる。

なお，投資有価証券は，時価評価前の税務上の簿価である取得原価100,000,000円で引き継ぐことになる。

増加利益積立金額＝被合併法人の最終事業年度終了時における資産の帳簿価額1,400,000,000円－負債の帳簿価額752,034,000円－現金10,000,000円－適格合併により増加した資本金等の額200,000,000円＝437,966,000円

STEP4　組織再編による税務仕訳と会計仕訳の差異を算出し税務調整仕訳

を行う。

税務調整仕訳をSTEP3で算出した税務仕訳－STEP2で算出した会計仕訳で行う。

税務調整仕訳は下記のとおりである。

税務調整仕訳＝税務仕訳－会計仕訳

(借方)	資本金等の額	592,340,000	(貸方)	土地	100,000,000
(借方)	繰延税金負債(固定)	64,680,000	(貸方)	のれん	86,714,000
(借方)	その他有価証券評価差額金	67,660,000	(貸方)	利益積立金額	437,966,000
			(貸方)	投資有価証券	100,000,000

STEP5　別表五（一）記入のための分解した税務調整仕訳を行ったうえで別表五（一）に記入する。

STEP4で行った税務調整仕訳について，別表五（一）に記入しやすくするために，それぞれの勘定科目の相手科目を利益積立金として仕訳を分解する。

別表五（一）記入のための分解した税務調整仕訳は下記とおりであり，貸方が利益積立金の場合は別表五（一）Ⅰ　利益積立金額の計算に関する明細書で利益積立金の増加として，借方が利益積立金の場合は別表五（一）Ⅰ　利益積立金額の計算に関する明細書で利益積立金の減少として記載する。

同様に，貸方が資本金等の額の場合は別表五（一）Ⅱ　資本金等の額の計算に関する明細書で資本金等の増加として，借方が資本金等の額の場合は別表五（一）Ⅱ　資本金等の額の計算に関する明細書で資本金等の減少として記載する。

別表五(一)記入のための分解した税務調整仕訳

(借方)	資本金等の額	592,340,000	(貸方)	利益積立金額	592,340,000
(借方)	利益積立金額	100,000,000	(貸方)	土地	100,000,000
(借方)	利益積立金額	86,714,000	(貸方)	のれん	86,714,000
(借方)	利益積立金額	437,966,000	(貸方)	利益積立金額	437,966,000
(借方)	利益積立金額	100,000,000	(貸方)	投資有価証券	100,000,000
(借方)	繰延税金負債(固定)	64,680,000	(貸方)	利益積立金額	64,680,000
(借方)	その他有価証券評価差額金	67,660,000	(貸方)	利益積立金額	67,660,000

STEP6　別表五（一）をもとに組織再編後の税効果会計仕訳を繰延税金資産の回収可能性を検討のうえで計上する。

下記別表五（一）を参照のとおり，税効果会計の対象になるのは，合併による土地時価評価差益100,000,000円及び合併以前から認識していた投資有価証券の評価差益100,000,000円に対して繰延税金負債合計64,680,000円を認識するのみであり，繰延税金負債は通常支払可能性は問題にならず全額計上されることになるが既にSTEP2の仕訳に反映済みである。

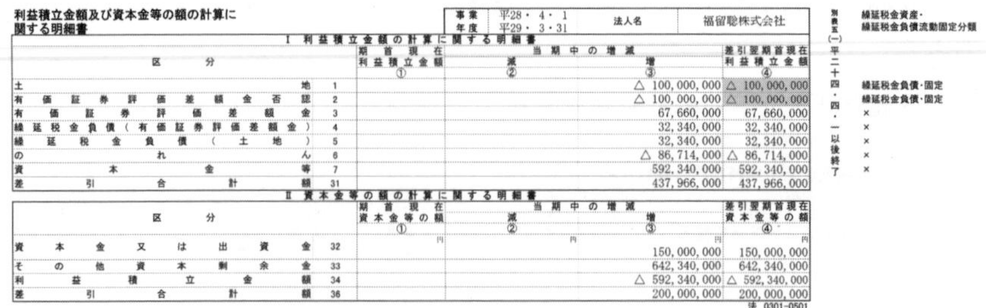

利益積立金額及び資本金等の額の計算に関する明細書

事業年度 平28・4・1 ～ 平29・3・31　法人名 福留聡株式会社

別表五(一) 平二十四・四・一以後終了

I 利益積立金額の計算に関する明細書

区分		期首現在利益積立金額 ①	当期中の増減 減 ②	当期中の増減 増 ③	差引翌期首現在利益積立金額 ④	繰延税金資産・繰延税金負債流動固定分類
土地	1			△ 100,000,000	△ 100,000,000	繰延税金負債・固定
有価証券評価差額金否認	2			△ 100,000,000	△ 100,000,000	繰延税金負債・固定
有価証券評価差額金	3			67,660,000	67,660,000	×
繰延税金負債（有価証券評価差額金）	4			32,340,000	32,340,000	×
繰延税金負債（土地）	5			32,340,000	32,340,000	×
のれん	6			△ 86,714,000	△ 86,714,000	×
資本金等	7			592,340,000	592,340,000	×
差引合計額	31			437,966,000	437,966,000	

II 資本金等の額の計算に関する明細書

区分		期首現在資本金等の額 ①	当期中の増減 減 ②	当期中の増減 増 ③	差引翌期首現在資本金等の額 ④
		円	円	円	円
資本金又は出資金	32			150,000,000	150,000,000
その他資本剰余金	33			642,340,000	642,340,000
利益積立金額	34			△ 592,340,000	△ 592,340,000
差引合計額	36			200,000,000	200,000,000

法 0301-0501

STEP7　組織再編後の税効果会計仕訳を行い別表五（一）記入のための分解した税務調整仕訳を行ったうえで別表五（一）に記入する。

既にSTEP5の税務調整仕訳で反映済みである。

なお，本設例では，繰延税金資産はないが，合併時の合併消滅会社の資産及び負債に係る一時差異，合併消滅会社から引き継いだ場合の税務上の繰越欠損金は，合併後の合併存続会社の課税所得を基礎として繰延税金資産の回収可能性を検討のうえで，繰延税金資産を計上する（設例2～4も同様である）。

②　取得−非適格

（設例2の前提）

前提条件（iii）が税務上非適格になる以外は，取得−適格のケースと同様とする。

被合併法人である㈱福留商事の合併最終事業年度の貸借対照表は以下のとおりである。

設例2　㈱福留商事の当期末（2017年3月31日）の個別貸借対照表

現金預金	300,000,000	買掛金	300,000,000
受取手形	100,000,000	短期借入金	400,000,000
売掛金	300,000,000	未払法人税等	52,034,000
棚卸資産	200,000,000	繰延税金負債（固定）	32,340,000
土地	400,000,000	資本金	200,000,000
投資有価証券	200,000,000	利益剰余金	
		期首残高	447,966,000
		その他有価証券評価差額金	67,660,000
合計	1,500,000,000	合計	1,500,000,000

STEP1　組織再編前の税効果会計仕訳を繰延税金資産の回収可能性を検討のうえで計上する。

既に認識しているその他有価証券評価差額金に係る繰延税金負債（固定）を除き福留聡㈱が㈱福留商事を合併する前に特に認識すべき繰延税金資産及び繰延税金負債はない。

STEP2　組織再編による会計仕訳を行う。

本設例も設例1同様に取得のため，合併消滅会社である㈱福留商事の識別可能な資産及び負債は，繰延税金資産及び繰延税金負債を除き時価で評価する。

繰延税金資産（固定）はSTEP3で算定される資産調整勘定22,034,000円に対して繰延税金資産（固定）7,125,796円を計上する。

上記は，企業結合会計基準及び事業分離等会計基準に関する適用指針378-3項において，平成18年度税制改正により，非適格合併等における税務上ののれん（資産調整勘定又は差額負債調整勘定）に関する規定が定められているが，当該税務上ののれんが認識される場合においては，その額を一時差異とみて，繰延税金資産又は繰延税金負債を計上した上で，配分残余としての会計上ののれん（又は負ののれん）を算定することに留意する必要があると記載されている。

設例1同様に前提条件（iv）に記載のとおり，増加資本金は，合併契約上150,000,000円とし，取得価額合計から増加資本金を除いた金額は全てその他資本剰余金として処理するため，差額は全てその他資本剰余金として処理する。

のれん＝株式取得価額870,000,000円－（現金預金300,000,000円＋受取手形100,000,000円＋売掛金300,000,000円＋棚卸資産200,000,000円＋土地500,000,000円＋投資有価証券200,000,000円＋繰延税金資産（固定）7,125,796円－買掛金300,000,000円－短期借入金400,000,000円－未払法人税等52,034,000円）＝14,908,204円

	合併受入仕訳(会計)						
(借方)	現金預金	300,000,000	(貸方)	買掛金	300,000,000		
(借方)	受取手形	100,000,000	(貸方)	短期借入金	400,000,000		
(借方)	売掛金	300,000,000	(貸方)	未払法人税等	52,034,000		
(借方)	棚卸資産	200,000,000	(貸方)	資本金	150,000,000		
(借方)	土地	500,000,000	(貸方)	その他資本剰余金	710,000,000		
(借方)	投資有価証券	200,000,000	(貸方)	現金	10,000,000		
(借方)	繰延税金資産(固定)	7,125,796					
(借方)	のれん	14,908,204					
	株式取得価額	870,000,000		識別可能資産負債時価	855,091,796	差額＝のれん	14,908,204

なお，投資有価証券の会計上の簿価と税務上の簿価が組織再編により一致するため，いったん，繰延税金負債（固定）32,340,000円及びその他有価証券評価差額金67,660,000円受入後，同額を取崩している。

上記は相殺により仕訳なしになる。

STEP3　組織再編による税務仕訳を行う。

税務上，非適格合併の場合，合併消滅会社の資産及び負債を時価にて受入れ，合併対価と移転資産及び負債の時価純資産との差額を資産調整勘定又は差額負債調整勘定として処理する。

資産調整勘定＝株式取得価額870,000,000円－（現金預金300,000,000円＋受取手形100,000,000円＋売掛金300,000,000円＋棚卸資産200,000,000円＋土地500,000,000円＋投資有価証券200,000,000円－買掛金300,000,000円－短期借入金400,000,000円－未払法人税等52,034,000円）＝22,034,000円

資本金等の額は交付する福留聡㈱株式の時価860,000,000円の時価となる。

合併受入仕訳（税務）

（借方）	現金預金	300,000,000	（貸方）	買掛金	300,000,000
（借方）	受取手形	100,000,000	（貸方）	短期借入金	400,000,000
（借方）	売掛金	300,000,000	（貸方）	未払法人税等	52,034,000
（借方）	棚卸資産	200,000,000	（貸方）	資本金等の額	860,000,000
（借方）	土地	500,000,000	（貸方）	現金	10,000,000
（借方）	投資有価証券	200,000,000			
（借方）	資産調整勘定	22,034,000			

STEP4　組織再編による税務仕訳と会計仕訳の差異を算出し税務調整仕訳を行う。

税務調整仕訳をSTEP3で算出した税務仕訳－STEP2で算出した会計仕訳で行う。

税務調整仕訳は下記のとおりである。

税務調整仕訳＝税務仕訳－会計仕訳

（借方）	資産調整勘定	22,034,000	（貸方）	のれん	14,908,204
			（貸方）	繰延税金資産（固定）	7,125,796

STEP5　別表五（一）記入のための分解した税務調整仕訳を行ったうえで別表五（一）に記入する。

別表五（一）記入のための分解した税務調整仕訳

（借方）	資産調整勘定	22,034,000	（貸方）	利益積立金額	22,034,000
（借方）	利益積立金額	14,908,204	（貸方）	のれん	14,908,204
（借方）	利益積立金額	7,125,796	（貸方）	繰延税金資産（固定）	7,125,796

STEP6　別表五（一）をもとに組織再編後の税効果会計仕訳を繰延税金資産の回収可能性を検討のうえで計上する。

下記別表五（一）を参照のとおり，税効果会計の対象になるのは，資産調整勘定22,034,000円に対して繰延税金資産7,125,796円を認識するのみであり，前提条件（vii）により，合併後の存続会社は，分類1になったため，繰延税金資産は全額回収可能としている。

なお，上記税効果仕訳は，既にSTEP2の仕訳に反映済みである。

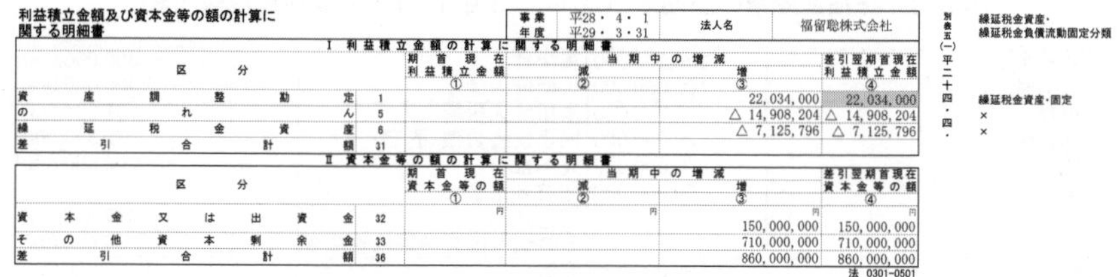

利益積立金額及び資本金等の額の計算に関する明細書

事業年度	平28・4・1 平29・3・31	法人名	福留聡株式会社

Ⅰ　利益積立金額の計算に関する明細書

区分		期首現在利益積立金額 ①	当期中の増減 減 ②	当期中の増減 増 ③	差引翌期首現在利益積立金額 ④	
資産調整勘定	1			22,034,000	22,034,000	繰延税金資産・固定
のれん	5			△ 14,908,204	△ 14,908,204	×
繰延税金資産	6			△ 7,125,796	△ 7,125,796	×
差引合計額	31					

Ⅱ　資本金等の額の計算に関する明細書

区分		期首現在資本金等の額 ①	当期中の増減 減 ②	当期中の増減 増 ③	差引翌期首現在資本金等の額 ④
資本金又は出資金	32	円	円	円 150,000,000	円 150,000,000
その他資本剰余金	33			710,000,000	710,000,000
差引合計額	36			860,000,000	860,000,000

法 0301-0501

別表五（一）平二十四・四・

繰延税金資産・繰延税金負債流動固定分類

STEP7　組織再編後の税効果会計仕訳を行い別表五（一）記入のための分解した税務調整仕訳を行ったうえで別表五（一）に記入する。

既にSTEP5の税務調整仕訳で反映済みである。

③　共通支配下の取引-適格

（設例3の前提）

（i）　親会社の福留聡㈱が100％子会社の㈱福留商事を吸収合併するものとする。

（ii）　親会社の福留聡㈱株式の子会社㈱福留商事株式の帳簿価額は600,000,000円とする。

　なお，合併に際して，合併対価の交付先である被合併法人株主が合併法人自身となるため，合併対価の交付はないものとする。

（iii）　子会社である㈱福留商事の合併最終事業年度の貸借対照表は以下のとおりである。土地は，税務上の帳簿価額が500,000,000円に対し，会計上は減損損失認識後の400,000,000円であり，土地以外の資産及び負債の時価と簿価に差異はないものとする。

（iv） 税効果会計に適用する実効税率は32.34%とする。

（v） 繰延税金資産の回収可能性は，合併前の被合併法人である福留商事㈱は繰延税金資産の回収可能性の分類が5であったが，合併により，企業結合日以後は分類1になったものとする。

（vi） 合併前の合併法人である福留聡㈱及び被合併法人である福留商事㈱は，繰越欠損金はないものとする。

設例3 ㈱福留商事の当期末（2017年3月31日）の個別貸借対照表

現金預金	300,000,000	買掛金	300,000,000
受取手形	100,000,000	短期借入金	400,000,000
売掛金	300,000,000	未払法人税等	52,034,000
棚卸資産	200,000,000	繰延税金負債（固定）	32,340,000
土地	400,000,000	資本金	200,000,000
投資有価証券	200,000,000	利益剰余金	
		期首残高	447,966,000
		その他有価証券評価差額金	67,660,000
合計	1,500,000,000	合計	1,500,000,000

STEP1 組織再編前の税効果会計仕訳を繰延税金資産の回収可能性を検討のうえで計上する。

既に認識しているその他有価証券評価差額金に係る繰延税金負債（固定）を除き福留聡㈱が㈱福留商事を合併する前に特に認識すべき繰延税金資産及び繰延税金負債はない。

STEP2 組織再編による会計仕訳を行う。

合併による会計仕訳は下記のとおりとなる。

企業結合会計基準及び事業分離等会計基準に関する適用指針206項（1）に従い，親会社が子会社から受け入れる資産及び負債は，合併期日の前日に付された適正な帳簿価額により計上する。企業結合会計基準及び事業分離等会計基準に関する適用指針206項（2）に従い，親会社が合併直前に保有していた子会社株式（抱合せ株式）の適正な帳簿価額（600,000,000円）と親会社持分（本設例では純資産全額）との差額を，特別損益に計上する。

本設例では，抱合せ株式消滅差益は，上記から純資産直入されるその他有価証券評価差額金を除いた金額で計上する。

なお，本設例の場合，土地が税務上は適格のため，税務上の簿価500,000,000円で計上されているが，会計上は減損損失反映後の簿価400,000,000円で計上されているため，差額100,000,000円について実効税率32.34％を乗じて繰延税金資産32,340,000円を認識する。

合併受入仕訳（会計）

（借方）	現金預金	300,000,000	（貸方）	買掛金	300,000,000
（借方）	受取手形	100,000,000	（貸方）	短期借入金	400,000,000
（借方）	売掛金	300,000,000	（貸方）	未払法人税等	52,034,000
（借方）	棚卸資産	200,000,000	（貸方）	繰延税金負債（固定）	32,340,000
（借方）	土地	400,000,000	（貸方）	子会社株式	600,000,000
（借方）	投資有価証券	200,000,000	（貸方）	その他有価証券評価差額金	67,660,000
（借方）	繰延税金資産（固定）	32,340,000	（貸方）	抱合せ株式消滅差益	80,306,000

STEP3　組織再編による税務仕訳を行う。

税務上，適格合併の場合，合併消滅会社の資産及び負債を合併直前の帳簿価額で引き継ぐことになり，資産調整勘定又は差額負債調整勘定は生じない。

また，合併消滅会社に税務上の繰越欠損金があれば，引き継ぐが，本設例においては，被合併法人である福留商事㈱の繰越欠損金はないため問題にならない。

税務上の増加資本金等の額＝被合併法人の合併前日の属する事業年度終了時における資本金等の額相当額200,000,000円－抱合せ株式の帳簿価額600,000,000円＝－400,000,000円

増加利益積立金額＝被合併法人の合併前日の属する事業年度終了時における資産の帳簿価額（現金預金300,000,000円＋受取手形100,000,000円＋売掛金300,000,000円＋棚卸資産200,000,000円＋土地500,000,000円＋投資有価証券100,000,000円）－被合併法人の合併前日の属する事業年度終了時における負債の帳簿価額（買掛金300,000,000円＋短期借入金400,000,000円＋未払法人税等52,034,000円）－被合併法人の合併前日の属する事業年度終了時における資本金等の額相当額200,000,000円＝547,966,000円

合併受入仕訳（税務）

（借方）	現金預金	300,000,000	（貸方）	買掛金	300,000,000
（借方）	受取手形	100,000,000	（貸方）	短期借入金	400,000,000
（借方）	売掛金	300,000,000	（貸方）	未払法人税等	52,034,000
（借方）	棚卸資産	200,000,000	（貸方）	子会社株式	600,000,000
（借方）	土地	500,000,000	（貸方）	利益積立金額	547,966,000
（借方）	投資有価証券	100,000,000			
（借方）	資本金等の額	400,000,000			

STEP4　組織再編による税務仕訳と会計仕訳の差異を算出し税務調整仕訳を行う。

税務調整仕訳をSTEP3で算出した税務仕訳－STEP2で算出した会計仕訳で行う。

税務調整仕訳は下記のとおりである。

税務調整仕訳＝税務仕訳－会計仕訳

(借方)	資本金等の額	400,000,000	(貸方)	利益積立金額	547,966,000
(借方)	繰延税金負債(固定)	32,340,000	(貸方)	投資有価証券	100,000,000
(借方)	その他有価証券評価差額金	67,660,000	(貸方)	繰延税金資産(固定)	32,340,000
(借方)	抱合せ株式消滅差益	80,306,000			
(借方)	土地	100,000,000			

STEP5　別表五（一）記入のための分解した税務調整仕訳を行ったうえで別表五（一）に記入する。

別表五(一)記入のための分解した税務調整仕訳

(借方)	資本金等の額	400,000,000	(貸方)	利益積立金額	400,000,000
(借方)	利益積立金額	100,000,000	(貸方)	投資有価証券	100,000,000
(借方)	利益積立金額	32,340,000	(貸方)	繰延税金資産(固定)	32,340,000
(借方)	繰延税金負債(固定)	32,340,000	(貸方)	利益積立金額	32,340,000
(借方)	その他有価証券評価差額金	67,660,000	(貸方)	利益積立金額	67,660,000
(借方)	抱合せ株式消滅差益(利益積立金額)	80,306,000	(貸方)	利益積立金額	80,306,000
(借方)	土地	100,000,000	(貸方)	利益積立金額	100,000,000

STEP6　別表五（一）をもとに組織再編後の税効果会計仕訳を繰延税金資産の回収可能性を検討のうえで計上する。

下記別表五（一）を参照の通り，税効果会計の対象になるのは，土地の評価差損100,000,000円に対して繰延税金資産32,340,000円を認識するが，前提条件（v）により，合併後の存続会社は，分類1になったため，繰延税金資産は全額回収可能としている。

なお，上記税効果仕訳は，既にSTEP2の仕訳に反映済みである。

また，合併以前から認識していた投資有価証券の評価差益100,000,000円に対して繰延税金負債合計32,340,000円を認識しているが，繰延税金負債は通常支払可能性は問題にならず全額計上されることになる。

なお，上記税効果仕訳は，既にSTEP2の仕訳に反映済みである。

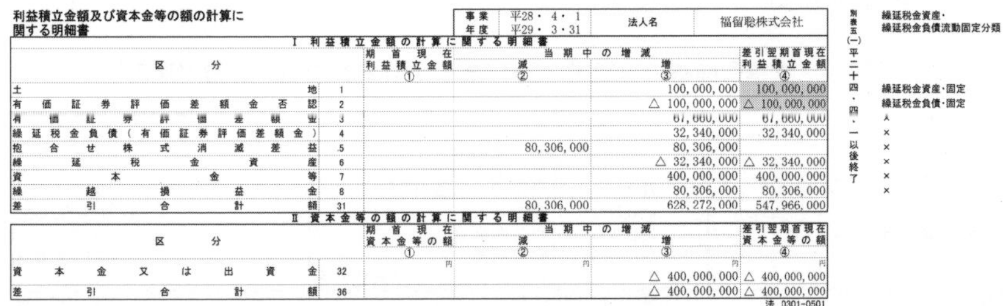

利益積立金額及び資本金等の額の計算に関する明細書

事業年度	平28・4・1 平29・3・31	法人名	福留聡株式会社

別表五(一)平二十四・四・一以後終了

Ⅰ　利益積立金額の計算に関する明細書

区分		期首現在利益積立金額 ①	当期中の増減 減 ②	当期中の増減 増 ③	差引翌期首現在利益積立金額 ④	繰延税金資産・繰延税金負債流動固定分類
土地	1			100,000,000	100,000,000	繰延税金資産・固定
有価証券評価差額金否認	2			△ 100,000,000	△ 100,000,000	繰延税金負債・固定
有価証券評価差額金	3			67,660,000	67,660,000	×
繰延税金負債（有価証券評価差額金）	4			32,340,000	32,340,000	×
抱合せ株式消滅差益	5		80,306,000	80,306,000		×
繰延税金資産	6			△ 32,340,000	△ 32,340,000	×
資本金等	7			400,000,000	400,000,000	×
繰越損益金	8			80,306,000	80,306,000	×
差引合計額	31		80,306,000	628,272,000	547,966,000	

Ⅱ　資本金等の額の計算に関する明細書

区分		期首現在資本金等の額 ①	当期中の増減 減 ②	当期中の増減 増 ③	差引翌期首現在資本金等の額 ④
資本金又は出資金	32	円	円	円 △ 400,000,000	円 △ 400,000,000
差引合計額	36			△ 400,000,000	△ 400,000,000

法 0301-0501

STEP7　組織再編後の税効果会計仕訳を行い別表五（一）記入のための分解した税務調整仕訳を行ったうえで別表五（一）に記入する。

既にSTEP5の税務調整仕訳で反映済みである。

④　共通支配下の取引-非適格

（設例4の前提）

（i）　親会社の福留聡㈱が80％保有子会社の㈱福留商事を吸収合併するものとする。

（ii）　親会社の福留聡㈱株式の子会社㈱福留商事株式の帳簿価額は300,000,000円とする。

なお，20％保有の少数株主へ交付した親会社株式の時価は200,000,000円とし，増加した株主資本はすべてその他資本剰余金とする。

（iii）　子会社である㈱福留商事の合併最終事業年度の貸借対照表は以下のとおりである。土地は，合併前の税務上の帳簿価額が500,000,000円に対し，時価は，400,000,000円であり，土地以外の資産及び負債の時価と簿価に差異はないものとする。

（iv）　税効果会計に適用する実効税率は32.34％とする。

（v）　繰延税金資産の回収可能性は，合併前の被合併法人である福留商事㈱は繰延税金資産の回収可能性の分類が5であったが，合併により，企業結合日以後は分類1になったものとする。

（vi）　合併前の合併法人である福留聡㈱及び被合併法人である福留商事㈱は，

繰越欠損金はないものとする。

設例4　㈱福留商事の当期末（2017年3月31日）の個別貸借対照表

現金預金	300,000,000	買掛金	300,000,000
受取手形	100,000,000	短期借入金	400,000,000
売掛金	300,000,000	未払法人税等	52,034,000
棚卸資産	200,000,000	繰延税金負債(固定)	32,340,000
土地	400,000,000	資本金	200,000,000
投資有価証券	200,000,000	利益剰余金	
		期首残高	447,966,000
		その他有価証券評価差額金	67,660,000
合計	1,500,000,000	合計	1,500,000,000

STEP1　組織再編前の税効果会計仕訳を繰延税金資産の回収可能性を検討のうえで計上する。

既に認識しているその他有価証券評価差額金に係る繰延税金負債（固定）を除き福留聡㈱が㈱福留商事を合併する前に特に認識すべき繰延税金資産及び繰延税金負債はない。

STEP2　組織再編による会計仕訳を行う。

合併による会計仕訳は下記のとおりとなる。

企業結合会計基準及び事業分離等会計基準に関する適用指針206項（1）に従い，親会社が子会社から受け入れる資産及び負債は，合併期日の前日に付された適正な帳簿価額により計上する。企業結合会計基準及び事業分離等会計基準に関する適用指針206項（2）に従い，親会社が合併直前に保有していた子会社株式（抱合せ株式）の適正な帳簿価額（300,000,000円）と親会社持分（本設例では純資産の80％である478,698,240円）との差額178,698,240円を，特別損益に計上する。

また，税務上非適格のため，STEP3　税務上の合併仕訳により生じた差額負債調整勘定247,966,000円に対し繰延税金負債（固定）を認識する。

合併受入仕訳(会計)

(借方)	現金預金	300,000,000	(貸方)	買掛金	300,000,000		
(借方)	受取手形	100,000,000	(貸方)	短期借入金	400,000,000		
(借方)	売掛金	300,000,000	(貸方)	未払法人税等	52,034,000		
(借方)	棚卸資産	200,000,000	(貸方)	子会社株式	300,000,000		
(借方)	土地	400,000,000	(貸方)	その他資本剰余金	200,000,000		
(借方)	投資有価証券	200,000,000	(貸方)	繰延税金負債(固定)	80,192,204		
(借方)	のれん	10,924,444		差額負債調整勘定に係るもの			
			(貸方)	抱合せ株式消滅差益	178,698,240		
	合併直前親会社持分	478,698,240		子会社株式	300,000,000	抱合せ株式消滅差益	178,698,240

なお，投資有価証券の会計上の簿価と税務上の簿価が組織再編により一致す

るため，いったん，繰延税金負債（固定）32,340,000円及びその他有価証券評価差額金67,660,000円受入後，同額を取崩している。

上記は相殺により仕訳なしになる。

STEP3　組織再編による税務仕訳を行う。

税務上，非適格合併の場合，合併消滅会社の資産及び負債を時価にて受入れ，合併対価と移転資産及び負債の時価純資産との差額を資産調整勘定又は差額負債調整勘定として処理する。

差額負債調整勘定＝合併対価（300,000,000円＋200,000,000円）－（現金預金300,000,000円＋受取手形100,000,000円＋売掛金300,000,000円＋棚卸資産200,000,000円＋土地400,000,000円＋投資有価証券200,000,000円－買掛金300,000,000円－短期借入金400,000,000円－未払法人税等52,034,000円）＝－247,966,000円

前提条件（ⅱ）に従い，増加した資本金等の額はすべてその他資本剰余金としている。

合併受入仕訳（税務）

（借方）	現金預金	300,000,000	（貸方）	買掛金	300,000,000
（借方）	受取手形	100,000,000	（貸方）	短期借入金	400,000,000
（借方）	売掛金	300,000,000	（貸方）	未払法人税等	52,034,000
（借方）	棚卸資産	200,000,000	（貸方）	子会社株式	300,000,000
（借方）	土地	400,000,000	（貸方）	資本金等の額	200,000,000
（借方）	投資有価証券	200,000,000	（貸方）	差額負債調整勘定	247,966,000

STEP4　組織再編による税務仕訳と会計仕訳の差異を算出し税務調整仕訳を行う。

税務調整仕訳をSTEP3で算出した税務仕訳－STEP2で算出した会計仕訳で行う。

税務調整仕訳は下記のとおりである。

税務調整仕訳＝税務仕訳－会計仕訳

（借方）	抱合せ株式消滅差益	178,698,240	（貸方）	のれん	10,924,444
（借方）	繰延税金負債（固定）	80,192,204	（貸方）	差額負債調整勘定	247,966,000

STEP5　別表五（一）記入のための分解した税務調整仕訳を行ったうえで別表五（一）に記入する。

別表五(一)記入のための分解した税務調整仕訳

(借方)	利益積立金額	247,966,000	(貸方)	差額負債調整勘定	247,966,000
(借方)	利益積立金額	10,924,444	(貸方)	のれん	10,924,444
(借方)	繰延税金負債(固定)	80,192,204	(貸方)	利益積立金額	80,192,204
(借方)	抱合せ株式消滅差益(利益積立金額)	178,698,240	(貸方)	利益積立金額	178,698,240

STEP6　別表五（一）をもとに組織再編後の税効果会計仕訳を繰延税金資産の回収可能性を検討のうえで計上する。

下記別表五（一）を参照のとおり，税効果会計の対象になるのは，差額負債調整勘定247,966,000円に対して繰延税金負債（固定）80,192,204円を認識するが，繰延税金負債は通常支払可能性は問題にならず全額計上されることになる。

なお，上記税効果仕訳は，既にSTEP2の仕訳に反映済みである。

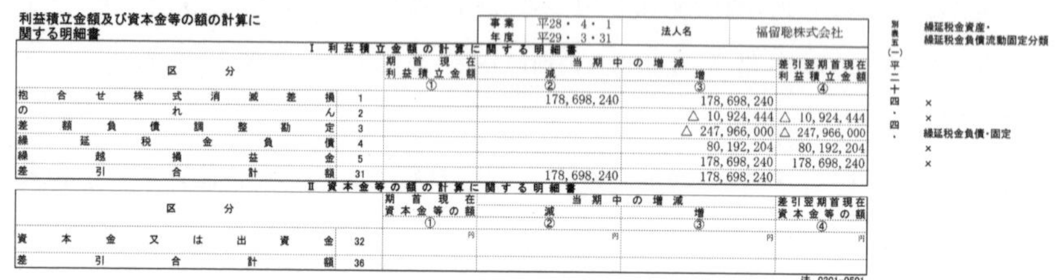

利益積立金額及び資本金等の額の計算に関する明細書

事業年度	平28・4・1 平29・3・31	法人名	福留聡株式会社

Ⅰ　利益積立金額の計算に関する明細書

区分		期首現在利益積立金額 ①	当期中の増減 減 ②	当期中の増減 増 ③	差引翌期首現在利益積立金額 ④	繰延税金資産・繰延税金負債流動固定分類
抱合せ株式消滅差損	1		178,698,240	178,698,240		×
のれん	2			△ 10,924,444	△ 10,924,444	×
差額負債調整勘定	3			△ 247,966,000	△ 247,966,000	繰延税金負債・固定
繰延税金負債	4			80,192,204	80,192,204	×
繰越損益金	5			178,698,240	178,698,240	×
差引合計額	31		178,698,240	178,698,240		

Ⅱ　資本金等の額の計算に関する明細書

区分		期首現在資本金等の額 ①	当期中の増減 減 ②	当期中の増減 増 ③	差引翌期首現在資本金等の額 ④
資本金又は出資金	32	円	円	円	円
差引合計額	36				

別表五(一)平二十四・四・

法 0301-0501

STEP7　組織再編後の税効果会計仕訳を行い別表五（一）記入のための分解した税務調整仕訳を行ったうえで別表五（一）に記入する。

既にSTEP5の税務調整仕訳で反映済みである。

(2)　分社型分割

①　取得−適格

合併の場合の取得−適格と同様となる。

②　取得−非適格

合併の場合の取得−非適格と同様となる。

③　共通支配下の取引−適格

合併の場合の共通支配下の取引−適格と同様となる。

④　共通支配下の取引−非適格

合併の場合の共通支配下の取引−非適格と同様となる。

(3) 分割型分割

① 取得－適格

合併の場合の取得－適格と同様となる。

② 取得－非適格

合併の場合の取得－非適格と同様となる。

③ 共通支配下の取引－適格

合併の場合の共通支配下の取引－適格と同様となる。

④ 共通支配下の取引－非適格

合併の場合の共通支配下の取引－非適格と同様となる。

(4) 事業譲渡

① 取得－適格

合併の場合の取得－適格と同様となる。ただし，事業譲渡の場合，移転資産の対価が通常現金等の資産になる点が異なる。

② 取得－非適格

合併の場合の取得－非適格と同様となる。ただし，事業譲渡の場合，移転資産の対価が通常現金等の資産になる点が異なる。

③ 共通支配下の取引－適格

合併の場合の共通支配下の取引－適格と同様となる。ただし，事業譲渡の場合，移転資産の対価が通常現金等の資産になる点が異なる。

④ 共通支配下の取引－非適格

合併の場合の共通支配下の取引－非適格と同様となる。ただし，事業譲渡の場合，移転資産の対価が通常現金等の資産になる点が異なる。

Ⅱ　分離元企業の税効果

（1）　分社型分割

①　投資の清算−適格

（設例5の前提）

（ⅰ）　福留聡㈱は㈱福留商事にコンサルティング事業を分社型分割により移転する。

（ⅱ）　福留聡㈱は分割の対価として㈱福留商事株式を受け取った。受領した㈱福留商事株式の時価は2,000,000,000円とする。

（ⅲ）　税務上は，適格分社型分割に該当する。

（ⅳ）　福留聡㈱は従来から㈱福留商事株式を80％保有しており，分割対価として㈱福留商事株式を受け取った結果，分割後の株式保有割合は100％となった。

（ⅴ）　税効果会計に適用する実効税率は32.34％とする。

（ⅵ）　福留聡㈱は繰延税金資産の回収可能性の分類は2であり，移転資産に係る一時差異はスケジューリング可能とする。

（ⅶ）　投資の清算の場合は，時価のないその他有価証券を取得し，投資の継続の場合は，子会社株式を取得したものとする。

設例5　福留聡㈱の分割するコンサルティング事業の当期末（2017年3月31日）の個別貸借対照表（会計）

現金預金	300,000,000	買掛金	100,000,000
受取手形	100,000,000	未払金	100,000,000
売掛金	200,000,000		
貸倒引当金（流動）	(15,000,000)		
土地	500,000,000		
投資有価証券	900,000,000		
破産更生債権等	2,000,000		
貸倒引当金（固定）	(2,000,000)		
		純資産	1,785,000,000

福留聡㈱の分割するコンサルティング事業の当期末（2017年3月31日）の個別貸借対照表（税務）

現金預金	300,000,000	買掛金	100,000,000
受取手形	100,000,000	未払金	100,000,000
売掛金	200,000,000		
土地	500,000,000		
投資有価証券	900,000,000		
破産更生債権等	2,000,000		
		純資産	1,802,000,000

STEP1　組織再編前の税効果会計仕訳を繰延税金資産の回収可能性を検討のうえで計上する。

繰延税金資産を，会計上のみ計上された貸倒引当金（流動）15,000,000円及び貸倒引当金（固定）2,000,000円に対して認識する。

なお，企業結合会計基準及び事業分離等会計基準に関する適用指針107項(1）によると，分離元企業における事業分離日以後の将来年度の収益力に基づく課税所得等により判断し，分離先企業の将来年度の収益力に基づく課税所得等は勘案しない。

本設例では，繰延税金資産の回収可能性の分類は2であり，移転資産に係る一時差異はスケジューリング可能のため，貸倒引当金（流動）及び貸倒引当金（固定）に係る繰延税金資産は全額回収可能とする。

	分割による事業分離前の税効果仕訳				
(借方)	繰延税金資産(流動)	4,851,000	(貸方)	法人税等調整額	5,497,800
(借方)	繰延税金資産(固定)	646,800			

STEP2　組織再編による会計仕訳を行う。

会計上，投資の清算に該当する場合，分離元企業において移転損益を認識する。

企業結合会計基準及び事業分離等会計基準に関する適用指針398項（3）によると，分離元企業において移転損益が認識される場合，分離先企業株式の取得原価は，当該株式の時価又は移転した事業の時価に基づいて算定される。

本設例において，前提条件（ⅱ）に基づき，分離先企業株式の取得原価は，受領した㈱福留商事株式の時価は2,000,000,000円となる。

移転損益＝受領した㈱福留商事株式の時価（2,000,000,000円）－移転した会計

上の簿価純資産合計（1,785,000,000円）＝215,000,000円

分割による事業分離時の仕訳（会計）

（借方）	投資有価証券	2,000,000,000	（貸方）	現金預金	300,000,000
（借方）	貸倒引当金（流動）	15,000,000	（貸方）	受取手形	100,000,000
（借方）	貸倒引当金（固定）	2,000,000	（貸方）	売掛金	200,000,000
（借方）	買掛金	100,000,000	（貸方）	土地	500,000,000
（借方）	未払金	100,000,000	（貸方）	投資有価証券	900,000,000
			（貸方）	破産更生債権等	2,000,000
			（貸方）	移転損益	215,000,000

STEP3　組織再編による税務仕訳を行う。

本設例のように，適格組織再編に該当する場合，企業結合会計基準及び事業分離等会計基準に関する適用指針398項（3）によると，税務上，分離先企業株式の取得原価は，移転した事業に係る資産及び負債の税務上の帳簿価額に基づくため，分離先企業株式の取得原価は1,802,000,000円となる。

なお，上記扱いにより，適格組織再編の場合，移転損益は認識されない。

本設例の場合には，企業結合会計基準及び事業分離等会計基準に関する適用指針398項（3）にも記載のとおり，分離先企業株式に関して，当該株式の時価と移転した事業に係る資産及び負債の税務上の帳簿価額との差額が，一時差異として生じ税効果会計の対象になる。

分割による事業分離時の仕訳（税務）

（借方）	投資有価証券	1,802,000,000	（貸方）	現金預金	300,000,000
（借方）	買掛金	100,000,000	（貸方）	受取手形	100,000,000
（借方）	未払金	100,000,000	（貸方）	売掛金	200,000,000
			（貸方）	土地	500,000,000
			（貸方）	投資有価証券	900,000,000
			（貸方）	破産更生債権等	2,000,000

STEP4　組織再編による税務仕訳と会計仕訳の差異を算出し税務調整仕訳を行う。

税務調整仕訳をSTEP3で算出した税務仕訳－STEP2で算出した会計仕訳で行う。

税務調整仕訳は下記のとおりである。

税務調整仕訳＝税務仕訳－会計仕訳

（借方）	移転損益	215,000,000	（貸方）	投資有価証券	198,000,000
			（貸方）	貸倒引当金（流動）	15,000,000
			（貸方）	貸倒引当金（固定）	2,000,000

STEP5　別表五（一）記入のための分解した税務調整仕訳を行ったうえで

別表五（一）に記入する。

別表五(一)記入のための分解した税務調整仕訳

(借方)	移転損益	215,000,000	(貸方)	利益積立金額	215,000,000
(借方)	利益積立金額	198,000,000	(貸方)	投資有価証券	198,000,000
(借方)	利益積立金額	15,000,000	(貸方)	貸倒引当金(流動)	15,000,000
(借方)	利益積立金額	2,000,000	(貸方)	貸倒引当金(固定)	2,000,000

STEP6　別表五（一）をもとに組織再編後の税効果会計仕訳を繰延税金資産の回収可能性を検討のうえで計上する。

下記別表五（一）を参照のとおり，税効果会計の対象になるのは，移転資産対応の貸倒引当金（流動）及び貸倒引当金（固定）に係る繰延税金資産の取崩と株式対応の繰延税金負債を計上する。

繰延税金負債は通常支払可能性は問題にならず全額計上されることになる。

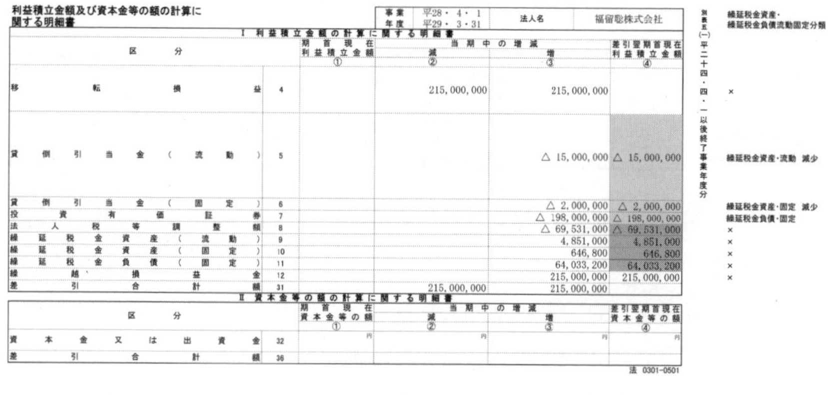

利益積立金額及び資本金等の額の計算に関する明細書

事業年度	平28・4・1 〜 平29・3・31	法人名	福留聡株式会社

別表五(一)平二十四・四・一以後終了事業年度分

Ⅰ 利益積立金額の計算に関する明細書

区分		期首現在利益積立金額 ①	当期中の増減 減 ②	当期中の増減 増 ③	差引翌期首現在利益積立金額 ④	繰延税金資産・繰延税金負債流動固定分類
移転損益	4		215,000,000	215,000,000		×
貸倒引当金(流動)	5			△ 15,000,000	△ 15,000,000	繰延税金資産・流動　減少
貸倒引当金(固定)	6			△ 2,000,000	△ 2,000,000	繰延税金資産・固定　減少
投資有価証券	7			△ 198,000,000	△ 198,000,000	繰延税金負債・固定
法人税等調整額	8			△ 69,531,000	△ 69,531,000	×
繰延税金資産(流動)	9			4,851,000	4,851,000	×
繰延税金資産(固定)	10			646,800	646,800	×
繰延税金負債(固定)	11			64,033,200	64,033,200	×
繰越損益金	12			215,000,000	215,000,000	×
差引合計額	31		215,000,000	215,000,000		

Ⅱ 資本金等の額の計算に関する明細書

区分		期首現在資本金等の額 ①	当期中の増減 減 ②	当期中の増減 増 ③	差引翌期首現在資本金等の額 ④
資本金又は出資金	32	円	円	円	円
差引合計額	36				

法 0301-0501

分割による事業分離後の税効果仕訳

(借方)	法人税等調整額	69,531,000	(貸方)	繰延税金資産(流動)	4,851,000
			(貸方)	繰延税金資産(固定)	646,800
			(貸方)	繰延税金負債(固定)	64,033,200

STEP7　組織再編後の税効果会計仕訳を行い別表五（一）記入のための分解した税務調整仕訳を行ったうえで別表五（一）に記入する。

記入後の別表五（一）は上記STEP6別表五（一）を参照されたい。

別表五(一)記入のための分解した税務調整仕訳

(借方)	利益積立金額	69,531,000	(貸方)	法人税等調整額	69,531,000
(借方)	繰延税金資産(流動)	4,851,000	(貸方)	利益積立金額	4,851,000
(借方)	繰延税金資産(固定)	646,800	(貸方)	利益積立金額	646,800
(借方)	繰延税金負債(固定)	64,033,200	(貸方)	利益積立金額	64,033,200

② 投資の清算−非適格

（設例6の前提）

（iii） 税務上は，非適格分社型分割に該当する。

上記以外は，投資の清算−適格のケースと同じものとする。

設例6 福留聡㈱の分割するコンサルティング事業の当期末（2017年3月31日）の個別貸借対照表（会計）

現金預金	300,000,000	買掛金	100,000,000
受取手形	100,000,000	未払金	100,000,000
売掛金	200,000,000		
貸倒引当金（流動）	(15,000,000)		
土地	500,000,000		
投資有価証券	900,000,000		
破産更生債権等	2,000,000		
貸倒引当金（固定）	(2,000,000)		
		純資産	1,785,000,000

福留聡㈱の分割するコンサルティング事業の当期末（2017年3月31日）の個別貸借対照表（税務）

現金預金	300,000,000	買掛金	100,000,000
受取手形	100,000,000	未払金	100,000,000
売掛金	200,000,000		
土地	500,000,000		
投資有価証券	900,000,000		
破産更生債権等	2,000,000		
		純資産	1,802,000,000

STEP1 組織再編前の税効果会計仕訳を繰延税金資産の回収可能性を検討のうえで計上する。

繰延税金資産を，会計上のみ計上された貸倒引当金（流動）15,000,000円及び貸倒引当金（固定）2,000,000円に対して認識する。

なお，企業結合会計基準及び事業分離等会計基準に関する適用指針107項(1)によると，分離元企業における事業分離日以後の将来年度の収益力に基づく課税所得等により判断し，分離先企業の将来年度の収益力に基づく課税所得等は勘案しない。

本設例では，繰延税金資産の回収可能性の分類は2であり，移転資産に係る一時差異はスケジューリング可能のため，貸倒引当金（流動）及び貸倒引当金（固定）に係る繰延税金資産は全額回収可能とする。

	分割による事業分離前の税効果仕訳				
（借方）	繰延税金資産（流動）	4,851,000	（貸方）	法人税等調整額	5,497,800
（借方）	繰延税金資産（固定）	646,800			

STEP2　組織再編による会計仕訳を行う。

会計上，投資の清算に該当する場合，分離元企業において移転損益を認識する。

企業結合会計基準及び事業分離等会計基準に関する適用指針398項（3）によると，分離元企業において移転損益が認識される場合，分離先企業株式の取得原価は，当該株式の時価又は移転した事業の時価に基づいて算定される。

本設例において，前提条件（ii）に基づき，分離先企業株式の取得原価は，受領した㈱福留商事株式の時価は2,000,000,000円となる。

移転損益＝受領した㈱福留商事株式の時価（2,000,000,000円）－移転した会計上の簿価純資産合計（1,785,000,000円）＝215,000,000円

分割による事業分離時の仕訳（会計）

（借方）	投資有価証券	2,000,000,000	（貸方）	現金預金	300,000,000
（借方）	貸倒引当金（流動）	15,000,000	（貸方）	受取手形	100,000,000
（借方）	貸倒引当金（固定）	2,000,000	（貸方）	売掛金	200,000,000
（借方）	買掛金	100,000,000	（貸方）	土地	500,000,000
（借方）	未払金	100,000,000	（貸方）	投資有価証券	900,000,000
			（貸方）	破産更生債権等	2,000,000
			（貸方）	移転損益	215,000,000

STEP3　組織再編による税務仕訳を行う。

本設例のように，税務上，適格組織再編に該当しない場合，企業結合会計基準及び事業分離等会計基準に関する適用指針398項（4）によると，分離元企業において移転損益が認識され，分離先企業株式の取得原価は時価となる。

移転損益＝受領した㈱福留商事株式の時価（2,000,000,000円）－移転した税務上の簿価純資産合計（1,802,000,000円）＝198,000,000円

本設例の場合のように，会計上の株式の取得原価（時価）と税務上の株式の取得原価（時価）が同額となる場合は，取得株式に係る一時差異は生じないことになる。

分割による事業分離時の仕訳（税務）

（借方）	投資有価証券	2,000,000,000	（貸方）	現金預金	300,000,000
（借方）	買掛金	100,000,000	（貸方）	受取手形	100,000,000
（借方）	未払金	100,000,000	（貸方）	売掛金	200,000,000
			（貸方）	土地	500,000,000
			（貸方）	投資有価証券	900,000,000
			（貸方）	破産更生債権等	2,000,000
			（貸方）	移転損益	198,000,000

STEP4　組織再編による税務仕訳と会計仕訳の差異を算出し税務調整仕訳

を行う。

税務調整仕訳をSTEP3で算出した税務仕訳－STEP2で算出した会計仕訳で行う。

税務調整仕訳は下記のとおりである。

税務調整仕訳＝税務仕訳－会計仕訳

(借方)	移転損益	17,000,000	(貸方)	貸倒引当金(流動)	15,000,000
			(貸方)	貸倒引当金(固定)	2,000,000

STEP5　別表五（一）記入のための分解した税務調整仕訳を行ったうえで別表五（一）に記入する。

別表五(一)記入のための分解した税務調整仕訳

(借方)	移転損益	17,000,000	(貸方)	利益積立金額	17,000,000
(借方)	利益積立金額	15,000,000	(貸方)	貸倒引当金(流動)	15,000,000
(借方)	利益積立金額	2,000,000	(貸方)	貸倒引当金(固定)	2,000,000

STEP6　別表五（一）をもとに組織再編後の税効果会計仕訳を繰延税金資産の回収可能性を検討のうえで計上する。

下記別表五（一）を参照のとおり，税効果会計の対象になるのは，移転資産対応の貸倒引当金（流動）及び貸倒引当金（固定）に係る繰延税金資産の取崩をする。

また，税務上の移転損益198,000,000円に対応する法人税，住民税及び事業税を計上する。

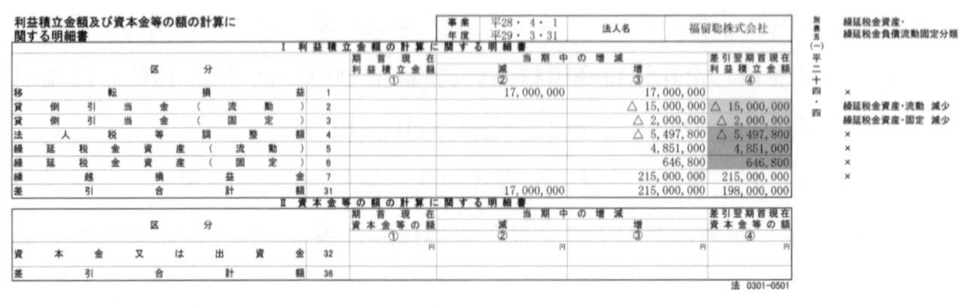
利益積立金額及び資本金等の額の計算に関する明細書

事業年度　平28・4・1　平29・3・31　法人名　福留聡株式会社

別表五(一)平二十四・四

I 利益積立金額の計算に関する明細書

区分		期首現在利益積立金額 ①	当期中の増減 減 ②	当期中の増減 増 ③	差引翌期首現在利益積立金額 ④	繰延税金資産・繰延税金負債流動固定分類
移転損益	1		17,000,000	17,000,000		×
貸倒引当金(流動)	2			△ 15,000,000	△ 15,000,000	繰延税金資産・流動 減少
貸倒引当金(固定)	3			△ 2,000,000	△ 2,000,000	繰延税金資産・固定 減少
法人税等調整額	4			△ 5,497,800	△ 5,497,800	×
繰延税金資産(流動)	5			4,851,000	4,851,000	×
繰延税金資産(固定)	6			646,800	646,800	×
繰越損益金	7			215,000,000	215,000,000	×
差引合計額	31		17,000,000	215,000,000	198,000,000	

II 資本金等の額の計算に関する明細書

区分		期首現在資本金等の額 ①	当期中の増減 減 ②	当期中の増減 増 ③	差引翌期首現在資本金等の額 ④
資本金又は出資金	32	円	円	円	円
差引合計額	36				

法 0301-0501

分割による事業分離後の税効果仕訳

(借方)	法人税、住民税及び事業税	64,033,200	(貸方)	未払法人税等	64,033,200
(借方)	法人税等調整額	5,497,800	(貸方)	繰延税金資産(流動)	4,851,000
			(貸方)	繰延税金資産(固定)	646,800

STEP7　組織再編後の税効果会計仕訳を行い別表五（一）記入のための分解した税務調整仕訳を行ったうえで別表五（一）に記入する。

記入後の別表五（一）は上記STEP6　別表五（一）を参照されたい。

別表五(一)記入のための分解した税務調整仕訳

(借方)	利益積立金額	5,497,800	(貸方)	法人税等調整額	5,497,800
(借方)	繰延税金資産(流動)	4,851,000	(貸方)	利益積立金額	4,851,000
(借方)	繰延税金資産(固定)	646,800	(貸方)	利益積立金額	646,800

③　投資の継続–適格

(設例7の前提)

投資の清算–適格のケースと同じものとする。

設例7　福留聡㈱の分割するコンサルティング事業の当期末（2017年3月31日）の個別貸借対照表（会計）

現金預金	300,000,000	買掛金	100,000,000
受取手形	100,000,000	未払金	100,000,000
売掛金	200,000,000		
貸倒引当金(流動)	(15,000,000)		
土地	500,000,000		
投資有価証券	900,000,000		
破産更生債権等	2,000,000		
貸倒引当金(固定)	(2,000,000)		
		純資産	1,785,000,000

福留聡㈱の分割するコンサルティング事業の当期末（2017年3月31日）の個別貸借対照表（税務）

現金預金	300,000,000	買掛金	100,000,000
受取手形	100,000,000	未払金	100,000,000
売掛金	200,000,000		
土地	500,000,000		
投資有価証券	900,000,000		
破産更生債権等	2,000,000		
		純資産	1,802,000,000

STEP1　組織再編前の税効果会計仕訳を繰延税金資産の回収可能性を検討のうえで計上する。

繰延税金資産を，会計上のみ計上された貸倒引当金（流動）15,000,000円及び貸倒引当金（固定）2,000,000円に対して認識する。

なお，企業結合会計基準及び事業分離等会計基準に関する適用指針107項(2) によると，投資が継続しているとみる場合には，事業分離が行われないものと仮定した移転する事業に係る将来年度の収益力に基づく課税所得等を勘案して判断する。

本設例では，繰延税金資産の回収可能性の分類は2であり，移転資産に係る一時差異はスケジューリング可能のため，貸倒引当金（流動）及び貸倒引当金

(固定) に係る繰延税金資産は全額回収可能とする。

分割による事業分離前の税効果仕訳

(借方)	繰延税金資産(流動)	4,851,000	(貸方)	法人税等調整額	5,497,800
(借方)	繰延税金資産(固定)	646,800			

STEP2　組織再編による会計仕訳を行う。

企業結合会計基準及び事業分離等会計基準に関する適用指針98項によると，分離元企業が受け取った分離先企業の株式（子会社株式）の取得原価は，移転事業に係る株主資本相当額（第87項（1）①参照）に基づいて算定する。したがって，分離元企業は，移転損益を認識しない。分離先企業の株式の取得原価の算定にあたっては，移転事業に係る株主資本相当額から移転事業に係る繰延税金資産及び繰延税金負債を控除する（第108項（2）参照）ことに留意する必要がある。

上記から本設例では，分離元企業が受け取った分離先企業の株式（子会社株式）の取得原価は，分割事業の会計上の純資産簿価1,785,000,000円となる。

分割による事業分離時の仕訳(会計)

(借方)	関係会社株式	1,785,000,000	(貸方)	現金預金	300,000,000
(借方)	貸倒引当金(流動)	15,000,000	(貸方)	受取手形	100,000,000
(借方)	貸倒引当金(固定)	2,000,000	(貸方)	売掛金	200,000,000
(借方)	買掛金	100,000,000	(貸方)	土地	500,000,000
(借方)	未払金	100,000,000	(貸方)	投資有価証券	900,000,000
			(貸方)	破産更生債権等	2,000,000

STEP3　組織再編による税務仕訳を行う。

企業結合会計基準及び事業分離等会計基準に関する適用指針398項（1）によると，適格組織再編に該当する場合，税務上も，分離先企業株式の取得原価は，移転した事業に係る資産及び負債の税務上の帳簿価額に基づき，移転損益は認識されない。

なお，本設例の場合，企業結合会計基準及び事業分離等会計基準に関する適用指針398項（1）に記載のとおり，分離先企業株式に関して，移転した事業に係る資産及び負債の一時差異と同額の一時差異が生じる。

分割による事業分離時の仕訳(税務)

(借方)	関係会社株式	1,802,000,000	(貸方)	現金預金	300,000,000
(借方)	買掛金	100,000,000	(貸方)	受取手形	100,000,000
(借方)	未払金	100,000,000	(貸方)	売掛金	200,000,000
			(貸方)	土地	500,000,000
			(貸方)	投資有価証券	900,000,000
			(貸方)	破産更生債権等	2,000,000

STEP4組織再編による税務仕訳と会計仕訳の差異を算出し税務調整仕訳を

行う。

税務調整仕訳をSTEP3で算出した税務仕訳－STEP2で算出した会計仕訳で行う。

税務調整仕訳は下記のとおりである。

税務調整仕訳＝税務仕訳－会計仕訳

（借方）	関係会社株式	17,000,000	（貸方）	貸倒引当金（流動）	15,000,000
			（貸方）	貸倒引当金（固定）	2,000,000

STEP5　別表五（一）記入のための分解した税務調整仕訳を行ったうえで別表五（一）に記入する。

別表五（一）記入のための分解した税務調整仕訳

（借方）	関係会社株式	17,000,000	（貸方）	利益積立金額	17,000,000
（借方）	利益積立金額	15,000,000	（貸方）	貸倒引当金（流動）	15,000,000
（借方）	利益積立金額	2,000,000	（貸方）	貸倒引当金（固定）	2,000,000

STEP6　別表五（一）をもとに組織再編後の税効果会計仕訳を繰延税金資産の回収可能性を検討のうえで計上する。

下記別表五（一）を参照のとおり，税効果会計の対象になるのは，移転資産対応の貸倒引当金（流動）及び貸倒引当金（固定）に係る繰延税金資産を株式に係る繰延税金資産として同額引き継がれる。

企業結合会計基準及び事業分離等会計基準に関する適用指針108項（2）によると，投資が継続しているとみる場合には，移転損益を認識せず，事業分離日において移転する繰延税金資産及び繰延税金負債（移転した事業に係る資産及び負債の一時差異及び当該事業分離に伴い新たに生じた一時差異（税務上の移転損益相当額）に関する繰延税金資産及び繰延税金負債の適正な帳簿価額であって，繰延税金資産については第107項（2）に準じて回収可能性があると判断されたもの。以下同じ。）の額を，分離先企業の株式の取得原価に含めずに，分離先企業の株式等に係る一時差異に対する繰延税金資産及び繰延税金負債として計上する（第402項参照）。この場合，当該分離先企業の株式等に係る一時差異に対する繰延税金資産については，従来の事業に係る投資が継続しているものとみて，事業分離日において移転する繰延税金資産を置き換えるものであるため，日本公認会計士協会監査委員会報告66号「繰延税金資産の回収可能性の判断に関する監査上の取扱い」5（2）を参考として，例示区分①の会社に加え，例示区分②，③及び④ただし書きの会社についても，その回収可能性があると判断できるものとする。

上記によると，本設例の前提条件（vi）から分類2の会社のため，繰延税金資産の回収可能性はあるものと判断できる。

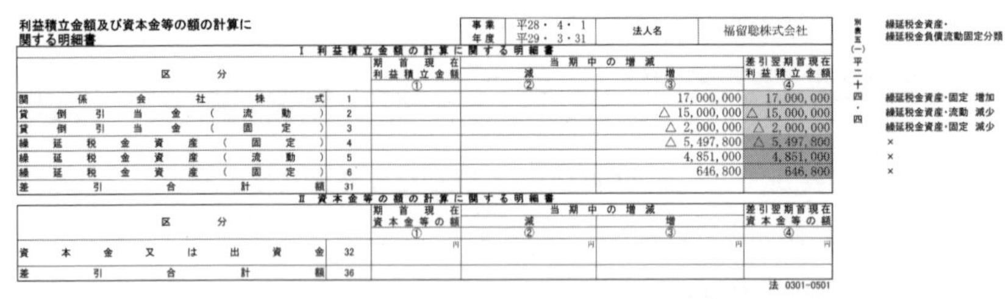

利益積立金額及び資本金等の額の計算に関する明細書

事業年度	平28・4・1 〜 平29・3・31	法人名	福留聡株式会社

別表五(一) 平二十四・四

I 利益積立金額の計算に関する明細書

区分		期首現在利益積立金額 ①	当期中の増減 減 ②	当期中の増減 増 ③	差引翌期首現在利益積立金額 ④	
						繰延税金資産・繰延税金負債流動固定分類
関係会社株式	1			17,000,000	17,000,000	繰延税金資産・固定 増加
貸倒引当金（流動）	2			△ 15,000,000	△ 15,000,000	繰延税金資産・流動 減少
貸倒引当金（固定）	3			△ 2,000,000	△ 2,000,000	繰延税金資産・固定 減少
繰延税金資産（固定）	4			△ 5,497,800	△ 5,497,800	×
繰延税金資産（流動）	5			4,851,000	4,851,000	×
繰延税金資産（固定）	6			646,800	646,800	×
差引合計額	31					

II 資本金等の額の計算に関する明細書

区分		期首現在資本金等の額 ①	当期中の増減 減 ②	当期中の増減 増 ③	差引翌期首現在資本金等の額 ④
資本金又は出資金	32	円	円	円	円
差引合計額	36				

法 0301-0501

分割による事業分離後の税効果仕訳

（借方）	繰延税金資産(固定)	5,497,800	（貸方）	繰延税金資産(流動)	4,851,000
			（貸方）	繰延税金資産(固定)	646,800

STEP7　組織再編後の税効果会計仕訳を行い別表五（一）記入のための分解した税務調整仕訳を行ったうえで別表五（一）に記入する。

記入後の別表五（一）は上記STEP6　別表五（一）を参照されたい。

別表五(一)記入のための分解した税務調整仕訳

（借方）	利益積立金額	5,497,800	（貸方）	繰延税金資産(固定)	5,497,800
（借方）	繰延税金資産(流動)	4,851,000	（貸方）	利益積立金額	4,851,000
（借方）	繰延税金資産(固定)	646,800	（貸方）	利益積立金額	646,800

④　投資の継続-非適格

（設例8の前提）

（iii）　税務上は，非適格分社型分割に該当する。

上記以外は，投資の清算-適格のケースと同じものとする。

設例8　福留聡㈱の分割するコンサルティング事業の当期末（2017年3月31日）の個別貸借対照表（会計）

現金預金	300,000,000	買掛金	100,000,000
受取手形	100,000,000	未払金	100,000,000
売掛金	200,000,000		
貸倒引当金(流動)	(15,000,000)		
土地	500,000,000		
投資有価証券	900,000,000		
破産更生債権等	2,000,000		
貸倒引当金(固定)	(2,000,000)		
		純資産	1,785,000,000

福留聡㈱の分割するコンサルティング事業の当期末（2017年3月31日）の個別貸借対照表（税務）

現金預金	300,000,000	買掛金	100,000,000
受取手形	100,000,000	未払金	100,000,000
売掛金	200,000,000		
土地	500,000,000		
投資有価証券	900,000,000		
破産更生債権等	2,000,000		
		純資産	1,802,000,000

STEP1　組織再編前の税効果会計仕訳を繰延税金資産の回収可能性を検討のうえで計上する。

設例7のSTEP1と同様である。

分割による事業分離前の税効果仕訳

(借方)	繰延税金資産(流動)	4,851,000	(貸方)	法人税等調整額	5,497,800
(借方)	繰延税金資産(固定)	646,800			

STEP2　組織再編による会計仕訳を行う。

設例7のSTEP2と同様である。

分割による事業分離時の仕訳(会計)

(借方)	関係会社株式	1,785,000,000	(貸方)	現金預金	300,000,000
(借方)	貸倒引当金(流動)	15,000,000	(貸方)	受取手形	100,000,000
(借方)	貸倒引当金(固定)	2,000,000	(貸方)	売掛金	200,000,000
(借方)	買掛金	100,000,000	(貸方)	土地	500,000,000
(借方)	未払金	100,000,000	(貸方)	投資有価証券	900,000,000
			(貸方)	破産更生債権等	2,000,000

STEP3　組織再編による税務仕訳を行う。

本設例のように，税務上，適格組織再編に該当しない場合，企業結合会計基準及び事業分離等会計基準に関する適用指針398項（2）によると，分離元企業において移転損益が認識され，分離先企業株式の取得原価は時価となる。

移転損益＝受領した㈱福留商事株式の時価（2,000,000,000円）－移転した税務上の簿価純資産合計（1,802,000,000円）＝198,000,000円

本設例の場合，適格組織再編に該当しない場合，企業結合会計基準及び事業分離等会計基準に関する適用指針398項（2）に記載のとおり，分離先企業株式に関して，移転した事業に係る資産及び負債の一時差異と同額の一時差異に加え，新たに税務上の移転損益相当額が一時差異として生じる。

分割による事業分離時の仕訳(税務)

(借方)	関係会社株式	2,000,000,000	(貸方)	現金預金	300,000,000
(借方)	買掛金	100,000,000	(貸方)	受取手形	100,000,000
(借方)	未払金	100,000,000	(貸方)	売掛金	200,000,000
			(貸方)	土地	500,000,000
			(貸方)	投資有価証券	900,000,000
			(貸方)	破産更生債権等	2,000,000
			(貸方)	移転損益	198,000,000

STEP4　組織再編による税務仕訳と会計仕訳の差異を算出し税務調整仕訳を行う。

税務調整仕訳をSTEP3で算出した税務仕訳－STEP2で算出した会計仕訳で行う。

税務調整仕訳は下記のとおりである。

税務調整仕訳＝税務仕訳－会計仕訳

(借方)	関係会社株式	215,000,000	(貸方)	貸倒引当金(流動)	15,000,000
			(貸方)	貸倒引当金(固定)	2,000,000
			(貸方)	移転損益	198,000,000

STEP5　別表五（一）記入のための分解した税務調整仕訳を行ったうえで別表五（一）に記入する。

別表五(一)記入のための分解した税務調整仕訳

(借方)	関係会社株式	215,000,000	(貸方)	利益積立金額	215,000,000
(借方)	利益積立金額	15,000,000	(貸方)	貸倒引当金(流動)	15,000,000
(借方)	利益積立金額	2,000,000	(貸方)	貸倒引当金(固定)	2,000,000
(借方)	利益積立金額	198,000,000	(貸方)	移転損益	198,000,000

STEP6　別表五（一）をもとに組織再編後の税効果会計仕訳を繰延税金資産の回収可能性を検討のうえで計上する。

下記別表五（一）を参照のとおり，税効果会計の対象になるのは，移転資産対応の貸倒引当金（流動）及び貸倒引当金（固定）及び税務上の移転損益相当額の一時差異合計が関係会社株式の税務上の簿価と会計上の簿価の差異215,000,000円となり，繰延税金資産（固定）69,531,000円を認識する。

また，税務上の移転損益198,000,000円に対応する法人税，住民税及び事業税を計上する。

設例7のSTEP6と同様に，本設例の前提条件（vi）から分類2の会社のため，繰延税金資産の回収可能性はあるものと判断できる。

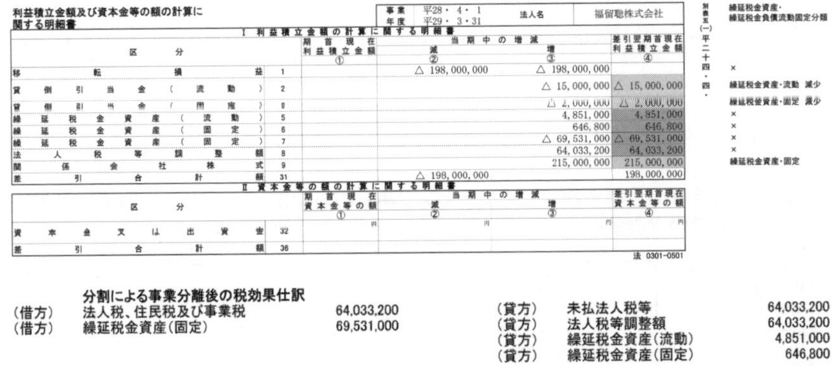

利益積立金額及び資本金等の額の計算に関する明細書

事業年度	平28・4・1 平29・3・31	法人名	福留聡株式会社

別表五(一)平二十四・四・

Ⅰ　利益積立金額の計算に関する明細書

区分		期首現在利益積立金額 ①	当期中の増減 減 ②	当期中の増減 増 ③	差引翌期首現在利益積立金額 ④	繰延税金資産・繰延税金負債流動固定分類
移転損益	1		△ 198,000,000	△ 198,000,000		×
貸倒引当金(流動)	2			△ 15,000,000	△ 15,000,000	繰延税金資産・流動　減少
貸倒引当金(固定)	3			△ 2,000,000	△ 2,000,000	繰延税金資産・固定　減少
繰延税金資産(流動)	5			4,851,000	4,851,000	×
繰延税金資産(固定)	6			646,800	646,800	×
繰延税金資産(固定)	7			△ 69,531,000	△ 69,531,000	×
法人税等調整額	8			64,033,200	64,033,200	×
関係会社株式	9			215,000,000	215,000,000	繰延税金資産・固定
差引合計額	31		△ 198,000,000		198,000,000	

Ⅱ　資本金等の額の計算に関する明細書

区分		期首現在資本金等の額 ①	当期中の増減 減 ②	当期中の増減 増 ③	差引翌期首現在資本金等の額 ④
資本金又は出資金	32	円	円	円	円
差引合計額	36				

法 0301-0501

分割による事業分離後の税効果仕訳

(借方)	法人税、住民税及び事業税	64,033,200	(貸方)	未払法人税等	64,033,200
(借方)	繰延税金資産(固定)	69,531,000	(貸方)	法人税等調整額	64,033,200
			(貸方)	繰延税金資産(流動)	4,851,000
			(貸方)	繰延税金資産(固定)	646,800

STEP7　組織再編後の税効果会計仕訳を行い別表五（一）記入のための分解した税務調整仕訳を行ったうえで別表五（一）に記入する。

記入後の別表五（一）は上記STEP6　別表五（一）を参照されたい。

別表五(一)記入のための分解した税務調整仕訳

(借方)	繰延税金資産(流動)	4,851,000	(貸方)	利益積立金額	4,851,000
(借方)	繰延税金資産(固定)	646,800	(貸方)	利益積立金額	646,800
(借方)	利益積立金額	69,531,000	(貸方)	繰延税金資産(固定)	69,531,000
(借方)	法人税等調整額	64,033,200	(貸方)	利益積立金額	64,033,200

(2)　分割型分割

①　投資の清算−適格

(設例9の前提)

(i)　福留聡㈱は㈱福留商事にコンサルティング事業を分割型分割により移転する。

(ii)　福留聡㈱の分割の対価として㈱福留商事株式を受け取り即時に株主に現物配当した。受領した㈱福留商事株式の時価は900,000,000円とする。

取締役会において，現物配当により，その他利益剰余金900,000,000円を減額することに決定した。

(iii)　税務上は，適格分割型分割に該当する。

(iv)　税効果会計に適用する実効税率は32.34%とする。

(v)　福留聡㈱は繰延税金資産の分類は2であり，移転資産に係る一時差異はスケジューリング可能とする。

（vi） 投資の清算の場合は，時価のないその他有価証券を取得し，投資の継続の場合は，子会社株式を取得したものとする。

設例9　福留聡㈱の分割するコンサルティング事業の当期末（2017年3月31日）の個別貸借対照表（会計）

現金預金	300,000,000	買掛金	400,000,000
受取手形	100,000,000	未払金	150,000,000
売掛金	200,000,000	短期借入金	600,000,000
貸倒引当金（流動）	(15,000,000)		
土地	500,000,000		
投資有価証券	900,000,000		
破産更生債権等	2,000,000		
貸倒引当金（固定）	(2,000,000)		
		純資産	835,000,000

福留聡㈱の分割するコンサルティング事業の当期末（2017年3月31日）の個別貸借対照表（税務）

現金預金	300,000,000	買掛金	400,000,000
受取手形	100,000,000	未払金	150,000,000
売掛金	200,000,000	短期借入金	600,000,000
土地	500,000,000		
投資有価証券	900,000,000		
破産更生債権等	2,000,000		
		純資産	852,000,000

福留聡㈱の分割直前の当期末（2017年3月31日）の個別貸借対照表（会計）

現金預金	528,000,000	買掛金	400,000,000
受取手形	200,000,000	未払金	198,569,826
売掛金	390,000,000	未払法人税等	36,020,863
棚卸資産	120,000,000	短期借入金	600,000,000
繰延税金資産（流動）	24,162,661	賞与引当金	34,200,000
短期貸付金	10,000,000	役員賞与引当金	1,000,000
貸倒引当金（流動）	(30,000,000)	役員退職慰労引当金	4,500,000
土地	500,000,000	退職給付引当金	4,250,000
建物	300,000,000	資産除去債務	10,200,000
機械装置	1,000,000	資本金	500,000,000
投資有価証券	900,000,000	利益準備金	5,000,000
繰延税金資産（固定）	14,423,640	固定資産圧縮積立金	6,766,000
破産更生債権等	2,000,000	利益剰余金	
貸倒引当金（固定）	(2,000,000)	期首残高	1,088,468,000
		当期利益	68,408,632
		その他有価証券評価差額金	202,980
合計	2,957,586,301	合計	2,957,586,301
		純資産	1,668,845,612

福留聡㈱の分割直前の当期末（2017年3月31日）の個別貸借対照表（税務）

現金預金	528,000,000	買掛金	400,000,000
受取手形	200,000,000	未払金	246,133,525
売掛金	392,000,000	未払法人税等	36,020,863
棚卸資産	120,000,000	短期借入金	600,000,000
短期貸付金	10,000,000	資本金	500,000,000
土地	500,000,000	利益準備金	5,000,000
建物	300,000,000	固定資産圧縮積立金	6,766,000
機械装置	1,000,000	利益剰余金	
投資有価証券	900,000,000	期首残高	1,088,468,000
その他投資	331,154,388	当期利益	399,563,020
		その他有価証券評価差額金	202,980
合計	3,282,154,388	合計	3,282,154,388
		純資産	2,000,000,000

STEP1　組織再編前の税効果会計仕訳を繰延税金資産の回収可能性を検討のうえで計上する。

設例5のSTEP1と同様であり，繰延税金資産を，会計上のみ計上された貸倒引当金（流動）15,000,000円及び貸倒引当金（固定）2,000,000円に対して認識する。

分割による事業分離前の税効果仕訳

（借方）	繰延税金資産(流動)	4,851,000	（貸方）	法人税等調整額	5,497,800
（借方）	繰延税金資産(固定)	646,800			

STEP2　組織再編による会計仕訳を行う。

会計上，投資の清算に該当する場合，分離元企業において移転損益を認識する。

企業結合会計基準及び事業分離等会計基準に関する適用指針398項（3）によると，分離元企業において移転損益が認識される場合，分離先企業株式の取得原価は，当該株式の時価又は移転した事業の時価に基づいて算定される。

本設例において，前提条件（ⅱ）に基づき，分離先企業株式の取得原価は，受領した㈱福留商事株式の時価は900,000,000円となる。

移転損益＝受領した㈱福留商事株式の時価（900,000,000円）－移転した会計上の簿価純資産合計（835,000,000円）＝65,000,000円

自己株式及び準備金の額の減少等に関する会計基準の適用指針10項によると，分割型の会社分割の場合，配当財産が金銭以外の財産である場合，配当の効力発生日における配当財産の適正な帳簿価額をもって，その他資本剰余金又はそ

の他利益剰余金（繰越利益剰余金）を減額するとされている。

本設例において，取締役会において，現物配当により，その他利益剰余金900,000,000円を減額することに決定したとされたため，利益剰余金を900,000,000円減額するとともに，投資有価証券を減額する会計処理を行う。

分割による事業分離時の仕訳（会計）

（借方）	貸倒引当金（流動）	15,000,000	（貸方）	現金預金	300,000,000
（借方）	貸倒引当金（固定）	2,000,000	（貸方）	受取手形	100,000,000
（借方）	買掛金	400,000,000	（貸方）	売掛金	200,000,000
（借方）	未払金	150,000,000	（貸方）	土地	500,000,000
（借方）	短期借入金	600,000,000	（貸方）	投資有価証券	900,000,000
（借方）	投資有価証券	900,000,000	（貸方）	破産更生債権等	2,000,000
			（貸方）	移転損益	65,000,000
（借方）	利益剰余金	900,000,000	（貸方）	投資有価証券	900,000,000

STEP3　組織再編による税務仕訳を行う。

本設例は，適格分割型分割であるため，分割法人は，分割承継法人に資産及び負債を帳簿価額で引き継いだものとして取り扱われ，譲渡損益は発生しない。

減少資本金等の額＝分割直前資本金等の額500,000,000円×分割移転純資産簿価852,000,000円÷分割法人の純資産帳簿価額2,000,000,000円＝213,000,000円

減少利益積立金額＝分割移転純資産簿価852,000,000円－減少資本金等の額213,000,000円＝639,000,000円

分割による事業分離時の仕訳（税務）

（借方）	買掛金	400,000,000	（貸方）	現金預金	300,000,000
（借方）	未払金	150,000,000	（貸方）	受取手形	100,000,000
（借方）	短期借入金	600,000,000	（貸方）	売掛金	200,000,000
（借方）	資本金等の額	213,000,000	（貸方）	土地	500,000,000
（借方）	利益積立金額	639,000,000	（貸方）	投資有価証券	900,000,000
			（貸方）	破産更生債権等	2,000,000

	分割前資本金等の額	分割移転純資産価額	分割法人の純資産帳簿価額	減少資本金等の額	減少利益積立金額
資本金等の額	500,000,000	852,000,000	2,000,000,000	213,000,000	639,000,000

STEP4　組織再編による税務仕訳と会計仕訳の差異を算出し税務調整仕訳を行う。

税務調整仕訳をSTEP3で算出した税務仕訳－STEP2で算出した会計仕訳で行う。

税務調整仕訳は下記のとおりである。

税務調整仕訳＝税務仕訳－会計仕訳

（借方）	移転損益	65,000,000	（貸方）	貸倒引当金（流動）	15,000,000
（借方）	資本金等の額	213,000,000	（貸方）	貸倒引当金（固定）	2,000,000
			（貸方）	利益積立金額	261,000,000

STEP5　別表五（一）記入のための分解した税務調整仕訳を行ったうえで別表五（一）に記入する。

別表五(一)記入のための分解した税務調整仕訳

(借方)	移転損益	65,000,000	(貸方)	利益積立金額	65,000,000
(借方)	資本金等の額	213,000,000	(貸方)	利益積立金額	213,000,000
(借方)	利益積立金額	15,000,000	(貸方)	貸倒引当金(流動)	15,000,000
(借方)	利益積立金額	2,000,000	(貸方)	貸倒引当金(固定)	2,000,000

STEP6　別表五（一）をもとに組織再編後の税効果会計仕訳を繰延税金資産の回収可能性を検討のうえで計上する。

下記別表五（一）を参照のとおり，税効果会計の対象になるのは，移転資産対応の貸倒引当金（流動）及び貸倒引当金（固定）に係る繰延税金資産の取崩をする。

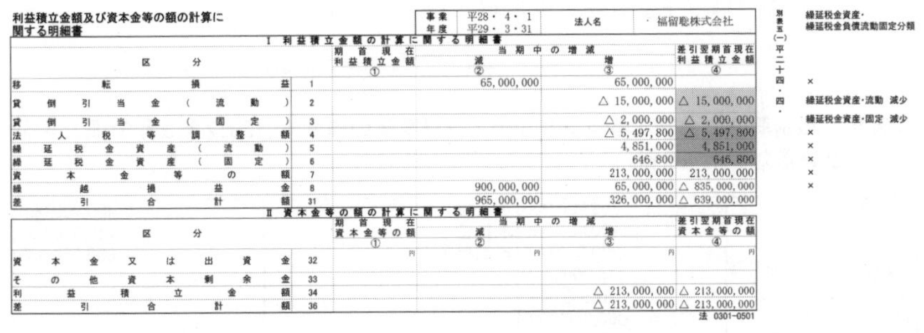

利益積立金額及び資本金等の額の計算に関する明細書

事業年度　平28・4・1　平29・3・31　法人名　福留聡株式会社

別表五(一)平二十四・四・

Ⅰ　利益積立金額の計算に関する明細書

区分		期首現在利益積立金額 ①	当期中の増減 減 ②	当期中の増減 増 ③	差引翌期首現在利益積立金額 ④	繰延税金資産・繰延税金負債流動固定分類
移転損益	1		65,000,000	65,000,000		×
貸倒引当金（流動）	2			△ 15,000,000	△ 15,000,000	繰延税金資産・流動 減少
貸倒引当金（固定）	3			△ 2,000,000	△ 2,000,000	繰延税金資産・固定 減少
法人税等調整額	4			△ 5,497,800	△ 5,497,800	×
繰延税金資産（流動）	5			4,851,000	4,851,000	×
繰延税金資産（固定）	6			646,800	646,800	×
資本金等の額	7			213,000,000	213,000,000	×
繰越損益金	8		900,000,000	65,000,000	△ 835,000,000	×
差引合計額	31		965,000,000	326,000,000	△ 639,000,000	

Ⅱ　資本金等の額の計算に関する明細書

区分		期首現在資本金等の額 ①	当期中の増減 減 ②	当期中の増減 増 ③	差引翌期首現在資本金等の額 ④
資本金又は出資金	32	円	円	円	円
その他資本剰余金	33				
利益積立金額	34			△ 213,000,000	△ 213,000,000
差引合計額	36			△ 213,000,000	△ 213,000,000

法 0301-0501

分割による事業分離後の税効果仕訳

(借方)	法人税等調整額	5,497,800	(貸方)	繰延税金資産(流動)	4,851,000
			(貸方)	繰延税金資産(固定)	646,800

STEP7　組織再編後の税効果会計仕訳を行い別表五（一）記入のための分解した税務調整仕訳を行ったうえで別表五（一）に記入する。

記入後の別表五（一）は上記STEP6別表五（一）を参照されたい。

別表五(一)記入のための分解した税務調整仕訳

(借方)	利益積立金額	5,497,800	(貸方)	法人税等調整額	5,497,800
(借方)	繰延税金資産(流動)	4,851,000	(貸方)	利益積立金額	4,851,000
(借方)	繰延税金資産(固定)	646,800	(貸方)	利益積立金額	646,800

②　投資の清算−非適格

(設例10の前提)

(ⅰ)　福留聡㈱は㈱福留商事にコンサルティング事業を分割型分割により移転する。

(ⅱ)　福留聡㈱の分割の対価として㈱福留商事株式を受け取り即時に株主に

現物配当した。受領した㈱福留商事株式の時価は900,000,000円とする。

現物配当により，取締役会でその他利益剰余金900,000,000円を減額することに決定した。

（iii） 税務上は，非適格分割型分割に該当する。

（iv） 税効果会計に適用する実効税率は32.34%とする。

（v） 福留聡㈱は繰延税金資産の分類は2であり，移転資産に係る一時差異はスケジューリング可能とする。

（vi） 投資の清算の場合は，時価のないその他有価証券を取得し，投資の継続の場合は，子会社株式を取得したものとする。

設例10　福留聡㈱の分割するコンサルティング事業の当期末（2017年3月31日）の個別貸借対照表（会計）

現金預金	300,000,000	買掛金	400,000,000
受取手形	100,000,000	未払金	150,000,000
売掛金	200,000,000	短期借入金	600,000,000
貸倒引当金（流動）	(15,000,000)		
土地	500,000,000		
投資有価証券	900,000,000		
破産更生債権等	2,000,000		
貸倒引当金（固定）	(2,000,000)		
		純資産	835,000,000

福留聡㈱の分割するコンサルティング事業の当期末（2017年3月31日）の個別貸借対照表（税務）

現金預金	300,000,000	買掛金	400,000,000
受取手形	100,000,000	未払金	150,000,000
売掛金	200,000,000	短期借入金	600,000,000
土地	500,000,000		
投資有価証券	900,000,000		
破産更生債権等	2,000,000		
		純資産	852,000,000

福留聡㈱の分割直前の当期末（2017年3月31日）の個別貸借対照表（会計）

現金預金	528,000,000	買掛金	400,000,000
受取手形	200,000,000	未払金	198,569,826
売掛金	390,000,000	未払法人税等	36,020,863
棚卸資産	120,000,000	短期借入金	600,000,000
繰延税金資産(流動)	24,162,661	賞与引当金	34,200,000
短期貸付金	10,000,000	役員賞与引当金	1,000,000
貸倒引当金(流動)	(30,000,000)	役員退職慰労引当金	4,500,000
土地	500,000,000	退職給付引当金	4,250,000
建物	300,000,000	資産除去債務	10,200,000
機械装置	1,000,000	資本金	500,000,000
投資有価証券	900,000,000	利益準備金	5,000,000
繰延税金資産(固定)	14,423,640	固定資産圧縮積立金	6,766,000
破産更生債権等	2,000,000	利益剰余金	
貸倒引当金(固定)	(2,000,000)	期首残高	1,088,468,000
		当期利益	68,408,632
		その他有価証券評価差額金	202,980
合計	2,957,586,301	合計	2,957,586,301
		純資産	1,668,845,612

福留聡㈱の分割直前の当期末（2017年3月31日）の個別貸借対照表（税務）

現金預金	528,000,000	買掛金	400,000,000
受取手形	200,000,000	未払金	246,133,525
売掛金	392,000,000	未払法人税等	36,020,863
棚卸資産	120,000,000	短期借入金	600,000,000
短期貸付金	10,000,000	資本金	500,000,000
土地	500,000,000	利益準備金	5,000,000
建物	300,000,000	固定資産圧縮積立金	6,766,000
機械装置	1,000,000	利益剰余金	
投資有価証券	900,000,000	期首残高	1,088,468,000
その他投資	331,154,388	当期利益	399,563,020
		その他有価証券評価差額金	202,980
合計	3,282,154,388	合計	3,282,154,388
		純資産	2,000,000,000

STEP1　組織再編前の税効果会計仕訳を繰延税金資産の回収可能性を検討のうえで計上する。

設例9のSTEP1と同様であり，繰延税金資産を，会計上のみ計上された貸倒引当金（流動）15,000,000円及び貸倒引当金（固定）2,000,000円に対して認識する。

	分割による事業分離前の税効果仕訳				
(借方)	繰延税金資産(流動)	4,851,000	(貸方)	法人税等調整額	5,497,800
(借方)	繰延税金資産(固定)	646,800			

STEP2　組織再編による会計仕訳を行う。

設例9のSTEP2と同様になる。

分割による事業分離時の仕訳（会計）

（借方）	貸倒引当金（流動）	15,000,000	（貸方）	現金預金	300,000,000
（借方）	貸倒引当金（固定）	2,000,000	（貸方）	受取手形	100,000,000
（借方）	買掛金	400,000,000	（貸方）	売掛金	200,000,000
（借方）	未払金	150,000,000	（貸方）	土地	500,000,000
（借方）	短期借入金	600,000,000	（貸方）	投資有価証券	900,000,000
（借方）	投資有価証券	900,000,000	（貸方）	破産更生債権等	2,000,000
			（貸方）	移転損益	65,000,000
（借方）	利益剰余金	900,000,000	（貸方）	投資有価証券	900,000,000

STEP3　組織再編による税務仕訳を行う。

本設例は，非適格分割型分割に該当するため，分割法人に資産及び負債を時価で譲渡したものとするため，移転損益が認識される。

本設例のように，税務上，適格組織再編に該当しない場合，企業結合会計基準及び事業分離等会計基準に関する適用指針398項（4）によると，分離元企業において移転損益が認識され，分離先企業株式の取得原価は時価となる。

移転損益＝受領した㈱福留商事株式の時価（900,000,000円）－移転した税務上の簿価純資産合計（852,000,000円）＝48,000,000円

本設例の場合のように，会計上の株式の取得原価（時価）と税務上の株式の取得原価（時価）が同額となる場合は，取得株式に係る一時差異は生じないことになる。

減少資本金等の額＝分割直前資本金等の額500,000,000円×分割移転純資産簿価852,000,000円÷分割法人の純資産帳簿価額2,000,000,000円＝213,000,000円

減少利益積立金額＝分割交付資産時価900,000,000円－減少資本金等の額213,000,000円＝687,000,000円

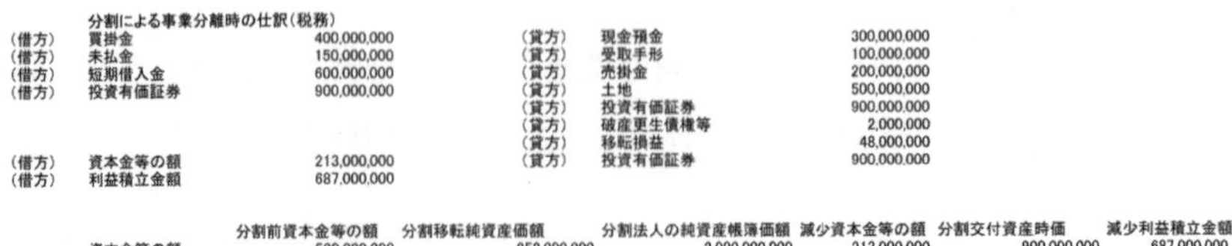

分割による事業分離時の仕訳（税務）

（借方）	買掛金	400,000,000	（貸方）	現金預金	300,000,000
（借方）	未払金	150,000,000	（貸方）	受取手形	100,000,000
（借方）	短期借入金	600,000,000	（貸方）	売掛金	200,000,000
（借方）	投資有価証券	900,000,000	（貸方）	土地	500,000,000
			（貸方）	投資有価証券	900,000,000
			（貸方）	破産更生債権等	2,000,000
			（貸方）	移転損益	48,000,000
（借方）	資本金等の額	213,000,000	（貸方）	投資有価証券	900,000,000
（借方）	利益積立金額	687,000,000			

	分割前資本金等の額	分割移転純資産価額	分割法人の純資産帳簿価額	減少資本金等の額	分割交付資産時価	減少利益積立金額
資本金等の額	500,000,000	852,000,000	2,000,000,000	213,000,000	900,000,000	687,000,000

STEP4　組織再編による税務仕訳と会計仕訳の差異を算出し税務調整仕訳を行う。

税務調整仕訳をSTEP3で算出した税務仕訳－STEP2で算出した会計仕訳で行う。

税務調整仕訳は下記とおりである。

税務調整仕訳＝税務仕訳－会計仕訳

(借方)	移転損益	17,000,000	(貸方)	貸倒引当金(流動)	15,000,000
(借方)	資本金等の額	213,000,000	(貸方)	貸倒引当金(固定)	2,000,000
			(貸方)	利益積立金額	213,000,000

STEP5　別表五（一）記入のための分解した税務調整仕訳を行ったうえで別表五（一）に記入する。

別表五(一)記入のための分解した税務調整仕訳

(借方)	移転損益	17,000,000	(貸方)	利益積立金額	17,000,000
(借方)	資本金等の額	213,000,000	(貸方)	利益積立金額	213,000,000
(借方)	利益積立金額	15,000,000	(貸方)	貸倒引当金(流動)	15,000,000
(借方)	利益積立金額	2,000,000	(貸方)	貸倒引当金(固定)	2,000,000

STEP6　別表五（一）をもとに組織再編後の税効果会計仕訳を繰延税金資産の回収可能性を検討のうえで計上する。

下記別表五（一）を参照のとおり，税効果会計の対象になるのは，移転資産対応の貸倒引当金（流動）及び貸倒引当金（固定）に係る繰延税金資産の取崩をする。

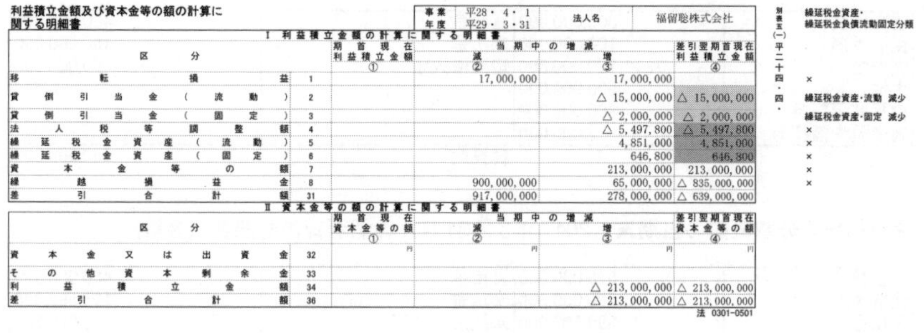

利益積立金額及び資本金等の額の計算に関する明細書　　事業年度 平28・4・1 ～ 平29・3・31　法人名 福留聡株式会社　　別表五(一) 平二十四・四・

Ⅰ 利益積立金額の計算に関する明細書

区分		期首現在利益積立金額 ①	当期中の増減 減 ②	当期中の増減 増 ③	差引翌期首現在利益積立金額 ④	繰延税金資産・繰延税金負債流動固定分類
移転損益	1		17,000,000	17,000,000		×
貸倒引当金（流動）	2			△ 15,000,000	△ 15,000,000	繰延税金資産・流動 減少
貸倒引当金（固定）	3			△ 2,000,000	△ 2,000,000	繰延税金資産・固定 減少
法人税等調整額	4			△ 5,497,800	△ 5,497,800	×
繰延税金資産（流動）	5			4,851,000	4,851,000	×
繰延税金資産（固定）	6			646,800	646,800	×
資本金等の額	7			213,000,000	213,000,000	×
繰越損益金	8		900,000,000	65,000,000	△ 835,000,000	×
差引合計額	31		917,000,000	278,000,000	△ 639,000,000	

Ⅱ 資本金等の額の計算に関する明細書

区分		期首現在資本金等の額 ①	当期中の増減 減 ②	当期中の増減 増 ③	差引翌期首現在資本金等の額 ④
資本金又は出資金	32	円	円	円	円
その他資本剰余金	33				
利益積立金額	34			△ 213,000,000	△ 213,000,000
差引合計額	36			△ 213,000,000	△ 213,000,000

法 0301-0501

分割による事業分離後の税効果仕訳

(借方)	法人税等調整額	5,497,800	(貸方)	繰延税金資産(流動)	4,851,000
			(貸方)	繰延税金資産(固定)	646,800

STEP7　組織再編後の税効果会計仕訳を行い別表五（一）記入のための分解した税務調整仕訳を行ったうえで別表五（一）に記入する。

記入後の別表五（一）は上記STEP6　別表五（一）を参照されたい。

別表五(一)記入のための分解した税務調整仕訳

(借方)	利益積立金額	5,497,800	(貸方)	法人税等調整額	5,497,800
(借方)	繰延税金資産(流動)	4,851,000	(貸方)	利益積立金額	4,851,000
(借方)	繰延税金資産(固定)	646,800	(貸方)	利益積立金額	646,800

③　投資の継続－適格

（設例11の前提）

下記以外投資の清算–適格のケースと同じものとする。

（ⅱ）　取締役会において，現物配当により，その他利益剰余金を減額することに決定した。

設例11　福留聡㈱の分割するコンサルティング事業の当期末（2017年3月31日）の個別貸借対照表（会計）

現金預金	300,000,000	買掛金	400,000,000
受取手形	100,000,000	未払金	150,000,000
売掛金	200,000,000	短期借入金	600,000,000
貸倒引当金（流動）	(15,000,000)		
土地	500,000,000		
投資有価証券	900,000,000		
破産更生債権等	2,000,000		
貸倒引当金（固定）	(2,000,000)		
		純資産	835,000,000

福留聡㈱の分割するコンサルティング事業の当期末（2017年3月31日）の個別貸借対照表（税務）

現金預金	300,000,000	買掛金	400,000,000
受取手形	100,000,000	未払金	150,000,000
売掛金	200,000,000	短期借入金	600,000,000
土地	500,000,000		
投資有価証券	900,000,000		
破産更生債権等	2,000,000		
		純資産	852,000,000

福留聡㈱の分割直前の当期末（2017年3月31日）の個別貸借対照表（会計）

現金預金	528,000,000	買掛金	400,000,000
受取手形	200,000,000	未払金	198,569,826
売掛金	390,000,000	未払法人税等	36,020,863
棚卸資産	120,000,000	短期借入金	600,000,000
繰延税金資産（流動）	24,162,661	賞与引当金	34,200,000
短期貸付金	10,000,000	役員賞与引当金	1,000,000
貸倒引当金（流動）	(30,000,000)	役員退職慰労引当金	4,500,000
土地	500,000,000	退職給付引当金	4,250,000
建物	300,000,000	資産除去債務	10,200,000
機械装置	1,000,000	資本金	500,000,000
投資有価証券	900,000,000	利益準備金	5,000,000
繰延税金資産（固定）	14,423,640	固定資産圧縮積立金	6,766,000
破産更生債権等	2,000,000	利益剰余金	
貸倒引当金（固定）	(2,000,000)	期首残高	1,088,468,000
		当期利益	68,408,632
		その他有価証券評価差額金	202,980
合計	2,957,586,301	合計	2,957,586,301
		純資産	1,668,845,612

福留聡㈱の分割直前の当期末（2017年3月31日）の個別貸借対照表（税務）

現金預金	528,000,000	買掛金	400,000,000
受取手形	200,000,000	未払金	246,133,525
売掛金	392,000,000	未払法人税等	36,020,863
棚卸資産	120,000,000	短期借入金	600,000,000
短期貸付金	10,000,000	資本金	500,000,000
土地	500,000,000	利益準備金	5,000,000
建物	300,000,000	固定資産圧縮積立金	6,766,000
機械装置	1,000,000	利益剰余金	
投資有価証券	900,000,000	期首残高	1,088,468,000
その他投資	331,154,388	当期利益	399,563,020
		その他有価証券評価差額金	202,980
合計	3,282,154,388	合計	3,282,154,388
		純資産	2,000,000,000

STEP1　組織再編前の税効果会計仕訳を繰延税金資産の回収可能性を検討のうえで計上する。

設例7のSTEP1同様に繰延税金資産を，会計上のみ計上された貸倒引当金（流動）15,000,000円及び貸倒引当金（固定）2,000,000円に対して認識する。

分割による事業分離前の税効果仕訳

(借方)	繰延税金資産(流動)	4,851,000	(貸方)	法人税等調整額	5,497,800
(借方)	繰延税金資産(固定)	646,800			

STEP2　組織再編による会計仕訳を行う。

設例7のSTEP2同様に企業結合会計基準及び事業分離等会計基準に関する適用指針98項によると，分離元企業が受け取った分離先企業の株式（子会社株式）の取得原価は，移転事業に係る株主資本相当額（第87項（1）①参照）に基づいて算定する。したがって，分離元企業は，移転損益を認識しない。分離先企業の株式の取得原価の算定にあたっては，移転事業に係る株主資本相当額から移転事業に係る繰延税金資産及び繰延税金負債を控除する（第108項（2）参照）ことに留意する必要がある。

上記から本設例では，分離元企業が受け取った分離先企業の株式（子会社株式）の取得原価は，分割事業の会計上の純資産簿価835,000,000円となる。

自己株式及び準備金の額の減少等に関する会計基準の適用指針10項によると，分割型の会社分割の場合，配当財産が金銭以外の財産である場合，配当の効力発生日における配当財産の適正な帳簿価額をもって，その他資本剰余金又はその他利益剰余金（繰越利益剰余金）を減額するとされている。

本設例において，取締役会において，現物配当により，その他利益剰余金を減額することに決定したとされたため，配当財産の適正な帳簿価額が835,000,000円であるため，利益剰余金を835,000,000円減額するとともに，関係会社株式を同額減額する会計処理を行う。

分割による事業分離時の仕訳（会計）

（借方）	貸倒引当金（流動）	15,000,000	（貸方）	現金預金	300,000,000
（借方）	貸倒引当金（固定）	2,000,000	（貸方）	受取手形	100,000,000
（借方）	買掛金	400,000,000	（貸方）	売掛金	200,000,000
（借方）	未払金	150,000,000	（貸方）	土地	500,000,000
（借方）	短期借入金	600,000,000	（貸方）	投資有価証券	900,000,000
（借方）	関係会社株式	835,000,000	（貸方）	破産更生債権等	2,000,000
（借方）	利益剰余金	835,000,000	（貸方）	関係会社株式	835,000,000

STEP3　組織再編による税務仕訳を行う。

設例9のSTEP3同様の税務仕訳を行う。

分割による事業分離時の仕訳（税務）

（借方）	買掛金	400,000,000	（貸方）	現金預金	300,000,000
（借方）	未払金	150,000,000	（貸方）	受取手形	100,000,000
（借方）	短期借入金	600,000,000	（貸方）	売掛金	200,000,000
（借方）	資本金等の額	213,000,000	（貸方）	土地	500,000,000
（借方）	利益積立金額	639,000,000	（貸方）	投資有価証券	900,000,000
			（貸方）	破産更生債権等	2,000,000

	分割前資本金等の額	分割移転純資産価額	分割法人の純資産帳簿価額	減少資本金等の額	減少利益積立金額
資本金等の額	500,000,000	852,000,000	2,000,000,000	213,000,000	639,000,000

STEP4　組織再編による税務仕訳と会計仕訳の差異を算出し税務調整仕訳を行う。

税務調整仕訳をSTEP3で算出した税務仕訳－STEP2で算出した会計仕訳で行う。

税務調整仕訳は下記のとおりである。

税務調整仕訳＝税務仕訳－会計仕訳

（借方）	資本金等の額	213,000,000	（貸方）	貸倒引当金（流動）	15,000,000
			（貸方）	貸倒引当金（固定）	2,000,000
			（貸方）	利益積立金額	196,000,000

STEP5　別表五（一）記入のための分解した税務調整仕訳を行ったうえで別表五（一）に記入する。

別表五(一)記入のための分解した税務調整仕訳

（借方）	資本金等の額	213,000,000	（貸方）	利益積立金額	213,000,000
（借方）	利益積立金額	15,000,000	（貸方）	貸倒引当金（流動）	15,000,000
（借方）	利益積立金額	2,000,000	（貸方）	貸倒引当金（固定）	2,000,000

STEP6　別表五（一）をもとに組織再編後の税効果会計仕訳を繰延税金資産の回収可能性を検討のうえで計上する。

下記別表五（一）を参照のとおり，税効果会計の対象になるのは，移転資産対応の貸倒引当金（流動）及び貸倒引当金（固定）に係る繰延税金資産の取崩をする。

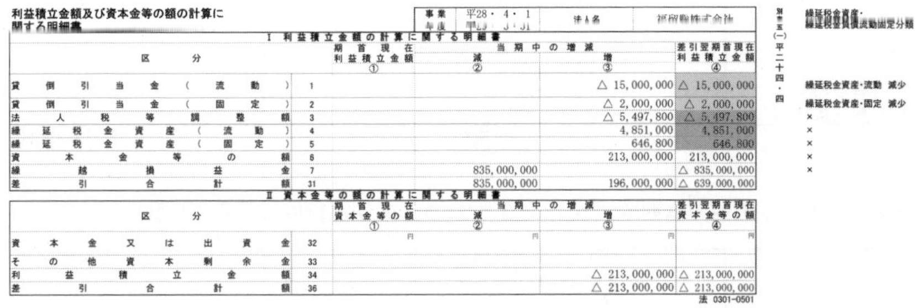

利益積立金額及び資本金等の額の計算に関する明細書

事業年度 平28・4・1 ～ [illegible]　法人名 [illegible]

別表五(一) 平二十四・四

繰延税金資産・繰延税金負債流動固定分類

Ⅰ 利益積立金額の計算に関する明細書

区分		期首現在利益積立金額 ①	当期中の増減 減 ②	当期中の増減 増 ③	差引翌期首現在利益積立金額 ④	
貸倒引当金（流動）	1			△ 15,000,000	△ 15,000,000	繰延税金資産・流動 減少
貸倒引当金（固定）	2			△ 2,000,000	△ 2,000,000	繰延税金資産・固定 減少
法人税等調整額	3			△ 5,497,800	△ 5,497,800	×
繰延税金資産（流動）	4			4,851,000	4,851,000	×
繰延税金資産（固定）	5			646,800	646,800	×
資本金等の額	6			213,000,000	213,000,000	×
繰越損益金	7		835,000,000		△ 835,000,000	×
差引合計額	31		835,000,000	196,000,000	△ 639,000,000	

Ⅱ 資本金等の額の計算に関する明細書

区分		期首現在資本金等の額 ①	当期中の増減 減 ②	当期中の増減 増 ③	差引翌期首現在資本金等の額 ④
資本金又は出資金	32	円	円	円	円
その他資本剰余金	33				
利益積立金額	34			△ 213,000,000	△ 213,000,000
差引合計額	36			△ 213,000,000	△ 213,000,000

法 0301-0501

分割による事業分離後の税効果仕訳

（借方）	法人税等調整額	5,497,800	（貸方）	繰延税金資産(流動)	4,851,000
			（貸方）	繰延税金資産(固定)	646,800

STEP7　組織再編後の税効果会計仕訳を行い別表五（一）記入のための分解した税務調整仕訳を行ったうえで別表五（一）に記入する。

記入後の別表五（一）は上記STEP6　別表五（一）を参照されたい。

別表五(一)記入のための分解した税務調整仕訳

（借方）	利益積立金額	5,497,800	（貸方）	法人税等調整額	5,497,800
（借方）	繰延税金資産(流動)	4,851,000	（貸方）	利益積立金額	4,851,000
（借方）	繰延税金資産(固定)	646,800	（貸方）	利益積立金額	646,800

（設例12の前提）

④　投資の継続–非適格

下記以外投資の清算–非適格のケースと同じものとする。

（ⅱ）　取締役会において，現物配当により，その他利益剰余金を減額することに決定した。

設例12　福留聡㈱の分割するコンサルティング事業の当期末（2017年3月31日）の個別貸借対照表（会計）

現金預金	300,000,000	買掛金	400,000,000
受取手形	100,000,000	未払金	150,000,000
売掛金	200,000,000	短期借入金	600,000,000
貸倒引当金(流動)	(15,000,000)		
土地	500,000,000		
投資有価証券	900,000,000		
破産更生債権等	2,000,000		
貸倒引当金(固定)	(2,000,000)		
		純資産	835,000,000

福留聡㈱の分割するコンサルティング事業の当期末（2017年3月31日）の個別貸借対照表（税務）

現金預金	300,000,000	買掛金	400,000,000
受取手形	100,000,000	未払金	150,000,000
売掛金	200,000,000	短期借入金	600,000,000
土地	500,000,000		
投資有価証券	900,000,000		
破産更生債権等	2,000,000		
		純資産	852,000,000

福留聡㈱の分割直前の当期末（2017年3月31日）の個別貸借対照表（会計）

現金預金	528,000,000	買掛金	400,000,000
受取手形	200,000,000	未払金	198,569,826
売掛金	390,000,000	未払法人税等	36,020,863
棚卸資産	120,000,000	短期借入金	600,000,000
繰延税金資産（流動）	24,162,661	賞与引当金	34,200,000
短期貸付金	10,000,000	役員賞与引当金	1,000,000
貸倒引当金（流動）	(30,000,000)	役員退職慰労引当金	4,500,000
土地	500,000,000	退職給付引当金	4,250,000
建物	300,000,000	資産除去債務	10,200,000
機械装置	1,000,000	資本金	500,000,000
投資有価証券	900,000,000	利益準備金	5,000,000
繰延税金資産（固定）	14,423,640	固定資産圧縮積立金	6,766,000
破産更生債権等	2,000,000	利益剰余金	
貸倒引当金（固定）	(2,000,000)	期首残高	1,088,468,000
		当期利益	68,408,632
		その他有価証券評価差額金	202,980
合計	2,957,586,301	合計	2,957,586,301
		純資産	1,668,845,612

福留聡㈱の分割直前の当期末（2017年3月31日）の個別貸借対照表（税務）

現金預金	528,000,000	買掛金	400,000,000
受取手形	200,000,000	未払金	246,133,525
売掛金	392,000,000	未払法人税等	36,020,863
棚卸資産	120,000,000	短期借入金	600,000,000
短期貸付金	10,000,000	資本金	500,000,000
土地	500,000,000	利益準備金	5,000,000
建物	300,000,000	固定資産圧縮積立金	6,766,000
機械装置	1,000,000	利益剰余金	
投資有価証券	900,000,000	期首残高	1,088,468,000
その他投資	331,154,388	当期利益	399,563,020
		その他有価証券評価差額金	202,980
合計	3,282,154,388	合計	3,282,154,388
		純資産	2,000,000,000

STEP1　組織再編前の税効果会計仕訳を繰延税金資産の回収可能性を検討のうえで計上する。

設例7のSTEP1同様に繰延税金資産を，会計上のみ計上された貸倒引当金（流動）15,000,000円及び貸倒引当金（固定）2,000,000円に対して認識する。

分割による事業分離前の税効果仕訳

(借方)	繰延税金資産(流動)	4,851,000	(貸方)	法人税等調整額	5,497,800
(借方)	繰延税金資産(固定)	646,800			

STEP2　組織再編による会計仕訳を行う。

設例11のSTEP2同様の仕訳になる。

分割による事業分離時の仕訳(会計)

(借方)	貸倒引当金(流動)	15,000,000	(貸方)	現金預金	300,000,000
(借方)	貸倒引当金(固定)	2,000,000	(貸方)	受取手形	100,000,000
(借方)	買掛金	400,000,000	(貸方)	売掛金	200,000,000
(借方)	未払金	150,000,000	(貸方)	土地	500,000,000
(借方)	短期借入金	600,000,000	(貸方)	投資有価証券	900,000,000
(借方)	関係会社株式	835,000,000	(貸方)	破産更生債権等	2,000,000
(借方)	利益剰余金	835,000,000	(貸方)	関係会社株式	835,000,000

STEP3　組織再編による税務仕訳を行う。

設例10のSTEP3同様の仕訳になる。

分割による事業分離時の仕訳(税務)

(借方)	買掛金	400,000,000	(貸方)	現金預金	300,000,000
(借方)	未払金	150,000,000	(貸方)	受取手形	100,000,000
(借方)	短期借入金	600,000,000	(貸方)	売掛金	200,000,000
(借方)	関係会社株式	900,000,000	(貸方)	土地	500,000,000
			(貸方)	投資有価証券	900,000,000
			(貸方)	破産更生債権等	2,000,000
			(貸方)	移転損益	48,000,000
(借方)	資本金等の額	213,000,000	(貸方)	関係会社株式	900,000,000
(借方)	利益積立金額	687,000,000			

	分割前資本金等の額	分割移転純資産価額	分割法人の純資産帳簿価額	減少資本金等の額	分割交付資産時価	減少利益積立金額
資本金等の額	500,000,000	852,000,000	2,000,000,000	213,000,000	900,000,000	687,000,000

STEP4　組織再編による税務仕訳と会計仕訳の差異を算出し税務調整仕訳を行う。

税務調整仕訳をSTEP3で算出した税務仕訳－STEP2で算出した会計仕訳で行う。

税務調整仕訳は下記のとおりである。

税務調整仕訳＝税務仕訳－会計仕訳

(借方)	資本金等の額	213,000,000	(貸方)	貸倒引当金(流動)	15,000,000
			(貸方)	貸倒引当金(固定)	2,000,000
			(貸方)	利益積立金額	148,000,000
			(貸方)	移転損益	48,000,000

STEP5　別表五（一）記入のための分解した税務調整仕訳を行ったうえで別表五（一）に記入する。

別表五(一)記入のための分解した税務調整仕訳

(借方)	利益積立金額	48,000,000	(貸方)	移転損益	48,000,000
(借方)	資本金等の額	213,000,000	(貸方)	利益積立金額	213,000,000
(借方)	利益積立金額	15,000,000	(貸方)	貸倒引当金(流動)	15,000,000
(借方)	利益積立金額	2,000,000	(貸方)	貸倒引当金(固定)	2,000,000

STEP6　別表五（一）をもとに組織再編後の税効果会計仕訳を繰延税金資産の回収可能性を検討のうえで計上する。

下記別表五（一）を参照のとおり，税効果会計の対象になるのは，移転資産対応の貸倒引当金（流動）及び貸倒引当金（固定）に係る繰延税金資産の取崩をする。

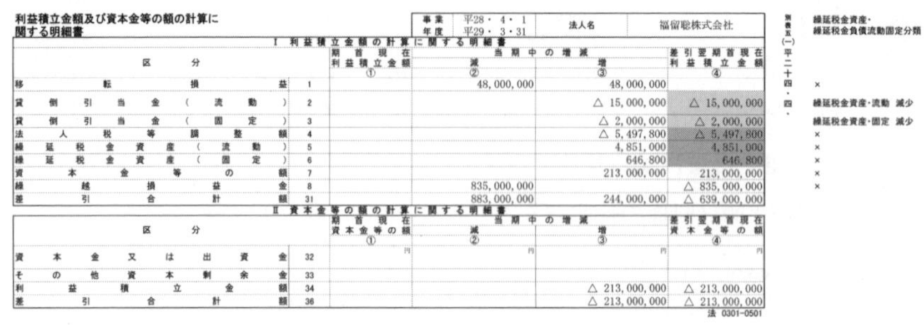

利益積立金額及び資本金等の額の計算に関する明細書

事業年度　平28・4・1　平29・3・31　法人名　福留聡株式会社

別表五(一)平二十四・四・

I　利益積立金額の計算に関する明細書

区分		期首現在利益積立金額 ①	当期中の増減 減 ②	当期中の増減 増 ③	差引翌期首現在利益積立金額 ④	繰延税金資産・繰延税金負債流動固定分類
移転損益	1		48,000,000	48,000,000		×
貸倒引当金（流動）	2			△ 15,000,000	△ 15,000,000	繰延税金資産・流動 減少
貸倒引当金（固定）	3			△ 2,000,000	△ 2,000,000	繰延税金資産・固定 減少
法人税等調整額	4			△ 5,497,800	△ 5,497,800	×
繰延税金資産（流動）	5			4,851,000	4,851,000	×
繰延税金資産（固定）	6			646,800	646,800	×
資本金等の額	7			213,000,000	213,000,000	×
繰越損益金	8		835,000,000		△ 835,000,000	×
差引合計額	31		883,000,000	244,000,000	△ 639,000,000	

II　資本金等の額の計算に関する明細書

区分		期首現在資本金等の額 ①	当期中の増減 減 ②	当期中の増減 増 ③	差引翌期首現在資本金等の額 ④
資本金又は出資金	32	円	円	円	円
その他資本剰余金	33				
利益積立金額	34			△ 213,000,000	△ 213,000,000
差引合計額	36			△ 213,000,000	△ 213,000,000

法 0301-0501

分割による事業分離後の税効果仕訳

（借方）	法人税等調整額	5,497,800	（貸方）	繰延税金資産（流動）	4,851,000
			（貸方）	繰延税金資産（固定）	646,800

STEP7　組織再編後の税効果会計仕訳を行い別表五（一）記入のための分解した税務調整仕訳を行ったうえで別表五（一）に記入する。

記入後の別表五（一）は上記STEP6　別表五（一）を参照されたい。

別表五（一）記入のための分解した税務調整仕訳

（借方）	利益積立金額	5,497,800	（貸方）	法人税等調整額	5,497,800
（借方）	繰延税金資産（流動）	4,851,000	（貸方）	利益積立金額	4,851,000
（借方）	繰延税金資産（固定）	646,800	（貸方）	利益積立金額	646,800

Ⅲ　株主の税効果

①　投資の継続–適格

（設例13の前提）

（ｉ）福留聡㈱及び㈱福留商事は福留ホールディングス㈱の100％子会社である。

福留ホールディングス㈱が保有する福留聡㈱株式の帳簿価額は，会計上及び税務上の簿価は200,000,000円とする。

（ii）　福留聡㈱は㈱福留商事へ分割型分割によりコンサルティング事業を移転する。

福留ホールディングス㈱は分割により，㈱福留商事株式を取得する。

（iii）　福留聡㈱の分割前における株主資本の時価は2,000,000,000円，分割移転事業に係る株主資本相当額の時価は1,000,000,000円とし，関連する時価の比率で按分するものとする。

（iv）　税務上は，適格分割型分割に該当する。

（v）　税効果会計に適用する実効税率は32.34％とする。

（vi）　福留聡㈱は繰延税金資産の分類は2であり，移転資産に係る一時差異はスケジューリング可能とする。

（vii）　なお，個別財務諸表における税効果会計に関する実務指針24-2項の要件を満たさず，税効果を認識するものとする。

設例13　福留聡㈱の分割するコンサルティング事業の当期末（2017年3月31日）の個別貸借対照表（税務）

現金預金	300,000,000	買掛金	400,000,000
受取手形	100,000,000	未払金	150,000,000
売掛金	200,000,000	短期借入金	600,000,000
土地	500,000,000		
投資有価証券	900,000,000		
破産更生債権等	2,000,000		
		純資産	852,000,000

福留聡㈱の分割直前の当期末（2017年3月31日）の個別貸借対照表（税務）

現金預金	528,000,000	買掛金	400,000,000
受取手形	200,000,000	未払金	246,133,525
売掛金	392,000,000	未払法人税等	36,020,863
棚卸資産	120,000,000	短期借入金	600,000,000
短期貸付金	10,000,000	資本金	500,000,000
土地	500,000,000	利益準備金	5,000,000
建物	300,000,000	固定資産圧縮積立金	6,766,000
機械装置	1,000,000	利益剰余金	
投資有価証券	900,000,000	期首残高	1,088,468,000
その他投資	331,154,388	当期利益	399,563,020
		その他有価証券評価差額金	202,980
合計	3,282,154,388	合計	3,282,154,388
		純資産	2,000,000,000

STEP1　組織再編前の税効果会計仕訳を繰延税金資産の回収可能性を検討のうえで計上する。

株主の税効果ではSTEP1は該当なし。

STEP2　組織再編による会計仕訳を行う。

企業結合会計基準及び事業分離等会計基準に関する適用指針295項によると，被結合企業の株主の会計処理における被結合企業の株式に係る企業結合直前の適正な帳簿価額に代えて，会社分割直前の吸収分割会社等の株式の適正な帳簿価額のうち，合理的に按分する方法によって算定した引き換えられたものとみなされる部分の価額を用いるとされており，合理的に按分する方法には，次のような方法が考えられ，実態に応じて適切に用いる。

(1)　関連する時価の比率で按分する方法

(2)　時価総額の比率で按分する方法

(3)　関連する帳簿価額（連結財務諸表上の帳簿価額を含む。）の比率で按分

本設例において，前提条件（iii）に記載のとおり，(1) 関連する時価の比率で按分する。

(1)　関連する時価の比率で按分する方法は，企業結合会計基準及び事業分離等会計基準に関する適用指針295項によると，分割された移転事業に係る株主資本相当額の時価と会社分割直前の吸収分割会社等の株主資本の時価との比率により，吸収分割会社等の株式の適正な帳簿価額を按分する。

分割承継会社㈱福留商事株式＝分割会社福留聡㈱株式の帳簿価額200,000,000円×分割直前の分割移転事業株主資本時価1,000,000,000円÷分割直前の分割会社福留聡㈱の株主資本時価2,000,000,000円＝100,000,000円

福留ホールディングス㈱の仕訳（会計）

	福留聡㈱株式帳簿価額	分割直前の福留聡㈱株主資本時価	分割移転事業株主資本時価		
	200,000,000	2,000,000,000	1,000,000,000		
（借方）	関係会社株式 （㈱福留商事株式）	100,000,000	（貸方）	関係会社株式 （福留聡㈱株式）	100,000,000

STEP3　組織再編による税務仕訳を行う。

税務上，適格組織再編で分割型分割の場合，分割承継会社株式の帳簿価額は，分割会社の分割直前の帳簿価額に分割移転割合（＝分割直前の分割移転純資産簿価÷前期末の分割会社の純資産帳簿価額）を乗じて算定される。

分割承継会社㈱福留商事株式の帳簿価額＝分割会社福留聡㈱の分割直前の帳簿価額200,000,000円×分割直前の分割移転純資産簿価852,000,000円÷分割直

前の分割会社福留聡㈱の純資産簿価2,000,000,000円＝85,200,000円

福留ホールディングス㈱の仕訳（税務）
福留聡㈱株式帳簿価額　分割直前の福留聡㈱純資産帳簿価額　分割移転純資産帳簿価額
200,000,000　2,000,000,000　852,000,000

（借方）	関係会社株式 （㈱福留商事株式）	85,200,000	（貸方）	関係会社株式 （福留聡㈱株式）	85,200,000

STEP4　組織再編による税務仕訳と会計仕訳の差異を算出し税務調整仕訳を行う。

税務調整仕訳をSTEP3で算出した税務仕訳－STEP2で算出した会計仕訳で行う。

税務調整仕訳は下記のとおりである。

税務調整仕訳＝税務仕訳－会計仕訳

（借方）	関係会社株式 （福留聡㈱株式）	14,800,000	（貸方）	関係会社株式 （㈱福留商事株式）	14,800,000

STEP5　別表五（一）記入のための分解した税務調整仕訳を行ったうえで別表五（一）に記入する。

別表五（一）記入のための分解した税務調整仕訳

（借方）	関係会社株式 （福留聡㈱株式）	14,800,000	（貸方）	利益積立金額	14,800,000
（借方）	利益積立金額	14,800,000	（貸方）	関係会社株式 （㈱福留商事株式）	14,800,000

STEP6　別表五（一）をもとに組織再編後の税効果会計仕訳を繰延税金資産の回収可能性を検討のうえで計上する。

本設例においては，前提条件（vii）個別財務諸表における税効果会計に関する実務指針24-2項の要件を満たさず，税効果を認識するものとされているため，分割型分割において，会計と税務で取得原価の算定方法が異なり，一時差異が生じることから税効果を認識する。

ただし，個別財務諸表における税効果会計に関する実務指針24-2項の要件を満たす場合は税効果を認識しない。

なお，個別財務諸表における税効果会計に関する実務指針24-2項の記述は下記とおりである。

組織再編に伴い受け取った子会社株式及び関連会社株式（事業分離に伴い分離元企業が受け取った子会社株式等を除く。）に係る一時差異のうち，当該株式の受取時に発生していたもので，かつ，受取時に会計上の損益及び課税所得（又は繰越欠損金）に影響を与えないものについては，税効果は認識しない。ただし，

予測可能な期間に当該子会社株式等を売却する予定がある場合（一部売却で売却後も子会社又は関連会社にとどまる予定の場合には売却により解消する部分の一時差異に限る。），又は売却その他の事由により当該子会社株式がその他有価証券に分類されることとなる場合には，当該一時差異については通常の税効果会計の取扱いによる。なお，当該組織再編後に当該子会社株式等に生じた一時差異は，通常の税効果会計の取扱いによる。

分割承継会社㈱福留商事株式の税務上の帳簿価額85,200,000円となるため，会計上の帳簿価額100,000,000円との差額14,800,000円に対して繰延税金負債4,786,320円を認識する。

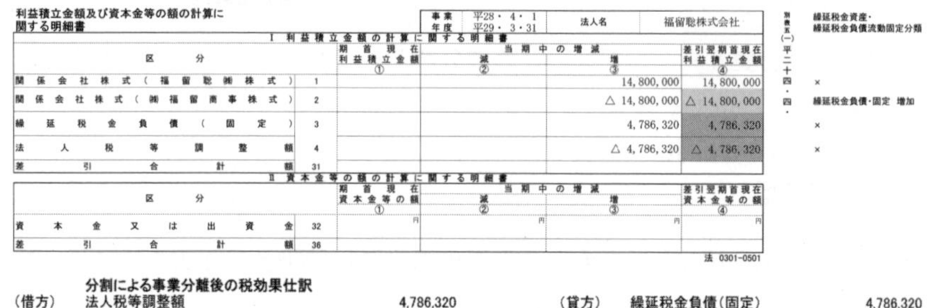

利益積立金額及び資本金等の額の計算に関する明細書

事業年度	平28・4・1　平29・3・31	法人名	福留聡株式会社

Ⅰ　利益積立金額の計算に関する明細書

区分		期首現在利益積立金額 ①	当期中の増減 減 ②	当期中の増減 増 ③	差引翌期首現在利益積立金額 ④	
関係会社株式（福留聡㈱株式）	1			14, 800, 000	14, 800, 000	×
関係会社株式（㈱福留商事株式）	2			△ 14, 800, 000	△ 14, 800, 000	繰延税金負債・固定 増加
繰延税金負債（固定）	3			4, 786, 320	4, 786, 320	×
法人税等調整額	4			△ 4, 786, 320	△ 4, 786, 320	×
差引合計額	31					

Ⅱ　資本金等の額の計算に関する明細書

区分		期首現在資本金等の額 ①	当期中の増減 減 ②	当期中の増減 増 ③	差引翌期首現在資本金等の額 ④
資本金又は出資金	32	円	円	円	円
差引合計額	36				

法 0301-0501

別表五(一)　平二十四・四・

繰延税金資産・繰延税金負債流動固定分類

分割による事業分離後の税効果仕訳

（借方）	法人税等調整額	4,786,320	（貸方）	繰延税金負債（固定）	4,786,320

STEP7　組織再編後の税効果会計仕訳を行い別表五（一）記入のための分解した税務調整仕訳を行ったうえで別表五（一）に記入する。

記入後の別表五（一）は上記STEP6　別表五（一）を参照されたい。

別表五(一)記入のための分解した税務調整仕訳

（借方）	利益積立金額	4,786,320	（貸方）	法人税等調整額	4,786,320
（借方）	繰延税金負債（固定）	4,786,320	（貸方）	利益積立金額	4,786,320

②　投資の継続–非適格

（設例14の前提）

（ⅰ）福留ホールディングス㈱は福留聡㈱の株式を10％保有しており，㈱福留商事株式も以前から保有している。

福留ホールディングス㈱が保有する福留聡㈱株式の帳簿価額は，会計上及び税務上の簿価は200,000,000円とする。

（ii）　福留聡㈱は㈱福留商事へ分割型分割によりコンサルティング事業を移転する。分割型分割により，福留ホールディングス㈱は㈱福留商事株式（時価30,000,000円）の交付を受けた。

福留ホールディングス㈱は㈱福留商事株式の所有割合が15%となり，みなし配当の益金不算入割合は50%とする。

（iii）　福留聡㈱の分割前における株主資本の時価は2,000,000,000円，分割移転事業に係る株主資本相当額の時価は1,000,000,000円とし，関連する時価の比率で按分するものとする。

（iv）　税務上は，非適格分割型分割に該当する。

（v）　税効果会計に適用する実効税率は32.34%とする。

（vi）　福留聡㈱は繰延税金資産の分類は2であり，移転資産に係る一時差異はスケジューリング可能とする。

（vii）　なお，個別財務諸表における税効果会計に関する実務指針24-2項の要件を満たさず，税効果を認識するものとする。

設例14　福留聡㈱の分割するコンサルティング事業の当期末（2017年3月31日）の個別貸借対照表（税務）

現金預金	300,000,000	買掛金	400,000,000
受取手形	100,000,000	未払金	150,000,000
売掛金	200,000,000	短期借入金	600,000,000
土地	500,000,000		
投資有価証券	900,000,000		
破産更生債権等	2,000,000		
		純資産	852,000,000

福留聡㈱の分割直前の当期末（2017年3月31日）の個別貸借対照表（税務）

現金預金	528,000,000	買掛金	400,000,000
受取手形	200,000,000	未払金	246,133,525
売掛金	392,000,000	未払法人税等	36,020,863
棚卸資産	120,000,000	短期借入金	600,000,000
短期貸付金	10,000,000	資本金	500,000,000
土地	500,000,000	利益準備金	5,000,000
建物	300,000,000	固定資産圧縮積立金	6,766,000
機械装置	1,000,000	利益剰余金	
投資有価証券	900,000,000	期首残高	1,088,468,000
その他投資	331,154,388	当期利益	399,563,020
		その他有価証券評価差額金	202,980
合計	3,282,154,388	合計	3,282,154,388
		純資産	2,000,000,000

STEP1　組織再編前の税効果会計仕訳を繰延税金資産の回収可能性を検討のうえで計上する。

株主の税効果ではSTEP1は該当なし。

STEP2　組織再編による会計仕訳を行う。

設例13のSTEP2と同様になる。

福留ホールディングス㈱の仕訳（会計）

福留聡㈱株式帳簿価額	分割直前の福留聡㈱株主資本時価	分割移転事業株主資本時価
200,000,000	2,000,000,000	1,000,000,000

（借方）			（貸方）		
（借方）	投資有価証券 （㈱福留商事株式）	100,000,000	（貸方）	投資有価証券 （福留聡㈱株式）	100,000,000

STEP3　組織再編による税務仕訳を行う。

金銭交付のない非適格分割型分割が行われた場合，分割法人の株主においてはみなし配当を認識するとともに，分割法人株式のうち分割移転資産及び負債に対応する部分は，帳簿価額で譲渡したものとして扱われ，譲渡損益は発生しない。

そのため，分割承継法人株式の取得価額は，譲渡したものとしてみなされた分割株式帳簿価額にみなし配当金額を加算した金額で計上する。

みなし配当金金額＝交付資産時価30,000,000円－分割法人分割直前の資本金等の額500,000,000円×分割移転純資産帳簿価額852,000,000円÷分割直前の純資産帳簿価額2,000,000,000円×株式保有比率10％（＝分割型分割直前に有していた株式数÷自己株式を除く発行済株式数）＝8,700,000円

分割法人株式の帳簿価額の減少額＝分割直前における分割法人株式の帳簿価額200,000,000円×移転純資産の帳簿価額852,000,000円÷分割直前の純資産帳簿価額2,000,000,000円＝85,200,000円

分割承継法人（㈱福留商事）株式の取得価額＝分割法人株式の帳簿価額の減少額85,200,000円＋みなし配当金金額8,700,000円＝93,900,000円

福留ホールディングス㈱の仕訳（税務）

福留聡㈱株式帳簿価額	分割直前の福留聡㈱純資産帳簿価額	分割移転純資産帳簿価額
200,000,000	2,000,000,000	852,000,000
分割交付資産時価	分割法人分割直前の資本金等の額	株式保有比率
30,000,000	500,000,000	10%

（借方）	投資有価証券 （㈱福留商事株式）	93,900,000	（貸方）	投資有価証券 （福留聡㈱株式）	85,200,000
			（貸方）	受取配当金	8,700,000

STEP4　組織再編による税務仕訳と会計仕訳の差異を算出し税務調整仕訳を行う。

税務調整仕訳をSTEP3で算出した税務仕訳－STEP2で算出した会計仕訳で

行う。

税務調整仕訳は下記のとおりである。

税務調整仕訳＝税務仕訳－会計仕訳

（借方）	投資有価証券 （福留聡㈱株式）	14,800,000	（貸方）	投資有価証券 （㈱福留商事株式）	6,100,000
			（貸方）	受取配当金	8,700,000

STEP5　別表五（一）記入のための分解した税務調整仕訳を行ったうえで別表五（一）に記入する。

受取配当金は益金不算入で永久差異のため別表五（一）記入を行わず記載していない。

別表五(一)記入のための分解した税務調整仕訳

（借方）	投資有価証券 （福留聡㈱株式）	14,800,000	（貸方）	利益積立金額	14,800,000
（借方）	利益積立金額	6,100,000	（貸方）	投資有価証券 （㈱福留商事株式）	6,100,000

STEP6　別表五（一）をもとに組織再編後の税効果会計仕訳を繰延税金資産の回収可能性を検討のうえで計上する。

本設例においては，前提条件（vii）個別財務諸表における税効果会計に関する実務指針24-2項の要件を満たさず，税効果を認識するものとされているため，税務上の帳簿価額93,900,000円と会計上の帳簿価額100,000,000円に差異が生じるため，差異6,100,000円に対して繰延税金負債1,972,740円を認識する。

ただし，個別財務諸表における税効果会計に関する実務指針24-2項の要件を満たす場合は税効果を認識しない。

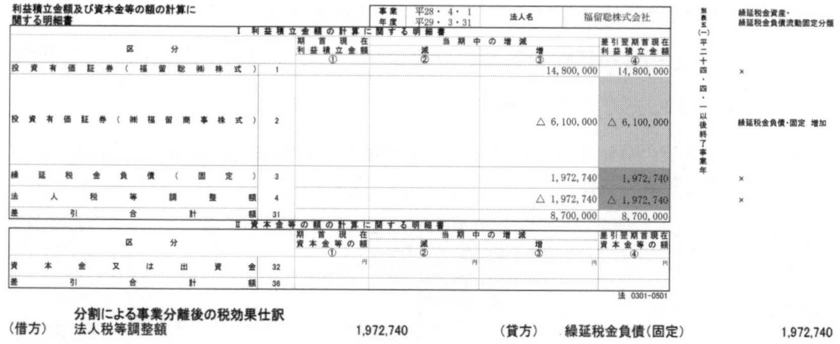

利益積立金額及び資本金等の額の計算に関する明細書

事業年度　平28・4・1　平29・3・31　法人名　福留聡株式会社

別表五(一)平二十四・四・一以後終了事業年

Ⅰ　利益積立金額の計算に関する明細書

区分		期首現在利益積立金額 ①	当期中の増減 減 ②	当期中の増減 増 ③	差引翌期首現在利益積立金額 ④	繰延税金資産・繰延税金負債流動固定分類
投資有価証券（福留聡㈱株式）	1			14,800,000	14,800,000	×
投資有価証券（㈱福留商事株式）	2			△ 6,100,000	△ 6,100,000	繰延税金負債・固定　増加
繰延税金負債（固定）	3			1,972,740	1,972,740	×
法人税等調整額	4			△ 1,972,740	△ 1,972,740	×
差引合計額	31			8,700,000	8,700,000	

Ⅱ　資本金等の額の計算に関する明細書

区分		期首現在資本金等の額 ①	当期中の増減 減 ②	当期中の増減 増 ③	差引翌期首現在資本金等の額 ④
資本金又は出資金	32	円	円	円	円
差引合計額	36				

法 0301-0501

分割による事業分離後の税効果仕訳

（借方）	法人税等調整額	1,972,740	（貸方）	繰延税金負債（固定）	1,972,740

STEP7　組織再編後の税効果会計仕訳を行い別表五（一）記入のための分

解した税務調整仕訳を行ったうえで別表五（一）に記入する。

記入後の別表五（一）は上記STEP6別表五（一）を参照されたい。

別表五(一)記入のための分解した税務調整仕訳

(借方)	利益積立金額	1,972,740	(貸方)	法人税等調整額	1,972,740
(借方)	繰延税金負債(固定)	1,972,740	(貸方)	利益積立金額	1,972,740

③ 投資の清算−適格

（設例15の前提）

（ⅰ） 福留ホールディングス㈱は分割以前から福留聡㈱及び㈱福留商事株式を保有している。

福留ホールディングス㈱が保有する福留聡㈱株式の帳簿価額は，会計上及び税務上の簿価は200,000,000円とする。

（ⅱ） 福留聡㈱は㈱福留商事へ分割型分割によりコンサルティング事業を移転する。

福留ホールディングス㈱は分割により，㈱福留商事株式を取得する。取得する㈱福留商事株式の時価は，150,000,000円とする。

（ⅲ） 福留聡㈱の分割前における株主資本の時価は2,000,000,000円，分割移転事業に係る株主資本相当額の時価は1,000,000,000円とし，関連する時価の比率で按分するものとする。

（ⅳ） 税務上は，適格分割型分割に該当する。

（ⅴ） 税効果会計に適用する実効税率は32.34％とする。

（ⅵ） 福留聡㈱は繰延税金資産の分類は2であり，移転資産に係る一時差異はスケジューリング可能とする。

設例15 福留聡㈱の分割するコンサルティング事業の当期末（2017年3月31日）の個別貸借対照表（税務）

現金預金	300,000,000	買掛金	400,000,000
受取手形	100,000,000	未払金	150,000,000
売掛金	200,000,000	短期借入金	600,000,000
土地	500,000,000		
投資有価証券	900,000,000		
破産更生債権等	2,000,000		
		純資産	852,000,000

福留聡㈱の分割直前の当期末（2017年3月31日）の個別貸借対照表（税務）

現金預金	528,000,000	買掛金	400,000,000
受取手形	200,000,000	未払金	246,133,525
売掛金	392,000,000	未払法人税等	36,020,863
棚卸資産	120,000,000	短期借入金	600,000,000
短期貸付金	10,000,000	資本金	500,000,000
土地	500,000,000	利益準備金	5,000,000
建物	300,000,000	固定資産圧縮積立金	6,766,000
機械装置	1,000,000	利益剰余金	
投資有価証券	900,000,000	期首残高	1,088,468,000
その他投資	331,154,388	当期利益	399,563,020
		その他有価証券評価差額金	202,980
合計	3,282,154,388	合計	3,282,154,388
		純資産	2,000,000,000

STEP1　組織再編前の税効果会計仕訳を繰延税金資産の回収可能性を検討のうえで計上する。

株主の税効果ではSTEP1は該当なし。

STEP2　組織再編による会計仕訳を行う。

事業分離等に関する会計基準32項（1）によると，被結合企業に関する投資が清算されたとみる場合には，被結合企業の株式と引き換えに受け取った対価となる財の時価と，被結合企業の株式に係る企業結合直前の適正な帳簿価額との差額を交換損益として認識するとともに，改めて当該受取対価の時価にて投資を行ったものとする。

交換損益＝被結合企業の株式と引き換えに受け取った対価となる財の時価（㈱福留商事株式の時価）150,000,000円－被結合企業の株式に係る企業結合直前の適正な帳簿価額（福留聡㈱株式の簿価）200,000,000円＝－50,000,000円

福留ホールディングス㈱の仕訳（会計）

（借方）	関係会社株式 （㈱福留商事株式）	150,000,000	（貸方）	関係会社株式 （福留聡㈱株式）	200,000,000
（借方）	株式交換損	50,000,000			

STEP3　組織再編による税務仕訳を行う。

設例13のSTEP3と同様になる。

福留ホールディングス㈱の仕訳（税務）

福留聡㈱株式帳簿価額	分割直前の福留聡㈱純資産帳簿価額	分割移転純資産帳簿価額
200,000,000	2,000,000,000	852,000,000

（借方）	関係会社株式 （㈱福留商事株式）	85,200,000	（貸方）	関係会社株式 （福留聡㈱株式）	85,200,000

STEP4　組織再編による税務仕訳と会計仕訳の差異を算出し税務調整仕訳を行う。

税務調整仕訳をSTEP3で算出した税務仕訳－STEP2で算出した会計仕訳で

行う。

税務調整仕訳は下記のとおりである。

税務調整仕訳＝税務仕訳－会計仕訳

(借方)	関係会社株式 (福留聡㈱株式)	114,800,000	(貸方)	関係会社株式 (㈱福留商事株式)	64,800,000
				交換損	50,000,000

STEP5　別表五（一）記入のための分解した税務調整仕訳を行ったうえで別表五（一）に記入する。

別表五(一)記入のための分解した税務調整仕訳

(借方)	関係会社株式 (福留聡㈱株式)	114,800,000	(貸方)	利益積立金額	114,800,000
(借方)	利益積立金額	64,800,000	(貸方)	関係会社株式 (㈱福留商事株式)	64,800,000
(借方)	利益積立金額	50,000,000	(貸方)	交換損	50,000,000

STEP6　別表五（一）をもとに組織再編後の税効果会計仕訳を繰延税金資産の回収可能性を検討のうえで計上する。

取得した株式の会計上の簿価が150,000,000円と税務上の簿価が85,200,000円と差異が生じるため，税効果を認識する。

なお，上記差異は，組織再編に伴い受け取った子会社株式に係る一時差異であり，当該株式の受取時に発生していたもので，かつ，受取時に交換損益が発生し，会計上の損益及び課税所得に影響を与えるため，個別財務諸表における税効果会計に関する実務指針24-2項の要件を満たさないため適用されず，税効果を認識する。

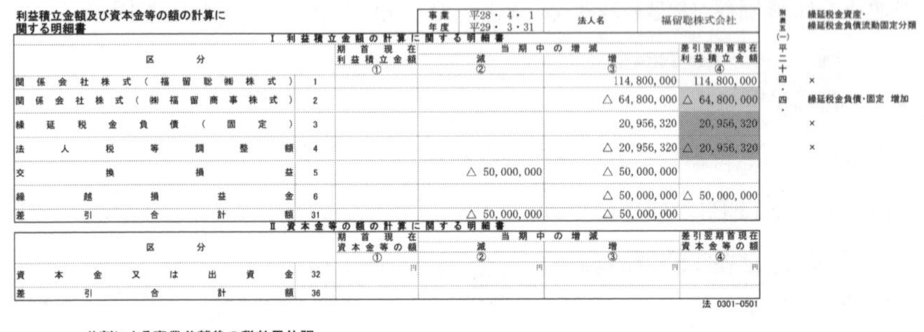

利益積立金額及び資本金等の額の計算に関する明細書

事業年度　平28・4・1　平29・3・31　法人名　福留聡株式会社

別表五(一)　平二十四・四・

Ⅰ　利益積立金額の計算に関する明細書

区分		期首現在利益積立金額 ①	当期中の増減 減 ②	当期中の増減 増 ③	差引翌期首現在利益積立金額 ④	繰延税金資産・繰延税金負債流動固定分類
関係会社株式（福留聡㈱株式）	1			114, 800, 000	114, 800, 000	×
関係会社株式（㈱福留商事株式）	2			△ 64, 800, 000	△ 64, 800, 000	繰延税金負債・固定　増加
繰延税金負債（固定）	3			20, 956, 320	20, 956, 320	×
法人税等調整額	4			△ 20, 956, 320	△ 20, 956, 320	×
交換損益	5		△ 50, 000, 000	△ 50, 000, 000		
繰越損益金	6			△ 50, 000, 000	△ 50, 000, 000	
差引合計額	31		△ 50, 000, 000	△ 50, 000, 000		

Ⅱ　資本金等の額の計算に関する明細書

区分		期首現在資本金等の額 ①	当期中の増減 減 ②	当期中の増減 増 ③	差引翌期首現在資本金等の額 ④
資本金又は出資金	32	円	円	円	円
差引合計額	36				

法 0301-0501

分割による事業分離後の税効果仕訳

(借方)	法人税等調整額	20,956,320	(貸方)	繰延税金負債(固定)	20,956,320

STEP7　組織再編後の税効果会計仕訳を行い別表五（一）記入のための分解した税務調整仕訳を行ったうえで別表五（一）に記入する。

記入後の別表五（一）は上記STEP6別表五（一）を参照されたい。

別表五(一)記入のための分解した税務調整仕訳

（借方）	利益積立金額	20,956,320	（貸方）	法人税等調整額	20,956,320
（借方）	繰延税金負債(固定)	20,956,320	（貸方）	利益積立金額	20,956,320

④　投資の清算−非適格

（設例16の前提）

投資の継続−非適格と同様とする。

設例16　福留聡㈱の分割するコンサルティング事業の当期末（2017年3月31日）の個別貸借対照表（税務）

現金預金	300,000,000	買掛金	400,000,000
受取手形	100,000,000	未払金	150,000,000
売掛金	200,000,000	短期借入金	600,000,000
土地	500,000,000		
投資有価証券	900,000,000		
破産更生債権等	2,000,000		
		純資産	852,000,000

福留聡㈱の分割直前の当期末（2017年3月31日）の個別貸借対照表（税務）

現金預金	528,000,000	買掛金	400,000,000
受取手形	200,000,000	未払金	246,133,525
売掛金	392,000,000	未払法人税等	36,020,863
棚卸資産	120,000,000	短期借入金	600,000,000
短期貸付金	10,000,000	資本金	500,000,000
土地	500,000,000	利益準備金	5,000,000
建物	300,000,000	固定資産圧縮積立金	6,766,000
機械装置	1,000,000	利益剰余金	
投資有価証券	900,000,000	期首残高	1,088,468,000
その他投資	331,154,388	当期利益	399,563,020
		その他有価証券評価差額金	202,980
合計	3,282,154,388	合計	3,282,154,388
		純資産	2,000,000,000

STEP1　組織再編前の税効果会計仕訳を繰延税金資産の回収可能性を検討のうえで計上する。

株主の税効果ではSTEP1は該当なし。

STEP2　組織再編による会計仕訳を行う。

設例15のSTEP2と同様に交換損益が認識される。

交換損益＝被結合企業の株式と引き換えに受け取った対価となる財の時価（㈱福留商事株式の時価）30,000,000円－被結合企業の株式に係る企業結合直前の適正な帳簿価額（福留聡㈱株式の簿価）200,000,000円＝－170,000,000円

福留ホールディングス㈱の仕訳（会計）
福留聡㈱株式帳簿価額　分割直前の福留聡㈱株主資本時価　分割移転事業株主資本時価

（借方）	投資有価証券 （㈱福留商事株式）	30,000,000	（貸方）	投資有価証券 （福留聡㈱株式）	200,000,000
	株式交換損	170,000,000			

STEP3　組織再編による税務仕訳を行う。

設例14のSTEP3と同様になる。

福留ホールディングス㈱の仕訳（税務）

福留聡㈱株式帳簿価額	分割直前の福留聡㈱純資産帳簿価額	分割移転純資産帳簿価額
200,000,000	2,000,000,000	852,000,000
分割交付資産時価	分割法人分割直前の資本金等の額	株式保有比率
30,000,000	500,000,000	10%

（借方）	投資有価証券 （㈱福留商事株式）	93,900,000	（貸方）	投資有価証券 （福留聡㈱株式）	85,200,000
			（貸方）	受取配当金	8,700,000

STEP4　組織再編による税務仕訳と会計仕訳の差異を算出し税務調整仕訳を行う。

税務調整仕訳をSTEP3で算出した税務仕訳－STEP2で算出した会計仕訳で行う。

税務調整仕訳は下記のとおりである。

税務調整仕訳＝税務仕訳－会計仕訳

（借方）	投資有価証券 （㈱福留商事株式）	63,900,000	（貸方）	受取配当金	8,700,000
	投資有価証券 （福留聡㈱株式）	114,800,000	（貸方）	株式交換損	170,000,000

STEP5　別表五（一）記入のための分解した税務調整仕訳を行ったうえで別表五（一）に記入する。

受取配当金は益金不算入で永久差異のため別表五（一）記入を行わず記載していない。

別表五（一）記入のための分解した税務調整仕訳

（借方）	投資有価証券 （㈱福留商事株式）	63,900,000	（貸方）	利益積立金額	63,900,000
（借方）	投資有価証券 （福留聡㈱株式）	114,800,000	（貸方）	利益積立金額	114,800,000
（借方）	利益積立金額	170,000,000	（貸方）	株式交換損	170,000,000

STEP6　別表五（一）をもとに組織再編後の税効果会計仕訳を繰延税金資産の回収可能性を検討のうえで計上する。

本設例においては，前提条件（vii）個別財務諸表における税効果会計に関する実務指針24-2項の要件を満たさず，税効果を認識するものとされているため，税務上の帳簿価額93,900,000円と会計上の帳簿価額30,000,000円に差異が生じるため，差異63,900,000円に対して繰延税金資産20,665,260円を認識する。

ただし，個別財務諸表における税効果会計に関する実務指針24-2項の要件を満たす場合は税効果を認識しない。

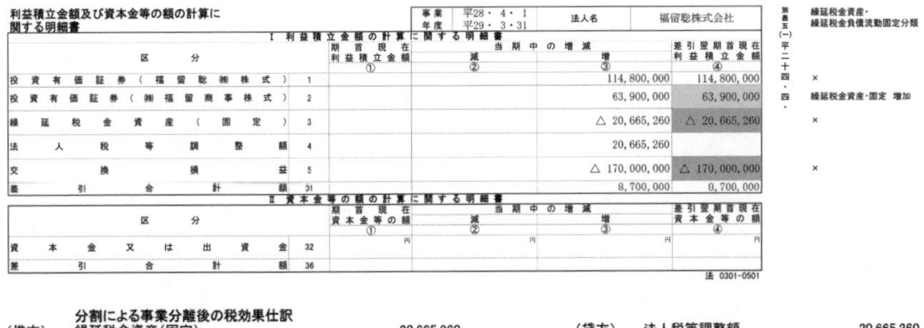

利益積立金額及び資本金等の額の計算に関する明細書

事業年度	平28・4・1 平29・3・31	法人名	福留聡株式会社

別表五(一)平二十四・四・

I　利益積立金額の計算に関する明細書

区分		期首現在利益積立金額 ①	当期中の増減 減 ②	当期中の増減 増 ③	差引翌期首現在利益積立金額 ④	繰延税金資産・繰延税金負債流動固定分類
投資有価証券（福留聡㈱株式）	1			114,800,000	114,800,000	×
投資有価証券（㈱福留商事株式）	2			63,900,000	63,900,000	繰延税金資産・固定　増加
繰延税金資産（固定）	3			△ 20,665,260	△ 20,665,260	×
法人税等調整額	4			20,665,260		
交換損益	5			△ 170,000,000	△ 170,000,000	×
差引合計額	31			8,700,000	8,700,000	

II　資本金等の額の計算に関する明細書

区分		期首現在資本金等の額 ①	当期中の増減 減 ②	当期中の増減 増 ③	差引翌期首現在資本金等の額 ④
資本金又は出資金	32	円	円	円	円
差引合計額	36				

法 0301-0501

分割による事業分離後の税効果仕訳

（借方）	繰延税金資産（固定）	20,665,260	（貸方）	法人税等調整額	20,665,260

STEP7　組織再編後の税効果会計仕訳を行い別表五（一）記入のための分解した税務調整仕訳を行ったうえで別表五（一）に記入する。

別表五(一)記入のための分解した税務調整仕訳

（借方）	法人税等調整額	20,665,260	（貸方）	利益積立金額	20,665,260
（借方）	利益積立金額	20,665,260	（貸方）	繰延税金資産（固定）	20,665,260

第5章　連結納税における税効果会計

1　連結納税における税効果会計の実務上のポイント

連結納税における連結財務諸表及び個別財務諸表の税効果会計のポイントも第1章単体納税の個別財務諸表における税効果会計同様に概ね下記の7STEPを検討することにある。

STEP1　一時差異等を把握する。

STEP2　法定実効税率を算定する。

STEP3　回収可能性考慮前の繰延税金資産及び繰延税金負債を算定する。

STEP4　繰延税金資産の回収可能性の分類判定をする。

STEP5　一時差異解消のスケジューリングを実施する

STEP6　回収可能性考慮後の繰延税金資産及び繰延税金負債を算定する。

STEP7　税金費用のプルーフテストを行い，税金費用の妥当性を検証する。

ポイントとなる7つのステップを，STEP1，STEP3，STEP6を「連結納税税効果シート①　連結納税税効果計算に関するワークシート」，STEP2を「連結納税税効果シート②　法定実効税率算定に関するワークシート」，STEP4を「連結納税税効果シート③　繰延税金資産の回収可能性　会社分類判定に関するワークシート」，STEP5を「連結納税税効果シート④　税効果スケジューリング表に関するワークシート」，STEP7を「連結納税税効果シート⑤　連結納税税効果プルーフに関するワークシート」の5つのシートに主要論点を落とし込むことにより整理する。

なお，繰延税金資産及び繰延税金負債の発生の主な原因別の内訳注記は，「連結納税税効果シート⑦　繰延税金資産及び繰延税金負債の発生の主な原因別の内訳注記に関するワークシート」に，税率差異の注記は，「連結納税税効果シート⑤　連結納税税効果プルーフに関するワークシート」を用いて整理する。

また，連結納税における税効果会計の理解を深めるために，「連結所得の金額の計算に関する明細書別表四の二」及び「個別所得の金額の計算に関する明細書別表四の二付表」，「連結利益積立金額の計算に関する明細書別表五の二(一)」及び「連結個別利益積立金額及び連結個別資本金等の額の計算に関する明細書別表五の二（一）付表一」，「連結欠損金等の損金算入に関する明細書別表七の二」，「連結欠損金当期控除額及び連結欠損金個別帰属額の計算に関する明細書別表七の二付表一」及び「連結欠損金当期控除前の連結欠損金個別帰属額の調整計算に関する明細書別表七の二付表二」を利用する。

章末に，設例で利用したすべてのワークシートと連結納税申告書別表を掲載したので参照されたい。

連結納税における税効果会計の連結財務諸表及び個別財務諸表における税効果会計で利用する設例の前提条件は以下のとおりである。

連結親法人福留聡㈱及び福留聡㈱の100％子会社である連結子法人福留興業㈱及び福留サービス㈱の2017年3月期の決算における連結納税税効果会計の計算を，連結納税税効果会計の実務上のポイントを7つのSTEPの順に説明するが，実務上の有用性を考え，上述した連結納税の申告書を利用して説明していく。したがって連結納税税効果会計の計算は，連結納税申告書の別表四の二，別表五の二（一），別表七の二の数字が前提になる。

なお，福留聡㈱，福留興業㈱及び福留サービス㈱は東京都に本社を有し，支店は有していないものとする。

第5章の連結納税の税効果会計では，連結財務諸表及び個別財務諸表の税効果会計を同時並行的に7つのSTEPの順に解説していく。

連結納税制度における繰延税金資産及び繰延税金負債の計算手順は実務対応報告第7号Q1に従うと下記のとおりになる。

（1） 連結納税主体における税効果会計の適用

① 連結納税会社ごとに，財務諸表上の一時差異に対して繰延税金資産及び繰延税金負債を計算する。

② ①の各連結納税会社の繰延税金資産及び繰延税金負債を合計するとともに，連結納税主体に係る連結財務諸表固有の一時差異（棚卸資産等の未実現損益，土地等の未実現損益，債権債務の相殺消去に伴い減額修正される貸倒引当金及び加入時の連結納税子会社の資産の時価評価損益）等に対して，当該差異が発生した連結納税会社ごとに税効果を認識し，繰延税金資産及び繰延税金負債を計算する。

なお，本設例では，簡便化のために，連結納税主体に係る連結財務諸表固有の一時差異はないものとしている。

（2） 連結納税各社の個別財務諸表における税効果会計の適用

財務諸表上の一時差異等に対して，繰延税金資産及び繰延税金負債を計算する。この際個別財務諸表固有の一時差異に係る繰延税金資産及び繰延税金負債を含んで計算する。

2 一時差異等を把握する

連結納税における税効果会計のSTEP1は，一時差異等を把握することである。

（1） 個別財務諸表

連結納税税効果会計の福留聡㈱，福留興業㈱及び福留サービス㈱の個別財務諸表の一時差異等は別表五の二（一）付表一から把握できる。一時差異は主に，別表五の二（一）付表一の項目を漏れなく抽出して税効果計算に関するワークシートに転記する。ただし，未払事業税は，連結納税申告書の別表五の二（一）付表一，単体納税申告書の別表五（一），納税一覧表又は事業税・都道府県民税の内訳書から転記する。これは，連結納税制度を利用した場合でも，法人税は連結納税であるが，住民税及び事業税は単体納税で申告する必要があるからである。また，繰越欠損金は一時差異ではないが，一時差異と同様の税効果を有するため，一時差異に準ずるものとして取り扱われるため，連結納税税効果計算に関するワークシートに入力する。繰越欠損金の数字は，国税は，連結納税申告書の別表七の二付表一から，地方税は，単体納税申告書の別表七（一）から転記する。

連結納税税効果計算に関するワークシートに転記された一時差異等と連結納税申告書及び単体納税申告書別表の関係を整理すると以下のようになる。

・貸倒引当金（流動），貸倒引当金（固定），賞与引当金，賞与引当金（社会保険料），退職給付引当金，減価償却超過額（機械装置），減価償却超過額（工具器具備品），減価償却超過額（車両運搬具），減価償却超過額（建物），役員退職慰労引当金，土地減損損失，建物減損損失，資産除去債務，固定資産圧縮積立金，有形固定資産（除去資産），有価証券評価差額金否認→連結納税申告書別表五の二（一）付表一

・未払事業税→連結納税申告書別表五の二（一）付表一の納税充当金，未払金（連結法人税個別帰属額）及び未収金（連結法人税個別帰属額）の合計から未納連結法人税個別帰属額等を差引いた金額又は単体納税申告書別表五（一）の納税充当金から未納法人税等（未納法人税，未納道府県民税及び未納市町村民税の合計）を差引いた金額又は納税一覧表又は事業税・都道府県民税内訳表の事業税及び地方法人特別税

・繰越欠損金→連結納税申告書別表七の二付表一

・繰越欠損金（地方税）→単体納税申告書別表七（一）

別表五の二（一）付表一Ⅰ連結個別利益積立金額の計算に関する明細書に記載されている項目のうち，利益準備金，繰越損益金，納税充当金，未納法人税，未納道府県民税，繰延税金資産，繰延税金負債，有価証券評価差額金，役員賞与引当金は，一時差異として扱われない。

上記のとおり，一時差異等を把握した後，未払事業税，繰越欠損金を除く一時差異等は，「連結納税税効果シート①　連結納税税効果計算に関するワークシート」の前期末残高に別表五の二（一）付表一の期首現在連結個別利益積立金額の金額を転記し，加算に別表五の二（一）付表一の当期の増減の増の金額を転記し，減算に別表五の二（一）付表一の当期の増減の減の金額を転記する

ことにより期末残高を算定する。期末残高は，別表五の二（一）付表一の差引翌期首現在利益積立金額に一致する。

未払事業税は，別連結納税申告書別表五の二（一）付表一の納税充当金，未払金（連結法人税個別帰属額）及び未収金（連結法人税個別帰属額）の合計から未納連結法人税個別帰属額等を差引いた金額又は単体納税申告書別表五（一）の納税充当金から未納法人税等（未納法人税，未納道府県民税及び未納市町村民税の合計）を差引いた金額を上記で説明したように，別表五の二（一）付表一の他の項目と同様に転記するか又は納付税額一覧表又は事業税・都道府県民税内訳表から，「連結納税税効果シート①　連結納税税効果計算に関するワークシート」の前期末残高と減算に前期末の差引納付額を転記し，加算と期末残高に当期末の差引納付額を転記する。

国税（連結納税）の繰越欠損金は，「連結納税税効果シート①　連結納税税効果計算に関するワークシート」の前期末残高に別表七の二付表一の控除未決済連結欠損金個別帰属額の計を転記し，減算に別表七の二付表一の連結欠損金当期控除額の個別帰属額の計を転記し，期末残高を算定する。期末残高は，別表七の二付表一の連結欠損金個別帰属額の翌期繰越額に一致する。

地方税（単体納税）の繰越欠損金は，「連結納税税効果シート①　連結納税税効果計算に関するワークシート」の前期末残高に別表七（一）の控除未決済欠損金額の計を転記し，加算に別表七（一）の当期分の欠損金額を転記し，減算に別表七（一）の当期控除額を転記し，期末残高を算定する。期末残高は，別表七（一）の翌期繰越額に一致する。

上記により一時差異等が把握され，「連結納税税効果シート①　連結納税税効果計算に関するワークシート」のA～Dまでの各一時差異の数値が埋まることになる。

一時差異等把握に利用した別表及び「連結納税税効果シート①　連結納税税効果計算に関するワークシート」は下記を参照されたい。

連結個別利益積立金額及び連結個別資本金等の額の計算に関する明細書

連結事業年度	28・4・1 29・3・31	法人名	福留 聡 株式会社 （ 福留 聡 株式会社 ）

別表五の二(一)付表一　平二十七・四・一以後終了連結事業年度分

Ⅰ　連結個別利益積立金額の計算に関する明細書

区分		期首現在連結個別利益積立金額 ①	当期の増減 減 ②	当期の増減 増 ③	差引翌期首現在連結個別利益積立金額 ①−②+③ ④
利益準備金	1	5,000,000円	円	円	5,000,000円
固定資産圧縮積立金	2			6,766,000	6,766,000
有価証券評価差額金	3	338,300	338,300	202,980	202,980
繰延税金負債(有価証券評価差額金)	4	161,700	161,700	97,020	97,020
有価証券評価差額金否認	5	△ 500,000	△ 500,000	△ 300,000	△ 300,000
減価償却超過額(機械装置)	6	150,000	70,000	100,000	180,000
減価償却超過額(建物)	7			10,000,000	10,000,000
賞与引当金	8	38,000,000	38,000,000	30,000,000	30,000,000
賞与引当金(社会保険料)	9	5,240,000	5,240,000	4,200,000	4,200,000
役員退職慰労引当金	10	3,500,000		1,000,000	4,500,000
退職給付引当金	11	4,000,000	50,000	300,000	4,250,000
(別葉会計)	12	△ 80,954,826	11,800,000	136,118,608	43,363,782
未払金(各法人との連結税個別帰属額の受払額等)	13			7,767,500	7,767,500
未収入金(各法人との連結法人税個別帰属額の受払額等)	14			△ 1,799,969	△ 1,799,969
未払連結法人税個別帰属受取額	15			△ 7,767,500	△ 7,767,500
未収連結法人税個別帰属支払額	16			27,634,375	27,634,375
未納連結法人税	17			△ 17,925,000	△ 17,925,000
繰越損益金(損は赤)	18	1,000,000,000	1,000,000,000	1,068,157,059	1,068,157,059
小計	19	974,935,174	1,055,166,000	1,264,551,073	1,184,326,247
納税充当金	20	6,265,000	6,265,000	35,191,802	35,191,802
未払連結法人税個別帰属額等（退職年金等積立金に対するものを除く。） 未払連結法人税個別帰属額、未払連結地方法人税個別帰属額及び未払連結復興特別法人税個別帰属額	21			中間 確定 △ 19,866,875	△ 19,866,875
未納法人税、未納地方法人税及び未納復興特別法人税(附帯税を除く。)	22	△	△	△	△
未納道府県民税(均等割額及び利子割額を含む。)	23	△ 265,000	△ 530,000	中間 △ 265,000 確定 △ 4,810,452	△ 4,810,452
未納市町村民税(均等割額を含む。)	24	△	△	中間 △ 確定 △	△
差引合計額	25	980,935,174	1,060,895,000	1,274,800,548	1,194,840,722

Ⅱ　連結個別資本金等の額の計算に関する明細書

区分		期首現在連結個別資本金等の額 ①	当期の増減 減 ②	当期の増減 増 ③	差引翌期首現在連結個別資本金等の額 ①−②+③ ④
資本金又は出資金	26	円	円	円	円
資本準備金	27				
	28				
	29				
差引合計額	30				

別表五の二（一）付表一（別葉　利益積立金額）

連結個別利益積立金額の額の計算に関する明細書（別葉）

事業年度	平28・4・1 平29・3・31	法人名	福留聡株式会社

I　利益積立金額の計算に関する明細書

区分		期首現在利益積立金額	当期中の増減		差引翌期首現在利益積立金額
			減	増	
		①	②	③	④
役員賞与引当金	1	1,800,000	1,800,000	1,000,000	1,000,000
土地減損損失	2			54,000,000	54,000,000
貸倒引当金（固定）	3			2,000,000	2,000,000
圧縮積立金認定損	4		10,000,000		△ 10,000,000
有形固定資産（除去資産）	5	△ 10,000,000		500,000	△ 9,500,000
資産除去債務	6	10,000,000		200,000	10,200,000
建物減損損失	7			36,000,000	36,000,000
繰延税金資産（法人税等調整額）	8	△ 82,754,826		42,418,608	△ 40,336,218
小計	9	△ 80,954,826	11,800,000	136,118,608	43,363,782

連結個別利益積立金額及び連結個別資本金等の額の計算に関する明細書

連結事業年度	28・4・1 29・3・31	法人名	福留 聡 株式会社 (福留興業株式会社)

別表五の二(一)付表一　平二十七・四・一以後終了連結事業年度分

Ⅰ　連結個別利益積立金額の計算に関する明細書

区分		期首現在連結個別利益積立金額	当期の増減		差引翌期首現在連結個別利益積立金額 ①−②+③
			減	増	
		①	②	③	④
利益準備金	1	円	円	円	円
積立金	2				
賞与引当金	3	4,000,000	4,000,000	5,000,000	5,000,000
賞与引当金(社会保険料)	4	548,000	548,000	685,000	685,000
役員退職慰労引当金	5	1,000,000		200,000	1,200,000
減価償却超過額(建物)	6	5,000,000	250,000	1,000,000	5,750,000
減価償却超過額(工具器具備品)	7	200,000	50,000	100,000	250,000
繰延税金負債(法人税等調整額)	8	△ 8,003,503		3,334,910	△ 4,668,593
	9				
	10				
	11				
	12				
	13				
	14				
	15				
	16				
未払金(連結法人税個別帰属額)	17			1,799,969	1,799,969
繰越損益金(損は赤)	18	150,000,000	150,000,000	158,225,065	158,225,065
小計	19	152,744,497	154,848,000	170,344,944	168,241,441
納税充当金	20			858,056	858,056
未払連結法人税個別帰属額等(退職年金等積立金に対するものを除く。) 未払連結法人税個別帰属額、未払連結地方法人税個別帰属額及び未払連結復興特別法人税個別帰属額	21			中間 確定 △ 1,799,969	△ 1,799,969
未払連結法人税個別帰属額等(退職年金等積立金に対するものを除く。) 未納法人税、未納地方法人税及び未納復興特別法人税(附帯税を除く。)	22	△	△	△	△
未払連結法人税個別帰属額等(退職年金等積立金に対するものを除く。) 未納道府県民税(均等割額及び利子割額を含む。)	23	△	△ 145,000	中間 △ 145,000 確定 △ 496,898	△ 496,898
未払連結法人税個別帰属額等(退職年金等積立金に対するものを除く。) 未納市町村民税(均等割額を含む。)	24	△	△	中間 △ 確定 △	△
差引合計額	25	152,744,497	154,703,000	168,761,133	166,802,630

Ⅱ　連結個別資本金等の額の計算に関する明細書

区分		期首現在連結個別資本金等の額	当期の増減		差引翌期首現在連結個別資本金等の額 ①−②+③
			減	増	
		①	②	③	④
資本金又は出資金	26	円	円	円	円
資本準備金	27				
	28				
	29				
差引合計額	30				

別表五の二(一)付表一　平二十七・四・一以後終了連結事業年度分

連結個別利益積立金額及び連結個別資本金等の額の計算に関する明細書

連結事業年度	28・4・1 29・3・31	法人名	福留 聡 株式会社 (福留サービス株式会社)

Ⅰ　連結個別利益積立金額の計算に関する明細書

区分		期首現在連結個別利益積立金額	当期の増減 減	当期の増減 増	差引翌期首現在連結個別利益積立金額 ①−②+③
		①	②	③	④
利益準備金	1	円	円	円	円
積立金	2				
賞与引当金	3	2,000,000	2,000,000	3,000,000	3,000,000
賞与引当金(社会保険料)	4	274,000	274,000	411,000	411,000
役員退職慰労引当金	5	1,000,000		200,000	1,200,000
減価償却超過額(建物)	6	3,000,000	150,000	300,000	3,150,000
減価償却超過額(車両運搬具)	7	200,000	40,000	50,000	210,000
繰延税金負債(法人税等調整額)	8	△ 1,494,772	405,674		△ 1,900,445
	9				
	10				
	11				
	12				
	13				
	14				
	15				
	16				
未収入金(連結法人税個別帰属額)	17			△ 7,767,500	△ 7,767,500
繰越損益金(損は赤)	18	△ 10,000,000	△ 10,000,000	△ 38,603,826	△ 38,603,826
小計	19	△ 5,020,772	△ 7,130,326	△ 42,410,326	△ 40,300,772
納税充当金	20			90,000	90,000
未払連結法人税個別帰属額等(退職年金等積立金に対するものを除く。) 未払連結法人税個別帰属額、未払連結地方法人税個別帰属額及び未払連結復興特別法人税個別帰属額	21			中間 確定 7,767,500	7,767,500
未納法人税、未納地方法人税及び未納復興特別法人税(附帯税を除く。)	22	△	△	△	△
未納道府県民税(均等割額及び利子割額を含む。)	23	△	△ 90,000	中間 △ 90,000 確定 △ 90,000	△ 90,000
未納市町村民税(均等割額を含む。)	24	△	△	中間 △ 確定 △	△
差引合計額	25	△ 5,020,772	△ 7,220,326	△ 34,732,826	△ 32,533,272

Ⅱ　連結個別資本金等の額の計算に関する明細書

区分		期首現在連結個別資本金等の額	当期の増減 減	当期の増減 増	差引翌期首現在連結個別資本金等の額 ①−②+③
		①	②	③	④
資本金又は出資金	26	円	円	円	円
資本準備金	27				
	28				
	29				
差引合計額	30				

連結欠損金当期控除額及び連結欠損金個別帰属額の計算に関する明細書

連結事業年度	28・4・1 29・3・31	法人名	福留 聡 株式会社

別表七の二付表一　平二十七・四・一以後終了連結事業年度分

連結欠損金当期控除額の計算

控除前連結所得金額 (別表四の二「45の①」)	1	237,500,000円	連結所得金額控除限度額 (1)× ~~50、65、80~~又は100 / 100	2	134,375,000円

発生連結事業年度	控除未済連結欠損金額 (別表七の二「1」)	特定連結欠損金当期控除額の計算 (3)のうち特定連結欠損金に係る控除未済額 (別表七の二「2」)	特定連結欠損金当期控除額の計算 当期控除額 (当該発生連結事業年度の(12)と((2)－当該発生連結事業年度前の(8)の合計額)のうち少ない金額)	非特定連結欠損金当期控除額の計算 (3)のうち非特定連結欠損金に係る控除未済額 (3)－(4)	非特定連結欠損金当期控除額の計算 当期控除額 (当該発生連結事業年度の(6)と((2)－当該発生連結事業年度前の(8)の合計額－当該発生連結事業年度の(5))のうち少ない金額)	連結欠損金当期控除額 (5)＋(7)
	3	4	5	6	7	8
： ：	円	円	円	円	円	円
27・4・1 28・3・31	205,000,000	5,000,000	5,000,000	200,000,000	149,375,000	154,375,000
： ：						
： ：						
： ：						
： ：						
： ：						
： ：						
： ：						

連結欠損金個別帰属額の計算

連結法人名	福留 聡 株式会社

発生連結事業年度	控除未済連結欠損金個別帰属額 (前期の(20)又は(28))又は別表七の二付表二「21」)	特定連結欠損金個別帰属額の計算 (9)のうち特定連結欠損金に係る控除未済額の個別帰属額 (前期の(14))又は別表七の二付表二「21の内書」)	特定連結欠損金個別帰属額の計算 調整前当期控除額 (当該発生連結事業年度の(10)と(別表四の二付表「45の①」－当該発生連結事業年度前の(19)の合計額)のうち少ない金額)	特定連結欠損金個別帰属額の計算 各連結法人の調整前当期控除額の合計額 (各連結法人の(11)の合計額)	特定連結欠損金個別帰属額の計算 特定連結欠損金当期控除額の個別帰属額 (5)×(11)/(12)	特定連結欠損金個別帰属額の計算 特定連結欠損金個別帰属額の翌期繰越額 (10)－(13)
	9	10	11	12	13	14
： ：	円	円	円	円	円	
27・4・1 28・3・31	190,000,000	0	0	10,000,000	0	0円
： ：						
： ：						
： ：						
： ：						
： ：						
： ：						
： ：						
計	190,000,000	0			0	0

発生連結事業年度	非特定連結欠損金個別帰属額の計算 (9)のうち非特定連結欠損金に係る控除未済額の個別帰属額 (9)－(10)	非特定連結欠損金個別帰属額の計算 各連結法人の非特定連結欠損金に係る控除未済額の個別帰属額の合計額 (各連結法人の(15)の合計額)	非特定連結欠損金個別帰属額の計算 非特定連結欠損金の当期控除額の個別帰属額 (7)×(15)/(16)	非特定連結欠損金個別帰属額の計算 非特定連結欠損金個別帰属額の翌期繰越額 (15)－(17)	連結欠損金当期控除額の個別帰属額 (13)＋(17)	連結欠損金個別帰属額の翌期繰越額 (14)＋(18)
	15	16	17	18	19	20
： ：	円	円	円		円	
27・4・1 28・3・31	190,000,000	200,000,000	141,906,250	48,093,750円	141,906,250	48,093,750円
： ：						
： ：						
： ：						
： ：						
： ：						
： ：						
： ：						
計	190,000,000		141,906,250	48,093,750	141,906,250	48,093,750

連結欠損金当期発生額に係る個別帰属額の計算

			繰戻し還付			
連結欠損金額 (別表四の二「55の①」)	21	円	繰戻し還付	連結欠損金の繰戻し額 (別表七の二「3の当期分」)	25	円
個別欠損金額 (別表四の二付表「55の①」)	22		繰戻し還付	各連結法人の連結欠損金当期発生額に係る個別帰属額の合計額 (各連結法人の(24)の合計額)	26	
各連結法人の個別欠損金額の合計額 (各連結法人の(22)の合計額)	23		繰戻し還付	連結欠損金の繰戻し額の個別帰属額 (25)×(24)/(26)	27	
連結欠損金当期発生額に係る個別帰属額 (21)×(22)/(23)	24			連結欠損金当期発生額に係る個別帰属額の翌期繰越額 (24)－(27)	28	

法　0301－0700－02－付1

連結欠損金当期控除額及び連結欠損金個別帰属額の計算に関する明細書

連結事業年度	28・4・1 29・3・31	法人名	福留 聡 株式会社

別表七の二付表一　平二十七・四・一以後終了連結事業年度分

連結欠損金当期控除額の計算

控除前連結所得金額 (別表四の二「16の①」)	1	237,500,000円	連結所得金額控除限度額 (1)×50, 65, 80又は100/100	2	154,375,000円

発生連結事業年度	控除未済連結欠損金額 (別表七の二「1」)	特定連結欠損金当期控除額の計算：(3)のうち特定連結欠損金に係る控除未済額 (別表七の二「2」)	特定連結欠損金当期控除額の計算：当期控除額 [当該発生連結事業年度の(12)と((2)−当該発生連結事業年度前の(8)の合計額)のうち少ない金額]	非特定連結欠損金当期控除額の計算：(3)のうち非特定連結欠損金に係る控除未済額 (3)−(4)	非特定連結欠損金当期控除額の計算：当期控除額 [当該発生連結事業年度の(6)と((2)−当該発生連結事業年度前の(8)の合計額−当該発生連結事業年度の(5))のうち少ない金額]	連結欠損金当期控除額 (5)+(7)
	3	4	5	6	7	8
： ：	円	円	円	円	円	円
27：4：1 28：3：31	205,000,000	5,000,000	5,000,000	200,000,000	149,375,000	154,375,000
： ：						
： ：						
： ：						
： ：						
： ：						
： ：						
： ：						

連結欠損金個別帰属額の計算

連結法人名：福留興業株式会社

発生連結事業年度	控除未済連結欠損金個別帰属額 [(前期の(20)又は(28))又は別表七の二付表二「21」]	特定連結欠損金個別帰属額の計算：(9)のうち特定連結欠損金に係る控除未済額の個別帰属額 [(前期の(14))又は別表七の二付表二「21の内書」]	特定連結欠損金個別帰属額の計算：調整前当期控除額 [当該発生連結事業年度の(10)と(別表四の二付表「45の①」−当該発生連結事業年度前の(19)の合計額)のうち少ない金額]	特定連結欠損金個別帰属額の計算：各連結法人の調整前当期控除額の合計額 [各連結法人の(11)の合計額]	特定連結欠損金個別帰属額の計算：特定連結欠損金当期控除額の個別帰属額 (5)×(11)/(12)	特定連結欠損金個別帰属額の計算：特定連結欠損金個別帰属額の翌期繰越額 (10)−(13)
	9	10	11	12	13	14
： ：	円	円	円	円	円	
27：4：1 28：3：31	15,000,000	5,000,000	5,000,000	5,000,000	5,000,000	0円
： ：						
： ：						
： ：						
： ：						
： ：						
： ：						
： ：						
計	15,000,000	5,000,000			5,000,000	0

発生連結事業年度	非特定連結欠損金個別帰属額の計算：(9)のうち非特定連結欠損金に係る控除未済額の個別帰属額 (9)−(10)	非特定連結欠損金個別帰属額の計算：各連結法人の非特定連結欠損金に係る控除未済額の個別帰属額の合計額 [各連結法人の(15)の合計額]	非特定連結欠損金個別帰属額の計算：非特定連結欠損金の当期控除額の個別帰属額 (7)×(15)/(16)	非特定連結欠損金個別帰属額の計算：非特定連結欠損金個別帰属額の翌期繰越額 (15)−(17)	連結欠損金当期控除額の個別帰属額 (13)+(17)	連結欠損金個別帰属額の翌期繰越額 (14)+(18)
	15	16	17	18	19	20
： ：	円	円	円		円	
27：4：1 28：3：31	10,000,000	200,000,000	7,468,750	2,531,250円	12,468,750	2,531,250円
： ：						
： ：						
： ：						
： ：						
： ：						
： ：						
： ：						
計	10,000,000		7,468,750	2,531,250	12,468,750	2,531,250

連結欠損金当期発生額に係る個別帰属額の計算

項目	番号	金額	項目	番号	金額
連結欠損金額 (別表四の二「55の①」)	21	円	繰戻し還付：連結欠損金の繰戻し額 (別表七の二「3の当期分」)	25	円
個別欠損金額 (別表四の二付表「55の①」)	22		繰戻し還付：各連結法人の連結欠損金当期発生額に係る個別帰属額の合計額 (各連結法人の(24)の合計額)	26	
各連結法人の個別欠損金額の合計額 (各連結法人の(22)の合計額)	23		繰戻し還付：連結欠損金の繰戻し額の個別帰属額 (25)×(24)/(26)	27	
連結欠損金当期発生額に係る個別帰属額 (21)×(22)/(23)	24		連結欠損金当期発生額に係る個別帰属額の翌期繰越額 (24)−(27)	28	

法　0301−0700−02−付1

連結欠損金当期控除額及び連結欠損金個別帰属額の計算に関する明細書

連結事業年度	28・4・1 29・3・31	法人名	福留 聡 株式会社

別表七の二付表一　平二十七・四・一以後終了連結事業年度分

連結欠損金当期控除額の計算

控除前連結所得金額 (別表四の二「45の①」)	1	237,500,000円	連結所得金額控除限度額 (1)×~~50、~~65、~~80~~又は100/100	2	154,375,000円

発生連結事業年度	控除未済連結欠損金額 (別表七の二「1」)	特定連結欠損金当期控除額の計算 (3)のうち特定連結欠損金に係る控除未済額 (別表七の二「2」)	特定連結欠損金当期控除額の計算 当期控除額 (当該発生連結事業年度の(12)と((2)－当該発生連結事業年度前の(8)の合計額)のうち少ない金額)	非特定連結欠損金当期控除額の計算 (3)のうち非特定連結欠損金に係る控除未済額 (3)－(4)	非特定連結欠損金当期控除額の計算 当期控除額 (当該発生連結事業年度の(6)と((2)－当該発生連結事業年度前の(8)の合計額－当該発生連結事業年度の(5))のうち少ない金額)	連結欠損金当期控除額 (5)＋(7)
	3	4	5	6	7	8
：：	円	円	円	円	円	円
27・4・1 28・3・31	205,000,000	5,000,000	5,000,000	200,000,000	149,375,000	154,375,000
：：						
：：						
：：						
：：						
：：						
：：						
：：						

連結欠損金個別帰属額の計算

連結法人名　福留サービス株式会社

発生連結事業年度	控除未済連結欠損金個別帰属額 ((前期の(20)又は(28))又は別表七の二付表二「21」)	特定連結欠損金個別帰属額の計算 (9)のうち特定連結欠損金に係る控除未済額の個別帰属額 ((前期の(14))又は別表七の二付表二「21の内書」)	調整前当期控除額 (当該発生連結事業年度の(10)と(別表四の二付表「45の①」－当該発生連結事業年度前の(19の合計額)のうち少ない金額)	各連結法人の調整前当期控除額の合計額 (各連結法人の(11)の合計額)	特定連結欠損金当期控除額の個別帰属額 (5)×(11)/(12)	特定連結欠損金個別帰属額の翌期繰越額 (10)－(13)
	9	10	11	12	13	14
：：	円	円	円	円	円	
27・4・1 28・3・31	0	0	0	10,000,000	0	0円
：：						
：：						
：：						
：：						
：：						
：：						
：：						
計	0	0			0	0

発生連結事業年度	非特定連結欠損金個別帰属額の計算 (9)のうち非特定連結欠損金に係る控除未済額の個別帰属額 (9)－(10)	各連結法人の非特定連結欠損金に係る控除未済額の個別帰属額の合計額 (各連結法人の(15)の合計額)	非特定連結欠損金の当期控除額の個別帰属額 (7)×(15)/(16)	非特定連結欠損金個別帰属額の翌期繰越額 (15)－(17)	連結欠損金当期控除額の個別帰属額 (13)＋(17)	連結欠損金個別帰属額の翌期繰越額 (14)＋(18)
	15	16	17	18	19	20
：：	円	円	円		円	
27・4・1 28・3・31	0	200,000,000	0	0円	0	0円
：：						
：：						
：：						
：：						
：：						
：：						
：：						
計	0		0	0	0	0

連結欠損金当期発生額に係る個別帰属額の計算

項目	番号	金額		項目	番号	金額
連結欠損金額 (別表四の二「55の①」)	21	円	繰戻し還付	連結欠損金の繰戻し額 (別表七の二「3の当期分」)	25	円
個別欠損金額 (別表四の二付表「55の①」)	22		繰戻し還付	各連結法人の連結欠損金当期発生額に係る個別帰属額の合計額 (各連結法人の(24)の合計額)	26	
各連結法人の個別欠損金額の合計額 (各連結法人の(22)の合計額)	23		繰戻し還付	連結欠損金の繰戻し額の個別帰属額 (25)×(24)/(26)	27	
連結欠損金当期発生額に係る個別帰属額 (21)×(22)/(23)	24			連結欠損金当期発生額に係る個別帰属額の翌期繰越額 (24)－(27)	28	

法　0301－0700－02－付1

(2)　連結財務諸表

連結納税税効果会計の連結財務諸表の一時差異等は別表五の二（一）及び別表五の二（一）付表一から把握できる。一時差異は主に，別表五の二（一）付表一の項目を漏れなく抽出して税効果計算に関するワークシートに転記する。ただし，未払事業税は，各個社の合計で算定され，連結納税申告書の別表五の二（一）付表一，単体納税申告書の別表五（一），納税一覧表又は事業税・都道府県民税の内訳書から転記する。これは，連結納税制度を利用した場合でも，法人税は連結納税であるが，住民税及び事業税は単体納税で申告する必要があるからである。また，繰越欠損金は一時差異ではないが，一時差異と同様の税効果を有するため，一時差異に準ずるものとして取り扱われるため，連結納税税効果計算に関するワークシートに入力する。繰越欠損金の数字は，国税は，連結納税申告書の別表七の二から，地方税は，単体納税申告書の別表七（一）から転記する。

連結納税税効果計算に関するワークシートに転記された一時差異等と連結納税申告書及び単体納税申告書別表の関係を整理すると以下のようになる。

・貸倒引当金（流動），貸倒引当金（固定），賞与引当金，賞与引当金（社会保険料），退職給付引当金，減価償却超過額（機械装置），減価償却超過額（工具器具備品），減価償却超過額（車両運搬具），減価償却超過額（建物），役員退職慰労引当金，土地減損損失，建物減損損失，資産除去債務，固定資産圧縮積立金，有形固定資産（除去資産），有価証券評価差額金否認→連結納税申告書別表五の二（一）及び別表五の二（一）付表一

・未払事業税→各個社の合計で算定され，連結納税申告書の別表五の二（一）付表一の納税充当金，未払金（連結法人税個別帰属額）及び未収入金（連結法人税個別帰属額）の合計から未納連結法人税個別帰属額等を差引いた金額，又は単体納税申告書別表五（一）の納税充当金から未納法人税等（未納法人税，未納道府県民税及び未納市町村民税の合計）を差引いた金額又は納税一覧表又は事業税・都道府県民税内訳表の事業税及び地方法人特別税

・繰越欠損金→連結納税申告書別表七の二

Ⅱ個別財務諸表
（連結納税会社）

会社名	福留聡㈱	国税	地方税
事業年度	2017年3月期	3	3

項目	A:前期末残高 =別表五の二(一)付表一 期首現在利益積立金額	B:加算 =別表五の二(一) 付表一当期中の 増減の増	C:減算 =別表五の二(一) 付表一当期中の 増減の減	D:期末残高 =別表五の二(一) 付表一差引翌期首 現在利益積立金額	E:評価性引当額控 除前繰延税金資産 =D.期末残高× 32.34%	F:回収不能一時差異
賞与引当金	38,000,000	30,000,000	38,000,000	30,000,000	9,702,000	0
未払事業税(注1)	6,000,000	10,514,475	6,000,000	10,514,475	3,400,381	0
賞与引当金(社会保険料)	5,240,000	4,200,000	5,240,000	4,200,000	1,358,280	0
貸倒引当金(流動)	20,000,000	30,000,000	20,000,000	30,000,000	9,702,000	0
小計	69,240,000	74,714,475	69,240,000	74,714,475	24,162,661	0
退職給付引当金	4,000,000	300,000	50,000	4,250,000	1,374,450	0
役員退職慰労引当金	3,500,000	1,000,000		4,500,000	1,455,300	(1,000,000)
土地減損損失		54,000,000		54,000,000	17,463,600	(54,000,000)
減価償却超過額(機械装置)	150,000	100,000	70,000	180,000	58,212	(30,000)
貸倒引当金(固定)		2,000,000		2,000,000	646,800	(2,000,000)
資産除去債務	10,000,000	200,000		10,200,000	3,298,680	(10,200,000)
減価償却超過額(建物)		10,000,000		10,000,000	3,234,000	0
繰越欠損金(注2)国税	190,000,000		141,906,250	48,093,750	11,412,647	0
繰越欠損金(注2)地方税	190,000,000		162,500,000	27,500,000	2,367,750	0
建物減損損失		36,000,000		36,000,000	11,642,400	(27,000,000)
小計	397,650,000	103,600,000	304,526,250	196,723,750	52,953,839	(94,230,000)
合計	466,890,000	178,314,475	373,766,250	271,438,225	77,116,500	(94,230,000)
固定資産圧縮積立金		(10,000,000)		(10,000,000)	(3,234,000)	
有形固定資産(除去資産)	(10,000,000)	500,000		(9,500,000)	(3,072,300)	
その他有価証券評価差額金	(500,000)	(300,000)	(500,000)	(300,000)	(97,020)	
合計	(10,500,000)	(9,800,000)	(500,000)	(19,800,000)	(6,403,320)	0

（注1）未払事業税の金額は、別表五の二(一)付表一、別表五(一)、納税一覧表又は事業税・都道府県民税の内訳明細書から転記する。

（注2）繰越欠損金の金額は、国税は、別表七の二付表一、地方税は別表七(一)から転記する。
（注3）前期末の数字は、前期末の開示用ではなく、当期の仕訳作成、評価性引当額の増加額算定のために参考として作成している。

会計処理（2017年3月期）

その他包括利益項目以外の税効果仕訳	法人税等調整額	42,418,608	(固定)繰延税金資産	41,116,753
	(流動)繰延税金資産	1,770,445	(固定)繰延税金負債	3,072,300
その他包括利益項目の税効果仕訳	その他有価証券評価差額金	106,970	投資有価証券	200,000
	(固定)繰延税金負債	93,030		

会社名	福留興業㈱	国税	地方税
事業年度	2017年3月期	3	3

項目	A:前期末残高 =別表五の二(一)付表一 期首現在利益積立金額	B:加算 =別表五の二(一) 付表一当期中の 増減の増	C:減算 =別表五の二(一) 付表一当期中の 増減の減	D:期末残高 =別表五の二(一) 付表一差引翌期首 現在利益積立金額	E:評価性引当額控 除前繰延税金資産 =D.期末残高× 32.34%	F:回収不能一時差異
賞与引当金	4,000,000	5,000,000	4,000,000	5,000,000	1,617,000	0
未払事業税(注1)	0	361,158	0	361,158	116,798	0
賞与引当金(社会保険料)	548,000	685,000	548,000	685,000	221,529	0
繰越欠損金(注2)国税	15,000,000		12,468,750	2,531,250	600,666	0
繰越欠損金(注2)地方税	15,000,000		13,000,000	2,000,000	172,200	0
小計	34,548,000	6,046,158	30,016,750	10,577,408	2,728,193	0
役員退職慰労引当金	1,000,000	200,000		1,200,000	388,080	(1,200,000)
減価償却超過額(工具器具備品)	200,000	100,000	50,000	250,000	80,850	0
減価償却超過額(建物)	5,000,000	1,000,000	250,000	5,750,000	1,859,550	0
小計	6,200,000	1,300,000	300,000	7,200,000	2,328,480	(1,200,000)
合計	40,748,000	7,346,158	30,316,750	17,777,408	5,056,673	(1,200,000)

（注1）未払事業税の金額は、別表五の二(一)付表一、別表五(一)、納税一覧表又は事業税・都道府県民税の内訳明細書から転記する。

（注2）繰越欠損金の金額は、国税は、別表七の二付表一、地方税は別表七(一)から転記する。
（注3）前期末の数字は、前期末の開示用ではなく、当期の仕訳作成、評価性引当額の増加額算定のために参考として作成している。

会計処理（2017年3月期）

その他包括利益項目以外の税効果仕訳	法人税等調整額	3,334,910	(流動)繰延税金資産	3,593,630
	(固定)繰延税金資産	258,720		

（単位：円）

G:評価性引当額=回収不能一時差異×32.34%	H:評価性引当額控除後一時差異=D+F	I:評価性引当額控除後繰延税金資産=E+G	
0	30,000,000	9,702,000	
0	10,514,475	3,400,381	
0	4,200,000	1,358,280	
0	30,000,000	9,702,000	
0	74,714,475	24,162,661	①
0	4,250,000	1,374,450	
(323,400)	3,500,000	1,131,900	
(17,463,600)	0	0	
(9,702)	150,000	48,510	
(646,800)	0	0	
(3,298,680)	0	0	
0	10,000,000	3,234,000	
0	48,093,750	11,412,647	
0	27,500,000	2,367,750	
(8,731,800)	9,000,000	2,910,600	
(30,473,982)	102,493,750	22,479,857	②
(30,473,982)	177,208,225	46,642,518	
	(10,000,000)	(3,234,000)	
	(9,500,000)	(3,072,300)	
	(300,000)	(97,020)	
0	(19,800,000)	(6,403,320)	④

期末将来減算一時差異合計	195,844,475	
（流動）繰延税金資産	24,162,661	①
（固定）繰延税金資産	22,479,857	②
繰延税金資産合計	46,642,518	③=①+②
（固定）繰延税金負債	(6,403,320)	④
開示　（固定）繰延税金資産	16,076,537	⑤=②+④
法人税等調整額	42,418,608	⑥=③'－③

（参考：前期末）　　（単位：円）

J:前期末評価性引当額控除前繰延税金資産=A×32.34%	K:前期末評価性引当額=回収不能一時差異×32.34%	L:前期末の開示ベースの繰延税金資産=J+K	
12,289,200		12,289,200	
1,940,400		1,940,400	
1,694,616		1,694,616	
6,468,000		6,468,000	
22,392,216	0	22,392,216	①'
1,293,600		1,293,600	
1,131,900	(323,400)	808,500	
0		0	
48,510		48,510	
0		0	
3,234,000	(3,234,000)	0	
0		0	
45,087,000		45,087,000	
16,359,000		16,359,000	
0		0	
67,154,010	(3,557,400)	63,596,610	②'
89,546,226	(3,557,400)	85,988,826	
0		0	
(3,234,000)		(3,234,000)	
(190,050)		(190,050)	
(3,424,050)	0	(3,424,050)	④'

期末将来減算一時差異合計	86,890,000		
（流動）繰延税金資産	22,392,216	①'	前期末B/Sと一致確認
（固定）繰延税金資産	63,596,610	②'	
繰延税金資産合計	85,988,826	③'＝①'＋②'	
（固定）繰延税金負債	(3,424,050)	④'	
開示　（固定）繰延税金資産	60,172,560	⑤'＝②'＋④'	前期末B/Sと一致確認

G:評価性引当額=回収不能一時差異×32.34%	H:評価性引当額控除後一時差異=D+F	I:評価性引当額控除後繰延税金資産=E+G	
0	5,000,000	1,617,000	
0	361,158	116,798	
0	685,000	221,529	
0	2,531,250	600,666	
0	2,000,000	172,200	
0	10,577,408	2,728,193	①
(388,080)	0	0	
0	250,000	80,850	
0	5,750,000	1,859,550	
(388,080)	6,000,000	1,940,400	②
(388,080)	16,577,408	4,668,593	

期末将来減算一時差異合計	13,246,158	
（流動）繰延税金資産	2,728,193	①
（固定）繰延税金資産	1,940,400	②
繰延税金資産合計	4,668,593	③=①+②
（固定）繰延税金負債	0	④
開示　（固定）繰延税金資産	1,940,400	⑤=②+④
法人税等調整額	3,334,910	⑥=③'－③

J:前期末評価性引当額控除前繰延税金資産=A×32.34%	K:前期末評価性引当額=回収不能一時差異×32.34%	L:前期末の開示ベースの繰延税金資産=J+K	
1,293,600		1,293,600	
0		0	
177,223		177,223	
3,559,500		3,559,500	
1,291,500		1,291,500	
6,321,823	0	6,321,823	①'
323,400	(323,400)	0	
64,680		64,680	
1,617,000		1,617,000	
2,005,080	(323,400)	1,681,680	②'
8,326,903	(323,400)	8,003,503	

期末将来減算一時差異合計	10,748,000		
（流動）繰延税金資産	6,321,823	①'	前期末B/Sと一致確認
（固定）繰延税金資産	1,681,680	②'	
繰延税金資産合計	8,003,503	③'＝①'＋②'	
（固定）繰延税金負債	0	④'	
開示　（固定）繰延税金資産	1,681,680	⑤'＝②'＋④'	前期末B/Sと一致確認

会社名	福留サービス㈱
事業年度	2017年3月期

国税	地方税
3	4

項目	A:前期末残高 =別表五の二(一)付表一期首現在利益積立金額	B:加算 =別表五の二(一)付表一当期中の増減の増	C:減算 =別表五の二(一)付表一当期中の増減の減	D:期末残高 =別表五の二(一)付表一差引翌期首現在利益積立金額	E:評価性引当額控除前繰延税金資産 =D.期末残高×32.34%	F:回収不能一時差異
賞与引当金	2,000,000	3,000,000	2,000,000	3,000,000	970,200	0
賞与引当金(社会保険料)	274,000	411,000	274,000	411,000	132,917	0
小計	2,274,000	3,411,000	2,274,000	3,411,000	1,103,117	0
役員退職慰労引当金	1,000,000	200,000		1,200,000	388,080	(1,200,000)
減価償却超過額(車両運搬具)	200,000	50,000	40,000	210,000	67,914	(210,000)
減価償却超過額(建物)	3,000,000	300,000	150,000	3,150,000	1,018,710	(3,150,000)
繰越欠損金(注2)地方税	0	32,500,000	0	32,500,000	2,798,250	(32,500,000)
小計	4,200,000	33,050,000	190,000	37,060,000	4,272,954	(37,060,000)
合計	6,474,000	36,461,000	2,464,000	40,471,000	5,376,071	(37,060,000)

（注1）未払事業税の金額は、別表五の二(一)付表一、別表五(一)、納税一覧表又は事業税・都道府県民税の内訳明細書から転記する。

（注2）繰越欠損金の金額は、国税は、別表七の二付表一、地方税は別表七(一)から転記する。

（注3）前期末の数字は、前期末の開示用ではなく、当期の仕訳作成、評価性引当額の増加額算定のために参考として作成している。

会計処理(2017年3月期)				
その他包括利益項目以外の税効果仕訳	(流動)繰延税金資産	367,706	法人税等調整額	405,674
	(固定)繰延税金資産	37,968		

別表五の二（一）及び別表五の二（一）付表一Ｉ連結個別利益積立金額の計算に関する明細書に記載されている項目のうち，利益準備金，繰越損益金，納税充当金，未納法人税，未納道府県民税，繰延税金資産，繰延税金負債，有価証券評価差額金，役員賞与引当金は，一時差異として扱われない。

上記のとおり，一時差異等を把握した後，未払事業税，繰越欠損金を除く一時差異等は，「連結納税税効果シート①　連結納税税効果計算に関するワークシート」の前期末残高に別別表五の二（一）及び別表五の二（一）付表一の期首現在連結個別利益積立金額の金額を転記し，加算に別表五の二（一）及び別表五の二（一）付表一の当期の増減の増の金額を転記し，減算に別表五の二（一）及び別表五の二（一）付表一の当期の増減の減の金額を転記することにより期末残高を算定する。期末残高は，別表五の二（一）及び別表五の二（一）付表一の差引翌期首現在利益積立金額に一致する。

なお，連結財務諸表ベースで利用する別表は別表五の二（一）であるが，別表五の二（一）は個社ベース福留聡㈱，福留興業㈱及び福留サービス㈱の別表五の二（一）付表一の合計になる。

そのため，各一時差異については，別表五の二（一）付表一の3社分を合計し，「連結納税税効果シート①　連結納税税効果計算に関するワークシート」に転記することになる。

G:評価性引当額 =回収不能一時差異×32.34%	H:評価性引当額控除後一時差異=D+F	I:評価性引当額控除後繰延税金資産 =E+G		J:前期末評価性引当額控除前繰延税金資産 =A×32.34%	K:前期末評価性引当額 =回収不能一時差異×32.34%	L:前期末の開示ベースの繰延税金資産 =J+K	
0	3,000,000	970,200		646,800		646,800	
0	411,000	132,917		88,612		88,612	
0	3,411,000	1,103,117	①	735,412	0	735,412	①'
(388,080)	0	0		323,400	(323,400)	0	
(18,081)	0	49,833		64,680	(17,220)	47,460	
(271,215)	0	747,495		970,200	(258,300)	711,900	
(2,798,250)	0	0		0		0	
(3,475,626)	0	797,328	②	1,358,280	(598,920)	759,360	②'
(3,475,626)	3,411,000	1,900,445		2,093,692	(598,920)	1,494,772	

期末将来減算一時差異合計	7,971,000	
(流動)繰延税金資産	1,103,117	①
(固定)繰延税金資産	797,328	②
繰延税金資産合計	1,900,445	③=①+②
(固定)繰延税金負債	0	④
開示 (固定)繰延税金資産	797,328	⑤=②+④
法人税等調整額	(405,674)	⑥=③'－③

期末将来減算一時差異合計	6,474,000		
(流動)繰延税金資産	735,412	①'	前期末B/Sと一致確認
(固定)繰延税金資産	759,360	②'	
繰延税金資産合計	1,494,772	③'＝①'＋②'	
(固定)繰延税金負債	0	④'	
開示 (固定)繰延税金資産	759,360	⑤'＝②'＋④'	前期末B/Sと一致確認

未払事業税は，連結納税申告書別表五の二（一）付表一の納税充当金，未払金（連結法人税個別帰属額）及び未収入金（連結法人税個別帰属額）の合計から未納連結法人税個別帰属額等を差引いた金額，又は単体納税申告書別表五（一）の納税充当金から未納法人税等（未納法人税，未納道府県民税及び未納市町村民税の合計）を差引いた金額を上記で説明したように，別表五の二（一）付表一の他の項目と同様に転記するか又は納付税額一覧表又は事業税・都道府県民税内訳表から，「連結納税税効果シート①　連結納税税効果計算に関するワークシート」の前期末残高と減算に前期末の差引納付額を転記し，加算と期末残高に当期末の差引納付額を転記する。

未払事業税も他の一時差異同様に別表五の二（一）付表一の3社分を合計し，「連結納税税効果シート①　連結納税税効果計算に関するワークシート」に転記する。

国税（連結納税）の繰越欠損金は，「連結納税税効果シート①　連結納税税効果計算に関するワークシート」の前期末残高に別表七の二の控除未決済連結欠損金の計を転記し，減算に別表七の二の当期控除額の計を転記し，期末残高を算定する。期末残高は，別表七の二の翌期繰越額に一致する。

なお，本設例では，1年以内に確実に課税所得に充当されると想定されている金額を流動資産に分類しており，「連結納税税効果シート①　連結納税税効果果計算に関するワークシート」の流動資産及び固定資産の繰越欠損金合計と上記別表七の二が一致する。

地方税（単体納税）の繰越欠損金は，「連結納税税効果シート①　連結納税税効果計算に関するワークシート」の前期末残高に別表七（一）の控除未決済欠損金額の計を転記し，加算に別表七（一）の当期分の欠損金額を転記し，減算に別表七（一）の当期控除額を転記し，期末残高を算定する。期末残高は，別

連結利益積立金額の計算に関する明細書

連結事業年度	28・4・1 ～ 29・3・31	法人名	福留 聡 株式会社

別表五の二(一)　平二十七・四・一以後終了連結事業年度分

区分			期首現在連結利益積立金額 ①	当期の増減 減 ②	当期の増減 増 ③		差引翌期首現在連結利益積立金額 ①－②＋③ ④
各連結法人の連結個別利益積立金額	福留 聡 株式会社	1	974,935,174円	1,055,160,000円	1,264,551,073円		1,184,326,247円
	福留興業株式会社	2	152,744,497	154,848,000	170,344,944		168,241,441
	福留サービス株式会社	3	△ 5,220,772	△ 7,130,326	△ 42,410,326		△ 40,300,772
		4					
		5					
		6					
		7					
		8					
		9					
		10					
		11					
		12					
		13					
小計		14	1,122,658,899	1,202,877,674	1,392,485,691		1,312,266,916
納税充当金		15	6,265,000	6,265,000	36,139,858		36,139,858
未納法人税等（退職年金等積立金に対するものを除く。）	未納連結法人税、未納連結地方法人税及び未納連結復興特別法人税（附帯税を除く。）	16	△	△	中間	△	△ 13,899,344
					確定	△13,899,344	
	未納法人税、未納地方法人税及び未納復興特別法人税（附帯税を除く。）	17	△	△	△		△
	未納道府県民税（均等割額及び利子割額を含む。）	18	△ 265,000	△ 765,000	中間	△ 500,000	△ 5,397,350
					確定	△ 5,397,350	
	未納市町村民税（均等割額を含む。）	19	△	△	中間	△	△
					確定	△	
差引合計額		20	1,128,658,899	1,208,377,674	1,408,828,885		1,329,110,080

法 0301－0501－02

別表五の二(一)付表一　平二十七・四・一以後終了連結事業年度分

連結個別利益積立金額及び連結個別資本金等の額の計算に関する明細書	連結事業年度	28・4・1 29・3・31	法人名	福留 聡 株式会社 (福留 聡 株式会社)

I　連結個別利益積立金額の計算に関する明細書

区分		期首現在連結個別利益積立金額	当期の増減		差引翌期首現在連結個別利益積立金額 ①－②＋③
			減	増	
		①	②	③	④
利益準備金	1	5,000,000円	円	円	5,000,000円
固定資産圧縮積立金	2			6,766,000	6,766,000
有価証券評価差額金	3	338,300	338,300	202,980	202,980
繰延税金負債(有価証券評価差額金)	4	161,700	161,700	97,020	97,020
有価証券評価差額金否認	5	△ 500,000	△ 500,000	△ 300,000	△ 300,000
減価償却超過額(機械装置)	6	150,000	70,000	100,000	180,000
減価償却超過額(建物)	7			10,000,000	10,000,000
賞与引当金	8	38,000,000	38,000,000	30,000,000	30,000,000
賞与引当金(社会保険料)	9	5,240,000	5,240,000	4,200,000	4,200,000
役員退職慰労引当金	10	3,500,000		1,000,000	4,500,000
退職給付引当金	11	4,000,000	50,000	300,000	4,250,000
(別葉会計)	12	△ 80,954,826	11,800,000	136,118,608	43,363,782
未払金(各法人との連結税個別帰属額の受払額等)	13			7,767,500	7,767,500
未収入金(各法人との連結法人税個別帰属額の受払額等)	14			△ 1,799,969	△ 1,799,969
未払連結法人税個別帰属受取額	15			△ 7,767,500	△ 7,767,500
未収連結法人税個別帰属支払額	16			27,634,375	27,634,375
未納連結法人税	17			△ 17,925,000	△ 17,925,000
繰越損益金(損は赤)	18	1,000,000,000	1,000,000,000	1,068,157,059	1,068,157,059
小計	19	974,935,174	1,055,166,000	1,264,551,073	1,184,326,247
納税充当金	20	6,265,000	6,265,000	35,191,802	35,191,802
未払連結法人税個別帰属額等(退職年金等積立金に対するものを除く。) 未払連結法人税個別帰属額、未払連結地方法人税個別帰属額及び未払連結復興特別法人税個別帰属額	21			中間 確定 △ 19,866,875	△ 19,866,875
未納法人税、未納地方法人税及び未納復興特別法人税(附帯税を除く。)	22	△	△	△	△
未納道府県民税(均等割額及び利子割額を含む。)	23	△ 265,000	△ 530,000	中間 △ 265,000 確定 △ 4,810,452	△ 4,810,452
未納市町村民税(均等割額を含む。)	24	△	△	中間 △ 確定 △	△
差引合計額	25	980,935,174	1,060,895,000	1,274,800,548	1,194,840,722

II　連結個別資本金等の額の計算に関する明細書

区分		期首現在連結個別資本金等の額	当期の増減		差引翌期首現在連結個別資本金等の額 ①－②＋③
			減	増	
		①	②	③	④
資本金又は出資金	26	円	円	円	円
資本準備金	27				
	28				
	29				
差引合計額	30				

別表五の二（一）付表一（別葉　利益積立金額）

連結個別利益積立金額の額の計算に関する明細書（別葉）

事業年度	平28・4・1 平29・3・31	法人名	福留聡株式会社

I　利益積立金額の計算に関する明細書

区分		期首現在利益積立金額 ①	当期中の増減 減 ②	当期中の増減 増 ③	差引翌期首現在利益積立金額 ④
役員賞与引当金	1	1,800,000	1,800,000	1,000,000	1,000,000
土地減損損失	2			54,000,000	54,000,000
貸倒引当金（固定）	3			2,000,000	2,000,000
圧縮積立金認定損	4		10,000,000		△ 10,000,000
有形固定資産（除去資産）	5	△ 10,000,000		500,000	△ 9,500,000
資産除去債務	6	10,000,000		200,000	10,200,000
建物減損損失	7			36,000,000	36,000,000
繰延税金資産（法人税等調整額）	8	△ 82,754,826		42,418,608	△ 40,336,218
小計	9	△ 80,954,826	11,800,000	136,118,608	43,363,782

連結個別利益積立金額及び連結個別資本金等の額の計算に関する明細書

連結事業年度	28・4・1 29・3・31	法人名	福留 聡 株式会社 （福留興業株式会社）

別表五の二(一)付表一　平二十七・四・一以後終了連結事業年度分

Ⅰ　連結個別利益積立金額の計算に関する明細書

区分		期首現在連結個別利益積立金額	当期の増減 減	当期の増減 増	差引翌期首現在連結個別利益積立金額 ①－②＋③
		①	②	③	④
利益準備金	1	円	円	円	円
積立金	2				
賞与引当金	3	4,000,000	4,000,000	5,000,000	5,000,000
賞与引当金（社会保険料）	4	548,000	548,000	685,000	685,000
役員退職慰労引当金	5	1,000,000		200,000	1,200,000
減価償却超過額（建物）	6	5,000,000	250,000	1,000,000	5,750,000
減価償却超過額（工具器具備品）	7	200,000	50,000	100,000	250,000
繰延税金負債（法人税等調整額）	8	△ 8,003,503		3,334,910	△ 4,668,593
	9				
	10				
	11				
	12				
	13				
	14				
	15				
	16				
未払金（連結法人税個別帰属額）	17			1,799,969	1,799,969
繰越損益金（損は赤）	18	150,000,000	150,000,000	158,225,065	158,225,065
小計	19	152,744,497	154,848,000	170,344,944	168,241,441
納税充当金	20			858,056	858,056
未払連結法人税個別帰属額等（退職年金等積立金に対するものを除く。） 未払連結法人税個別帰属額、未払連結地方法人税個別帰属額及び未払連結復興特別法人税個別帰属額	21			中間 確定 △ 1,799,969	△ 1,799,969
未納法人税、未納地方法人税及び未納復興特別法人税（附帯税を除く。）	22	△	△	△	△
未納道府県民税（均等割額及び利子割額を含む。）	23	△	△ 145,000	中間 △ 145,000 確定 △ 496,898	△ 496,898
未納市町村民税（均等割額を含む。）	24	△	△	中間 △ 確定 △	△
差引合計額	25	152,744,497	154,703,000	168,761,133	166,802,630

Ⅱ　連結個別資本金等の額の計算に関する明細書

区分		期首現在連結個別資本金等の額	当期の増減 減	当期の増減 増	差引翌期首現在連結個別資本金等の額 ①－②＋③
		①	②	③	④
資本金又は出資金	26	円	円	円	円
資本準備金	27				
	28				
	29				
差引合計額	30				

連結個別利益積立金額及び連結個別資本金等の額の計算に関する明細書

連結事業年度	28・4・1 29・3・31	法人名	福留 聡 株式会社 （福留サービス株式会社）

別表五の二(一)付表一　平二十七・四・一以後終了連結事業年度分

Ⅰ　連結個別利益積立金額の計算に関する明細書

区分		期首現在連結個別利益積立金額 ①	当期の増減 減 ②	 増 ③	差引翌期首現在連結個別利益積立金額 ①－②＋③ ④
利益準備金	1	円	円	円	円
積立金	2				
賞与引当金	3	2,000,000	2,000,000	3,000,000	3,000,000
賞与引当金(社会保険料)	4	274,000	274,000	411,000	411,000
役員退職慰労引当金	5	1,000,000		200,000	1,200,000
減価償却超過額(建物)	6	3,000,000	150,000	300,000	3,150,000
減価償却超過額(車両運搬具)	7	200,000	40,000	50,000	210,000
繰延税金負債(法人税等調整額)	8	△1,494,772	405,674		△1,900,445
	9				
	10				
	11				
	12				
	13				
	14				
	15				
	16				
未収入金(連結法人税個別帰属額)	17			△7,767,500	△7,767,500
繰越損益金（損は赤）	18	△10,000,000	△10,000,000	△38,603,826	△38,603,826
小計	19	△5,020,772	△7,130,326	△42,410,326	△40,300,772
納税充当金	20			90,000	90,000
未払連結法人税個別帰属額等（退職年金等積立金に対するものを除く。）：未払連結法人税個別帰属額、未払連結地方法人税個別帰属額及び未払連結復興特別法人税個別帰属額	21			中間 確定 7,767,500	7,767,500
未納法人税、未納地方法人税及び未納復興特別法人税（附帯税を除く。）	22	△	△	△	△
未納道府県民税（均等割額及び利子割額を含む。）	23	△	△ 90,000	中間 △ 90,000 確定 △ 90,000	△ 90,000
未納市町村民税（均等割額を含む。）	24	△	△	中間 △ 確定 △	△
差引合計額	25	△5,020,772	△7,220,326	△34,732,826	△32,533,272

Ⅱ　連結個別資本金等の額の計算に関する明細書

区分		期首現在連結個別資本金等の額 ①	当期の増減 減 ②	 増 ③	差引翌期首現在連結個別資本金等の額 ①－②＋③ ④
資本金又は出資金	26	円	円	円	円
資本準備金	27				
	28				
	29				
差引合計額	30				

連結欠損金等の損金算入に関する明細書

連結事業年度	28・4・1 29・3・31	法人名	福留 聡 株式会社

別表七の二　平二十七・四・一以後終了連結事業年度分

連結事業年度	控除未済連結欠損金額 (前期の(5))又は(11) 1	(1)のうち特定連結欠損金額 (前期の(6))又は(11の内書) 2	当期控除額 (別表七の二付表一「8」) 3	(3)のうち特定連結欠損金額 (別表七の二付表一「5」) 4	翌期繰越額 (1)－(3) 5	(5)のうち特定連結欠損金額 (2)－(4) 6
・・ ・・	円	円	円	円		
27・4・1 28・3・31	205,000,000	5,000,000	154,375,000	5,000,000	50,625,000 円	0 円
・・ ・・						
・・ ・・						
・・ ・・						
・・ ・・						
・・ ・・						
・・ ・・						
・・ ・・						
計	205,000,000	5,000,000	154,375,000	5,000,000	50,625,000	0
当期分　連結欠損金額(別表四の二「55の①」)			連結欠損金の繰戻し額			
合計						

控除未済連結欠損金額の調整計算

連結事業年度	調整前の控除未済連結欠損金額 (前期の(5)) 7	連結納税の開始に伴うみなし連結欠損金額 〔別表七の二付表二「3の計」〕 8	控除未済連結欠損金額の調整額　加算額 〔別表七の二付表二「6の計」＋「14の計」〕 9	控除未済連結欠損金額の調整額　減算額 〔別表七の二付表二「19の計」〕 10	控除未済連結欠損金額 ((7)＋(9)－(10))又は(8) 11
・・ ・・	内　円	内　円	内　円	内　円	内　円
・・ ・・	内	内	内	内	内
・・ ・・	内	内	内	内	内
・・ ・・	内	内	内	内	内
・・ ・・	内	内	内	内	内
・・ ・・	内	内	内	内	内
・・ ・・	内	内	内	内	内
・・ ・・	内	内	内	内	内
・・ ・・	内	内	内	内	内

更生欠損金等の当期控除額がある場合の連結欠損金等の当期控除額の合計額の計算

項目	番号	金額	項目	番号	金額
連結欠損金の当期控除額 (3の計)	12	円	民事再生等評価換えが行われる場合以外の場合の再生等欠損金及び解散の場合の欠損金の当期控除額 (各連結法人の別表七の二付表四「10」の合計)	15	円
更生欠損金の当期控除額 (各連結法人の別表七の二付表三「9」の合計)	13		連結欠損金等の当期控除額の合計額 (12)＋(13)＋(14)＋(15)	16	
民事再生等評価換えが行われる場合の再生等欠損金の当期控除額 (各連結法人の別表七の二付表三「21」の合計)	14				

法　0301－0700－02

連結納税税効果シート① 連結納税税効果計算に関するワークシート
Ⅰ連結財務諸表
（連結納税主体）

会社名	福留聡㈱
事業年度	2017年3月期

国税
3

項目	A:前期末残高 =別表五の二(一)及び別表五の二(一)付表一期首現在利益積立金額	B:加算 =別表五の二(一)及び別表五の二(一)付表一当期中の増減の増	C:減算 =別表五の二(一)及び別表五の二(一)付表一当期中の増減の減	D:期末残高 =別表五の二(一)及び別表五の二(一)付表一差引翌期首現在利益積立金額	E:評価性引当額控除前繰延税金資産 =D.期末残高×32.34%	F:回収不能一時差異
賞与引当金	44,000,000	38,000,000	44,000,000	38,000,000	12,289,200	0
未払事業税(注1)	6,000,000	10,875,633	6,000,000	10,875,633	3,517,180	0
賞与引当金(社会保険料)	6,062,000	5,296,000	6,062,000	5,296,000	1,712,726	0
貸倒引当金(流動)	20,000,000	30,000,000	20,000,000	30,000,000	9,702,000	0
繰越欠損金(注2)国税	15,000,000		12,468,750	2,531,250	600,666	0
繰越欠損金(注2)地方税	15,000,000		13,000,000	2,000,000	172,200	0
小計	106,062,000	84,171,633	101,530,750	88,702,883	27,993,972	0
退職給付引当金	4,000,000	300,000	50,000	4,250,000	1,374,450	0
役員退職慰労引当金	5,500,000	1,400,000	0	6,900,000	2,231,460	(3,400,000)
土地減損損失		54,000,000		54,000,000	17,463,600	(54,000,000)
減価償却超過額(機械装置)	150,000	100,000	70,000	180,000	58,212	(30,000)
減価償却超過額(工具器具備品)	200,000	100,000	50,000	250,000	80,850	0
減価償却超過額(車両運搬具)	200,000	50,000	40,000	210,000	67,914	(210,000)
貸倒引当金(固定)		2,000,000		2,000,000	646,800	(2,000,000)
資産除去債務	10,000,000	200,000		10,200,000	3,298,680	(10,200,000)
減価償却超過額(建物)	8,000,000	11,300,000	400,000	18,900,000	6,112,260	(3,150,000)
繰越欠損金(注2)国税	190,000,000		141,906,250	48,093,750	11,412,647	0
繰越欠損金(注2)地方税	190,000,000	32,500,000	162,500,000	60,000,000	5,166,000	(32,500,000)
建物減損損失		36,000,000		36,000,000	11,642,400	(27,000,000)
小計	408,050,000	137,950,000	305,016,250	240,983,750	59,555,273	(132,490,000)
合計	514,112,000	222,121,633	406,547,000	329,686,633	87,549,245	(132,490,000)
固定資産圧縮積立金		(10,000,000)		(10,000,000)	(3,234,000)	
有形固定資産(除去資産)	(10,000,000)	500,000		(9,500,000)	(3,072,300)	
その他有価証券評価差額金	(500,000)	(300,000)	(500,000)	(300,000)	(97,020)	
合計	(10,500,000)	(9,800,000)	(500,000)	(19,800,000)	(6,403,320)	0

（注1）未払事業税の金額は、各個社の合計で算定され、別表五の二(一)付表一、別表五(一)、納税一覧表又は事業税・都道府県民税の内訳明細書から転記する。
（注2）繰越欠損金の金額は、国税は、別表七の二、地方税は別表七(一)から転記する。
（注3）前期末の数字は、前期末の開示用ではなく、当期の仕訳作成、評価性引当額の増加額算定のために参考として作成している。

会計処理(2017年3月期)				
その他包括利益項目以外の税効果仕訳	法人税等調整額	45,347,844	(固定)繰延税金資産	40,820,065
			(固定)繰延税金負債	3,072,300
			(流動)繰延税金資産	1,455,479
その他包括利益項目の税効果仕訳	その他有価証券評価差額金	106,970	投資有価証券	200,000
	(固定)繰延税金負債	93,030		

表七（一）の翌期繰越額に一致する。

地方税（単体納税）の繰越欠損金も他の一時差異同様に別表七（一）の3社分を合計し，「連結納税税効果シート①　連結納税税効果計算に関するワークシート」に転記する。

3　法定実効税率を算定する

連結納税税効果会計のSTEP2は，法定実効税率を算定することである。

連結納税税効果会計の法定実効税率の計算は，連結納税制度を適用する場合の税効果会計に関する当面の取扱い（その1）のQ2及び連結納税制度を適用する場合の税効果会計に関する当面の取扱い（その2）のQ2に基づいて行う。

上記に基づくと，連結納税主体の繰延税金資産及び繰延税金負債は，連結納

（単位：円）　（参考：前期末）　（単位：円）

G:評価性引当額=回収不能一時差異×32.34%	H:評価性引当額控除後一時差異=D+F	I:評価性引当額控除後繰延税金資産=E+G		J:前期末評価性引当額控除前繰延税金資産=A×32.34%	K:前期末評価性引当額 回収不能一時差異×32.34%	L:前期末の開示ベースの繰延税金資産=J+K	
0	38,000,000	12,289,200		14,229,600	0	14,229,600	
0	10,875,633	3,517,180		1,940,400	0	1,940,400	
0	5,296,000	1,712,726		1,960,451	0	1,960,451	
0	30,000,000	9,702,000		6,468,000		6,468,000	
0	2,531,250	600,666		3,559,500		3,559,500	
0	2,000,000	172,200		1,291,500		1,291,500	
0	88,702,883	27,993,972	①	29,449,451	0	29,449,451	①'
0	4,250,000	1,374,450		1,293,600		1,293,600	
(1,099,560)	3,500,000	1,131,900		1,778,700	(970,200)	808,500	
(17,463,600)	0	0		0		0	
(9,702)	150,000	48,510		48,510		48,510	
0	250,000	80,850		64,680		64,680	
(18,081)	0	49,833		64,680	(17,220)	47,460	
(646,800)	0	0		0		0	
(3,298,680)	0	0		3,234,000	(3,234,000)	0	
(271,215)	15,750,000	5,841,045		2,587,200	(258,300)	2,328,900	
0	48,093,750	11,412,647		45,087,000		45,087,000	
(2,798,250)	27,500,000	2,367,750		16,359,000	0	16,359,000	
(8,731,800)	9,000,000	2,910,600		0		0	
(34,337,688)	108,493,750	25,217,585	②	70,517,370	(4,479,720)	66,037,650	②'
(34,337,688)	197,196,633	53,211,557		99,966,821	(4,479,720)	95,487,101	
	(10,000,000)	(3,234,000)		0		0	
	(9,500,000)	(3,072,300)		(3,234,000)		(3,234,000)	
	(300,000)	(97,020)		(190,050)		(190,050)	
0	(19,800,000)	(6,403,320)	④	(3,424,050)	0	(3,424,050)	④'

期末将来減算一時差異合計	217,061,633	
（流動）繰延税金資産	27,993,972	①
（固定）繰延税金資産	25,217,585	②
繰延税金資産合計	53,211,557	③＝①＋②
（固定）繰延税金負債	(6,403,320)	④
開示　（固定）繰延税金資産	18,814,265	⑤＝②＋④
法人税等調整額	45,347,844	⑥＝③'－③

期末将来減算一時差異合計	104,112,000		
（流動）繰延税金資産	29,449,451	①'	前期末B/Sと一致確認
（固定）繰延税金資産	66,037,650	②'	
繰延税金資産合計	95,487,101	③'＝①'＋②'	
（固定）繰延税金負債	(3,424,050)	④'	
開示　（固定）繰延税金資産	62,613,600	⑤'＝②'＋④'	前期末B/Sと一致確認

図表5-3-1　連結納税税効果シート②　法定実効税率算定に関するワークシート

会社名:	福留聡㈱
事業年度:	2017年3月期

都道府県	東京都
区市町村	文京区
資本金（円）	500,000,000
資本金等（円）	500,000,000
法人税率	23.90%
地方法人税率	4.40%
県（都）民税率	16.30%
市民税率	
小計　住民税率	20.70%
事業税率（超過税率）	2.26%
事業税率（標準税率）	1.90%
地方法人特別税率	152.60%
小計　事業税率	5.16%
2016(H28)/4～法定実効税率	32.34%
法人税及び地方法人税の法定実効税率	23.73%
住民税の法定実効税率	3.70%
事業税の法定実効税率	4.91%

税制度の法人税及び地方法人税と単体納税制度の住民税及び事業税では繰越欠損金の取扱いが異なること等により，区分して把握する必要が生じる場合があるとされ，通常は，連結納税制度全体の法定実効税率を算定して一時差異に乗じて税効果の計算を行うが，繰越欠損金は連結納税制度の法人税及び地方法人税と単体納税制度の住民税及び事業税では繰越欠損金の取扱いが異なるため，法定実効税率を区分して把握し，算定を行う。

連結納税制度全体の法定実効税率は1章個別財務諸表における税効果会計の法定実効税率と同様に32.34％になる。

法人税及び地方法人税の法定実効税率＝連結納税親会社法人税率23.9％×(1＋地方法人税率4.4％)/(1＋事業税率5.16％)＝23.73％

住民税の法定実効税率＝法人税率23.9％×住民税率16.3％／(1＋事業税率5.16％)＝3.70％

事業税の法定実効税率＝事業税率5.16％/(1＋事業税率5.16％)＝4.91％

上記法定実効税率の算式を，ワークシートを用いて計算すると図表5-3-1のようになる。

ただし，第1章で触れた通り，平成28年税制改正大綱により，税率が変更される予定である。

4　回収可能性考慮前の繰延税金資産及び繰延税金負債を算定する

連結納税税効果会計のSTEP3は，回収可能性考慮前の繰延税金資産及び繰延税金負債を算定することである。ここでは，繰延税金資産の回収可能性の会社分類の判定やスケジューリング等回収可能性を考慮する前の繰延税金資産及び繰延税金負債を算定することが目的であるので，税効果会計のSTEP1で把握した一時差異等の期末残高に2017年3月時点の法定実効税率32.34％を乗じて評価性引当額控除前繰延税金資産Eを算定する。

ただし，連結納税税効果会計の法定実効税率の箇所で記載したように，繰越欠損金は国税分（法人税及び地方法人税）と地方税分（住民税及び事業税）を区分してそれぞれ，23.73％，8.61％（住民税3.70％と事業税4.91％の合計）を乗じて評価性引当額控除前繰延税金資産Ｅを算定する。

福留聡㈱，福留興業㈱及び福留サービス㈱３社の個別財務諸表及び福留聡㈱の連結財務諸表とも同様に計算される。

（１）　個別財務諸表

図表5-4-1　福留聡㈱

会社名:	福留聡㈱	国税	地方税
事業年度:	2017年3月期	3	3

項目	A:前期末残高 =別表五の二(一)付表一 期首現在利益積立金額	B:加算 =別表五の二(一) 付表一当期中の 増減の増	C:減算 =別表五の二(一) 付表一当期中の 増減の減	D:期末残高 =別表五の二(一)付表一 差引翌期首現在利益 積立金額	E:評価性引当額控除前 繰延税金資産 =D.期末残高×32.34%
賞与引当金	38,000,000	30,000,000	38,000,000	30,000,000	9,702,000
未払事業税(注1)	6,000,000	10,514,475	6,000,000	10,514,475	3,400,381
賞与引当金(社会保険料)	5,240,000	4,200,000	5,240,000	4,200,000	1,358,280
貸倒引当金(流動)	20,000,000	30,000,000	20,000,000	30,000,000	9,702,000
小計	69,240,000	74,714,475	69,240,000	74,714,475	24,162,661
退職給付引当金	4,000,000	300,000	50,000	4,250,000	1,374,450
役員退職慰労引当金	3,500,000	1,000,000		4,500,000	1,455,300
土地減損損失		54,000,000		54,000,000	17,463,600
減価償却超過額(機械装置)	150,000	100,000	70,000	180,000	58,212
貸倒引当金(固定)		2,000,000		2,000,000	646,800
資産除去債務	10,000,000	200,000		10,200,000	3,298,680
減価償却超過額(建物)		10,000,000		10,000,000	3,234,000
繰越欠損金(注2)国税	190,000,000		141,906,250	48,093,750	11,412,647
繰越欠損金(注2)地方税	190,000,000		162,500,000	27,500,000	2,367,750
建物減損損失		36,000,000		36,000,000	11,642,400
小計	397,650,000	103,600,000	304,526,250	196,723,750	52,953,839
合計	466,890,000	178,314,475	373,766,250	271,438,225	77,116,500
固定資産圧縮積立金		(10,000,000)		(10,000,000)	(3,234,000)
有形固定資産(除去資産)	(10,000,000)	500,000		(9,500,000)	(3,072,300)
その他有価証券評価差額金	(500,000)	(300,000)	(500,000)	(300,000)	(97,020)
合計	(10,500,000)	(9,800,000)	(500,000)	(19,800,000)	(6,403,320)

図表5-4-2　福留興業㈱

会社名:	福留興業㈱	国税	地方税
事業年度:	2017年3月期	3	3

項目	A:前期末残高 =別表五の二(一)付表一 期首現在利益積立金額	B:加算 =別表五の二(一) 付表一当期中の 増減の増	C:減算 =別表五の二(一) 付表一当期中の 増減の減	D:期末残高 =別表五の二(一)付表一 差引翌期首現在利益 積立金額	E:評価性引当額控除前 繰延税金資産 =D.期末残高×32.34%
賞与引当金	4,000,000	5,000,000	4,000,000	5,000,000	1,617,000
未払事業税(注1)	0	361,158	0	361,158	116,798
賞与引当金(社会保険料)	548,000	685,000	548,000	685,000	221,529
繰越欠損金(注2)国税	15,000,000		12,468,750	2,531,250	600,666
繰越欠損金(注2)地方税	15,000,000		13,000,000	2,000,000	172,200
小計	34,548,000	6,046,158	30,016,750	10,577,408	2,728,193
役員退職慰労引当金	1,000,000	200,000		1,200,000	388,080
減価償却超過額(工具器具備品)	200,000	100,000	50,000	250,000	80,850
減価償却超過額(建物)	5,000,000	1,000,000	250,000	5,750,000	1,859,550
小計	6,200,000	1,300,000	300,000	7,200,000	2,328,480
合計	40,748,000	7,346,158	30,316,750	17,777,408	5,056,673

図表5-4-3　福留サービス㈱

会社名:	福留サービス㈱	国税	地方税
事業年度:	2017年3月期	3	4

項目	A:前期末残高 =別表五の二(一)付表一 期首現在利益積立金額	B:加算 =別表五の二(一) 付表一当期中の 増減の増	C:減算 =別表五の二(一) 付表一当期中の 増減の減	D:期末残高 =別表五の二(一)付表一 差引翌期首現在利益 積立金額	E:評価性引当額控除前 繰延税金資産 =D.期末残高×32.34%
賞与引当金	2,000,000	3,000,000	2,000,000	3,000,000	970,200
賞与引当金(社会保険料)	274,000	411,000	274,000	411,000	132,917
小計	2,274,000	3,411,000	2,274,000	3,411,000	1,103,117
役員退職慰労引当金	1,000,000	200,000		1,200,000	388,080
減価償却超過額(車両運搬具)	200,000	50,000	40,000	210,000	67,914
減価償却超過額(建物)	3,000,000	300,000	150,000	3,150,000	1,018,710
繰越欠損金(注2)地方税	0	32,500,000	0	32,500,000	2,798,250
小計	4,200,000	33,050,000	190,000	37,060,000	4,272,954
合計	6,474,000	36,461,000	2,464,000	40,471,000	5,376,071

(2)　連結財務諸表

図表5-4-4　連結納税主体　福留聡㈱

会社名:	福留聡㈱	国税
事業年度:	2017年3月期	3

項目	A:前期末残高 =別表五の二(一)及び別表五の二(一)付表一期首現在利益積立金額	B:加算 =別表五の二(一)及び別表五の二(一)付表一当期中の増減の増	C:減算 =別表五の二(一)及び別表五の二(一)付表一当期中の増減の減	D:期末残高 =別表五の二(一)及び別表五の二(一)付表一差引翌期首現在利益積立金額	E:評価性引当額控除前 繰延税金資産 =D.期末残高×32.34%
賞与引当金	44,000,000	38,000,000	44,000,000	38,000,000	12,289,200
未払事業税(注1)	6,000,000	10,875,633	6,000,000	10,875,633	3,517,180
賞与引当金(社会保険料)	6,062,000	5,296,000	6,062,000	5,296,000	1,712,726
貸倒引当金(流動)	20,000,000	30,000,000	20,000,000	30,000,000	9,702,000
繰越欠損金(注2)国税	15,000,000		12,468,750	2,531,250	600,666
繰越欠損金(注2)地方税	15,000,000		13,000,000	2,000,000	172,200
小計	106,062,000	84,171,633	101,530,750	88,702,883	27,993,972
退職給付引当金	4,000,000	300,000	50,000	4,250,000	1,374,450
役員退職慰労引当金	5,500,000	1,400,000	0	6,900,000	2,231,460
土地減損損失		54,000,000		54,000,000	17,463,600
減価償却超過額(機械装置)	150,000	100,000	70,000	180,000	58,212
減価償却超過額(工具器具備品)	200,000	100,000	50,000	250,000	80,850
減価償却超過額(車両運搬具)	200,000	50,000	40,000	210,000	67,914
貸倒引当金(固定)		2,000,000		2,000,000	646,800
資産除去債務	10,000,000	200,000		10,200,000	3,298,680
減価償却超過額(建物)	8,000,000	11,300,000	400,000	18,900,000	6,112,260
繰越欠損金(注2)国税	190,000,000		141,906,250	48,093,750	11,412,647
繰越欠損金(注2)地方税	190,000,000	32,500,000	162,500,000	60,000,000	5,166,000
建物減損損失		36,000,000		36,000,000	11,642,400
小計	408,050,000	137,950,000	305,016,250	240,983,750	59,555,273
合計	514,112,000	222,121,633	406,547,000	329,686,633	87,549,245
固定資産圧縮積立金		(10,000,000)		(10,000,000)	(3,234,000)
有形固定資産(除去資産)	(10,000,000)	500,000		(9,500,000)	(3,072,300)
その他有価証券評価差額金	(500,000)	(300,000)	(500,000)	(300,000)	(97,020)
合計	(10,500,000)	(9,800,000)	(500,000)	(19,800,000)	(6,403,320)

5　繰延税金資産の回収可能性の分類判定

連結納税税効果会計のSTEP4は，繰延税金資産の回収可能性の分類判定をすることである。

（１）　連結納税制度における繰延税金資産の回収可能性の判断の考え方

①　連結納税主体における繰延税金資産の回収可能性の判断

1）法人税及び地方法人税に係る繰延税金資産

連結納税主体を一体として回収可能性を判断する。

なお，連結欠損金に特定連結欠損金に係るものが含まれている場合には，連結欠損金に係る繰延税金資産の連結納税主体における回収可能性の判断にあたって，連結納税主体の課税所得の見積額（連結所得見積額）と各連結納税会社の課税所得の見積額（個別所得見積額）の両方を考慮して判断する。

連結欠損金等の言葉の定義は下記のとおりである。

連結欠損金とは，連結事業年度開始の日前9年以内に開始した連結事業年度において生じた欠損金額のことをいう。

みなし連結欠損金は，連結親法人及び連結親法人同等法人の最初の連結事業年度開始の日前9年以内に開始した連結事業年度において生じた欠損金額のことをいう。

特定連結欠損金は，特定連結子法人の連結事業年度開始の日前9年以内に開始した連結事業年度において生じた欠損金額又は連結欠損金個別帰属額，連結親法人又は連結子法人を合併法人，連結完全支配関係がない法人を被合併法人とする適格合併により引き継いだ欠損金額又は連結欠損金個別帰属額，連結親法人との間に完全支配関係がある他の内国法人の残余財産が確定し，連結親法人又は連結子法人が引き継いだ欠損金額又は連結欠損金個別帰属額のことをいう。

連結欠損金は特定連結欠損金と非特定連結欠損金に区分され，特定連結欠損金は，その欠損金を有する連結子法人の個別所得金額の範囲内でのみしか使用することができないが，非特定連結欠損金はそのような制限がないため，両方ある場合には，まず特定連結欠損金を優先的に控除し，その後非特定連結欠損金を控除する。

2）住民税又は事業税に係る繰延税金資産

連結納税会社ごとに回収可能性を判断した上で各社分を合計する。

なお，回収が見込まれない税金の額については，連結財務諸表上，繰延税金資産から控除する。

② **連結納税各社の個別財務諸表における繰延税金資産の回収可能性の判断**

1）法人税及び地方法人税，住民税又は事業税の別に判断する。

連結欠損金に係る繰延税金資産の回収可能見込額のうち，各連結納税会社に帰属する額を見積もることになる。

また，連結納税各社の法人税に係る繰延税金資産の回収可能性の判断に際し，連結欠損金に特定連結欠損金に係るものが含まれている場合には，連結欠損金に係る繰延税金資産の連結納税主体における回収可能性の判断にあたって，連結納税主体の課税所得の見積額（連結所得見積額）と各連結納税会社の課税所得の見積額（個別所得見積額）の両方を考慮して判断する。

なお，回収が見込まれない税金の額については，個別財務諸表上，繰延税金資産から控除する。

2）法人税及び地方法人税に係る繰延税金資産の回収可能性（連結法人税の個別帰属額について，将来の支出又は収入を減少又は増加させる効果を有するかどうか）の判断は，個別所得見積額だけでなく，当該連結納税会社の属する連結納税主体の他の連結納税会社の個別所得見積額も考慮する。

3）法人税及び地方法人税の連結欠損金個別帰属額に係る繰延税金資産の回収可能性の判断については，連結納税の計算に従って，以下のとおりに行う。

（イ） 連結納税主体の連結欠損金に特定連結欠損金が含まれていない場合は，連結所得見積額を考慮する。

（ロ） 連結納税主体の連結欠損金に特定連結欠損金が含まれている場合は，連結所得見積額及び各連結納税会社の個別所得見積額の両方を考慮する。

（2）　監査委員会報告66号及び企業会計基準適用指針第26号に基づく連結納税制度適用会社の繰延税金資産の回収可能性の会社分類の考え方の整理

①　地方税の繰延税金資産の回収可能性の会社分類の考え方

地方税においては，基本的に連結納税制度は適用されないため，地方税に関する回収可能性の判断は，従来どおり連結納税会社の単体納税での例示分類を適用する。

図表5-5-1　監査委員会報告66号に基づく将来年度の課税所得の見積額による繰延税金資産の回収可能性の判断指針

会社の状況	通常の将来減算一時差異の回収可能性の判断	タックスプランニング（含み益のある固定資産や有価証券の売却による課税所得の発生）の実現可能性の判断
分類1 将来減算一時差異を十分に上回る課税所得を毎期計上（上記に加え，経営環境に著しい変化がないことが前提である）。	全額回収可能性あり。 なお，スケジューリング不能一時差異も回収可能性あり。	該当なし。
分類2 業績は安定しているが将来減算一時差異を上回るほどの課税所得がない。	スケジューリング可能一時差異は回収可能性あり。	資産売却等の意思決定が取締役会等で承認された事業計画等にある。 資産含み益等の金額は1年内の不動産鑑定評価等の公正な時価によっている。
分類3 業績は不安定で将来減算一時差異を上回るほどの課税所得がない。	おおむね5年内の課税見積額を限度とするスケジューリング可能一時差異は回収可能性あり。	おおむね5年内に資産売却等の意思決定が取締役会等で承認された事業計画等にある。 資産含み益等の金額は1年内の不動産鑑定評価等の公正な時価によっている。
分類4 重要な税務上の繰越欠損金がある。 1）期末に重要な繰越欠損金がある。	①翌期の課税見積額を限度とするスケジューリング可能一時差異は回収可能性あり。 ②ただし，繰越欠損金がリ	資産売却等の意思決定が取締役会等で承認され契約等で確実に実行されると見込まれる。 資産含み益等の金額は1年

2) おおむね過去3年内に重要な繰越欠損金が期限切れとなった。 3) 当期末において繰越欠損金の期限切れが見込まれる。 4) 過去の経常的利益水準を大きく上回る将来減算一時差異があり，翌期末において重要な繰越欠損金の発生が見込まれる。	ストラ等非経常的原因により発生しこれを除けば課税所得を毎期計上している場合は，おおむね5年内の課税見積額を限度とするスケジューリング可能一時差異は回収可能性あり（分類3と同一の取り扱い）。	内の不動産鑑定評価等の公正な時価によっている。
分類5 過去連続して重要な税務上の繰越欠損金を計上している。 1) おおむね過去3年以上連続して重要な繰越欠損金を計上しており，かつ当期も重要な税務上の欠損金の計上が見込まれる。 2) 債務超過が長期続き改善の見込みがない。 3) 資本の欠損が長期続き改善の見込みがない。	原則として回収可能性はない。	回収可能性を判断できない。ただし繰越欠損金を上回る資産の含み益を有しており，資産売却等の意思決定が取締役会等で承認され契約等で確実に実行されると見込まれ，かつ資産含み益等の金額は1年内の不動産鑑定評価等の公正な時価によっている場合は，翌期の課税所得に織り込むこむことができる。

図表5-5-2　企業会計基準適用指針第26号に基づく将来年度の課税所得の見積額による繰延税金資産の回収可能性の判断指針

会社の状況	通常の将来減算一時差異の回収可能性の判断	タックスプランニング（含み益のある固定資産や有価証券の売却による課税所得の発生）の実現可能性の判断
分類1 次の要件をいずれも満たす企業は，（分類1）に該当する。 (1) 過去（3年）及び当期のすべての事業年度において，期末における将来減算一時差異を十分に上回る課税所得が生じている。 (2) 当期末において，経営環境に著しい変化がない。	繰延税金資産の全額について回収可能性があり。 スケジューリング不能な将来減算一時差異に係る繰延税金資産についても回収可能性あり。	タックス・プランニングに基づく一時差異等加減算前課税所得の見積額を，将来の一時差異等加減算前課税所得の見積額に織り込んで繰延税金資産の回収可能性を考慮する必要はない。

分類2 次の要件をいずれも満たす企業は，（分類2）に該当する。 (1) 過去（3年）及び当期のすべての事業年度において，臨時的な原因により生じたものを除いた課税所得が，期末における将来減算一時差異を下回るものの，安定的に生じている。 (2) 当期末において，経営環境に著しい変化がない。 (3) 過去（3年）及び当期のいずれの事業年度においても重要な税務上の欠損金が生じていない。	一時差異等のスケジューリングの結果，繰延税金資産を見積る場合，当該繰延税金資産は回収可能性があり。 原則として，スケジューリング不能な将来減算一時差異に係る繰延税金資産について，回収可能性がない。 ただし，スケジューリング不能な将来減算一時差異のうち，税務上の損金算入時期が個別に特定できないが将来のいずれかの時点で損金算入される可能性が高いと見込まれるものについて，当該将来のいずれかの時点で回収できることを合理的に説明できる場合，当該スケジューリング不能な将来減算一時差異に係る繰延税金資産は回収可能性があり。	下記①及び②をいずれも満たす場合，タックス・プランニングに基づく一時差異等加減算前課税所得の見積額を，将来の一時差異等加減算前課税所得の見積額に織り込むことができる。 ①資産の売却等に係る意思決定の有無及び実行可能性 資産の売却等に係る意思決定が，事業計画や方針等で明確となっており，かつ，資産の売却等に経済的合理性があり，実行可能である場合 ②売却される資産の含み益等に係る金額の妥当性 売却される資産の含み益等に係る金額が，契約等で確定している場合又は契約等で確定していない場合でも，例えば，有価証券については期末の時価，不動産については期末前おおよそ1年以内の不動産鑑定評価額等の公正な評価額によっている場合
分類3 次の要件をいずれも満たす企業は，第26項(2)（過去（3年）において，重要な税務上の欠損金の繰越期限切れとなった事実がある。）又は(3)（当期末において，重要な税務上の欠損金の繰越期限切れが見込まれる。）の要件を満たす場合を除き，（分類3）に該当する。 (1) 過去（3年）及び当期において，臨時的な原因により生じたものを除いた課税所得が大きく増減してい	将来の合理的な見積可能期間（おおむね5年）以内の一時差異等加減算前課税所得の見積額に基づいて，当該見積可能期間の一時差異等のスケジューリングの結果，繰延税金資産を見積る場合，当該繰延税金資産は回収可能性があり。 臨時的な原因により生じたものを除いた課税所得が大きく増減している原因，中長期計画，過去における中長期計画の達成状況，過去（3年）及び当期の課税所得の推移等を勘案して，5年	①及び②をいずれも満たす場合，タックス・プランニングに基づく一時差異等加減算前課税所得の見積額を，将来の合理的な見積可能期間（おおむね5年）又は第24項に従って繰延税金資産を見積る企業においては5年を超える見積可能期間の一時差異等加減算前課税所得の見積額に織り込むことができる。 ①資産の売却等に係る意思決定の有無及び実行可能性 将来の合理的な見積可能期間（おおむね5年）又は5

る。 (2) 過去（3年）及び当期のいずれの事業年度においても重要な税務上の欠損金が生じていない。	を超える見積可能期間においてスケジューリングされた一時差異等に係る繰延税金資産が回収可能であることを合理的に説明できる場合，当該繰延税金資産は回収可能性があり。	年を超える見積可能期間においてスケジューリングされた一時差異等に係る繰延税金資産が回収可能であることを合理的に説明できる企業においては5年を超える見積可能期間に資産を売却する等の意思決定が事業計画や方針等で明確となっており，かつ，資産の売却等に経済的合理性があり，実行可能である場合 ②売却される資産の含み益等に係る金額の妥当性 売却される資産の含み益等に係る金額が，契約等で確定している場合又は契約等で確定していない場合でも，例えば，有価証券については期末の時価，不動産については期末前おおよそ1年以内の不動産鑑定評価額等の公正な評価額によっている場合
分類4 次のいずれかの要件を満たし，かつ，翌期において一時差異等加減算前課税所得が生じることが見込まれる企業は，（分類4）に該当する。 (1) 過去（3年）又は当期において，重要な税務上の欠損金が生じている。 (2) 過去（3年）において，重要な税務上の欠損金の繰越期限切れとなった事実がある。 (3) 当期末において，重要な税務上の欠損金の繰越期限切れが見込まれる。	翌期の一時差異等加減算前課税所得の見積額に基づいて，翌期の一時差異等のスケジューリングの結果，繰延税金資産を見積る場合，当該繰延税金資産は回収可能性があり。 左記分類4の要件を満たす企業においては，重要な税務上の欠損金が生じた原因，中長期計画，過去における中長期計画の達成状況，過去（3年）及び当期の課税所得又は税務上の欠損金の推移等を勘案して，将来の一時差異等加減算前課税所得を見積る場合，将来において5年超にわたり一時差異等加減算前課税所得が安	原則として，次の①及び②をいずれも満たす場合，タックス・プランニングに基づく一時差異等加減算前課税所得の見積額を，翌期の一時差異等加減算前課税所得の見積額に織り込むことができる。 ①資産の売却等に係る意思決定の有無及び実行可能性 資産の売却等に係る意思決定が，取締役会等の承認，決裁権限者による決裁又は契約等で明確となっており，確実に実行されると見込まれる場合 ②売却される資産の含み益等に係る金額の妥当性 売却される資産の含み益等

	定的に生じることが合理的に説明できるときは（分類2）に該当するものとして取り扱われる。 左記分類4の要件を満たす企業においては，重要な税務上の欠損金が生じた原因，中長期計画，過去における中長期計画の達成状況，過去（3年）及び当期の課税所得又は税務上の欠損金の推移等を勘案して，将来の一時差異等加減算前課税所得を見積る場合，将来においておおむね3年から5年程度は一時差異等加減算前課税所得が生じることが合理的に説明できるときは（分類3）に該当するものとして取り扱われる。	に係る金額が，契約等で確定している場合又は契約等で確定していない場合でも，例えば，有価証券については期末の時価，不動産については期末前おおよそ1年以内の不動産鑑定評価額等の公正な評価額によっている場合
分類5 次の要件をいずれも満たす企業は，（分類5）に該当する。 (1) 過去（3年）及び当期のすべての事業年度において，重要な税務上の欠損金が生じている。 (2) 翌期においても重要な税務上の欠損金が生じることが見込まれる。	原則として，繰延税金資産の回収可能性はない。	原則として，繰延税金資産の回収可能性の判断にタックス・プランニングに基づく一時差異等加減算前課税所得の見積額を織り込むことはできないものとする。 ただし，税務上の繰越欠損金を十分に上回るほどの資産の含み益等を有しており，かつ，分類4の①及び②をいずれも満たす場合，タックス・プランニングに基づく一時差異等加減算前課税所得の見積額を，翌期の一時差異等加減算前課税所得の見積額として織り込むことができる。

②　法人税及び地方法人税の繰延税金資産の回収可能性の会社分類の考え方

法人税及び地方法人税は連結納税となり，連結グループの所得で回収可能性を考えるため以下のようになる。

1) 連結納税主体の例示分類が連結納税会社の例示分類と同じか上位にある

ときは，連結納税主体の例示分類に応じた判断をする。

すなわち，連結子法人の分類が連結納税主体の分類より下であっても，法人税及び地方法人税は通算された連結所得で回収できると考える。

2）連結納税会社の例示分類が連結納税主体の例示分類の上位になるときは，まず自己の個別所得見積額に基づいて判断することになるため，当該連結納税会社の例示区分に応じた判断を行う。

したがって，法人税及び地方法人税部分は各連結納税会社又は連結納税主体の上位区分が適用になる。これは連結グループで所得を考えているためである。ただし，連結子法人の方が連結納税主体よりも分類が上位の場合，配当が各社で配当計算される場合，繰延税金資産が連結財務諸表より過大に計上され，配当が過大になされてしまう，もしくは連結財務諸表では配当できないのにもかかわらず個別財務諸表では配当できてしまうという現行制度上の問題があるため留意が必要である。

いずれか上位の分類を適用する関係上，連結子会法人の個別財務諸表の分類が上位の場合，連結財務諸表ではあくまで連結納税主体の分類が採用されるため，一旦計上された繰延税金資産は連結財務諸表上で見直され，会社分類が下がる場合は差額を連結精算表で取崩すことになるため留意が必要である。

なお，連結欠損金個別帰属額に係る繰延税金資産の回収可能性を判断するにあたっては，連結欠損金に特定連結欠損金が含まれていない場合には連結所得見積額を考慮し，連結欠損金に特定連結欠損金が含まれている場合には連結所得見積額及び個別所得見積額の両方を考慮することになるが，具体的には，それぞれの所得の見積単位における例示区分に応じた判断を行うことが適当であると考えられる。

また，連結欠損金個別帰属額に係る繰延税金資産の回収可能性の判断に関する取扱いは，連結納税主体を含んだ連結財務諸表における連結欠損金に係る繰延税金資産の回収可能性の判断においても同様であると考えられる。

③　個別財務諸表における将来減算一時差異に係る繰延税金資産の回収可能見込額と連結納税主体における回収可能見込額に差額が生じる場合の取扱

い（実務対応報告第７号Q4）

1）実務対応報告第７号Q4の概要

各連結納税会社の個別財務諸表における法人税及び地方法人税に係る繰延税金資産の回収可能性の判断は，将来の連結法人税個別帰属額を減らす効果があるかどうかで行われる。

一方，連結納税主体の法人税及び地方法人税に係る繰延税金資産の回収可能性の判断は，将来の連結法人税額を減らす効果があるかどうかで行われる。

よって，判断の基礎となる税金の考え方が異なるため，将来減算一時差異に係る繰延税金資産の回収可能性において，連結納税主体を一体として計算した連結納税主体の法人税及び地方法人税に係る繰延税金資産の回収可能見込額が，各連結納税会社の個別財務諸表における法人税及び地方法人税に係る繰延税金資産の計上額を合計した金額を下回ることとなる場合があるが，この場合には連結財務諸表において，連結納税主体における回収可能見込額まで減額し，その差額を連結修正として処理することが適当であると考えられる。

2）連結納税会社における回収可能性の判断

連結納税会社においては，他の連結納税会社と受払いをする連結法人税及び連結納税会社の地方法人税の個別帰属額も利益に関連する金額を課税標準とする税金と同様と考えられるため（実務対応報告第５号Q17参照），連結納税会社の個別財務諸表における将来減算一時差異に係る繰延税金資産の回収可能性の判断においても，同様の考え方に基づいて判断を行うこととなる。これは，我が国の連結納税制度が，単一主体概念を基礎としつつも，個別の連結納税会社においては会社法等との関係から個別主体概念に基づく処理を前提としていることを踏まえ，会計上も個別財務諸表においては，個別主体概念を重視することが適当であると考えられるためである。

3）連結納税主体における回収可能性の判断

連結納税主体を含む連結財務諸表における法人税に係る繰延税金資産の回収可能性の判断については，連結納税制度の趣旨に鑑みれば，単一主体概念に基づく処理を行うことが適当であり，個別主体概念を基礎に回収可能性を判断している連結納税会社の個別財務諸表における計上額を単に合計するのではなく，連結納税主体として回収可能性を見直すことが適当であると考えられる。

④　監査委員会報告66号に基づく繰延税金資産の回収可能性　会社分類判定にあたっての関連数値の整理

（1）　個別財務諸表

図表5-5-3　連結納税税効果シート③　繰延税金資産の回収可能性　会社分類判定に関するワークシート

Ⅰ連結財務諸表
（連結納税主体）

会社名:	福留聡㈱
事業年度:	2017年3月期
分類	3

単位:円
監査委員会報告66号　会社の過去の業績並びに過去の課税所得と将来減算一時差異の推移

	2014年3月期	2015年3月期	2016年3月期	2017年3月期
経常利益	70,000,000	96,000,000	20,600,000	213,798,469
課税所得（繰越欠損金控除前）	72,800,000	108,500,000	(199,000,000)	230,500,000
将来減算一時差異	68,500,000	66,000,000	106,610,158	214,563,475
繰越欠損金(国税)	0	5,000,000	205,000,000	50,625,000

Ⅱ個別財務諸表
（連結納税会社）

会社名:	福留聡㈱
事業年度:	2017年3月期
分類	3

単位:円
監査委員会報告66号　会社の過去の業績並びに過去の課税所得と将来減算一時差異の推移

	2014年3月期	2015年3月期	2016年3月期	2017年3月期
経常利益	50,000,000	100,000,000	20,000,000	236,032,469
課税所得（繰越欠損金控除前）	51,000,000	110,000,000	(190,000,000)	250,000,000
将来減算一時差異	52,500,000	50,000,000	86,890,000	195,844,475
繰越欠損金(国税)			190,000,000	48,093,750
繰越欠損金(地方税)			190,000,000	27,500,000

会社名:	福留興業㈱
事業年度:	2017年3月期
分類	3

単位:円
監査委員会報告66号　会社の過去の業績並びに過去の課税所得と将来減算一時差異の推移

	2014年3月期	2015年3月期	2016年3月期	2017年3月期
経常利益	10,000,000	(7,000,000)	100,000	14,363,000
課税所得（繰越欠損金控除前）	10,800,000	(5,000,000)	(10,000,000)	13,000,000
将来減算一時差異	11,000,000	10,000,000	13,246,158	10,748,000
繰越欠損金(国税)		5,000,000	15,000,000	2,531,250
繰越欠損金(地方税)		5,000,000	15,000,000	2,000,000

会社名:	福留サービス㈱
事業年度:	2017年3月期
分類	4

単位:円

監査委員会報告66号　会社の過去の業績並びに過去の課税所得と将来減算一時差異の推移

	2014年3月期	2015年3月期	2016年3月期	2017年3月期
経常利益	10,000,000	3,000,000	500,000	(36,597,000)
課税所得（繰越欠損金控除前）	11,000,000	3,500,000	1,000,000	(32,500,000)
将来減算一時差異	5,000,000	6,000,000	6,474,000	7,971,000
繰越欠損金(地方税)				32,500,000

繰延税金資産の回収可能性　会社分類判定は「連結納税税効果シート③　繰延税金資産の回収可能性　会社分類判定に関するワークシート」に記入した関連数値を参考にしながら行う。

（i）　福留聡株式会社

福留聡株式会社は，「連結納税税効果シート③　繰延税金資産の回収可能性会社分類判定に関するワークシート」の数値の推移を見る限り，監査委員会報告66号分類4期末において重要な税務上の繰越欠損金が存在する会社等であるが，重要な繰越欠損金が発生した2016年3月期も経常利益は黒字であり，重要な税務上の繰越欠損金が，非経常的な特別の原因により発生したものであり，それを除けば課税所得を毎期計上している会社のため，分類4のただし書き＝分類3に分類される。

したがって，福留聡株式会社は，2017年3月期の会社分類は，「将来年度の課税所得の見積額による繰延税金資産の回収可能性の判断指針」に基づく場合（**図表5-5-1**）は，おおむね5年内の課税見積額を限度とするスケジューリング可能一時差異は回収可能性ありとする分類3業績は不安定で将来減算一時差異を上回るほどの課税所得がない会社として扱われることになる。

したがって，連結納税主体の福留聡株式会社の分類が3のため，個別財務諸表上，福留聡株式会社は国税の分類が3，地方税の分類も3になる。

（ii）　福留興業株式会社

福留興業株式会社は，「連結納税税効果シート③　繰延税金資産の回収可能性　会社分類判定に関するワークシート」の数値の推移を見る限り，2017年3

月期は課税所得が期末の将来減算一時差異を上回っているが，2015年3月期及び2016年3月期の課税所得が赤字，2015年3月期は経常損益が赤字等により，監査委員会報告66号分類3業績は不安定で将来減算一時差異を上回るほどの課税所得がない会社に分類される。

したがって，福留興業株式会社は，2017年3月期の会社分類は，「将来年度の課税所得の見積額による繰延税金資産の回収可能性の判断指針」に基づく場合（**図表5-5-1**）は，おおむね5年内の課税見積額を限度とするスケジューリング可能一時差異は回収可能性ありとする分類3業績は不安定で将来減算一時差異を上回るほどの課税所得がない会社として扱われることになる。

したがって，連結納税主体の福留聡株式会社の分類が3のため，個別財務諸表上，福留興業株式会社は国税の分類が3，地方税の分類も3になる。

（iii） 福留サービス株式会社

福留サービス株式会社は，「連結納税税効果シート③　繰延税金資産の回収可能性　会社分類判定に関するワークシート」の数値の推移を見る限り，監査委員会報告66号分類4期末において重要な税務上の繰越欠損金が存在する会社等であり，分類4に分類される。

したがって，福留サービス株式会社は，2017年3月期の会社分類は，「将来年度の課税所得の見積額による繰延税金資産の回収可能性の判断指針」に基づく場合（**図表5-5-1**）は，原則として，翌期に課税所得の発生が確実に見込まれる場合で，かつ，その範囲内で翌期の一時差異等のスケジューリングの結果に基づき，それに係る繰延税金資産を計上している場合には回収可能性ありとする分類4重要な税務上の繰越欠損金等のある会社として扱われることになる。

したがって，連結納税主体の福留　聡株式会社の分類が3であり，法人税及び地方法人税部分は各連結納税会社又は連結納税主体の上位区分が適用になるため，個別財務諸表上，福留サービス株式会社は国税の分類が3，地方税の分類は4になる。

（2）　連結財務諸表

図表5-5-4　連結納税税効果シート③　繰延税金資産の回収可能性　会社分類判定に関するワークシート

Ⅰ連結財務諸表
（連結納税主体）

会社名:	福留聡㈱
事業年度:	2017年3月期
分類:	3

単位:円
監査委員会報告66号　会社の過去の業績並びに過去の課税所得と将来減算一時差異の推移

	2014年3月期	2015年3月期	2016年3月期	2017年3月期
経常利益	70,000,000	96,000,000	20,600,000	213,798,469
課税所得（繰越欠損金控除前）	72,800,000	108,500,000	(199,000,000)	230,500,000
将来減算一時差異	68,500,000	66,000,000	106,610,158	214,563,475
繰越欠損金（国税）	0	5,000,000	205,000,000	50,625,000

連結納税主体の福留聡株式会社は，「連結納税税効果シート③　繰延税金資産の回収可能性　会社分類判定に関するワークシート」の数値の推移を見る限り，2017年3月期は課税所得が期末の将来減算一時差異を上回っているが，2016年3月期の課税所得が赤字により，監査委員会報告66号分類3業績は不安定で将来減算一時差異を上回るほどの課税所得がない会社に分類される。

したがって，福留聡株式会社は，2017年3月期の会社分類は，「将来年度の課税所得の見積額による繰延税金資産の回収可能性の判断指針」に基づく場合（**図表5-5-1**）は，おおむね5年内の課税見積額を限度とするスケジューリング可能一時差異は回収可能性ありとする分類3業績は不安定で将来減算一時差異を上回るほどの課税所得がない会社として扱われることになる。

したがって，連結財務諸表上，福留聡株式会社は国税の分類が3になり，地方税の分類は各個社を参照されたい。

⑤　企業会計基準適用指針第26号に基づく繰延税金資産の回収可能性　会社分類判定にあたっての関連数値の整理

企業会計基準適用指針第26号に基づき，「連結納税税効果シート③　繰延税金資産の回収可能性　会社分類判定に関するワークシート」へ繰延税金資産の回収可能性　会社分類判定に関して重要となる数値を整理する。ワークシートにこれら5つの指標の数字を記入する。

（1） 個別財務諸表

図表5-5-5　連結納税税効果シート③　繰延税金資産の回収可能性　会社分類判定に関するワークシート

Ⅰ連結財務諸表
（連結納税主体）

会社名:	福留聡㈱
事業年度:	2017年3月期
分類	3

単位：円
企業会計基準適用指針第26号　会社の過去の課税所得並びに将来減算一時差異と将来の一時差異等加減算前課税所得見積額の推移

	2014年3月期	2015年3月期	2016年3月期	2017年3月期	2018年3月期	2019年3月期	2020年3月期	2021年3月期	2022年3月期
課税所得（繰越欠損金控除前で臨時的な原因により生じたものを除く）	72,800,000	108,500,000	(199,000,000)	230,500,000	N/A	N/A	N/A	N/A	N/A
課税所得（繰越欠損金控除前）	72,800,000	108,500,000	(199,000,000)	230,500,000	N/A	N/A	N/A	N/A	N/A
将来減算一時差異	68,500,000	66,000,000	106,610,158	214,563,475	N/A	N/A	N/A	N/A	N/A
繰越欠損金（国税）	0	5,000,000	205,000,000	50,625,000	N/A	N/A	N/A	N/A	N/A
将来の一時差異等加減算前課税所得見積額	N/A	N/A	N/A	N/A	68,800,000	68,800,000	168,800,000	68,800,000	68,800,000

Ⅱ個別財務諸表
（連結納税会社）

会社名:	福留聡㈱
事業年度:	2017年3月期
分類	3

単位：円
企業会計基準適用指針第26号　会社の過去の課税所得並びに将来減算一時差異と将来の一時差異等加減算前課税所得見積額の推移

	2014年3月期	2015年3月期	2016年3月期	2017年3月期	2018年3月期	2019年3月期	2020年3月期	2021年3月期	2022年3月期
課税所得（繰越欠損金控除前で臨時的な原因により生じたものを除く）	51,000,000	110,000,000	(190,000,000)	250,000,000	N/A	N/A	N/A	N/A	N/A
課税所得（繰越欠損金控除前）	51,000,000	110,000,000	(190,000,000)	250,000,000	N/A	N/A	N/A	N/A	N/A
将来減算一時差異	52,500,000	50,000,000	86,890,000	195,844,475	N/A	N/A	N/A	N/A	N/A
繰越欠損金（国税）			190,000,000	48,093,750	N/A	N/A	N/A	N/A	N/A
繰越欠損金（地方税）			190,000,000	27,500,000	N/A	N/A	N/A	N/A	N/A
将来の一時差異等加減算前課税所得見積額	N/A	N/A	N/A	N/A	57,800,000	57,800,000	157,800,000	57,800,000	57,800,000

会社名:	福留興業㈱
事業年度:	2017年3月期
分類	3

単位：円
企業会計基準適用指針第26号　会社の過去の課税所得並びに将来減算一時差異と将来の一時差異等加減算前課税所得見積額の推移

	2014年3月期	2015年3月期	2016年3月期	2017年3月期	2018年3月期	2019年3月期	2020年3月期	2021年3月期	2022年3月期
課税所得（繰越欠損金控除前で臨時的な原因により生じたものを除く）	10,800,000	(5,000,000)	(10,000,000)	13,000,000	N/A	N/A	N/A	N/A	N/A
課税所得（繰越欠損金控除前）	10,800,000	(5,000,000)	(10,000,000)	13,000,000	N/A	N/A	N/A	N/A	N/A
将来減算一時差異	11,000,000	10,000,000	13,246,158	10,748,000	N/A	N/A	N/A	N/A	N/A
繰越欠損金（国税）		5,000,000	15,000,000	2,531,250	N/A	N/A	N/A	N/A	N/A
繰越欠損金（地方税）		5,000,000	15,000,000	2,000,000	N/A	N/A	N/A	N/A	N/A
将来の一時差異等加減算前課税所得見積額	N/A	N/A	N/A	N/A	11,000,000	11,000,000	11,000,000	11,000,000	11,000,000

会社名:	福留サービス㈱
事業年度:	2017年3月期
分類	4

単位：円
企業会計基準適用指針第26号　会社の過去の課税所得並びに将来減算一時差異と将来の一時差異等加減算前課税所得見積額の推移

	2014年3月期	2015年3月期	2016年3月期	2017年3月期	2018年3月期	2019年3月期	2020年3月期	2021年3月期	2022年3月期
課税所得（繰越欠損金控除前で臨時的な原因により生じたものを除く）	11,000,000	3,500,000	1,000,000	(32,500,000)	N/A	N/A	N/A	N/A	N/A
課税所得（繰越欠損金控除前）	11,000,000	3,500,000	1,000,000	(32,500,000)	N/A	N/A	N/A	N/A	N/A
将来減算一時差異	5,000,000	6,000,000	6,474,000	7,971,000	N/A	N/A	N/A	N/A	N/A
繰越欠損金（地方税）				32,500,000	N/A	N/A	N/A	N/A	N/A
将来の一時差異等加減算前課税所得見積額	N/A	N/A	N/A	N/A	0	0	0	0	0

（ⅰ）　福留聡株式会社

福留聡株式会社は，「連結納税税効果シート③　繰延税金資産の回収可能性　会社分類判定に関するワークシート」の数値の推移を見る限り，企業会計基準適用指針第26号に従うと，過去（3年）又は当期において，重要な税務上の欠損金が生じている分類4の会社になるが，重要な税務上の欠損金が生じた原因，中長期計画，過去（3年）及び当期の課税所得又は税務上の欠損金の推移等を勘案して，将来の一時差異等加減算前課税所得を見積った結果，将来においておおむね5年程度は一時差異等加減算前課税所得が生じることが合理的に説明できるため，(分類3）に該当するものとして取り扱う。

したがって，連結納税主体の福留聡株式会社の分類が3のため，個別財務諸表上，福留聡株式会社は国税の分類が3，地方税の分類も3になる。

（ⅱ）　福留興業株式会社

福留興業株式会社は，「連結納税税効果シート③　繰延税金資産の回収可能性　会社分類判定に関するワークシート」の数値の推移を見る限り，企業会計基準適用指針第26号に従うと，過去（3年）又は当期において，重要な税務上の欠損金が生じている分類4の会社になるが，重要な税務上の欠損金が生じた原因，中長期計画，過去（3年）及び当期の課税所得又は税務上の欠損金の推移等を勘案して，将来の一時差異等加減算前課税所得を見積った結果，将来においておおむね5年程度は一時差異等加減算前課税所得が生じることが合理的に説明できるため，(分類3）に該当するものとして取り扱う。

したがって，連結納税主体の福留聡株式会社の分類が3のため，個別財務諸表上，福留興業株式会社は国税の分類が3，地方税の分類も3になる。

（ⅲ）　福留サービス株式会社

福留サービス株式会社は，「連結納税税効果シート③　繰延税金資産の回収可能性　会社分類判定に関するワークシート」の数値の推移を見る限り，企業会計基準適用指針第26号に従うと，過去（3年）又は当期において，重要な税務上の欠損金が生じている分類4の会社になり，重要な税務上の欠損金が生じた原因，中長期計画，過去（3年）及び当期の課税所得又は税務上の欠損金の推移等を勘案して，将来の一時差異等加減算前課税所得を見積った結果，将来において翌期以外は一時差異等加減算前課税所得が生じることが合理的に説明できないため，(分類4) に該当するものとして取り扱う。

したがって，連結納税主体の福留聡株式会社の分類が3であり，法人税及び地方法人税部分は各連結納税会社又は連結納税主体の上位区分が適用になるため，個別財務諸表上，福留サービス株式会社は国税の分類が3，地方税の分類は4になる。

(3) 連結財務諸表

図表5-5-6　連結納税税効果シート③　繰延税金資産の回収可能性　会社分類判定に関するワークシート

Ⅰ連結財務諸表
(連結納税主体)

会社名:	福留聡㈱
事業年度:	2017年3月期
分類	3

単位:円
企業会計基準適用指針第26号　会社の過去の課税所得並びに将来減算一時差異と将来の一時差異等加減算前課税所得見積額の推移

	2014年3月期	2015年3月期	2016年3月期	2017年3月期	2018年3月期	2019年3月期	2020年3月期	2021年3月期	2022年3月期
課税所得(繰越欠損金控除前で臨時的な原因により生じたものを除く)	72,800,000	108,500,000	(199,000,000)	230,500,000	N/A	N/A	N/A	N/A	N/A
課税所得(繰越欠損金控除前)	72,800,000	108,500,000	(199,000,000)	230,500,000	N/A	N/A	N/A	N/A	N/A
将来減算一時差異	68,500,000	66,000,000	106,610,158	214,563,475	N/A	N/A	N/A	N/A	N/A
繰越欠損金(国税)	0	5,000,000	205,000,000	50,625,000	N/A	N/A	N/A	N/A	N/A
将来の一時差異等加減算前課税所得見積額	N/A	N/A	N/A	N/A	68,800,000	68,800,000	168,800,000	68,800,000	68,800,000

連結納税主体の福留聡株式会社は，「連結納税税効果シート③　繰延税金資産の回収可能性　会社分類判定に関するワークシート」の数値の推移を見る限り，企業会計基準適用指針第26号に従うと，過去 (3年) 又は当期において，重要な税務上の欠損金が生じている分類4の会社になるが，重要な税務上の欠損金が生じた原因，中長期計画，過去 (3年) 及び当期の課税所得又は税務上の欠損金の推移等を勘案して，将来の一時差異等加減算前課税所得を見積った結果，将来においておおむね5年程度は一時差異等加減算前課税所得が生じることが合理的に説明できるため，(分類3) に該当するものとして取り扱う。

したがって，連結財務諸表上，福留聡株式会社は国税の分類が3になり，地方税の分類は各個社を参照されたい。

6　一時差異解消のスケジューリング

連結納税税効果会計のSTEP5は，一時差異解消のスケジューリングを実施することである。

なお，単体納税同様に連結納税の連結繰越欠損金においても控除限度額と繰越期間は同様に改正されている。

(1)　個別財務諸表

単体納税の個別財務諸表における税効果会計のスケジューリングと異なるのは国税と地方税に分けてスケジューリングを行い回収可能額及び回収不能額を算定するところである。

(2)　連結財務諸表

連結財務諸表においては，国税分は連結納税主体である福留聡㈱のスケジューリング表で回収可能額及び回収不能額を算定し，地方税分は3社のスケジューリング表で算定した回収可能額及び回収不能額を合算して算定する。

7　回収可能性考慮後の繰延税金資産及び繰延税金負債を算定する

連結納税税効果会計のSTEP6　回収可能性考慮後の繰延税金資産及び繰延税金負債を算定することにある。

STEP6の目的は，「連結納税税効果シート④　連結納税税効果スケジューリング表に関するワークシート」で繰延税金資産の回収可能性で検討した結果を，「連結納税税効果シート①　連結納税税効果計算に関するワークシート」に記入して最終的に財務諸表で開示される繰延税金資産及び繰延税金負債を算定することである。

図表5-6-1　福留聡㈱の

連結納税税効果シート④　連結納税税効果スケジューリング表に関するワークシート

Ⅱ個別財務諸表
（連結納税会社）

会社名	福留聡㈱
事業年度	2017年3月期

（国税）
監査委員会報告66号分類3→おおむね5年以内のスケジューリングの範囲内で回収可能　　（単位：円）

項目			当期末残	解消予測					5年超解消
				2018年3月期	2019年3月期	2020年3月期	2021年3月期	2022年3月期	
			実効税率	32.34%	32.34%	32.34%	32.34%	32.34%	
課税所得①									
	税引前当期純利益			50,000,000	50,000,000	50,000,000	50,000,000	50,000,000	
	損金不算入項目（交際費）			8,000,000	8,000,000	8,000,000	8,000,000	8,000,000	
	損金不算入項目（寄付金）			1,000,000	1,000,000	1,000,000	1,000,000	1,000,000	
	益金不算入項目（受取配当金）			△ 1,500,000	△ 1,500,000	△ 1,500,000	△ 1,500,000	△ 1,500,000	
	退職給付引当金			300,000	300,000	300,000	300,000	300,000	
	その他恒常的加減算項目			40,200,000					
	小計			98,000,000	57,800,000	57,800,000	57,800,000	57,800,000	
	将来加算一時差異の解消予定額								
	固定資産圧縮積立金			500,000	500,000	500,000	500,000	500,000	
	有形固定資産（除去資産）			500,000	500,000	500,000	500,000	500,000	
	タックスプランニング（土地売却等）	ア				100,000,000			
	その他調整								
	課税所得① 合計	A		99,000,000	58,800,000	158,800,000	58,800,000	58,800,000	
将来減算一時差異解消額									
	賞与引当金		30,000,000	30,000,000					−
	賞与引当金（社会保険料）		4,200,000	4,200,000					−
	未払事業税		10,514,475	10,514,475					−
	貸倒引当金（流動）		30,000,000	30,000,000					−
	退職給付引当金		4,250,000	50,000	50,000	50,000	50,000	50,000	4,000,000
	減価償却超過額（機械装置）		180,000	30,000	30,000	30,000	30,000	30,000	30,000
	役員退職慰労引当金		4,500,000		1,000,000		1,500,000	1,000,000	1,000,000
	土地減損損失		54,000,000						54,000,000
	貸倒引当金（固定）		2,000,000						2,000,000
	資産除去債務		10,200,000						10,200,000
	減価償却超過額（建物）		10,000,000	500,000	500,000	500,000	500,000	500,000	7,500,000
	建物減損損失		36,000,000	1,800,000	1,800,000	1,800,000	1,800,000	1,800,000	27,000,000
	計	B	195,844,475	77,094,475	3,380,000	2,380,000	3,880,000	3,380,000	
	回収可能額	C	90,114,475	77,094,475	3,380,000	2,380,000	3,880,000	3,380,000	
	回収不能・繰越欠損金発生	イ		−	−	−	−	−	
	差引 課税所得②	ウ		21,905,525	55,420,000	156,420,000	54,920,000	55,420,000	
	（スケジューリング不能額）	エ							
	減価償却の償却超過額（機械装置）		30,000						
	役員退職慰労引当金		1,000,000						
	土地減損損失		54,000,000						
	貸倒引当金（固定）		2,000,000						
	資産除去債務		10,200,000						
	建物減損損失		27,000,000						
	計	D	94,230,000						
繰越欠損金		オ							
	当期末残		48,093,750	10,952,763	−	−	−	−	
	2018年3月期			−	−	−	−	−	
	2019年3月期								
	2020年3月期								
	2021年3月期								
	2022年3月期								
	未回収残高	E	48,093,750	10,952,763	−	−	−	−	
	回収可能額	F	48,093,750	37,140,987	10,952,763	−	−	−	
	回収不能額	G							
（繰延税金資産）			【国税分】						
資産計上	回収可能額		138,208,225	（＝C＋F）					
	長期解消項目一時差異	カ	11,500,000						
	回収可能額 合計		149,708,225	（＝B−D＋E）					
	税率		23.73%						
	金額		35,525,762	（繰延税金負債考慮前）					
資産未計上	回収不能額		94,230,000	（＝D＋G）			国税	地方税	計
	税率		23.73%			計上	35,525,762	11,116,756	46,642,518
	金額		22,360,779	（評価性引当額と一致）		未計上	22,360,779	8,113,203	30,473,982
							57,886,541	19,229,959	77,116,500

スケジューリング表

	記載要領
	経営計画数値を記載。
	経営計画に織り込んでいる交際費を戻し5年分記載。
	経営計画に織り込んでいる寄附金を戻し5年分記載。
	経営計画に織り込んでいる受取配当金をもとに5年分記載。
	経営計画に織り込んでいる退職給付費用を戻し5年分記載。
	左記は流動分の賞与引当金、賞与引当金に係る社会保険料、事業税外形標準（税前利益から開始のため所得割除く）の合計。流動分の賞与引当金、賞与引当金に係る社会保険料はスケジューリング表の減算額とほぼ同額の加算と考え記載、事業税はスケジューリング表が税前利益から始まるためここは計画の外形標準課税分を加算、2期以降は流動項目は加算減算ほぼ同額と考え調整しない。
OK	
OK	
OK	
OK	過去の損金算入実績をもとにスケジューリングを行い、解消年度に記入する。
	会社負担年金掛金拠出額と一時金支払額の合計、区分3の場合、年金掛金拠出額は5年間の拠出予定額、一時金支払額は定年支給予定額を5年間分記載、実務指針66号5(2)、税効果会計に関するQ＆Aに従い5年間のスケジューリングを行った上で、その期間を超えた年度であっても最終解消年度までに解消されると見込まれる退職給付引当金は回収可能。
スケジューリング不能	スケジューリングを行い、解消年度に記入する。
スケジューリング不能	内規にしたがった解消年度に記入する。
スケジューリング不能	売却計画経たない限りスケジューリング不能。
スケジューリング不能	固定貸倒引当金は返済予定表あれば返済スケジュールに従い入力する。
スケジューリング不能	資産除去債務算定にあたり、見積で利用した履行時期をもとに入力する。
	実務指針66号5(2)に従い5年間のスケジューリングを行った上で、その期間を超えた年度であっても最終解消年度までに解消されると見込まれる建物減価償却超過額は回収可能。
スケジューリング不能	減損損失は実務指針66号5(2)の長期解消一時差異には該当せず、通常通りスケジューリングする。
	年度ごとに 一時差異解消予定額（B）が課税所得（A）以下の場合はBの金額。 一時差異解消予定額（B）が課税所得（A）以上の場合はAの金額。
	A＞Cの場合のみ、課税所得（A）-回収可能額（C）を記入
	分類3の場合、5年内の減算認容が見込まれないものがあれば、記載
	分類3の場合、5年内の減算認容が見込まれないものがあれば、記載
	分類3の場合、5年内の減算認容が見込まれないものがあれば、記載
	分類3の場合、5年内の減算認容が見込まれないものがあれば、記載
	上記課税所得の発生している年度に充当をしていく。大法人は、平成29年4月1日以後に終了した事業年度において生じた欠損金額からウ差引　課税所得②の50%の控除制限がある。
	上記課税所得の発生している年度に充当をしていく。大法人は、平成29年4月1日以後に終了した事業年度において生じた欠損金額からウ差引　課税所得②の50%の控除制限がある。
	充当できた金額を記入していく（1番左はその合計が記載される）。大法人は、平成29年4月1日以後に終了した事業年度において生じた欠損金額からウ差引　課税所得②の50%の控除制限がある。
	分類3の場合、上記で退職給付引当金、建物減価償却超過額の5年間のスケジューリングを行い、5年超分を回収可能額として記載する。

図表5-6-1　福留聡(株)の

（地方税）

監査委員会報告66号分類3→おおむね5年以内のスケジューリングの範囲内で回収可能

（単位：円）

項目			当期末残	解消予測					5年超解消
				2018年3月期	2019年3月期	2020年3月期	2021年3月期	2022年3月期	
			実効税率	32.34%	32.34%	32.34%	32.34%	32.34%	
課税所得①									
	税引前当期純利益			50,000,000	50,000,000	50,000,000	50,000,000	50,000,000	
	損金不算入項目（交際費）			8,000,000	8,000,000	8,000,000	8,000,000	8,000,000	
	損金不算入項目（寄付金）			1,000,000	1,000,000	1,000,000	1,000,000	1,000,000	
	益金不算入項目（受取配当金）			△ 1,500,000	△ 1,500,000	△ 1,500,000	△ 1,500,000	△ 1,500,000	
	退職給付引当金			300,000	300,000	300,000	300,000	300,000	
	その他恒常的加減算項目			40,200,000					
	小計			98,000,000	57,800,000	57,800,000	57,800,000	57,800,000	
	将来加算一時差異の解消予定額								
	固定資産圧縮積立金			500,000	500,000	500,000	500,000	500,000	
	有形固定資産(除去資産)			500,000	500,000	500,000	500,000	500,000	
	タックスプランニング（土地売却等）	ア				100,000,000			
	その他調整								
	課税所得①　合計	A		99,000,000	58,800,000	158,800,000	58,800,000	58,800,000	
将来減算一時差異解消額									
	賞与引当金		30,000,000	30,000,000					—
	賞与引当金(社会保険料)		4,200,000	4,200,000					—
	未払事業税		10,514,475	10,514,475					—
	貸倒引当金(流動)		30,000,000	30,000,000					
	退職給付引当金		4,250,000	50,000	50,000	50,000	50,000	50,000	4,000,000
	減価償却超過額(機械装置)		180,000	30,000	30,000	30,000	30,000	30,000	30,000
	役員退職慰労引当金		4,500,000		1,000,000		1,500,000	1,000,000	1,000,000
	土地減損損失		54,000,000						54,000,000
	貸倒引当金(固定)		2,000,000						2,000,000
	資産除去債務		10,200,000						10,200,000
	減価償却超過額(建物)		10,000,000	500,000	500,000	500,000	500,000	500,000	7,500,000
	建物減損損失		36,000,000	1,800,000	1,800,000	1,800,000	1,800,000	1,800,000	27,000,000
	計	B	195,844,475	77,094,475	3,380,000	2,380,000	3,880,000	3,380,000	
	回収可能額	C	90,114,475	77,094,475	3,380,000	2,380,000	3,880,000	3,380,000	
	回収不能・繰越欠損金発生	イ		—	—	—	—	—	
	差引　課税所得②	ウ		21,905,525	55,420,000	156,420,000	54,920,000	55,420,000	
	（スケジューリング不能額）	エ							
	減価償却の償却超過額(機械装置)		30,000						
	役員退職慰労引当金		1,000,000						
	土地減損損失		54,000,000						
	貸倒引当金(固定)		2,000,000						
	資産除去債務		10,200,000						
	建物減損損失		27,000,000						
	計	D	94,230,000						
繰越欠損金		オ							
	当期末残		27,500,000	10,952,763	—	—	—	—	
	2018年3月期			—	—	—	—	—	
	2019年3月期								
	2020年3月期								
	2021年3月期								
	2022年3月期								
	未回収残高	E	27,500,000	10,952,763	—	—	—	—	
	回収可能額	F	27,500,000	16,547,237	10,952,763	—	—	—	
	回収不能額	G							
（繰延税金資産）			【地方税分】						
資産計上	回収可能額		117,614,475	（＝C＋F）					
	長期解消項目一時差異	カ	11,500,000						
	回収可能額　合計		129,114,475	（＝B－D＋E）					
	税率		8.61%						
	金額		11,116,756	（繰延税金負債考慮前）					
							国税	地方税	計
資産未計上	回収不能額		94,230,000	（＝D＋G）		計上	35,525,762	11,116,756	46,642,518
	税率		8.61%			未計上	22,360,779	8,113,203	30,473,982
	金額		8,113,203	（評価性引当額と一致）			57,886,541	19,229,959	77,116,500

スケジューリング表（つづき）

	記載要領
	経営計画数値を記載。
	経営計画に織り込んでいる交際費を戻し5年分記載。
	経営計画に織り込んでいる寄附金を戻し5年分記載。
	経営計画に織り込んでいる受取配当金をもとに5年分記載。
	経営計画に織り込んでいる退職給付費用を戻し5年分記載。
	左記は流動分の賞与引当金、賞与引当金に係る社会保険料、事業税外形標準（税前利益から開始のため所得割除く）の合計。流動分の賞与引当金、賞与引当金に係る社会保険料はスケジューリング表の減算額とほぼ同額の加算と考え記載、事業税はスケジューリング表が税前利益から始まるためここは計画の外形標準課税分を加算、2期以降は流動項目は加算減算ほぼ同額と考え調整しない。
OK	
OK	
	過去の損金算入実績をもとにスケジューリングを行い、解消年度に記入する。
	会社負担年金掛金拠出額と一時金支払額の合計、区分3の場合、年金掛金拠出額は5年間の拠出予定額、一時金支払額は定年支給予定額を5年間分記載、実務指針66号5(2)、税効果会計に関するQ＆Aに従い5年間のスケジューリングを行った上で、その期間を超えた年度であっても最終解消年度までに解消されると見込まれる退職給付引当金は回収可能。
	スケジューリングを行い、解消年度に記入する。
スケジューリング不能	内規にしたがった解消年度に記入する。
	売却計画経たない限りスケジューリング不能。
	固定貸倒引当金は返済予定表あれば返済スケジュールに従い入力する。
スケジューリング不能	資産除去債務算定にあたり、見積で利用した履行時期をもとに入力する。
	実務指針66号5(2)に従い5年間のスケジューリングを行った上で、その期間を超えた年度であっても最終解消年度までに解消されると見込まれる建物減価償却超過額は回収可能。
	減損損失は実務指針66号5(2)の長期解消一時差異には該当せず、通常通りスケジューリングする。
	年度ごとに 一時差異解消予定額（B）が課税所得（A）以下の場合はBの金額。 一時差異解消予定額（B）が課税所得（A）以上の場合はAの金額。
	A＞Cの場合のみ、課税所得（A）－回収可能額（C）を記入
	分類3の場合、5年内の減算認容が見込まれないものがあれば、記載
	分類3の場合、5年内の減算認容が見込まれないものがあれば、記載
	分類3の場合、5年内の減算認容が見込まれないものがあれば、記載
	分類3の場合、5年内の減算認容が見込まれないものがあれば、記載
	上記課税所得の発生している年度に充当をしていく。大法人は、平成29年4月1日以後に終了した事業年度において生じた欠損金額からウ差引　課税所得②の50%の控除制限がある。
	上記課税所得の発生している年度に充当をしていく。大法人は、平成29年4月1日以後に終了した事業年度において生じた欠損金額からウ差引　課税所得②の50%の控除制限がある。
	充当できた金額を記入していく（1番左はその合計が記載される）。大法人は、平成29年4月1日以後に終了した事業年度において生じた欠損金額からウ差引　課税所得②の50%の控除制限がある。
	分類3の場合、上記で退職給付引当金、建物減価償却超過額の5年間のスケジューリングを行い、5年超分を回収可能額として記載する。

図表5-6-2　福留興業㈱の

連結納税税効果シート④　連結納税税効果スケジューリング表に関するワークシート

Ⅱ個別財務諸表
（連結納税会社）

会社名:	福留興業㈱
事業年度:	2017年3月期

（国税）

監査委員会報告66号分類3→おおむね5年以内のスケジューリングの範囲内で回収可能

項目			当期末残	解消予測			
				2018年3月期	2019年3月期	2020年3月期	2021年3月期
			実効税率	32.34%	32.34%	32.34%	32.34%
課税所得①							
	税引前当期純利益			10,000,000	10,000,000	10,000,000	10,000,000
	損金不算入項目（交際費）			1,000,000	1,000,000	1,000,000	1,000,000
	損金不算入項目（寄付金）			500,000	500,000	500,000	500,000
	益金不算入項目（受取配当金）			△ 500,000	△ 500,000	△ 500,000	△ 500,000
	その他恒常的加減算項目			5,685,000			
	小計			16,685,000	11,000,000	11,000,000	11,000,000
	将来加算一時差異の解消予定額						
	タックスプランニング（土地売却等）	ア					
	その他調整						
	課税所得① 合計	A		16,685,000	11,000,000	11,000,000	11,000,000
将来減算一時差異解消額							
	賞与引当金		5,000,000	5,000,000			
	賞与引当金(社会保険料)		685,000	685,000			
	未払事業税		361,158	361,158			
	減価償却超過額(工具器具備品)		250,000	50,000	50,000	50,000	50,000
	役員退職慰労引当金		1,200,000				
	減価償却超過額(建物)		5,750,000	500,000	500,000	500,000	500,000
	計	B	13,246,158	6,596,158	550,000	550,000	550,000
	回収可能額	C	8,796,158	6,596,158	550,000	550,000	550,000
	回収不能・繰越欠損金発生	イ		–	–	–	–
	差引　課税所得②	ウ		10,088,842	10,450,000	10,450,000	10,450,000
	(スケジューリング不能額)	エ					
	役員退職慰労引当金		1,200,000				
	計	D	1,200,000				
繰越欠損金		オ					
	当期末残		2,531,250	–	–	–	–
	2018年3月期			–	–	–	–
	2019年3月期						
	2020年3月期						
	2021年3月期						
	2022年3月期						
	未回収残高	E	2,531,250	–	–	–	–
	回収可能額	F	2,531,250	2,531,250	–	–	–
	回収不能額	G					
(繰延税金資産)			【国税分】				
資産計上	回収可能額		11,327,408	(=C+F)			
	長期解消項目一時差異	カ	3,250,000				
	回収可能額 合計		14,577,408	(=B−D+E)			
	税率		23.73%				
	金額		3,459,219	(繰延税金負債考慮前)			
資産未計上	回収不能額		1,200,000	(=D+G)			
	税率		23.73%				
	金額		284,760	(評価性引当額と一致)			

	国税
計上	3,459,219
未計上	284,760
	3,743,979

スケジューリング表

（単位：円）

2022年3月期	5年超解消		記載要領
32.34%			
10,000,000			経営計画数値を記載。
1,000,000			経営計画に織り込んでいる交際費を戻し5年分記載。
500,000			経営計画に織り込んでいる寄附金を戻し5年分記載。
△ 500,000			経営計画に織り込んでいる受取配当金をもとに5年分記載。
			左記は流動分の賞与引当金、賞与引当金に係る社会保険料、事業税外形標準（税前利益から開始のため所得割除く）の合計。流動分の賞与引当金、賞与引当金に係る社会保険料はスケジューリング表の減算額とほぼ同額の加算と考え記載、事業税はスケジューリング表が税前利益から始まるためここは計画の外形標準課税分を加算、2期以降は流動項目は加算減算ほぼ同額と考え調整しない。
11,000,000			
11,000,000			
	—	OK	
	—	OK	
	—	OK	
50,000	—	OK	スケジューリングを行い、解消年度に記入する。
	1,200,000	スケジューリング不能	内規にしたがった解消年度に記入する。
500,000	3,250,000		実務指針66号5(2)に従い5年間のスケジューリングを行った上で、その期間を超えた年度であっても最終解消年度までに解消されると見込まれる建物減価償却超過額は回収可能。
550,000			
550,000			年度ごとに 一時差異解消予定額(B)が課税所得(A)以下の場合はBの金額。 一時差異解消予定額(B)が課税所得(A)以上の場合はAの金額。
—			
10,450,000			A>Cの場合のみ、課税所得(A)−回収可能額(C)を記入
			分類3の場合、5年内の減算認容が見込まれないものがあれば、記載
—			上記課税所得の発生している年度に充当をしていく。大法人は、平成29年4月1日以後に終了した事業年度において生じた欠損金額からウ差引　課税所得②の50%の控除制限がある。
—			上記課税所得の発生している年度に充当をしていく。大法人は、平成29年4月1日以後に終了した事業年度において生じた欠損金額からウ差引　課税所得②の50%の控除制限がある。
—			
—			充当できた金額を記入していく（1番左はその合計が記載される）。大法人は、平成29年4月1日以後に終了した事業年度において生じた欠損金額からウ差引　課税所得②の50%の控除制限がある。
			分類3の場合、上記で退職給付引当金、建物減価償却超過額の5年間のスケジューリングを行い、5年超分を回収可能額として記載する。

地方税	計
1,209,374	4,668,593
103,320	388,080
1,312,694	5,056,673

図表5-6-2　福留興業㈱の

（地方税）
監査委員会報告66号分類3→おおむね5年以内のスケジューリングの範囲内で回収可能

項目			当期末残	解消予測			
				2018年3月期	2019年3月期	2020年3月期	2021年3月期
			実効税率	32.34%	32.34%	32.34%	32.34%
課税所得①							
	税引前当期純利益			10,000,000	10,000,000	10,000,000	10,000,000
	損金不算入項目（交際費）			1,000,000	1,000,000	1,000,000	1,000,000
	損金不算入項目（寄付金）			500,000	500,000	500,000	500,000
	益金不算入項目（受取配当金）			△ 500,000	△ 500,000	△ 500,000	△ 500,000
	その他恒常的加減算項目			5,685,000			
	小計			16,685,000	11,000,000	11,000,000	11,000,000
	将来加算一時差異の解消予定額						
	タックスプランニング（土地売却等）	ア					
	その他調整						
	課税所得①　合計	A		16,685,000	11,000,000	11,000,000	11,000,000
将来減算一時差異解消額							
	賞与引当金		5,000,000	5,000,000			
	賞与引当金(社会保険料)		685,000	685,000			
	未払事業税		361,158	361,158			
	減価償却超過額(工具器具備品)		250,000	50,000	50,000	50,000	50,000
	役員退職慰労引当金		1,200,000				
	減価償却超過額(建物)		5,750,000	500,000	500,000	500,000	500,000
	計	B	13,246,158	6,596,158	550,000	550,000	550,000
	回収可能額	C	8,796,158	6,596,158	550,000	550,000	550,000
	回収不能・繰越欠損金発生	イ		−	−	−	−
	差引　課税所得②	ウ		10,088,842	10,450,000	10,450,000	10,450,000
	（スケジューリング不能額）	エ					
	役員退職慰労引当金		1,200,000				
	計	D	1,200,000				
繰越欠損金		オ					
	当期末残		2,000,000	−	−	−	−
	2018年3月期			−	−	−	−
	2019年3月期						
	2020年3月期						
	2021年3月期						
	2022年3月期						
	未回収残高	E	2,000,000	−	−	−	−
	回収可能額	F	2,000,000	2,000,000	−	−	−
	回収不能額	G					
（繰延税金資産）			【地方税分】				
資産計上	回収可能額		10,796,158	（＝C＋F）			
	長期解消項目一時差異	カ	3,250,000				
	回収可能額　合計		14,046,158	（＝B−D＋E）			
	税率		8.61%				
	金額		1,209,374	（繰延税金負債考慮前）			
							国税
資産未計上	回収不能額		1,200,000	（＝D＋G）			
	税率		8.61%			計上	3,459,219
	金額		103,320	（評価性引当額と一致）		未計上	284,760
							3,743,979

スケジューリング表（つづき）

（単位:円）

2022年3月期	5年超解消		記載要領
32.34%			
10,000,000			経営計画数値を記載。
1,000,000			経営計画に織り込んでいる交際費を戻し5年分記載。
500,000			経営計画に織り込んでいる寄附金を戻し5年分記載。
△ 500,000			経営計画に織り込んでいる受取配当金をもとに5年分記載。
			左記は流動分の賞与引当金、賞与引当金に係る社会保険料、事業税外形標準（税前利益から開始のため所得割除く）の合計。流動分の賞与引当金、賞与引当金に係る社会保険料はスケジューリング表の減算額とほぼ同額の加算と考え記載、事業税はスケジューリング表が税前利益から始まるためここは計画の外形標準課税分を加算、2期以降は流動項目は加算減算ほぼ同額と考え調整しない。
11,000,000			
11,000,000			
	–	OK	
	–	OK	
	–		
50,000	–		スケジューリングを行い、解消年度に記入する。
	1,200,000	スケジューリング不能	内規にしたがった解消年度に記入する。
500,000	3,250,000		実務指針66号5(2)に従い5年間のスケジューリングを行った上で、その期間を超えた年度であっても最終解消年度までに解消されると見込まれる建物減価償却超過額は回収可能。
550,000			
550,000			年度ごとに 一時差異解消予定額(B)が課税所得(A)以下の場合はBの金額。 一時差異解消予定額(B)が課税所得(A)以上の場合はAの金額。
–			
10,450,000			A＞Cの場合のみ、課税所得(A)−回収可能額(C)を記入
			区分Ⅲの場合、5年内の減算認容が見込まれないものがあれば、記載
–			上記課税所得の発生している年度に充当をしていく。大法人は、平成29年4月1日以後に終了した事業年度において生じた欠損金額からウ差引 課税所得②の50%の控除制限がある。
–			上記課税所得の発生している年度に充当をしていく。大法人は、平成29年4月1日以後に終了した事業年度において生じた欠損金額からウ差引 課税所得②の50%の控除制限がある。
–			
–			充当できた金額を記入していく(1番左はその合計が記載される)。大法人は、平成29年4月1日以後に終了した事業年度において生じた欠損金額からウ差引 課税所得②の50%の控除制限がある。
			区分Ⅲの場合、上記で退職給付引当金、建物減価償却超過額の5年間のスケジューリングを行い、回収可能な場合のみ5年超分を回収可能として記載する。）
地方税	計		
1,209,374	4,668,593		
103,320	388,080		
1,312,694	5,056,673		

図表5-6-3　福留サービス㈱の連結納税税効果シート④　連結納税税効果スケジューリング表に関するワークシート

Ⅱ個別財務諸表
（連結納税会社）

会社名: 福留サービス㈱
事業年度: 2017年3月期

（国税）
監査委員会報告66号分類3→おおむね5年以内のスケジューリングの範囲内で回収可能

項目			当期末残	解消予測			
				2018年3月期	2019年3月期	2020年3月期	2021年3月期
			実効税率	32.34%	32.34%	32.34%	32.34%
課税所得①							
	税引前当期純利益			△ 1,000,000	△ 1,000,000	△ 1,000,000	△ 1,000,000
	損金不算入項目（交際費）			1,000,000	1,000,000	1,000,000	1,000,000
	損金不算入項目（寄付金）			500,000	500,000	500,000	500,000
	益金不算入項目（受取配当金）			△ 500,000	△ 500,000	△ 500,000	△ 500,000
	その他恒常的加減算項目			3,411,000			
	小計			3,411,000	–	–	–
	将来加算一時差異の解消予定額						
	タックスプランニング（土地売却等）	ア					
	その他調整						
	課税所得① 合計	A		3,411,000	–	–	–
将来減算一時差異解消額							
	賞与引当金		3,000,000	3,000,000			
	賞与引当金(社会保険料)		411,000	411,000			
	減価償却超過額(車両運搬具)		210,000	50,000	40,000	40,000	40,000
	役員退職慰労引当金		1,200,000				
	減価償却超過額(建物)		3,150,000	500,000	500,000	500,000	500,000
	計	B	7,971,000	3,961,000	540,000	540,000	540,000
	回収可能額	C	3,411,000	3,411,000	–	–	–
	回収不能・繰越欠損金発生	イ		550,000	540,000	540,000	540,000
	差引　課税所得②	ウ		–	–	–	–
	（スケジューリング不能額）	エ					
	役員退職慰労引当金		1,200,000				
	計	D	1,200,000				
繰越欠損金		オ					
	当期末残		–	–	–	–	–
	2018年3月期			–	–	–	–
	2019年3月期						
	2020年3月期						
	2021年3月期						
	2022年3月期						
	未回収残高	E	–	–	–	–	–
	回収可能額	F	–	–	–	–	–
	回収不能額	G					
（繰延税金資産）			【国税分】				
資産計上	回収可能額		3,411,000	（＝C＋F）			
	長期解消項目一時差異	カ	650,000				
	回収可能額　合計		6,771,000	（＝B－D＋E）			
	税率		23.73%				
	金額		1,606,758	（繰延税金負債考慮前）			
資産未計上	回収不能額		1,200,000	（＝D＋G）			国税
	税率		23.73%			計上	1,606,758
	金額		284,760	（評価性引当額と一致）		未計上	284,760
							1,891,518

スケジューリング表

（単位：円）

2022年3月期	5年超解消		記載要領
32.34%			
△ 1,000,000			経営計画数値を記載。
1,000,000			経営計画に織り込んでいる交際費を戻し5年分記載。
500,000			経営計画に織り込んでいる寄附金を戻し5年分記載。
△ 500,000			経営計画に織り込んでいる受取配当金をもとに5年分記載。
			左記は流動分の賞与引当金、賞与引当金に係る社会保険料、事業税外形標準（税前利益から開始のため所得割除く）の合計。流動分の賞与引当金、賞与引当金に係る社会保険料はスケジューリング表の減算額とほぼ同額の加算と考え記載、事業税はスケジューリング表が税前利益から始まるためここは計画の外形標準課税分を加算、2期以降は流動項目は加算減算ほぼ同額と考え調整しない。
–			
–			
	–	OK	
	–	OK	
40,000	–	OK	スケジューリングを行い、解消年度に記入する。
	1,200,000	スケジューリング不能	内規にしたがった解消年度に記入する。
500,000	650,000		実務指針66号5(2)に従い5年間のスケジューリングを行った上で、その期間を超えた年度であっても最終解消年度までに解消されると見込まれる建物減価償却超過額は回収可能。
540,000			
–			年度ごとに 一時差異解消予定額(B)が課税所得(A)以下の場合はBの金額。 一時差異解消予定額(B)が課税所得(A)以上の場合はAの金額。
540,000			
–			A＞Cの場合のみ、課税所得(A)−回収可能額(C)を記入
			分類3の場合、5年内の減算認容が見込まれないものがあれば、記載
–			上記課税所得の発生している年度に充当をしていく。大法人は、平成29年4月1日以後に終了した事業年度において生じた欠損金額からウ差引　課税所得②の50%の控除制限がある。
–			上記課税所得の発生している年度に充当をしていく。大法人は、平成29年4月1日以後に終了した事業年度において生じた欠損金額からウ差引　課税所得②の50%の控除制限がある。
–			
–			充当できた金額を記入していく(1番左はその合計が記載される)。大法人は、平成29年4月1日以後に終了した事業年度において生じた欠損金額からウ差引　課税所得②の50%の控除制限がある。
			分類3の場合、上記で退職給付引当金、建物減価償却超過額の5年間のスケジューリングを行い、5年超分を回収可能額として記載する。
地方税	**計**		
293,687	1,900,445		
3,190,866	3,475,626		
3,484,553	5,376,071		

図表5-6-3　福留サービス㈱の

（地方税）

監査委員会報告66号分類4→翌年の確実な所得のスケジューリングの範囲内で回収可能

項目			当期末残	解消予測			
				2018年3月期	2019年3月期	2020年3月期	2021年3月期
			実効税率	32.34%	32.34%	32.34%	32.34%
課税所得①							
	税引前当期純利益			△ 1,000,000	△ 1,000,000	△ 1,000,000	△ 1,000,000
	損金不算入項目（交際費）			1,000,000	1,000,000	1,000,000	1,000,000
	損金不算入項目（寄付金）			500,000	500,000	500,000	500,000
	益金不算入項目（受取配当金）			△ 500,000	△ 500,000	△ 500,000	△ 500,000
	その他恒常的加減算項目			3,411,000			
	小計			3,411,000	—	—	—
	将来加算一時差異の解消予定額						
	タックスプランニング（土地売却等）	ア					
	その他調整						
	課税所得① 合計	A		3,411,000	—	—	—
将来減算一時差異解消額							
	賞与引当金		3,000,000	3,000,000			
	賞与引当金(社会保険料)		411,000	411,000			
	減価償却超過額(工具器具備品)		210,000	50,000	40,000	40,000	40,000
	役員退職慰労引当金		1,200,000				
	減価償却超過額(建物)		3,150,000	500,000	500,000	500,000	500,000
	計	B	7,971,000	3,961,000	540,000	540,000	540,000
	回収可能額	C	3,411,000	3,411,000	—	—	—
	回収不能・繰越欠損金発生	イ		550,000	540,000	540,000	540,000
	差引 課税所得②	ウ		—	—	—	—
	(スケジューリング不能額)	エ					
	減価償却超過額(工具器具備品)		210,000				
	減価償却超過額(建物)		3,150,000				
	役員退職慰労引当金		1,200,000				
	計	D	4,560,000				
繰越欠損金		オ					
	当期末残		32,500,000	32,500,000	32,500,000	32,500,000	32,500,000
	2018年3月期			550,000	550,000	550,000	550,000
	2019年3月期				540,000	540,000	540,000
	2020年3月期					540,000	540,000
	2021年3月期						540,000
	2022年3月期						
	未回収残高	E	32,500,000	33,050,000	33,590,000	34,130,000	34,670,000
	回収可能額	F	—	—	—	—	—
	回収不能額	G	32,500,000				
(繰延税金資産)			【地方税分】				
資産計上	回収可能額		3,411,000	(＝C＋F)			
	長期解消項目一時差異	カ	—				
	回収可能額 合計		3,411,000	(＝B−D＋E)			
	税率		8.61%				
	金額		293,687	(繰延税金負債考慮前)			
資産未計上	回収不能額		37,060,000	(＝D＋G)			国税
	税率		8.61%			計上	1,606,758
	金額		3,190,866	(評価性引当額と一致)		未計上	284,760
							1,891,518

スケジューリング表（つづき）

（単位：円）

2022年3月期	5年超解消		記載要領
32.34%			
△ 1,000,000			経営計画数値を記載。
1,000,000			経営計画に織り込んでいる交際費を戻し5年分記載。
500,000			経営計画に織り込んでいる寄附金を戻し5年分記載。
△ 500,000			経営計画に織り込んでいる受取配当金をもとに5年分記載。
			左記は流動分の賞与引当金、賞与引当金に係る社会保険料、事業税外形標準（税前利益から開始のため所得割除く）の合計。流動分の賞与引当金、賞与引当金に係る社会保険料はスケジューリング表の減算額とほぼ同額の加算と考え記載、事業税はスケジューリング表が税前利益から始まるためここは計画の外形標準課税分を加算、2期以降は流動項目は加算減算ほぼ同額と考え調整しない。
−			
−			
	−	OK	
	−	OK	
40,000	−	OK	スケジューリングを行い、解消年度に記入する。
	1,200,000	スケジューリング不能	内規にしたがった解消年度に記入する。
500,000	650,000	スケジューリング不能	
540,000			
−			年度ごとに 一時差異解消予定額(B)が課税所得(A)以下の場合はBの金額。 一時差異解消予定額(B)が課税所得(A)以上の場合はAの金額。
540,000			
−			A＞Cの場合のみ、課税所得(A)−回収可能額(C)を記入
			分類4の場合、1年内の減算認容が見込まれないものがあれば、記載
32,500,000			上記課税所得の発生している年度に充当をしていく。大法人は、平成29年4月1日以後に終了した事業年度において生じた欠損金額からウ差引　課税所得②の50%の控除制限がある。
550,000			上記課税所得の発生している年度に充当をしていく。大法人は、平成29年4月1日以後に終了した事業年度において生じた欠損金額からウ差引　課税所得②の50%の控除制限がある。
540,000			
540,000			
540,000			
540,000			
35,210,000			
−			充当できた金額を記入していく(1番左はその合計が記載される)。大法人は、平成29年4月1日以後に終了した事業年度において生じた欠損金額からウ差引　課税所得②の50%の控除制限がある。
地方税	計		
293,687	1,900,445		
3,190,866	3,475,626		
3,484,553	5,376,071		

図表5-6-4　連結納税主体である

連結納税税効果シート④　連結納税税効果スケジューリング表に関するワークシート

Ⅰ連結財務諸表
（連結納税会社）

会社名:	福留聡㈱
事業年度:	2017年3月期

（国税）
監査委員会報告66号分類3→おおむね5年以内のスケジューリングの範囲内で回収可能　　　　（単位：円）

項目			当期末残	解消予測					5年超解消
				2018年3月期	2019年3月期	2020年3月期	2021年3月期	2022年3月期	
			実効税率	32.34%	32.34%	32.34%	32.34%	32.34%	
課税所得①									
	税引前当期純利益			59,000,000	59,000,000	59,000,000	59,000,000	59,000,000	
	損金不算入項目（交際費）			10,000,000	10,000,000	10,000,000	10,000,000	10,000,000	
	損金不算入項目（寄付金）			2,000,000	2,000,000	2,000,000	2,000,000	2,000,000	
	益金不算入項目（受取配当金）			△ 2,500,000	△ 2,500,000	△ 2,500,000	△ 2,500,000	△ 2,500,000	
	退職給付引当金			300,000	300,000	300,000	300,000	300,000	
	その他恒常的加減算項目			49,296,000					
	小計			118,096,000	68,800,000	68,800,000	68,800,000	68,800,000	
	将来加算一時差異の解消予定額								
	固定資産圧縮積立金			500,000	500,000	500,000	500,000	500,000	
	有形固定資産(除去資産)			500,000	500,000	500,000	500,000	500,000	
	タックスプランニング（土地売却等）	ア				100,000,000			
	その他調整								
	課税所得①　合計	A		119,096,000	69,800,000	169,800,000	69,800,000	69,800,000	
将来減算一時差異解消額									
	賞与引当金		38,000,000	38,000,000					−
	賞与引当金(社会保険料)		5,296,000	5,296,000					−
	未払事業税		10,875,633	10,875,633					−
	貸倒引当金(流動)		30,000,000	30,000,000					−
	退職給付引当金		4,250,000	50,000	50,000	50,000	50,000	50,000	4,000,000
	減価償却超過額(機械装置)		180,000	30,000	30,000	30,000	30,000	30,000	30,000
	減価償却超過額(工具器具備品)		250,000	50,000	50,000	50,000	50,000	50,000	−
	減価償却超過額(車両運搬具)		210,000	50,000	40,000	40,000	40,000	40,000	−
	役員退職慰労引当金		6,900,000	−	1,000,000	−	1,500,000	1,000,000	3,400,000
	土地減損損失		54,000,000						54,000,000
	貸倒引当金(固定)		2,000,000						2,000,000
	資産除去債務		10,200,000						10,200,000
	減価償却超過額(建物)		18,900,000	1,500,000	1,500,000	1,500,000	1,500,000	1,500,000	11,400,000
	建物減損損失		36,000,000	1,800,000	1,800,000	1,800,000	1,800,000	1,800,000	27,000,000
	計	B	217,061,633	87,651,633	4,470,000	3,470,000	4,970,000	4,470,000	
	回収可能額	C	105,031,633	87,651,633	4,470,000	3,470,000	4,970,000	4,470,000	
	回収不能・繰越欠損金発生	イ		−	−	−	−	−	
	差引　課税所得②	ウ		31,444,367	65,330,000	166,330,000	64,830,000	65,330,000	
	（スケジューリング不能額）	エ							
	減価償却の償却超過額(機械装置)		30,000						
	役員退職慰労引当金		3,400,000						
	土地減損損失		54,000,000						
	貸倒引当金(固定)		2,000,000						
	資産除去債務		10,200,000						
	建物減損損失		27,000,000						
	計	D	96,630,000						
繰越欠損金		オ							
	当期末残		50,625,000	15,722,184	−	−	−	−	
	2018年3月期			−	−	−	−	−	
	2019年3月期								
	2020年3月期								
	2021年3月期								
	2022年3月期								
	未回収残高	E	50,625,000	15,722,184	−	−	−	−	
	回収可能額	F	50,625,000	34,902,816	15,722,184	−	−	−	
	回収不能額	G							
（繰延税金資産）			【国税分】						
資産計上	回収可能額		155,656,633	(=C+F)					
	長期解消項目一時差異	カ	15,400,000						
	回収可能額　合計		171,056,633	(=B−D+E)					
	税率		23.73%						
	金額		40,591,739	(繰延税金負債考慮前)					
資産未計上	回収不能額		96,630,000	(=D+G)			国税	地方税	計
	税率		23.73%			計上	40,591,739	12,619,818	53,211,557
	金額		22,930,299	(評価性引当額と一致)		未計上	22,930,299	11,407,389	34,337,688
							63,522,038	24,027,207	87,549,245

福留聡㈱のスケジューリング表

	記載要領
	経営計画数値を記載。
	経営計画に織り込んでいる交際費を戻し5年分記載。
	経営計画に織り込んでいる寄附金を戻し5年分記載。
	経営計画に織り込んでいる受取配当金をもとに5年分記載。
	経営計画に織り込んでいる退職給付費用を戻し5年分記載。
	左記は流動分の賞与引当金、賞与引当金に係る社会保険料、事業税外形標準（税前利益から開始のため所得割除く）の合計。流動分の賞与引当金、賞与引当金に係る社会保険料はスケジューリング表の減算額とほぼ同額の加算と考え記載、事業税はスケジューリング表が税前利益から始まるためここは計画の外形標準課税分を加算、2期以降は流動項目は加算減算ほぼ同額と考え調整しない。
OK	
OK	
OK	
OK	過去の損金算入実績をもとにスケジューリングを行い、解消年度に記入する。
	会社負担年金掛金拠出額と一時金支払額の合計、区分3の場合、年金掛金拠出額は5年間の拠出予定額、一時金支払額は定年支給予定額を5年間分記載、実務指針66号5(2)、税効果会計に関するQ＆Aに従い5年間のスケジューリングを行った上で、その期間を超えた年度であっても最終解消年度までに解消されると見込まれる退職給付引当金は回収可能。
スケジューリング不能	スケジューリングを行い、解消年度に記入する。
OK	スケジューリングを行い、解消年度に記入する。
OK	スケジューリングを行い、解消年度に記入する。
スケジューリング不能	内規にしたがった解消年度に記入する。
スケジューリング不能	売却計画経たない限りスケジューリング不能。
スケジューリング不能	固定貸倒引当金は返済予定表あれば返済スケジュールに従い入力する。
スケジューリング不能	資産除去債務算定にあたり、見積で利用した履行時期をもとに入力する。
	実務指針66号5(2)に従い5年間のスケジューリングを行った上で、その期間を超えた年度であっても最終解消年度までに解消されると見込まれる建物減価償却超過額は回収可能。
スケジューリング不能	減損損失は実務指針66号5(2)の長期解消一時差異には該当せず、通常通りスケジューリングする。
	年度ごとに 一時差異解消予定額（B）が課税所得（A）以下の場合はBの金額。 一時差異解消予定額（B）が課税所得（A）以上の場合はAの金額。
	A＞Cの場合のみ、課税所得（A）-回収可能額（C）を記入
	分類3の場合、5年内の減算認容が見込まれないものがあれば、記載
	分類3の場合、5年内の減算認容が見込まれないものがあれば、記載
	分類3の場合、5年内の減算認容が見込まれないものがあれば、記載
	分類3の場合、5年内の減算認容が見込まれないものがあれば、記載
	上記課税所得の発生している年度に充当をしていく。大法人は、平成29年4月1日以後に終了した事業年度において生じた欠損金額からウ差引　課税所得②の50%の控除制限がある。
	上記課税所得の発生している年度に充当をしていく。大法人は、平成29年4月1日以後に終了した事業年度において生じた欠損金額からウ差引　課税所得②の50%の控除制限がある。
	充当できた金額を記入していく（1番左はその合計が記載される）。大法人は、平成29年4月1日以後に終了した事業年度において生じた欠損金額からウ差引　課税所得②の50%の控除制限がある。
	分類3の場合、上記で退職給付引当金、建物減価償却超過額の5年間のスケジューリングを行い、5年超分を回収可能額として記載する。

（1） 個別財務諸表

STEP3 回収可能性考慮前の繰延税金資産及び繰延税金負債の算定の段階では「連結納税税効果シート① 連結納税税効果計算に関するワークシート」で，評価性引当額控除前繰延税金資産Ｅまで算定している。

図表5-7-1 福留聡㈱連結納税税効果シート①抜粋

会社名:	福留聡㈱	国税	地方税
事業年度:	2017年3月期	3	3

項目	A:前期末残高 =別表五の二(一)付表一 期首現在利益積立金額	B:加算 =別表五の二(一) 付表一当期中の 増減の増	C:減算 =別表五の二(一) 付表一当期中の 増減の減	D:期末残高 =別表五の二(一)付表一 差引翌期首現在利益 積立金額	E:評価性引当額控除前 繰延税金資産 =D.期末残高×32.34%
賞与引当金	38,000,000	30,000,000	38,000,000	30,000,000	9,702,000
未払事業税(注1)	6,000,000	10,514,475	6,000,000	10,514,475	3,400,381
賞与引当金(社会保険料)	5,240,000	4,200,000	5,240,000	4,200,000	1,358,280
貸倒引当金(流動)	20,000,000	30,000,000	20,000,000	30,000,000	9,702,000
小計	69,240,000	74,714,475	69,240,000	74,714,475	24,162,661
退職給付引当金	4,000,000	300,000	50,000	4,250,000	1,374,450
役員退職慰労引当金	3,500,000	1,000,000		4,500,000	1,455,300
土地減損損失		54,000,000		54,000,000	17,463,600
減価償却超過額(機械装置)	150,000	100,000	70,000	180,000	58,212
貸倒引当金(固定)		2,000,000		2,000,000	646,800
資産除去債務	10,000,000	200,000		10,200,000	3,298,680
減価償却超過額(建物)		10,000,000		10,000,000	3,234,000
繰越欠損金(注2)国税	190,000,000		141,906,250	48,093,750	11,412,647
繰越欠損金(注2)地方税	190,000,000		162,500,000	27,500,000	2,367,750
建物減損損失		36,000,000		36,000,000	11,642,400
小計	397,650,000	103,600,000	304,526,250	196,723,750	52,953,839
合計	466,890,000	178,314,475	373,766,250	271,438,225	77,116,500
固定資産圧縮積立金		(10,000,000)		(10,000,000)	(3,234,000)
有形固定資産(除去資産)	(10,000,000)	500,000		(9,500,000)	(3,072,300)
その他有価証券評価差額金	(500,000)	(300,000)	(500,000)	(300,000)	(97,020)
合計	(10,500,000)	(9,800,000)	(500,000)	(19,800,000)	(6,403,320)

図表5-7-2 福留興業㈱連結納税税効果シート①抜粋

会社名:	福留興業㈱	国税	地方税
事業年度:	2017年3月期	3	3

項目	A:前期末残高 =別表五の二(一)付表一 期首現在利益積立金額	B:加算 =別表五の二(一) 付表一当期中の 増減の増	C:減算 =別表五の二(一) 付表一当期中の 増減の減	D:期末残高 =別表五の二(一)付表一 差引翌期首現在利益 積立金額	E:評価性引当額控除前 繰延税金資産 =D.期末残高×32.34%
賞与引当金	4,000,000	5,000,000	4,000,000	5,000,000	1,617,000
未払事業税(注1)	0	361,158	0	361,158	116,798
賞与引当金(社会保険料)	548,000	685,000	548,000	685,000	221,529
繰越欠損金(注2)国税	15,000,000		12,468,750	2,531,250	600,666
繰越欠損金(注2)地方税	15,000,000		13,000,000	2,000,000	172,200
小計	34,548,000	6,046,158	30,016,750	10,577,408	2,728,193
役員退職慰労引当金	1,000,000	200,000		1,200,000	388,080
減価償却超過額(工具器具備品)	200,000	100,000	50,000	250,000	80,850
減価償却超過額(建物)	5,000,000	1,000,000	250,000	5,750,000	1,859,550
小計	6,200,000	1,300,000	300,000	7,200,000	2,328,480
合計	40,748,000	7,346,158	30,316,750	17,777,408	5,056,673

図表5-7-3　福留サービス㈱連結納税税効果シート①抜粋

会社名:	福留サービス㈱	国税	地方税
事業年度:	2017年3月期	3	4

項目	A:前期末残高 =別表五の二(一)付表一 期首現在利益積立金額	B:加算 =別表五の二(一) 付表一当期中の 増減の増	C:減算 =別表五の二(一) 付表一当期中の 増減の減	D:期末残高 =別表五の二(一)付表一 差引翌期首現在利益 積立金額	E:評価性引当額控除前 繰延税金資産 =D.期末残高×32.34%
賞与引当金	2,000,000	3,000,000	2,000,000	3,000,000	970,200
賞与引当金(社会保険料)	274,000	411,000	274,000	411,000	132,917
小計	2,274,000	3,411,000	2,274,000	3,411,000	1,103,117
役員退職慰労引当金	1,000,000	200,000		1,200,000	388,080
減価償却超過額(車両運搬具)	200,000	50,000	40,000	210,000	67,914
減価償却超過額(建物)	3,000,000	300,000	150,000	3,150,000	1,018,710
繰越欠損金(注2)地方税	0	32,500,000	0	32,500,000	2,798,250
小計	4,200,000	33,050,000	190,000	37,060,000	4,272,954
合計	6,474,000	36,461,000	2,464,000	40,471,000	5,376,071

次のステップとして，回収不能一時差異を「連結納税税効果シート④　連結納税税効果スケジューリング表に関するワークシート」の「(スケジューリング不能額)」を項目ごと「F：回収不能一時差異」に転記する。

なお，福留サービス㈱のみ国税の分類3，地方税の分類が4と国税と地方税で分類が異なるため，国税の回収不能額と地方税の回収不能額は異なることに留意する。

D：将来減算一時差異の期末残高から税効果スケジューリングの結果としてのF：回収不能一時差異を控除したものが「H：評価性引当額控除後一時差異」として算出される。最終的には，「H：評価性引当額控除後一時差異」の法定実効税率である32.34％（ただし，地方税のみの場合は8.61％）を乗じることにより「I：評価性引当額控除後繰延税金資産」が算定され，貸借対照表に計上される繰延税金資産・繰延税金負債の額が算出される。

なお，「連結納税税効果シート①　連結納税税効果計算に関するワークシート」で算定した繰延税金資産合計とG：評価性引当額の合計は，「連結納税税効果シート④　連結納税税効果スケジューリング表に関するワークシート」の資産計上の税率を乗じた後の金額，資産未計上の税率を乗じた金額とそれぞれ一致するため，一致の有無を確認することでそれぞれの計算の正確性を検証できる。

図表5-7-4　福留聡㈱連結納税税効果シート④抜粋

連結納税税効果シート④　連結納税税効果スケジューリング表に関するワークシート

Ⅱ個別財務諸表
（連結納税会社）

会社名:	福留聡㈱
事業年度:	2017年3月期

（国税）
監査委員会報告66号分類3→おおむね5年以内のスケジューリングの範囲内で回収可能　　（単位：円）

項目		当期末残	解消予測					5年超解消
			2018年3月期	2019年3月期	2020年3月期	2021年3月期	2022年3月期	
		実効税率	32.34%	32.34%	32.34%	32.34%	32.34%	
課税所得①								
	税引前当期純利益		50,000,000	50,000,000	50,000,000	50,000,000	50,000,000	
	損金不算入項目（交際費）		8,000,000	8,000,000	8,000,000	8,000,000	8,000,000	
	損金不算入項目（寄付金）		1,000,000	1,000,000	1,000,000	1,000,000	1,000,000	
	益金不算入項目（受取配当金）		△ 1,500,000	△ 1,500,000	△ 1,500,000	△ 1,500,000	△ 1,500,000	
	退職給付引当金		300,000	300,000	300,000	300,000	300,000	
	その他恒常的加減算項目		40,200,000					
	小計		98,000,000	57,800,000	57,800,000	57,800,000	57,800,000	
	将来加算一時差異の解消予定額							
	固定資産圧縮積立金		500,000	500,000	500,000	500,000	500,000	
	有形固定資産（除去資産）		500,000	500,000	500,000	500,000	500,000	
	タックスプランニング（土地売却等）　ア				100,000,000			
	その他調整							
	課税所得①　合計　A		99,000,000	58,800,000	158,800,000	58,800,000	58,800,000	
将来減算一時差異解消額								
	賞与引当金	30,000,000	30,000,000					−
	賞与引当金（社会保険料）	4,200,000	4,200,000					−
	未払事業税	10,514,475	10,514,475					−
	貸倒引当金（流動）	30,000,000	30,000,000					−
	退職給付引当金	4,250,000	50,000	50,000	50,000	50,000	50,000	4,000,000
	減価償却超過額（機械装置）	180,000	30,000	30,000	30,000	30,000	30,000	30,000
	役員退職慰労引当金	4,500,000		1,000,000		1,500,000	1,000,000	1,000,000
	土地減損損失	54,000,000						54,000,000
	貸倒引当金（固定）	2,000,000						2,000,000
	資産除去債務	10,200,000						10,200,000
	減価償却超過額（建物）	10,000,000	500,000	500,000	500,000	500,000	500,000	7,500,000
	建物減損損失	36,000,000	1,800,000	1,800,000	1,800,000	1,800,000	1,800,000	27,000,000

	計	B	195,844,475	77,094,475	3,380,000	2,380,000	3,880,000	3,380,000
	回収可能額	C	90,114,475	77,094,475	3,380,000	2,380,000	3,880,000	3,380,000
	回収不能・繰越欠損金発生	イ		－	－	－	－	－
	差引　課税所得②	ウ		21,905,525	55,420,000	156,420,000	54,920,000	55,420,000
	（スケジューリング不能額）	エ						
	減価償却の償却超過額（機械装置）		30,000					
	役員退職慰労引当金		1,000,000					
	土地減損損失		54,000,000					
	貸倒引当金（固定）		2,000,000					
	資産除去債務		10,200,000					
	建物減損損失		27,000,000					
	計	D	94,230,000					
繰越欠損金		オ						
	当期末残		48,093,750	10,952,763	－	－	－	－
	2018年3月期			－	－	－	－	－
	2019年3月期							
	2020年3月期							
	2021年3月期							
	2022年3月期							
	未回収残高	E	48,093,750	10,952,763	－	－	－	－
	回収可能額	F	48,093,750	37,140,987	10,952,763	－	－	－
	回収不能額	G						

（繰延税金資産）			【国税分】					
資産計上	回収可能額		138,208,225	（＝C＋F）				
	長期解消項目一時差異	カ	11,500,000					
	回収可能額　合計		149,708,225	（＝B－D＋E）				
	税率		23.73%					
	金額		35,525,762	（繰延税金負債考慮前）				
資産未計上	回収不能額		94,230,000	（＝D＋G）			国税	地方税	計
	税率		23.73%			計上	35,525,762	11,116,756	46,6[illegible]2,518
	金額		22,360,779	（評価性引当額と一致）		未計上	22,360,779	8,113,203	30,4[illegible]3,982
							57,886,541	19,229,959	77,1[illegible]6,500

図表5-7-4　福留聡㈱連結納税税効果シート④抜粋（つづき）

（地方税）
監査委員会報告66号分類3→おおむね5年以内のスケジューリングの範囲内で回収可能　　（単位：円）

項目		当期末残	解消予測 2018年3月期	2019年3月期	2020年3月期	2021年3月期	2022年3月期	5年超解消
		実効税率	32.34%	32.34%	32.34%	32.34%	32.34%	
課税所得①								
	税引前当期純利益		50,000,000	50,000,000	50,000,000	50,000,000	50,000,000	
	損金不算入項目（交際費）		8,000,000	8,000,000	8,000,000	8,000,000	8,000,000	
	損金不算入項目（寄付金）		1,000,000	1,000,000	1,000,000	1,000,000	1,000,000	
	益金不算入項目（受取配当金）		△ 1,500,000	△ 1,500,000	△ 1,500,000	△ 1,500,000	△ 1,500,000	
	退職給付引当金		300,000	300,000	300,000	300,000	300,000	
	その他恒常的加減算項目		40,200,000					
	小計		98,000,000	57,800,000	57,800,000	57,800,000	57,800,000	
	将来加算一時差異の解消予定額							
	固定資産圧縮積立金		500,000	500,000	500,000	500,000	500,000	
	有形固定資産(除去資産)		500,000	500,000	500,000	500,000	500,000	
	タックスプランニング（土地売却等）　ア				100,000,000			
	その他調整							
	課税所得①　合計　A		99,000,000	58,800,000	158,800,000	58,800,000	58,800,000	
将来減算一時差異解消額								
	賞与引当金	30,000,000	30,000,000					–
	賞与引当金(社会保険料)	4,200,000	4,200,000					–
	未払事業税	10,514,475	10,514,475					–
	貸倒引当金(流動)	30,000,000	30,000,000					
	退職給付引当金	4,250,000	50,000	50,000	50,000	50,000	50,000	4,000,000
	減価償却超過額(機械装置)	180,000	30,000	30,000	30,000	30,000	30,000	30,000
	役員退職慰労引当金	4,500,000		1,000,000		1,500,000	1,000,000	1,000,000
	土地減損損失	54,000,000						54,000,000
	貸倒引当金(固定)	2,000,000						2,000,000
	資産除去債務	10,200,000						10,200,000
	減価償却超過額(建物)	10,000,000	500,000	500,000	500,000	500,000	500,000	7,500,000
	建物減損損失	36,000,000	1,800,000	1,800,000	1,800,000	1,800,000	1,800,000	27,000,000
	計　B	195,844,475	77,094,475	3,380,000	2,380,000	3,880,000	3,380,000	
	回収可能額　C	90,114,475	77,094,475	3,380,000	2,380,000	3,880,000	3,380,000	

	回収不能・繰越欠損金発生	イ		–	–	–	–	–	
	差引　課税所得②	ウ		21,905,525	55,420,000	156,420,000	54,920,000	55,420,000	
	（スケジューリング不能額）	エ							
	減価償却の償却超過額（機械装置）		30,000						
	役員退職慰労引当金		1,000,000						
	土地減損損失		54,000,000						
	貸倒引当金（固定）		2,000,000						
	資産除去債務		10,200,000						
	建物減損損失		27,000,000						
	計	D	94,230,000						
繰越欠損金		オ							
	当期末残		27,500,000	10,952,763	–	–	–	–	
	2018年3月期			–	–	–	–	–	
	2019年3月期								
	2020年3月期								
	2021年3月期								
	2022年3月期								
	未回収残高	E	27,500,000	10,952,763	–	–	–	–	
	回収可能額	F	27,500,000	16,547,237	10,952,763	–	–	–	
	回収不能額	G							
（繰延税金資産）			【地方税分】						
資産計上	回収可能額		117,614,475	（＝C＋F）					
	長期解消項目一時差異	カ	11,500,000						
	回収可能額　合計		129,114,475	（＝B－D＋E）					
	税率		8.61%						
	金額		11,116,756	（繰延税金負債考慮前）					
資産未計上	回収不能額		94,230,000	（＝D＋G）					
	税率		8.61%						
	金額		8,113,203	（評価性引当額と一致）					

	国税	地方税	計
計上	35,525,762	11,116,756	46,642,518
未計上	22,360,779	8,113,203	30,473,982
	57,886,541	19,229,959	77,116,500

図表 5-7-5　福留聡㈱連結納税税効果シート①抜粋

Ⅱ個別財務諸表
（連結納税会社）

会社名:	福留聡㈱
事業年度:	2017年3月期

国税 3　地方税 3

（単位：円）

項目	A:前期末残高 =別表五の二(一)付表一期首現在利益積立金額	B:加算 =別表五の二(一)付表一当期中の増減の増	C:減算 =別表五の二(一)付表一当期中の増減の減	D:期末残高 =別表五の二(一)付表一差引翌期首現在利益積立金額	E:評価性引当額控除前繰延税金資産 =D.期末残高×32.34%	F:回収不能一時差異	G:評価性引当額 =回収不能一時差異×32.34%	H:評価性引当額控除後一時差異=D+F	I:評価性引当額控除後繰延税金資産 =E+G
賞与引当金	38,000,000	30,000,000	38,000,000	30,000,000	9,702,000	0	0	30,000,000	9,702,000
未払事業税(注1)	6,000,000	10,514,475	6,000,000	10,514,475	3,400,381	0	0	10,514,475	3,400,381
賞与引当金(社会保険料)	5,240,000	4,200,000	5,240,000	4,200,000	1,358,280	0	0	4,200,000	1,358,280
貸倒引当金(流動)	20,000,000	30,000,000	20,000,000	30,000,000	9,702,000	0	0	30,000,000	9,702,000
小計	69,240,000	74,714,475	69,240,000	74,714,475	24,162,661	0	0	74,714,475	24,162,661
退職給付引当金	4,000,000	300,000	50,000	4,250,000	1,374,450	0	0	4,250,000	1,374,450
役員退職慰労引当金	3,500,000	1,000,000		4,500,000	1,455,300	(1,000,000)	(323,400)	3,500,000	1,131,900
土地減損損失		54,000,000		54,000,000	17,463,600	(54,000,000)	(17,463,600)	0	0
減価償却超過額(機械装置)	150,000	100,000	70,000	180,000	58,212	(30,000)	(9,702)	150,000	48,510
貸倒引当金(固定)		2,000,000		2,000,000	646,800	(2,000,000)	(646,800)	0	0
資産除去債務	10,000,000	200,000		10,200,000	3,298,680	(10,200,000)	(3,298,680)	0	0
減価償却超過額(建物)		10,000,000		10,000,000	3,234,000	0	0	10,000,000	3,234,000
繰越欠損金(注2)国税	190,000,000		141,906,250	48,093,750	11,412,647	0	0	48,093,750	11,412,647
繰越欠損金(注2)地方税	190,000,000		162,500,000	27,500,000	2,367,750	0	0	27,500,000	2,367,750
建物減損損失		36,000,000		36,000,000	11,642,400	(27,000,000)	(8,731,800)	9,000,000	2,910,600
小計	397,650,000	103,600,000	304,526,250	196,723,750	52,953,839	(94,230,000)	(30,473,982)	102,493,750	22,479,857
合計	466,890,000	178,314,475	373,766,250	271,438,225	77,116,500	(94,230,000)	(30,473,982)	177,208,225	46,642,518
固定資産圧縮積立金		(10,000,000)		(10,000,000)	(3,234,000)			(10,000,000)	(3,234,000)
有形固定資産(除去資産)	(10,000,000)	500,000		(9,500,000)	(3,072,300)			(9,500,000)	(3,072,300)
その他有価証券評価差額金	(500,000)	(300,000)	(500,000)	(300,000)	(97,020)			(300,000)	(97,020)
合計	(10,500,000)	(9,800,000)	(500,000)	(19,800,000)	(6,403,320)	0	0	(19,800,000)	(6,403,320)

図表 5-7-6　福留興業㈱連結納税税効果シート④抜粋

連結納税税効果シート④　連結納税税効果スケジューリング表に関するワークシート

Ⅱ個別財務諸表
（連結納税会社）

会社名:	福留興業㈱
事業年度:	2017年3月期

（国税）
監査委員会報告66号分類3→おおむね5年以内のスケジューリングの範囲内で回収可能

（単位：円）

項目		当期末残	解消予測					5年超解消
			2018年3月期	2019年3月期	2020年3月期	2021年3月期	2022年3月期	
		実効税率	32.34%	32.34%	32.34%	32.34%	32.34%	
課税所得①								
	税引前当期純利益		10,000,000	10,000,000	10,000,000	10,000,000	10,000,000	
	損金不算入項目　（交際費）		1,000,000	1,000,000	1,000,000	1,000,000	1,000,000	
	損金不算入項目　（寄付金）		500,000	500,000	500,000	500,000	500,000	
	益金不算入項目　（受取配当金）		△ 500,000	△ 500,000	△ 500,000	△ 500,000	△ 500,000	
	その他恒常的加減算項目		5,685,000					

	小計			16,685,000	11,000,000	11,000,000	11,000,000	11,000,000	
	将来加算一時差異の解消予定額								
	タックスプランニング　(土地売却等)	ア							
	その他調整								
	課税所得①　合計	A		16,685,000	11,000,000	11,000,000	11,000,000	11,000,000	
将来減算一時差異解消額									
	賞与引当金		5,000,000	5,000,000					—
	賞与引当金(社会保険料)		685,000	685,000					—
	未払事業税		361,158	361,158					—
	減価償却超過額(工具器具備品)		250,000	50,000	50,000	50,000	50,000	50,000	—
	役員退職慰労引当金		1,200,000						1,200,000
	減価償却超過額(建物)		5,750,000	500,000	500,000	500,000	500,000	500,000	3,250,000
	計	B	13,246,158	6,596,158	550,000	550,000	550,000	550,000	
	回収可能額	C	8,796,158	6,596,158	550,000	550,000	550,000	550,000	
	回収不能・繰越欠損金発生	イ		—	—	—	—	—	
	差引　課税所得②	ウ		10,088,842	10,450,000	10,450,000	10,450,000	10,450,000	
	(スケジューリング不能額)	エ							
	役員退職慰労引当金		1,200,000						
	計	D	1,200,000						
繰越欠損金		オ							
	当期末残		2,531,250	—	—	—	—	—	
	2018年3月期			—	—	—	—	—	
	2019年3月期								
	2020年3月期								
	2021年3月期								
	2022年3月期								
	未回収残高	E	2,531,250	—	—	—	—	—	
	回収可能額	F	2,531,250	2,531,250	—	—	—	—	
	回収不能額	G							
(繰延税金資産)			【国税分】						
資産計上	回収可能額		11,327,408	(＝C＋F)					
	長期解消項目一時差異	カ	3,250,000						
	回収可能額　合計		14,577,408	(＝B－D＋E)					
	税率		23.73%						
	金額		3,459,219	(繰延税金負債考慮前)					
資産未計上	回収不能額		1,200,000	(＝D＋G)					
	税率		23.73%						
	金額		284,760	(評価性引当額と一致)					

	国税	地方税	計
計上	3,459,219	1,209,374	4,668,593
未計上	284,760	103,320	388,080
	3,743,979	1,312,694	5,056,673

図表5-7-6　福留興業㈱連結納税税効果シート④抜粋（つづき）

（地方税）
監査委員会報告66号分類3→おおむね5年以内のスケジューリングの範囲内で回収可能

（単位：円）

項目			当期末残	解消予測					5年超解消
				2018年3月期	2019年3月期	2020年3月期	2021年3月期	2022年3月期	
課税所得①			実効税率	32.34%	32.34%	32.34%	32.34%	32.34%	
	税引前当期純利益			10,000,000	10,000,000	10,000,000	10,000,000	10,000,000	
	損金不算入項目　（交際費）			1,000,000	1,000,000	1,000,000	1,000,000	1,000,000	
	損金不算入項目　（寄付金）			500,000	500,000	500,000	500,000	500,000	
	益金不算入項目　（受取配当金）			△ 500,000	△ 500,000	△ 500,000	△ 500,000	△ 500,000	
	その他恒常的加減算項目			5,685,000					
	小計			16,685,000	11,000,000	11,000,000	11,000,000	11,000,000	
	将来加算一時差異の解消予定額								
	タックスプランニング　（土地売却等）	ア							
	その他調整								
	課税所得①　合計	A		16,685,000	11,000,000	11,000,000	11,000,000	11,000,000	
将来減算一時差異解消額									
	賞与引当金		5,000,000	5,000,000					—
	賞与引当金(社会保険料)		685,000	685,000					—
	未払事業税		361,158	361,158					—
	減価償却超過額(工具器具備品)		250,000	50,000	50,000	50,000	50,000	50,000	—
	役員退職慰労引当金		1,200,000						1,200,000
	減価償却超過額(建物)		5,750,000	500,000	500,000	500,000	500,000	500,000	3,250,000
	計	B	13,246,158	6,596,158	550,000	550,000	550,000	550,000	
	回収可能額	C	8,796,158	6,596,158	550,000	550,000	550,000	550,000	
	回収不能・繰越欠損金発生	イ		—	—	—	—	—	
	差引　課税所得②	ウ		10,088,842	10,450,000	10,450,000	10,450,000	10,450,000	
	（スケジューリング不能額）	エ							
	役員退職慰労引当金		1,200,000						
	計	D	1,200,000						
繰越欠損金		オ							
	当期末残		2,000,000	—	—	—	—	—	
	2018年3月期			—	—	—	—	—	
	2019年3月期								
	2020年3月期								
	2021年3月期								
	2022年3月期								

	未回収残高	E	2,000,000	—	—	—	—	—	
	回収可能額	F	2,000,000	2,000,000	—	—	—	—	
	回収不能額	G							
(繰延税金資産)			【地方税分】						
資産計上	回収可能額		10,796,158	(=C+F)					
	長期解消項目一時差異	カ	3,250,000						
	回収可能額　合計		14,046,158	(=B−D+E)					
	税率		8.61%						
	金額		1,209,374	(繰延税金負債考慮前)					
							国税	地方税	計
資産未計上	回収不能額		1,200,000	(=D+G)		計上	3,459,219	1,209,374	4,668,593
	税率		8.61%			未計上	284,760	103,320	388,080
	金額		103,320	(評価性引当額と一致)			3,743,979	1,312,694	5,056,673

図表5-7-7　福留興業㈱連結納税税効果シート①抜粋

会社名：福留興業㈱　　国税 3　　地方税 3
事業年度：2017年3月期

項目	A:前期末残高 =別表五の二(一)付表一期首現在利益積立金額	B:加算 =別表五の二(一)付表一当期中の増減の増	C:減算 =別表五の二(一)付表一当期中の増減の減	D:期末残高 =別表五の二(一)付表一差引翌期首現在利益積立金額	E:評価性引当額控除前繰延税金資産 =D.期末残高×32.34%	F:回収不能一時差異	G:評価性引当額 =回収不能一時差異×32.34%	H:評価性引当額控除後一時差異=D+F	I:評価性引当額控除後繰延税金資産 =E+G
賞与引当金	4,000,000	5,000,000	4,000,000	5,000,000	1,617,000	0	0	5,000,000	1,617,000
未払事業税(注1)	0	361,158	0	361,158	116,798	0	0	361,158	116,798
賞与引当金(社会保険料)	548,000	685,000	548,000	685,000	221,529	0	0	685,000	221,529
繰越欠損金(注2)国税	15,000,000		12,468,750	2,531,250	600,666	0	0	2,531,250	600,666
繰越欠損金(注2)地方税	15,000,000		13,000,000	2,000,000	172,200	0	0	2,000,000	172,200
小計	34,548,000	6,046,158	30,016,750	10,577,408	2,728,193	0	0	10,577,408	2,728,193
役員退職慰労引当金	1,000,000	200,000		1,200,000	388,080	(1,200,000)	(388,080)	0	0
減価償却超過額(工具器具備品)	200,000	100,000	50,000	250,000	80,850	0	0	250,000	80,850
減価償却超過額(建物)	5,000,000	1,000,000	250,000	5,750,000	1,859,550	0	0	5,750,000	1,859,550
小計	6,200,000	1,300,000	300,000	7,200,000	2,328,480	(1,200,000)	(388,080)	6,000,000	1,940,400
合計	40,748,000	7,346,158	30,316,750	17,777,408	5,056,673	(1,200,000)	(388,080)	16,577,408	4,668,593

図表5-7-8　福留サービス㈱連結納税税効果シート④抜粋

連結納税税効果シート④　連結納税税効果スケジューリング表に関するワークシート

Ⅱ個別財務諸表
（連結納税会社）

会社名:	福留サービス㈱
事業年度:	2017年3月期

（国税）
監査委員会報告66号分類3→おおむね5年以内のスケジューリングの範囲内で回収可能

（単位：円）

項目			当期末残	解消予測					5年超解消
				2018年3月期	2019年3月期	2020年3月期	2021年3月期	2022年3月期	
			実効税率	32.34%	32.34%	32.34%	32.34%	32.34%	
課税所得①									
	税引前当期純利益			△ 1,000,000	△ 1,000,000	△ 1,000,000	△ 1,000,000	△ 1,000,000	
	損金不算入項目　（交際費）			1,000,000	1,000,000	1,000,000	1,000,000	1,000,000	
	損金不算入項目　（寄付金）			500,000	500,000	500,000	500,000	500,000	
	益金不算入項目　（受取配当金）			△ 500,000	△ 500,000	△ 500,000	△ 500,000	△ 500,000	
	その他恒常的加減算項目			3,411,000					
	小計			3,411,000	—	—	—	—	
	将来加算一時差異の解消予定額								
	タックスプランニング　（土地売却等）	ア							
	その他調整								
	課税所得①　合計	A		3,411,000	—	—	—	—	
将来減算一時差異解消額									
	賞与引当金		3,000,000	3,000,000					—
	賞与引当金（社会保険料）		411,000	411,000					—
	減価償却超過額（車両運搬具）		210,000	50,000	40,000	40,000	40,000	40,000	—
	役員退職慰労引当金		1,200,000						1,200,000
	減価償却超過額（建物）		3,150,000	500,000	500,000	500,000	500,000	500,000	650,000
	計	B	7,971,000	3,961,000	540,000	540,000	540,000	540,000	
	回収可能額	C	3,411,000	3,411,000	—	—	—	—	
	回収不能・繰越欠損金発生	イ		550,000	540,000	540,000	540,000	540,000	
	差引　課税所得②	ウ		—	—	—	—	—	
	（スケジューリング不能額）	エ							
	役員退職慰労引当金		1,200,000						
	計	D	1,200,000						

繰越欠損金		オ							
	当期末残		–	–	–	–	–	–	
	2018年3月期			–	–	–	–	–	
	2019年3月期								
	2020年3月期								
	2021年3月期								
	2022年3月期								
	未回収残高	E	–	–	–	–	–	–	
	回収可能額	F	–	–	–	–	–	–	
	回収不能額	G							
（繰延税金資産）			【国税分】						
資産計上	回収可能額		3,411,000	（＝C＋F）					
	長期解消項目一時差異	カ	650,000						
	回収可能額　合計		6,771,000	（＝B－D＋E）					
	税率		23.73%						
	金額		1,606,758	（繰延税金負債考慮前）					
資産未計上	回収不能額		1,200,000	（＝D＋G）			国税	地方税	計
	税率		23.73%			計上	1,606,758	293,687	1,900,445
	金額		284,760	（評価性引当額と一致）		未計上	284,760	3,190,866	3,475,626
							1,891,518	3,484,553	5,376,071

図表5-7-8　福留サービス㈱連結納税税効果シート④抜粋（つづき）

（地方税）
監査委員会報告66号分類4→翌年の確実な所得のスケジューリングの範囲内で回収可能

（単位：円）

項目			当期末残	解消予測					5年超解消
				2018年3月期	2019年3月期	2020年3月期	2021年3月期	2022年3月期	
			実効税率	32.34%	32.34%	32.34%	32.34%	32.34%	
課税所得①									
	税引前当期純利益			△ 1,000,000	△ 1,000,000	△ 1,000,000	△ 1,000,000	△ 1,000,000	
	損金不算入項目（交際費）			1,000,000	1,000,000	1,000,000	1,000,000	1,000,000	
	損金不算入項目（寄付金）			500,000	500,000	500,000	500,000	500,000	
	益金不算入項目（受取配当金）			△ 500,000	△ 500,000	△ 500,000	△ 500,000	△ 500,000	
	その他恒常的加減算項目			3,411,000					
	小計			3,411,000	—	—	—	—	
	将来加算一時差異の解消予定額								
	タックスプランニング（土地売却等）	ア							
	その他調整								
	課税所得①　合計	A		3,411,000	—	—	—	—	
将来減算一時差異解消額									
	賞与引当金		3,000,000	3,000,000					—
	賞与引当金（社会保険料）		411,000	411,000					—
	減価償却超過額（工具器具備品）		210,000	50,000	40,000	40,000	40,000	40,000	—
	役員退職慰労引当金		1,200,000						1,200,000
	減価償却超過額（建物）		3,150,000	500,000	500,000	500,000	500,000	500,000	650,000
	計	B	7,971,000	3,961,000	540,000	540,000	540,000	540,000	
	回収可能額	C	3,411,000	3,411,000	—	—	—	—	
	回収不能・繰越欠損金発生	イ		550,000	540,000	540,000	540,000	540,000	
	差引　課税所得②	ウ		—	—	—	—	—	
	（スケジューリング不能額）	エ							
	減価償却超過額（工具器具備品）		210,000						
	減価償却超過額（建物）		3,150,000						
	役員退職慰労引当金		1,200,000						
	計	D	4,560,000						
繰越欠損金		オ							
	当期末残		32,500,000	32,500,000	32,500,000	32,500,000	32,500,000	32,500,000	

	2018年3月期			550,000	550,000	550,000	550,000	550,000	
	2019年3月期				540,000	540,000	540,000	540,000	
	2020年3月期					540,000	540,000	540,000	
	2021年3月期						540,000	540,000	
	2022年3月期							540,000	
	未回収残高	E	32,500,000	33,050,000	33,590,000	34,130,000	34,670,000	35,210,000	
	回収可能額	F	—	—	—	—	—	—	
	回収不能額	G	32,500,000						
(繰延税金資産)			【地方税分】						
資産計上	回収可能額		3,411,000	(＝C＋F)					
	長期解消項目一時差異	カ	—						
	回収可能額　合計		3,411,000	(＝B－D＋E)					
	税率		8.61%						
	金額		293,687	(繰延税金負債考慮前)					
							国税	地方税	計
資産未計上	回収不能額		37,060,000	(＝D＋G)					
	税率		8.61%			計上	1,606,758	293,687	1,900,445
	金額		3,190,866	(評価性引当額と一致)		未計上	284,760	3,190,866	3,475,626
							1,891,518	3,484,553	5,376,071

図表5-7-9　福留サービス㈱連結納税税効果シート①抜粋

会社名:	福留サービス㈱	国税	地方税
事業年度:	2017年3月期	3	4

項目	A:前期末残高 =別表五の二(一)付表一期首現在利益積立金額	B:加算 =別表五の二(一)付表一当期中の増減の増	C:減算 =別表五の二(一)付表一当期中の増減の減	D:期末残高 =別表五の二(一)付表一差引翌期首現在利益積立金額	E:評価性引当額控除前繰延税金資産 =D.期末残高×32.34%	F:回収不能一時差異	G:評価性引当額 =回収不能一時差異×32.34%	H:評価性引当額控除後一時差異=D+F	I:評価性引当額控除後繰延税金資産 =E+G
賞与引当金	2,000,000	3,000,000	2,000,000	3,000,000	970,200	0	0	3,000,000	970,200
賞与引当金(社会保険料)	274,000	411,000	274,000	411,000	132,917	0	0	411,000	132,917
小計	2,274,000	3,411,000	2,274,000	3,411,000	1,103,117	0	0	3,411,000	1,103,117
役員退職慰労引当金	1,000,000	200,000		1,200,000	388,080	(1,200,000)	(388,080)	0	0
減価償却超過額(車両運搬具)	200,000	50,000	40,000	210,000	67,914	(210,000)	(18,081)	0	49,833
減価償却超過額(建物)	3,000,000	300,000	150,000	3,150,000	1,018,710	(3,150,000)	(271,215)	0	747,495
繰越欠損金(注2)地方税	0	32,500,000	0	32,500,000	2,798,250	(32,500,000)	(2,798,250)	0	0
小計	4,200,000	33,050,000	190,000	37,060,000	4,272,954	(37,060,000)	(3,475,626)	0	797,328
合計	6,474,000	36,461,000	2,464,000	40,471,000	5,376,071	(37,060,000)	(3,475,626)	3,411,000	1,900,445

図表5-7-10　福留聡㈱連結納税税効果シート①抜粋

Ⅱ個別財務諸表
（連結納税会社）

会社名:	福留聡㈱
事業年度:	2017年3月期

国税　3　　地方税　3

（単位：円）

項目	A:前期末残高 =別表五の二(一)付表一期首現在利益積立金額	B:加算 =別表五の二(一)付表一当期中の増減の増	C:減算 =別表五の二(一)付表一当期中の増減の減	D:期末残高 =別表五の二(一)付表一差引翌期首現在利益積立金額	E:評価性引当額控除前繰延税金資産 =D.期末残高×32.34%	F:回収不能一時差異	G:評価性引当額 =回収不能一時差異×32.34%	H:評価性引当額控除後一時差異=D+F	I:評価性引当額控除後繰延税金資産 =E+G
賞与引当金	38,000,000	30,000,000	38,000,000	30,000,000	9,702,000	0	0	30,000,000	9,702,000
未払事業税(注1)	6,000,000	10,514,475	6,000,000	10,514,475	3,400,381	0	0	10,514,475	3,400,381
賞与引当金(社会保険料)	5,240,000	4,200,000	5,240,000	4,200,000	1,358,280	0	0	4,200,000	1,358,280
貸倒引当金(流動)	20,000,000	30,000,000	20,000,000	30,000,000	9,702,000	0	0	30,000,000	9,702,000
小計	69,240,000	74,714,475	69,240,000	74,714,475	24,162,661	0	0	74,714,475	24,162,661
退職給付引当金	4,000,000	300,000	50,000	4,250,000	1,374,450	0	0	4,250,000	1,374,450
役員退職慰労引当金	3,500,000	1,000,000		4,500,000	1,455,300	(1,000,000)	(323,400)	3,500,000	1,131,900
土地減損損失		54,000,000		54,000,000	17,463,600	(54,000,000)	(17,463,600)	0	0
減価償却超過額(機械装置)	150,000	100,000	70,000	180,000	58,212	(30,000)	(9,702)	150,000	48,510
貸倒引当金(固定)		2,000,000		2,000,000	646,800	(2,000,000)	(646,800)	0	0
資産除去債務	10,000,000	200,000		10,200,000	3,298,680	(10,200,000)	(3,298,680)	0	0
減価償却超過額(建物)		10,000,000		10,000,000	3,234,000	0	0	10,000,000	3,234,000
繰越欠損金(注2)国税	190,000,000		141,906,250	48,093,750	11,412,647	0	0	48,093,750	11,412,647
繰越欠損金(注2)地方税	190,000,000		162,500,000	27,500,000	2,367,750	0	0	27,500,000	2,367,750
建物減損損失		36,000,000		36,000,000	11,642,400	(27,000,000)	(8,731,800)	9,000,000	2,910,600
小計	397,650,000	103,600,000	304,526,250	196,723,750	52,953,839	(94,230,000)	(30,473,982)	102,493,750	22,479,857
合計	466,890,000	178,314,475	373,766,250	271,438,225	77,116,500	(94,230,000)	(30,473,982)	177,208,225	46,642,518
固定資産圧縮積立金		(10,000,000)		(10,000,000)	(3,234,000)			(10,000,000)	(3,234,000)
有形固定資産(除去資産)	(10,000,000)	500,000		(9,500,000)	(3,072,300)			(9,500,000)	(3,072,300)
その他有価証券評価差額金	(500,000)	(300,000)	(500,000)	(300,000)	(97,020)			(300,000)	(97,020)
合計	(10,500,000)	(9,800,000)	(500,000)	(19,800,000)	(6,403,320)	0	0	(19,800,000)	(6,403,320)

期末将来減算一時差異合計	195,844,475
(流動)繰延税金資産	24,162,661
(固定)繰延税金資産	22,479,857
繰延税金資産合計	46,642,518
(固定)繰延税金負債	(6,403,320)
開示　(固定)繰延税金資産	16,076,537
法人税等調整額	42,418,608

（注1）未払事業税の金額は、別表五の二(一)付表一、別表五(一)、納税一覧表又は事業税・都道府県民税の内訳明細書から転記する。

（注2）繰越欠損金の金額は、国税は、別表七の二付表一、地方税は別表七(一)から転記する。

（注3）前期末の数字は、前期末の開示用ではなく、当期の仕訳作成、評価性引当額の増加額算定のために参考として作成している。

会計処理（2017年3月期）

	借方	金額	貸方	金額
その他包括利益項目以外の税効果仕訳	法人税等調整額	42,418,608	(固定)繰延税金資産	41,116,753
	(流動)繰延税金資産	1,770,445	(固定)繰延税金負債	3,072,300
その他包括利益項目の税効果仕訳	その他有価証券評価差額金	106,970	投資有価証券	200,000
	(固定)繰延税金負債	93,030		

図表5-7-11　福留聡㈱連結納税税効果シート④抜粋

連結納税税効果シート④　連結納税税効果スケジューリング表に関するワークシート

Ⅱ個別財務諸表
（連結納税会社）

会社名:	福留聡㈱
事業年度:	2017年3月期

（国税）
監査委員会報告66号分類3→おおむね5年以内のスケジューリングの範囲内で回収可能

（単位：円）

	項目		当期末残	解消予測					5年超解消
				2018年3月期	2019年3月期	2020年3月期	2021年3月期	2022年3月期	
			実効税率	32.34%	32.34%	32.34%	32.34%	32.34%	
課税所得①									
	税引前当期純利益			50,000,000	50,000,000	50,000,000	50,000,000	50,000,000	
	損金不算入項目　（交際費）			8,000,000	8,000,000	8,000,000	8,000,000	8,000,000	
	損金不算入項目　（寄付金）			1,000,000	1,000,000	1,000,000	1,000,000	1,000,000	
	益金不算入項目　（受取配当金）			△ 1,500,000	△ 1,500,000	△ 1,500,000	△ 1,500,000	△ 1,500,000	
	退職給付引当金			300,000	300,000	300,000	300,000	300,000	
	その他恒常的加減算項目			40,200,000					
	小計			98,000,000	57,800,000	57,800,000	57,800,000	57,800,000	
	将来加算一時差異の解消予定額								
	固定資産圧縮積立金			500,000	500,000	500,000	500,000	500,000	
	有形固定資産(除去資産)			500,000	500,000	500,000	500,000	500,000	
	タックスプランニング　（土地売却等）	ア				100,000,000			
	その他調整								
	課税所得①　合計	A		99,000,000	58,800,000	158,800,000	58,800,000	58,800,000	
将来減算一時差異解消額									
	賞与引当金		30,000,000	30,000,000					―
	賞与引当金(社会保険料)		4,200,000	4,200,000					―
	未払事業税		10,514,475	10,514,475					―
	貸倒引当金(流動)		30,000,000	30,000,000					―
	退職給付引当金		4,250,000	50,000	50,000	50,000	50,000	50,000	4,000,000
	減価償却超過額(機械装置)		180,000	30,000	30,000	30,000	30,000	30,000	30,000
	役員退職慰労引当金		4,500,000		1,000,000		1,500,000	1,000,000	1,000,000
	土地減損損失		54,000,000						54,000,000
	貸倒引当金(固定)		2,000,000						2,000,000
	資産除去債務		10,200,000						10,200,000
	減価償却超過額(建物)		10,000,000	500,000	500,000	500,000	500,000	500,000	7,500,000
	建物減損損失		36,000,000	1,800,000	1,800,000	1,800,000	1,800,000	1,800,000	27,000,000
	計	B	195,844,475	77,094,475	3,380,000	2,380,000	3,880,000	3,380,000	
	回収可能額	C	90,114,475	77,094,475	3,380,000	2,380,000	3,880,000	3,380,000	
	回収不能・繰越欠損金発生	イ		―	―	―	―	―	
	差引　課税所得②	ウ		21,905,525	55,420,000	156,420,000	54,920,000	55,420,000	

	（スケジューリング不能額）	エ							
	減価償却の償却超過額（機械装置）		30,000						
	役員退職慰労引当金		1,000,000						
	土地減損損失		54,000,000						
	貸倒引当金（固定）		2,000,000						
	資産除去債務		10,200,000						
	建物減損損失		27,000,000						
	計	D	94,230,000						
繰越欠損金		オ							
	当期末残		48,093,750	10,952,763	—	—	—	—	
	2018年3月期			—	—	—	—	—	
	2019年3月期								
	2020年3月期								
	2021年3月期								
	2022年3月期								
	未回収残高	E	48,093,750	10,952,763	—	—	—	—	
	回収可能額	F	48,093,750	37,140,987	10,952,763	—	—	—	
	回収不能額	G							
（繰延税金資産）			【国税分】						
資産計上	回収可能額		138,208,225	（＝C＋F）					
	長期解消項目一時差異	カ	11,500,000						
	回収可能額　合計		149,708,225	（＝B－D＋E）					
	税率		23.73%						
	金額		35,525,762	（繰延税金負債考慮前）					
							国税	地方税	計
資産未計上	回収不能額		94,230,000	（＝D＋G）					
	税率		23.73%			計上	35,525,762	11,116,756	46,642,518
	金額		22,360,779	（評価性引当額と一致）		未計上	22,360,779	8,113,203	30,473,982
							57,886,541	19,229,959	77,116,500

図表5-7-11　福留聡㈱連結納税税効果シート④抜粋（つづき）

（地方税）
監査委員会報告66号分類3→おおむね5年以内のスケジューリングの範囲内で回収可能

（単位：円）

項目			当期末残	解消予測					5年超解消
				2018年3月期	2019年3月期	2020年3月期	2021年3月期	2022年3月期	
			実効税率	32.34%	32.34%	32.34%	32.34%	32.34%	
課税所得①									
	税引前当期純利益			50,000,000	50,000,000	50,000,000	50,000,000	50,000,000	
	損金不算入項目　（交際費）			8,000,000	8,000,000	8,000,000	8,000,000	8,000,000	
	損金不算入項目　（寄付金）			1,000,000	1,000,000	1,000,000	1,000,000	1,000,000	
	益金不算入項目　（受取配当金）			△ 1,500,000	△ 1,500,000	△ 1,500,000	△ 1,500,000	△ 1,500,000	
	退職給付引当金			300,000	300,000	300,000	300,000	300,000	
	その他恒常的加減算項目			40,200,000					
	小計			98,000,000	57,800,000	57,800,000	57,800,000	57,800,000	
	将来加算一時差異の解消予定額								
	固定資産圧縮積立金			500,000	500,000	500,000	500,000	500,000	
	有形固定資産（除去資産）			500,000	500,000	500,000	500,000	500,000	
	タックスプランニング　（土地売却等）	ア				100,000,000			
	その他調整								
	課税所得①　合計	A		99,000,000	58,800,000	158,800,000	58,800,000	58,800,000	
将来減算一時差異解消額									
	賞与引当金		30,000,000	30,000,000					—
	賞与引当金（社会保険料）		4,200,000	4,200,000					—
	未払事業税		10,514,475	10,514,475					—
	貸倒引当金（流動）		30,000,000	30,000,000					
	退職給付引当金		4,250,000	50,000	50,000	50,000	50,000	50,000	4,000,000
	減価償却超過額（機械装置）		180,000	30,000	30,000	30,000	30,000	30,000	30,000
	役員退職慰労引当金		4,500,000		1,000,000		1,500,000	1,000,000	1,000,000
	土地減損損失		54,000,000						54,000,000
	貸倒引当金（固定）		2,000,000						2,000,000
	資産除去債務		10,200,000						10,200,000
	減価償却超過額（建物）		10,000,000	500,000	500,000	500,000	500,000	500,000	7,500,000
	建物減損損失		36,000,000	1,800,000	1,800,000	1,800,000	1,800,000	1,800,000	27,000,000
	計	B	195,844,475	77,094,475	3,380,000	2,380,000	3,880,000	3,380,000	
	回収可能額	C	90,114,475	77,094,475	3,380,000	2,380,000	3,880,000	3,380,000	
	回収不能・繰越欠損金発生	イ		—	—	—	—	—	
	差引　課税所得②	ウ		21,905,525	55,420,000	156,420,000	54,920,000	55,420,000	

	（スケジューリング不能額）	エ							
	減価償却の償却超過額（機械装置）		30,000						
	役員退職慰労引当金		1,000,000						
	土地減損損失		54,000,000						
	貸倒引当金（固定）		2,000,000						
	資産除去債務		10,200,000						
	建物減損損失		27,000,000						
	計	D	94,230,000						
繰越欠損金		オ							
	当期末残		27,500,000	10,952,763	—	—	—	—	
	2018年3月期			—	—	—	—	—	
	2019年3月期								
	2020年3月期								
	2021年3月期								
	2022年3月期								
	未回収残高	E	27,500,000	10,952,763	—	—	—	—	
	回収可能額	F	27,500,000	16,547,237	10,952,763	—	—	—	
	回収不能額	G							
（繰延税金資産）			【地方税分】						
資産計上	回収可能額		117,614,475	（＝C＋F）					
	長期解消項目一時差異	カ	11,500,000						
	回収可能額　合計		129,114,475	（＝B－D＋E）					
	税率		8.61%						
	金額		11,116,756	（繰延税金負債考慮前）					
							国税	地方税	計
資産未計上	回収不能額		94,230,000	（＝D＋G）		計上	35,525,762	11,116,756	46,642,518
	税率		8.61%			未計上	22,360,779	8,113,203	30,473,982
	金額		8,113,203	（評価性引当額と一致）			57,886,541	19,229,959	77,116,500

図表5-7-12　福留興業㈱連結納税税効果シート①抜粋

会社名:	福留興業㈱
事業年度:	2017年3月期

国税 3　地方税 3

項目	A:前期末残高 =別表五の二(一)付表一 期首現在利益積立金額	B:加算 =別表五の二(一)付表一当期中の増減の増	C:減算 =別表五の二(一)付表一当期中の増減の減	D:期末残高 =別表五の二(一)付表一差引翌期首現在利益積立金額	E:評価性引当額控除前繰延税金資産 =D.期末残高×32.34%	F:回収不能一時差異	G:評価性引当額 =回収不能一時差異×32.34%	H:評価性引当額控除後一時差異=D+F	I:評価性引当額控除後繰延税金資産 =E+G
賞与引当金	4,000,000	5,000,000	4,000,000	5,000,000	1,617,000	0	0	5,000,000	1,617,000
未払事業税(注1)	0	361,158	0	361,158	116,798	0	0	361,158	116,798
賞与引当金(社会保険料)	548,000	685,000	548,000	685,000	221,529	0	0	685,000	221,529
繰越欠損金(注2)国税	15,000,000		12,468,750	2,531,250	600,666	0	0	2,531,250	600,666
繰越欠損金(注2)地方税	15,000,000		13,000,000	2,000,000	172,200	0	0	2,000,000	172,200
小計	34,548,000	6,046,158	30,016,750	10,577,408	2,728,193	0	0	10,577,408	2,728,193
役員退職慰労引当金	1,000,000	200,000		1,200,000	388,080	(1,200,000)	(388,080)	0	0
減価償却超過額(工具器具備品)	200,000	100,000	50,000	250,000	80,850	0	0	250,000	80,850
減価償却超過額(建物)	5,000,000	1,000,000	250,000	5,750,000	1,859,550	0	0	5,750,000	1,859,550
小計	6,200,000	1,300,000	300,000	7,200,000	2,328,480	(1,200,000)	(388,080)	6,000,000	1,940,400
合計	40,748,000	7,346,158	30,316,750	17,777,408	5,056,673	(1,200,000)	(388,080)	16,577,408	4,668,593

(注1) 未払事業税の金額は、別表五の二(一)付表一、別表五(一)、納税一覧表又は事業税・都道府県民税の内訳明細書から転記する。
(注2) 繰越欠損金の金額は、国税は、別表七の二付表一、地方税は別表七(一)から転記する。
(注3) 前期末の数字は、前期末の開示用ではなく、当期の仕訳作成、評価性引当額の増加額算定のために参考として作成している。

期末将来減算一時差異合計	13,246,158
(流動)繰延税金資産	2,728,193
(固定)繰延税金資産	1,940,400
繰延税金資産合計	4,668,593
(固定)繰延税金負債	0
開示　(固定)繰延税金資産	1,940,400
法人税等調整額	3,334,910

会計処理(2017年3月期)

その他包括利益項目以外の税効果仕訳	法人税等調整額	3,334,910	(流動)繰延税金資産	3,593,630
	(固定)繰延税金資産	258,720		

図表5-7-13　福留興業㈱連結納税税効果シート④抜粋

連結納税税効果シート④　連結納税税効果スケジューリング表に関するワークシート

Ⅱ個別財務諸表
(連結納税会社)

会社名:	福留興業㈱
事業年度:	2017年3月期

(国税)
監査委員会報告66号分類3→おおむね5年以内のスケジューリングの範囲内で回収可能

(単位:円)

項目		当期末残	解消予測					5年超解消
			2018年3月期	2019年3月期	2020年3月期	2021年3月期	2022年3月期	
課税所得①		実効税率	32.34%	32.34%	32.34%	32.34%	32.34%	
	税引前当期純利益		10,000,000	10,000,000	10,000,000	10,000,000	10,000,000	
	損金不算入項目　(交際費)		1,000,000	1,000,000	1,000,000	1,000,000	1,000,000	

	損金不算入項目　（寄付金）			500,000	500,000	500,000	500,000	500,000	
	益金不算入項目　（受取配当金）			△ 500,000	△ 500,000	△ 500,000	△ 500,000	△ 500,000	
	その他恒常的加減算項目			5,685,000					
	小計			16,685,000	11,000,000	11,000,000	11,000,000	11,000,000	
	将来加算一時差異の解消予定額								
	タックスプランニング　（土地売却等）	ア							
	その他調整								
	課税所得①　合計	A		16,685,000	11,000,000	11,000,000	11,000,000	11,000,000	
将来減算一時差異解消額									
	賞与引当金		5,000,000	5,000,000					－
	賞与引当金（社会保険料）		685,000	685,000					－
	未払事業税		361,158	361,158					－
	減価償却超過額（工具器具備品）		250,000	50,000	50,000	50,000	50,000	50,000	－
	役員退職慰労引当金		1,200,000						1,200,000
	減価償却超過額（建物）		5,750,000	500,000	500,000	500,000	500,000	500,000	3,250,000
	計	B	13,246,158	6,596,158	550,000	550,000	550,000	550,000	
	回収可能額	C	8,796,158	6,596,158	550,000	550,000	550,000	550,000	
	回収不能・繰越欠損金発生	イ		－	－	－	－	－	
	差引　課税所得②	ウ		10,088,842	10,450,000	10,450,000	10,450,000	10,450,000	
	（スケジューリング不能額）	エ							
	役員退職慰労引当金		1,200,000						
	計	D	1,200,000						
繰越欠損金		オ							
	当期末残		2,531,250	－	－	－	－	－	
	2018年3月期			－	－	－	－	－	
	2019年3月期								
	2020年3月期								
	2021年3月期								
	2022年3月期								
	未回収残高	E	2,531,250	－	－	－	－	－	
	回収可能額	F	2,531,250	2,531,250	－	－	－	－	
	回収不能額	G							
（繰延税金資産）			【国税分】						
資産計上	回収可能額		11,327,408	（＝C＋F）					
	長期解消項目一時差異	カ	3,250,000						
	回収可能額　合計		14,577,408	（＝B－D＋E）					
	税率		23.73%						
	金額		3,459,219	（繰延税金負債考慮前）					
							国税	地方税	計
資産未計上	回収不能額		1,200,000	（＝D＋G）					
	税率		23.73%			計上	3,459,219	1,209,374	4,668,593
	金額		284,760	（評価性引当額と一致）		未計上	284,760	103,320	388,080
							3,743,979	1,312,694	5,056,673

図表5-7-13　福留興業㈱連結納税税効果シート④抜粋（つづき）

（地方税）
監査委員会報告66号分類3→おおむね5年以内のスケジューリングの範囲内で回収可能

（単位：円）

項目			当期末残	解消予測					5年超解消
				2018年3月期	2019年3月期	2020年3月期	2021年3月期	2022年3月期	
			実効税率	32.34%	32.34%	32.34%	32.34%	32.34%	
課税所得①									
	税引前当期純利益			10,000,000	10,000,000	10,000,000	10,000,000	10,000,000	
	損金不算入項目　（交際費）			1,000,000	1,000,000	1,000,000	1,000,000	1,000,000	
	損金不算入項目　（寄付金）			500,000	500,000	500,000	500,000	500,000	
	益金不算入項目　（受取配当金）			△ 500,000	△ 500,000	△ 500,000	△ 500,000	△ 500,000	
	その他恒常的加減算項目			5,685,000					
	小計			16,685,000	11,000,000	11,000,000	11,000,000	11,000,000	
	将来加算一時差異の解消予定額								
	タックスプランニング　（土地売却等）	ア							
	その他調整								
	課税所得①　合計	A		16,685,000	11,000,000	11,000,000	11,000,000	11,000,000	
将来減算一時差異解消額									
	賞与引当金		5,000,000	5,000,000					—
	賞与引当金（社会保険料）		685,000	685,000					—
	未払事業税		361,158	361,158					—
	減価償却超過額（工具器具備品）		250,000	50,000	50,000	50,000	50,000	50,000	—
	役員退職慰労引当金		1,200,000						1,200,000
	減価償却超過額（建物）		5,750,000	500,000	500,000	500,000	500,000	500,000	3,250,000
	計	B	13,246,158	6,596,158	550,000	550,000	550,000	550,000	
	回収可能額	C	8,796,158	6,596,158	550,000	550,000	550,000	550,000	
	回収不能・繰越欠損金発生	イ		—	—	—	—	—	
	差引　課税所得②	ウ		10,088,842	10,450,000	10,450,000	10,450,000	10,450,000	
	（スケジューリング不能額）	エ							
	役員退職慰労引当金		1,200,000						
	計	D	1,200,000						
繰越欠損金		オ							
	当期末残		2,000,000	—	—	—	—	—	
	2018年3月期			—	—	—	—	—	
	2019年3月期								
	2020年3月期								
	2021年3月期								
	2022年3月期								

	未回収残高	E	2,000,000	−	−	−	−	−	
	回収可能額	F	2,000,000	2,000,000	−	−	−	−	
	回収不能額	G							
(繰延税金資産)			【地方税分】						
資産計上	回収可能額		10,796,158	(＝C＋F)					
	長期解消項目一時差異	カ	3,250,000						
	回収可能額　合計		14,046,158	(＝B－D＋E)					
	税率		8.61%						
	金額		1,209,374	(繰延税金負債考慮前)					
							国税	地方税	計
資産未計上	回収不能額		1,200,000	(＝D＋G)		計上	3,459,219	1,209,374	4,668,593
	税率		8.61%			未計上	284,760	103,320	388,080
	金額		103,320	(評価性引当額と一致)			3,743,979	1,312,694	5,056,673

図表5-7-14　福留サービス㈱連結納税税効果シート①抜粋

会社名:	福留サービス㈱	国税	地方税
事業年度:	2017年3月期	3	4

項目	A:前期末残高 =別表五の二(一)付表一期首現在利益積立金額	B:加算 =別表五の二(一)付表一当期中の増減の増	C:減算 =別表五の二(一)付表一当期中の増減の減	D:期末残高 =別表五の二(一)付表一差引翌期首現在利益積立金額	E:評価性引当額控除前繰延税金資産 =D.期末残高×32.34%	F:回収不能一時差異	G:評価性引当額 =回収不能一時差異×32.34%	H:評価性引当額控除後一時差異=D+F	I:評価性引当額控除後繰延税金資産 =E+G
賞与引当金	2,000,000	3,000,000	2,000,000	3,000,000	970,200	0	0	3,000,000	970,200
賞与引当金(社会保険料)	274,000	411,000	274,000	411,000	132,917	0	0	411,000	132,917
小計	2,274,000	3,411,000	2,274,000	3,411,000	1,103,117	0	0	3,411,000	1,103,117
役員退職慰労引当金	1,000,000	200,000		1,200,000	388,080	(1,200,000)	(388,080)		0
減価償却超過額(車両運搬具)	200,000	50,000	40,000	210,000	67,914	(210,000)	(18,081)		49,833
減価償却超過額(建物)	3,000,000	300,000	150,000	3,150,000	1,018,710	(3,150,000)	(271,215)		747,495
繰越欠損金(注2)地方税	0	32,500,000	0	32,500,000	2,798,250	(32,500,000)	(2,798,250)		0
小計	4,200,000	33,050,000	190,000	37,060,000	4,272,954	(37,060,000)	(3,475,626)		797,328
合計	6,474,000	36,461,000	2,464,000	40,471,000	5,376,071	(37,060,000)	(3,475,626)	3,411,000	1,900,445

(注1) 未払事業税の金額は、別表五の二(一)付表一、別表五(一)、納税一覧表又は事業税・都道府県民税の内訳明細書から転記する。
(注2) 繰越欠損金の金額は、国税は、別表七の二付表一、地方税は別表七(一)から転記する。
(注3) 前期末の数字は、前期末の開示用ではなく、当期の仕訳作成、評価性引当額の増加額算定のために参考として作成している。

期末将来減算一時差異合計	7,971,000
(流動)繰延税金資産	1,103,117
(固定)繰延税金資産	797,328
繰延税金資産合計	1,900,445
(固定)繰延税金負債	0
開示 (固定)繰延税金資産	797,328
法人税等調整額	(405,674)

会計処理(2017年3月期)				
その他包括利益項目以外の税効果仕訳	(流動)繰延税金資産	367,706	法人税等調整額	405,674
	(固定)繰延税金資産	37,968		

図表5-7-15　福留サービス㈱連結納税税効果シート④抜粋

連結納税税効果シート④　連結納税税効果スケジューリング表に関するワークシート

Ⅱ個別財務諸表
（連結納税会社）

会社名：福留サービス㈱
事業年度：2017年3月期

（国税）
監査委員会報告66号分類3→おおむね5年以内のスケジューリングの範囲内で回収可能

（単位：円）

区分	項目	記号	当期末残	解消予測 2018年3月期	2019年3月期	2020年3月期	2021年3月期	2022年3月期	5年超解消
			実効税率	32.34%	32.34%	32.34%	32.34%	32.34%	
課税所得①									
	税引前当期純利益			△ 1,000,000	△ 1,000,000	△ 1,000,000	△ 1,000,000	△ 1,000,000	
	損金不算入項目（交際費）			1,000,000	1,000,000	1,000,000	1,000,000	1,000,000	
	損金不算入項目（寄付金）			500,000	500,000	500,000	500,000	500,000	
	益金不算入項目（受取配当金）			△ 500,000	△ 500,000	△ 500,000	△ 500,000	△ 500,000	
	その他恒常的加減算項目			3,411,000					
	小計			3,411,000	–	–	–	–	
	将来加算一時差異の解消予定額								
	タックスプランニング（土地売却等）	ア							
	その他調整								
	課税所得①　合計	A		3,411,000	–	–	–	–	
将来減算一時差異解消額									
	賞与引当金		3,000,000	3,000,000					–
	賞与引当金（社会保険料）		411,000	411,000					–
	減価償却超過額（車両運搬具）		210,000	50,000	40,000	40,000	40,000	40,000	–
	役員退職慰労引当金		1,200,000						1,200,000
	減価償却超過額（建物）		3,150,000	500,000	500,000	500,000	500,000	500,000	650,000
	計	B	7,971,000	3,961,000	540,000	540,000	540,000	540,000	
	回収可能額	C	3,411,000	3,411,000	–	–	–	–	
	回収不能・繰越欠損金発生	イ		550,000	540,000	540,000	540,000	540,000	
	差引　課税所得②	ウ		–	–	–	–	–	
	（スケジューリング不能額）	エ							
	役員退職慰労引当金		1,200,000						
	計	D	1,200,000						
繰越欠損金		オ							
	当期末残		–	–	–	–	–	–	
	2018年3月期			–	–	–	–	–	
	2019年3月期								
	2020年3月期								
	2021年3月期								
	2022年3月期								
	未回収残高	E	–	–	–	–	–	–	
	回収可能額	F	–	–	–	–	–	–	
	回収不能額	G							
（繰延税金資産）			【国税分】						
資産計上	回収可能額		3,411,000	（＝C＋F）					
	長期解消項目一時差異	カ	650,000						
	回収可能額　合計		6,771,000	（＝B－D＋E）					
	税率		23.73%						
	金額		1,606,758	（繰延税金負債考慮前）					
資産未計上	回収不能額		1,200,000	（＝D＋G）					
	税率		23.73%						
	金額		284,760	（評価性引当額と一致）					

	国税	地方税	計
計上	1,606,758	293,687	1,900,445
未計上	284,760	3,190,866	3,475,626
	1,891,518	3,484,553	5,376,071

（地方税）
監査委員会報告66号分類4→翌年の確実な所得のスケジューリングの範囲内で回収可能

（単位：円）

項目			当期末残	解消予測 2018年3月期	2019年3月期	2020年3月期	2021年3月期	2022年3月期	5年超解消
			実効税率	32.34%	32.34%	32.34%	32.34%	32.34%	
課税所得①									
	税引前当期純利益			△ 1,000,000	△ 1,000,000	△ 1,000,000	△ 1,000,000	△ 1,000,000	
	損金不算入項目（交際費）			1,000,000	1,000,000	1,000,000	1,000,000	1,000,000	
	損金不算入項目（寄付金）			500,000	500,000	500,000	500,000	500,000	
	益金不算入項目（受取配当金）			△ 500,000	△ 500,000	△ 500,000	△ 500,000	△ 500,000	
	その他恒常的加減算項目			3,411,000					
	小計			3,411,000	−	−	−	−	
	将来加算一時差異の解消予定額								
	タックスプランニング（土地売却等）	ア							
	その他調整								
	課税所得① 合計	A		3,411,000	−	−	−	−	
将来減算一時差異解消額									
	賞与引当金		3,000,000	3,000,000					−
	賞与引当金（社会保険料）		411,000	411,000					−
	減価償却超過額（工具器具備品）		210,000	50,000	40,000	40,000	40,000	40,000	−
	役員退職慰労引当金		1,200,000						1,200,000
	減価償却超過額（建物）		3,150,000	500,000	500,000	500,000	500,000	500,000	650,000
	計	B	7,971,000	3,961,000	540,000	540,000	540,000	540,000	
	回収可能額	C	3,411,000	3,411,000	−	−	−	−	
	回収不能・繰越欠損金発生	イ		550,000	540,000	540,000	540,000	540,000	
	差引 課税所得②	ウ		−	−	−	−	−	
	（スケジューリング不能額）	エ							
	減価償却超過額（工具器具備品）		210,000						
	減価償却超過額（建物）		3,150,000						
	役員退職慰労引当金		1,200,000						
	計	D	4,560,000						
繰越欠損金		オ							
	当期末残		32,500,000	32,500,000	32,500,000	32,500,000	32,500,000	32,500,000	
	2018年3月期			550,000	550,000	550,000	550,000	550,000	
	2019年3月期				540,000	540,000	540,000	540,000	
	2020年3月期					540,000	540,000	540,000	
	2021年3月期						540,000	540,000	
	2022年3月期							540,000	
	未回収残高	E	32,500,000	33,050,000	33,590,000	34,130,000	34,670,000	35,210,000	
	回収可能額	F	−	−	−	−	−	−	
	回収不能額	G	32,500,000						
（繰延税金資産）			【地方税分】						
資産計上	回収可能額		3,411,000	（＝C＋F）					
	長期解消項目一時差異	カ	−						
	回収可能額 合計		3,411,000	（＝B−D＋E）					
	税率		8.61%						
	金額		293,687	（繰延税金負債考慮前）					
資産未計上	回収不能額		37,060,000	（＝D＋G）			国税	地方税	計
	税率		8.61%			計上	1,606,758	293,687	1,900,445
	金額		3,190,866	（評価性引当額と一致）		未計上	284,760	3,190,866	3,475,626
							1,891,518	3,484,553	5,376,071

（2） 連結財務諸表

STEP3 回収可能性考慮前の繰延税金資産及び繰延税金負債の算定の段階では「連結納税税効果シート① 連結納税税効果計算に関するワークシート」で，評価性引当額控除前繰延税金資産Ｅまで算定している。

基本的に連結納税主体福留聡㈱の一時差異は各連結納税会社である福留聡㈱，福留興業㈱，福留サービス㈱の３社の合計になるため，連結財務諸表の連結納税税効果シート①も福留聡㈱，福留興業㈱，福留サービス㈱の３社の連結納税税効果シート①合計となっている。

図表5-7-16 連結納税主体福留聡㈱連結納税税効果シート①抜粋

連結納税税効果シート① 連結納税税効果計算に関するワークシート

Ⅰ連結財務諸表
(連結納税主体)

会社名:	福留聡㈱
事業年度:	2017年3月期

国税
3

項目	A:前期末残高 =別表五の二(一)及び別表五の二(一)付表一期首現在利益積立金額	B:加算 =別表五の二(一)及び別表五の二(一)付表一当期中の増減の増	C:減算 =別表五の二(一)及び別表五の二(一)付表一当期中の増減の減	D:期末残高 =別表五の二(一)及び別表五の二(一)付表一差引翌期首現在利益積立金額	E:評価性引当額控除前繰延税金資産 =D.期末残高×32.34%
賞与引当金	44,000,000	38,000,000	44,000,000	38,000,000	12,289,200
未払事業税(注1)	6,000,000	10,875,633	6,000,000	10,875,633	3,517,180
賞与引当金(社会保険料)	6,062,000	5,296,000	6,062,000	5,296,000	1,712,726
貸倒引当金(流動)	20,000,000	30,000,000	20,000,000	30,000,000	9,702,000
繰越欠損金(注2)国税	15,000,000		12,468,750	2,531,250	600,666
繰越欠損金(注2)地方税	15,000,000		13,000,000	2,000,000	172,200
小計	106,062,000	84,171,633	101,530,750	88,702,883	27,993,972
退職給付引当金	4,000,000	300,000	50,000	4,250,000	1,374,450
役員退職慰労引当金	5,500,000	1,400,000	0	6,900,000	2,231,460
土地減損損失		54,000,000		54,000,000	17,463,600
減価償却超過額(機械装置)	150,000	100,000	70,000	180,000	58,212
減価償却超過額(工具器具備品)	200,000	100,000	50,000	250,000	80,850
減価償却超過額(車両運搬具)	200,000	50,000	40,000	210,000	67,914
貸倒引当金(固定)		2,000,000		2,000,000	646,800
資産除去債務	10,000,000	200,000		10,200,000	3,298,680
減価償却超過額(建物)	8,000,000	11,300,000	400,000	18,900,000	6,112,260
繰越欠損金(注2)国税	190,000,000		141,906,250	48,093,750	11,412,647
繰越欠損金(注2)地方税	190,000,000	32,500,000	162,500,000	60,000,000	5,166,000
建物減損損失		36,000,000		36,000,000	11,642,400
小計	408,050,000	137,950,000	305,016,250	240,983,750	59,555,273
合計	514,112,000	222,121,633	406,547,000	329,686,633	87,549,245
固定資産圧縮積立金		(10,000,000)		(10,000,000)	(3,234,000)
有形固定資産(除去資産)	(10,000,000)	500,000		(9,500,000)	(3,072,300)
その他有価証券評価差額金	(500,000)	(300,000)	(500,000)	(300,000)	(97,020)
合計	(10,500,000)	(9,800,000)	(500,000)	(19,800,000)	(6,403,320)

次のステップとして，回収不能一時差異を「連結納税税効果シート④ 連結納税税効果スケジューリング表に関するワークシート」の「(スケジューリング不能額)」を項目ごと「F：回収不能一時差異」に転記する。

なお，「連結納税税効果シート④ 連結納税税効果スケジューリング表に関するワークシート」の「(スケジューリング不能額)」は96,630,000円で連結納税主体福留聡㈱連結納税税効果シートのF：回収不能一時差異合計は

図表5-7-17　連結納税主体福留聡㈱連結納税税効果シート④抜粋

連結納税税効果シート④　連結納税税効果スケジューリング表に関するワークシート

Ⅰ連結財務諸表
（連結納税会社）

会社名：福留聡㈱
事業年度：2017年3月期

（国税）
監査委員会報告66号分類3→おおむね5年以内のスケジューリングの範囲内で回収可能　（単位：円）

項目			当期末残	解消予測 2018年3月期	2019年3月期	2020年3月期	2021年3月期	2022年3月期	5年超解消
			実効税率	32.34%	32.34%	32.34%	32.34%	32.34%	
課税所得①									
	税引前当期純利益			59,000,000	59,000,000	59,000,000	59,000,000	59,000,000	
	損金不算入項目（交際費）			10,000,000	10,000,000	10,000,000	10,000,000	10,000,000	
	損金不算入項目（寄付金）			2,000,000	2,000,000	2,000,000	2,000,000	2,000,000	
	益金不算入項目（受取配当金）			△ 2,500,000	△ 2,500,000	△ 2,500,000	△ 2,500,000	△ 2,500,000	
	退職給付引当金			300,000	300,000	300,000	300,000	300,000	
	その他恒常的加減算項目			49,296,000					
	小計			118,096,000	68,800,000	68,800,000	68,800,000	68,800,000	
	将来加算一時差異の解消予定額								
	固定資産圧縮積立金			500,000	500,000	500,000	500,000	500,000	
	有形固定資産（除去資産）			500,000	500,000	500,000	500,000	500,000	
	タックスプランニング（土地売却等）	ア				100,000,000			
	その他調整								
	課税所得① 合計	A		119,096,000	69,800,000	169,800,000	69,800,000	69,800,000	
将来減算一時差異解消額									
	賞与引当金		38,000,000	38,000,000					−
	賞与引当金（社会保険料）		5,296,000	5,296,000					−
	未払事業税		10,875,633	10,875,633					−
	貸倒引当金（流動）		30,000,000	30,000,000					−
	退職給付引当金		4,250,000	50,000	50,000	50,000	50,000	50,000	4,000,000
	減価償却超過額（機械装置）		180,000	30,000	30,000	30,000	30,000	30,000	30,000
	減価償却超過額（工具器具備品）		250,000	50,000	50,000	50,000	50,000	50,000	−
	減価償却超過額（車両運搬具）		210,000	50,000	40,000	40,000	40,000	40,000	−
	役員退職慰労引当金		6,900,000	−	1,000,000	−	1,500,000	1,000,000	3,400,000
	土地減損損失		54,000,000						54,000,000
	貸倒引当金（固定）		2,000,000						2,000,000
	資産除去債務		10,200,000						10,200,000
	減価償却超過額（建物）		18,900,000	1,500,000	1,500,000	1,500,000	1,500,000	1,500,000	11,400,000
	建物減損損失		36,000,000	1,800,000	1,800,000	1,800,000	1,800,000	1,800,000	27,000,000
	計	B	217,061,633	87,651,633	4,470,000	3,470,000	4,970,000	4,470,000	
	回収可能額	C	105,031,633	87,651,633	4,470,000	3,470,000	4,970,000	4,470,000	
	回収不能・繰越欠損金発生	イ		−	−	−	−	−	
	差引 課税所得②	ウ		31,444,367	65,330,000	166,330,000	64,830,000	65,330,000	
	（スケジューリング不能額）	エ							
	減価償却の償却超過額（機械装置）		30,000						
	役員退職慰労引当金		3,400,000						
	土地減損損失		54,000,000						
	貸倒引当金（固定）		2,000,000						
	資産除去債務		10,200,000						
	建物減損損失		27,000,000						
	計	D	96,630,000						
繰越欠損金		オ							
	当期末残		50,625,000	15,722,184	−	−	−	−	
	2018年3月期			−	−	−	−	−	
	2019年3月期								
	2020年3月期								
	2021年3月期								
	2022年3月期								
	未回収残高	E	50,625,000	15,722,184	−	−	−	−	
	回収可能額	F	50,625,000	34,902,816	15,722,184	−	−	−	
	回収不能額	G							
（繰延税金資産）			【国税分】						
資産計上	回収可能額		155,656,633	（＝C＋F）					
	長期解消項目一時差異	カ	15,400,000						
	回収可能額 合計		171,056,633	（＝B−D＋E）					
	税率		23.73%						
	金額		40,591,739	（繰延税金負債考慮前）					
資産未計上	回収不能額		96,630,000	（＝D＋G）			国税	地方税	計
	税率		23.73%			計上	40,591,739	12,619,818	53,211,557
	金額		22,930,299	（評価性引当額と一致）		未計上	22,930,299	11,407,389	34,337,686
							63,522,038	24,027,207	87,549,245

図表5-7-18　連結納税主体福留聡㈱

連結納税税効果シート①　連結納税税効果計算に関するワークシート

Ⅰ連結財務諸表
（連結納税主体）

会社名:	福留聡㈱
事業年度:	2017年3月期

国税
3

項目	A:前期末残高 =別表五の二(一)及び別表五の二(一)付表一 期首現在利益積立金額	B:加算 =別表五の二(一)及び別表五の二(一)付表一 当期中の増減の増	C:減算 =別表五の二(一)及び別表五の二(一)付表一 当期中の増減の減	D:期末残高 =別表五の二(一)及び別表五の二(一) 差引翌期首現在利益積立金額
賞与引当金	44,000,000	38,000,000	44,000,000	38,000,000
未払事業税(注1)	6,000,000	10,875,633	6,000,000	10,875,633
賞与引当金(社会保険料)	6,062,000	5,296,000	6,062,000	5,296,000
貸倒引当金(流動)	20,000,000	30,000,000	20,000,000	30,000,000
繰越欠損金(注2)国税	15,000,000		12,468,750	2,531,250
繰越欠損金(注2)地方税	15,000,000		13,000,000	2,000,000
小計	106,062,000	84,171,633	101,530,750	88,702,883
退職給付引当金	4,000,000	300,000	50,000	4,250,000
役員退職慰労引当金	5,500,000	1,400,000	0	6,900,000
土地減損損失		54,000,000		54,000,000
減価償却超過額(機械装置)	150,000	100,000	70,000	180,000
減価償却超過額(工具器具備品)	200,000	100,000	50,000	250,000
減価償却超過額(車両運搬具)	200,000	50,000	40,000	210,000
貸倒引当金(固定)		2,000,000		2,000,000
資産除去債務	10,000,000	200,000		10,200,000
減価償却超過額(建物)	8,000,000	11,300,000	400,000	18,900,000
繰越欠損金(注2)国税	190,000,000		141,906,250	48,093,750
繰越欠損金(注2)地方税	190,000,000	32,500,000	162,500,000	60,000,000
建物減損損失		36,000,000		36,000,000
小計	408,050,000	137,950,000	305,016,250	240,983,750
合計	514,112,000	222,121,633	406,547,000	329,686,633
固定資産圧縮積立金		(10,000,000)		(10,000,000)
有形固定資産(除去資産)	(10,000,000)	500,000		(9,500,000)
その他有価証券評価差額金	(500,000)	(300,000)	(500,000)	(300,000)
合計	(10,500,000)	(9,800,000)	(500,000)	(19,800,000)

132,490,000円との差異35,860,000円は，減価償却超過額（車両運搬具），減価償却超過額（建物），繰越欠損金（注2）地方税の合計であり，福留サービス㈱の地方税のみの回収不能一時差異となるため整合していない。

D：将来減算一時差異の期末残高から税効果スケジューリングの結果としてのF：回収不能一時差異を控除したものが「H：評価性引当額控除後一時差異」として算出される。最終的には，「H：評価性引当額控除後一時差異」の法定実効税率である32.34％（ただし，地方税のみの場合は8.61％）を乗じることにより「I：評価性引当額控除後繰延税金資産」が算定され，貸借対照表に計上される繰延税金資産・繰延税金負債の額が算出される。

なお，「連結納税税効果シート①　連結納税税効果計算に関するワークシート」で算定した繰延税金資産合計とG：評価性引当額の合計は，「連結納税税

連結納税税効果シート①抜粋

（単位：円）

E:評価性引当額控除前繰延税金資産=D.期末残高×32.34%	F:回収不能一時差異	G:評価性引当額=回収不能一時差異×32.34%	H:評価性引当額控除後一時差異=D+F	I:評価性引当額控除後繰延税金資産=E+G
12,289,200	0	0	38,000,000	12,289,200
3,517,180	0	0	10,875,633	3,517,180
1,712,726	0	0	5,296,000	1,712,726
9,702,000	0	0	30,000,000	9,702,000
600,666	0	0	2,531,250	600,666
172,200	0	0	2,000,000	172,200
27,993,972	0	0	88,702,883	27,993,972
1,374,450	0	0	4,250,000	1,374,450
2,231,460	(3,400,000)	(1,099,560)	3,500,000	1,131,900
17,463,600	(54,000,000)	(17,463,600)	0	0
58,212	(30,000)	(9,702)	150,000	48,510
80,850	0	0	250,000	80,850
67,914	(210,000)	(18,081)	0	49,833
646,800	(2,000,000)	(646,800)	0	0
3,298,680	(10,200,000)	(3,298,680)	0	0
6,112,260	(3,150,000)	(271,215)	15,750,000	5,841,045
11,412,647	0	0	48,093,750	11,412,647
5,166,000	(32,500,000)	(2,798,250)	27,500,000	2,367,750
11,642,400	(27,000,000)	(8,731,800)	9,000,000	2,910,600
59,555,273	(132,490,000)	(34,337,688)	108,493,750	25,217,585
87,549,245	(132,490,000)	(34,337,688)	197,196,633	53,211,557
(3,234,000)			(10,000,000)	(3,234,000)
(3,072,300)			(9,500,000)	(3,072,300)
(97,020)			(300,000)	(97,020)
(6,403,320)	0	0	(19,800,000)	(6,403,320)

効果シート④　連結納税税効果スケジューリング表に関するワークシート」の資産計上の税率を乗じた後の金額，資産未計上の税率を乗じた金額とそれぞれ一致するため，一致の有無を確認することでそれぞれの計算の正確性を検証できる。

連結納税主体の「連結納税税効果シート④　連結納税税効果スケジューリング表に関するワークシート」では，国税の資産計上の税率を乗じた後の金額，資産未計上の税率を乗じた金額のみ算定され，地方税は，各連結納税会社で算定されるため，福留聡㈱，福留興業㈱，福留サービス㈱の３社の「連結納税税効果シート④　連結納税税効果スケジューリング表に関するワークシート」の資産計上の税率を乗じた後の金額，資産未計上の税率を乗じた金額の合計になる。

図表5-7-19　連結納税主体福留聡㈱

連結納税税効果シート①　連結納税税効果計算に関するワークシート

Ⅰ連結財務諸表
（連結納税主体）

会社名:	福留聡㈱	国税	
事業年度:	2017年3月期	3	

項目	A:前期末残高 =別表五の二(一)及び別表五の二(一)付表一 期首現在利益積立金額	B:加算 =別表五の二(一)及び別表五の二(一)付表一 当期中の増減の増	C:減算 =別表五の二(一)及び別表五の二(一)付表一 当期中の増減の減	D:期末残高 =別表五の二(一)及び別表五の二(一)付表一 差引翌期首現在利益積立金額
賞与引当金	44,000,000	38,000,000	44,000,000	38,000,000
未払事業税(注1)	6,000,000	10,875,633	6,000,000	10,875,633
賞与引当金(社会保険料)	6,062,000	5,296,000	6,062,000	5,296,000
貸倒引当金(流動)	20,000,000	30,000,000	20,000,000	30,000,000
繰越欠損金(注2)国税	15,000,000		12,468,750	2,531,250
繰越欠損金(注2)地方税	15,000,000		13,000,000	2,000,000
小計	106,062,000	84,171,633	101,530,750	88,702,883
退職給付引当金	4,000,000	300,000	50,000	4,250,000
役員退職慰労引当金	5,500,000	1,400,000	0	6,900,000
土地減損損失		54,000,000		54,000,000
減価償却超過額(機械装置)	150,000	100,000	70,000	180,000
減価償却超過額(工具器具備品)	200,000	100,000	50,000	250,000
減価償却超過額(車両運搬具)	200,000	50,000	40,000	210,000
貸倒引当金(固定)		2,000,000		2,000,000
資産除去債務	10,000,000	200,000		10,200,000
減価償却超過額(建物)	8,000,000	11,300,000	400,000	18,900,000
繰越欠損金(注2)国税	190,000,000		141,906,250	48,093,750
繰越欠損金(注2)地方税	190,000,000	32,500,000	162,500,000	60,000,000
建物減損損失		36,000,000		36,000,000
小計	408,050,000	137,950,000	305,016,250	240,983,750
合計	514,112,000	222,121,633	406,547,000	329,686,633
固定資産圧縮積立金		(10,000,000)		(10,000,000)
有形固定資産(除去資産)	(10,000,000)	500,000		(9,500,000)
その他有価証券評価差額金	(500,000)	(300,000)	(500,000)	(300,000)
合計	(10,500,000)	(9,800,000)	(500,000)	(19,800,000)

（注1）未払事業税の金額は、各個社の合計で算定され、別表五の二(一)付表一、別表五(一)、納税一覧表又は事業税・都道府県民税の内訳明細書から転記する。
（注2）繰越欠損金の金額は、国税は、別表七の二、地方税は別表七(一)から転記する。
（注3）前期末の数字は、前期末の開示用ではなく、当期の仕訳作成、評価性引当額の増加額算定のために参考として作成している。

会計処理（2017年3月期）

その他包括利益項目以外の税効果仕訳	法人税等調整額	45,347,844	(固定)繰延税金資産	40,820,065
			(固定)繰延税金負債	3,072,300
			(流動)繰延税金資産	1,455,479
その他包括利益項目の税効果仕訳	その他有価証券評価差額金	106,970	投資有価証券	200,000
	(固定)繰延税金負債	93,030		

連結納税税効果シート①抜粋

（単位：円）

E:評価性引当額控除前繰延税金資産=D.期末残高×32.34%	F:回収不能一時差異	G:評価性引当額=回収不能一時差異×32.34%	H:評価性引当額控除後一時差異=D+F	I:評価性引当額控除後繰延税金資産=E+G
12,289,200	0	0	38,000,000	12,289,200
3,517,180	0	0	10,875,633	3,517,180
1,712,726	0	0	5,296,000	1,712,726
9,702,000	0	0	30,000,000	9,702,000
600,666	0	0	2,531,250	600,666
172,200	0	0	2,000,000	172,200
27,993,972	0	0	88,702,883	27,993,972
1,374,450	0	0	4,250,000	1,374,450
2,231,460	(3,400,000)	(1,099,560)	3,500,000	1,131,900
17,463,600	(54,000,000)	(17,463,600)	0	0
58,212	(30,000)	(9,702)	150,000	48,510
80,850	0	0	250,000	80,850
67,914	(210,000)	(18,081)	0	49,833
646,800	(2,000,000)	(646,800)	0	0
3,298,680	(10,200,000)	(3,298,680)	0	0
6,112,260	(3,150,000)	(271,215)	15,750,000	5,841,045
11,412,647	0	0	48,093,750	11,412,647
5,166,000	(32,500,000)	(2,798,250)	27,500,000	2,367,750
11,642,400	(27,000,000)	(8,731,800)	9,000,000	2,910,600
59,555,273	(132,490,000)	(34,337,688)	108,493,750	25,217,585
87,549,245	(132,490,000)	(34,337,688)	197,196,633	53,211,557
(3,234,000)			(10,000,000)	(3,234,000)
(3,072,300)			(9,500,000)	(3,072,300)
(97,020)			(300,000)	(97,020)
(6,403,320)	0	0	(19,800,000)	(6,403,320)

期末将来減算一時差異合計	217,061,633
(流動)繰延税金資産	27,993,972
(固定)繰延税金資産	25,217,585
繰延税金資産合計	53,211,557
(固定)繰延税金負債	(6,403,320)
開示　(固定)繰延税金資産	18,814,265
法人税等調整額	45,347,844

図表5-7-20　連結納税主体福留聡㈱連結納税税効果シート④抜粋

連結納税税効果シート④　連結納税税効果スケジューリング表に関するワークシート

Ⅰ連結財務諸表
（連結納税会社）

会社名	福留聡㈱
事業年度	2017年3月期

（国税）
監査委員会報告66号分類3→おおむね5年以内のスケジューリングの範囲内で回収可能　　（単位：円）

項目			当期末残	解消予測					5年超解消
				2018年3月期	2019年3月期	2020年3月期	2021年3月期	2022年3月期	
			実効税率	32.34%	32.34%	32.34%	32.34%	32.34%	
課税所得①									
	税引前当期純利益			59,000,000	59,000,000	59,000,000	59,000,000	59,000,000	
	損金不算入項目　（交際費）			10,000,000	10,000,000	10,000,000	10,000,000	10,000,000	
	損金不算入項目　（寄付金）			2,000,000	2,000,000	2,000,000	2,000,000	2,000,000	
	益金不算入項目　（受取配当金）			△ 2,500,000	△ 2,500,000	△ 2,500,000	△ 2,500,000	△ 2,500,000	
	退職給付引当金			300,000	300,000	300,000	300,000	300,000	
	その他恒常的加減算項目			49,296,000					
	小計			118,096,000	68,800,000	68,800,000	68,800,000	68,800,000	
	将来加算一時差異の解消予定額								
	固定資産圧縮積立金			500,000	500,000	500,000	500,000	500,000	
	有形固定資産(除去資産)			500,000	500,000	500,000	500,000	500,000	
	タックスプランニング　（土地売却等）	ア				100,000,000			
	その他調整								
	課税所得①　合計	A		119,096,000	69,800,000	169,800,000	69,800,000	69,800,000	
将来減算一時差異解消額									
	賞与引当金		38,000,000	38,000,000					—
	賞与引当金(社会保険料)		5,296,000	5,296,000					—
	未払事業税		10,875,633	10,875,633					—
	貸倒引当金(流動)		30,000,000	30,000,000					—
	退職給付引当金		4,250,000	50,000	50,000	50,000	50,000	50,000	4,000,000
	減価償却超過額(機械装置)		180,000	30,000	30,000	30,000	30,000	30,000	30,000
	減価償却超過額(工具器具備品)		250,000	50,000	50,000	50,000	50,000	50,000	—
	減価償却超過額(車両運搬具)		210,000	50,000	40,000	40,000	40,000	40,000	—
	役員退職慰労引当金		6,900,000	—	1,000,000	—	1,500,000	1,000,000	3,400,000
	土地減損損失		54,000,000						54,000,000
	貸倒引当金(固定)		2,000,000						2,000,000
	資産除去債務		10,200,000						10,200,000
	減価償却超過額(建物)		18,900,000	1,500,000	1,500,000	1,500,000	1,500,000	1,500,000	11,400,000
	建物減損損失		36,000,000	1,800,000	1,800,000	1,800,000	1,800,000	1,800,000	27,000,000
	計	B	217,061,633	87,651,633	4,470,000	3,470,000	4,970,000	4,470,000	
	回収可能額	C	105,031,633	87,651,633	4,470,000	3,470,000	4,970,000	4,470,000	
	回収不能・繰越欠損金発生	イ		—	—	—	—	—	
	差引　課税所得②	ウ		31,444,367	65,330,000	166,330,000	64,830,000	65,330,000	
	（スケジューリング不能額）	エ							
	減価償却の償却超過額(機械装置)		30,000						
	役員退職慰労引当金		3,400,000						
	土地減損損失		54,000,000						
	貸倒引当金(固定)		2,000,000						
	資産除去債務		10,200,000						
	建物減損損失		27,000,000						
	計	D	96,630,000						
繰越欠損金		オ							
	当期末残		50,625,000	15,722,184	—	—	—	—	
	2018年3月期			—	—	—	—	—	
	2019年3月期								
	2020年3月期								
	2021年3月期								
	2022年3月期								
	未回収残高	E	50,625,000	15,722,184	—	—	—	—	
	回収可能額	F	50,625,000	34,902,816	15,722,184	—	—	—	
	回収不能額	G							
（繰延税金資産）			【国税分】						
資産計上	回収可能額		155,656,633	（＝C＋F）					
	長期解消項目一時差異	カ	15,400,000						
	回収可能額　合計		171,056,633	（＝B－D＋E）					
	税率		23.73%						
	金額		40,591,739	（繰延税金負債考慮前）					
資産未計上	回収不能額		96,630,000	（＝D＋G）				国税	地方税	計
	税率		23.73%			計上	40,591,739	12,619,818	53,211,557
	金額		22,930,299	（評価性引当額と一致）		未計上	22,930,299	11,407,389	34,337,688
							63,522,038	24,027,207	87,549,245

8　税金費用のプルーフテストを行い，税金費用の妥当性を検証する

連結納税税効果会計の最終ステップであるSTEP7は，税金費用のプルーフテストを行い，税金費用の妥当性を検証することである。この税効果プルーフにより，連結納税申告書及び地方税申告書で算定した法人税，住民税及び事業税と税効果会計で算定した法人税等調整額の算定の適切性を検証できる。

税金費用は下記算式で算定でき，下記項目が税率差異に影響を与える項目になる。

税金費用＝(税引前当期純利益＋(－)永久差異)×法定実効税率＋住民税均等割額＋評価性引当額の増加額＋(－)適用税率の差異－税額控除

なお，本設例で，税率差異に影響を与える項目は，永久差異（交際費，役員賞与，寄附金，受取配当金），住民税均等割額，評価性引当額の増加額となる。

(1)　個別財務諸表

本設例における「連結納税税効果シート⑤　連結納税税効果プルーフに関するワークシート」を参照いただきたい（**図表5-8-1**）。

福留聡株式会社の税金費用の妥当性を金額ベースで検証すると税金費用は下記算式で算定できる。

税金費用＝(税引前当期純利益＋永久差異)×法定実効税率（32.34％)＋住民税均等割額＋評価性引当額の増加額

税金費用（推定値)＝(税引前当期純利益146,000,000円＋交際費9,060,000円＋役員賞与700,000円＋寄附金9,300,000円－受取配当金10,000,000円)×法定実効税率（32.34％)＋住民税均等割額（530,000円)＋評価性引当額の増加額（26,916,582円＝30,473,982円－3,557,400円)＝77,592,986円

上記は，別表四の二付表から数字を抽出し，税引前利益＝当期利益

図表5-8-1　福留聡㈱連結納税

Ⅱ個別財務諸表
（連結納税会社）

会社名:	福留聡㈱
事業年度:	2017年3月期

税引前当期純利益				P/L	146,000,000	
						法定実効税率
永久差異						
交際費				別表四の二付表	9,060,000	×32.34%
役員賞与				別表四の二付表	700,000	×32.34%
寄附金の損金不算入額				別表四の二付表	9,300,000	×32.34%
受取配当等の益金不算入額				別表四の二付表	−10,000,000	×32.34%
計					155,060,000	
					↓×32.34%	
					50,146,404	
住民税均等割額				納税一覧表	530,000	×100%=
計					50,676,404	
評価性引当額の増加額	前期	3,557,400	シート①		26,916,582	×100%=
	当期	30,473,982	シート⑦			
計（期待値）					77,592,986	
						その他
計上額						
法人税、住民税及び事業税				P/L	35,424,333	
法人税等調整額				P/L	42,418,608	
計					77,842,941	
差異					249,955	
差異率					0.3%	
判定					○重要な差異なし	

68,157,059円＋法人税，住民税及び事業税35,424,333円＋法人税等調整額42,418,608円＝146,000,000円，交際費は交際費等の損金不算入額の個別帰属額，役員賞与＝役員給与の損金不算入額1,500,000円＋役員賞与引当金否認1,000,000円－役員賞与引当金認容1,800,000円＝700,000円，寄附金は寄附金の損金不算入額の個別帰属額，受取配当金は受取配当金等の個別帰属額となる。

評価性引当金は，「連結納税税効果シート①　連結納税税効果計算に関するワークシート」の当期末と前期末の評価性引当金の差額になる。

税金費用（推定値）の計算の結果，「計（期待値）」の欄が77,592,986円となり，損益計算書計上額である法人税，住民税及び事業税35,424,333円と法人税等調整額42,418,608円の合計77,842,941円との差異は249,955円となり，差異率0.3%と僅少のため，法人税申告書及び地方税申告書で算定した法人税，住民税及び事業税と税効果会計で算定した法人税等調整額の算定はおおむね適切であるということが検証されたことになる。

なお，本来，連結納税申告書，地方税申告書で算定されるためワークシート

税効果シート⑤抜粋

税率差異の開示

（単位：円）

		税率差異の開示	
	32.34%	32.3% 法定実効税率	
2,930,004	2.01%	2.0% 交際費	
226,380	0.16%	0.2% 役員賞与	4.3% 交際費等永久に損金に算入されない項目
3,007,620	2.06%	2.1% 寄附金	
−3,234,000	△2.22%	△2.2% 受取配当金等永久に益金に算入されない項目	
530,000	0.36%	0.4% 住民税均等割等	
26,916,582	18.44%	18.4% 評価性引当額	
	0.17%	0.2% その他	
	53.32%	53.3% 負担率	

は不要であるが，参考までに法人税，住民税及び事業税35,424,333円の算定過程を「連結納税税効果シート⑥　損益計算書に計上される法人税，住民税及び事業税算定に関するワークシート」に示している（**図表5-8-2**）。

図表5-8-2　福留聡㈱連結納税税効果シート⑥抜粋

（連結納税会社）

会社名：福留聡㈱
事業年度：2017年3月期

税区分					
		課税所得		税率	計算値
法人税	法人税額	108,093,750	別表四の二付表の所得金額又は欠損金額	23.9%	25,834,406
	法人税額合計				25,834,406
住民税	均等割額				530,000
	法人税割=16.3%×法人税額	20,912,500		16.3%	3,408,738
	地方法人税＝4.4%×法人税額	25,834,406	**法人税額**	4.4%	1,136,714
	住民税額合計				5,075,451
事業税	所得割	87,500,000		5.16%	4,514,475
	法人税、住民税及び事業税				35,424,333 P/L
			当期適用される法定実効税率	32.34%	

（注1）　事業税は、実際には、課税所得が、年400万円以下の金額、年400万円を超え年800万円以下の金額、年800万円を超える金額ごとに適用される税率が異なり、上記は、年800万円を超える金額の税率を前提として計算しているため、地方税申告書で実際に算定した場合の税額と異なる。

福留興業株式会社の税金費用の妥当性を金額ベースで検証すると税金費用は下記算式で算定できる。

図表5-8-3　福留興業㈱連結納税

会社名:	福留興業㈱					
事業年度:	2017年3月期					
税引前当期純利益				P/L	14,363,000	
						法定実効税率
永久差異						
交際費				別表四の二付表	3,000,000	×32.34%
役員賞与				別表四の二付表	1,000,000	×32.34%
寄附金の損金不算入額				別表四の二付表	500,000	×32.34%
受取配当等の益金不算入額				別表四の二付表	−1,000,000	×32.34%
計					17,863,000	
					↓×32.34%	
					5,776,894	
住民税均等割額				納税一覧表	290,000	×100%=
計					6,066,894	
評価性引当額の増加額	前期	323,400	シート①		64,680	×100%=
	当期	388,080	シート⑦			
計(期待値)					6,131,574	
						その他
計上額						
法人税、住民税及び事業税				P/L	2,803,025	
法人税等調整額				P/L	3,334,910	
計					6,137,935	
差異					6,361	
差異率					0.1%	
判定					○重要な差異なし	

税金費用＝(税引前当期純利益＋永久差異)×法定実効税率（32.34%)＋住民税均等割額＋評価性引当額の増加額

税金費用（推定値)＝(税引前当期純利益14,363,000円＋交際費3,000,000円＋役員賞与1,000,000円＋寄附金500,000円－受取配当金1,000,000円）×法定実効税率（32.34%)＋住民税均等割額（290,000円)＋評価性引当額の増加額（64,680円＝388,080円－323,400円)＝6,131,574円

上記は，別表四の二付表から数字を抽出し，税引前利益＝当期利益8,225,065円＋法人税，住民税及び事業税2,803,025円＋法人税等調整額3,334,910円＝14,363,000円，交際費は交際費等の損金不算入額の個別帰属額，役員賞与は役員給与の損金不算入額，寄附金は寄付金の損金不算入額の個別帰属額，受取配当金は受取配当金等の個別帰属額となる。

評価性引当金は，「連結納税税効果シート①　連結納税税効果計算に関する

税効果シート⑤抜粋

（単位:円）

	32.34%	32.3% 法定実効税率	
970,200	6.75%	6.8% 交際費	
323,400	2.25%	2.3% 役員賞与	10.2% 交際費等永久に損金に算入されない項目
161,700	1.13%	1.1% 寄附金	
-323,400	△2.25%	△2.3% 受取配当金等永久に益金に算入されない項目	
290,000	2.02%	2.0% 住民税均等割等	
64,680	0.45%	0.5% 評価性引当額	
	0.04%	ー その他	
	42.73%	42.7% 負担率	

ワークシート」の当期末と前期末の評価性引当金の差額になる。

税金費用（推定値）の計算の結果,「計（期待値)」の欄が6,131,574円となり,損益計算書計上額である法人税，住民税及び事業税2,803,025円と法人税等調整額3,334,910円の合計6,137,935円との差異は6,361円となり，差異率0.1%と僅少のため，法人税申告書及び地方税申告書で算定した法人税，住民税及び事業税と税効果会計で算定した法人税等調整額の算定はおおむね適切であるということが検証されたことになる。

なお，本来，連結納税申告書，地方税申告書で算定されるためワークシートは不要であるが，参考までに法人税，住民税及び事業税2,803,025円の算定過程を「連結納税税効果シート⑥　損益計算書に計上される法人税，住民税及び事業税算定に関するワークシート」に示している（**図表5-8-4**)。

図表5-8-4　福留聡(株)連結納税税効果シート⑥抜粋

会社名	福留興業(株)
事業年度	2017年3月期

税区分					
		課税所得		税率	計算値
法人税	法人税額	7,531,250	別表四の二付表の所得金額又は欠損金額	23.9%	1,799,969
	法人税額合計				1,799,969
住民税	均等割額				290,000
	法人税割=16.3%×法人税額	1,673,000		16.3%	272,699
	地方法人税＝4.4%×法人税額	1,799,969	**法人税額**	4.4%	79,199
	住民税額合計				641,898
事業税	所得割	7,000,000		5.16%	361,158
	法人税、住民税及び事業税				2,803,025 P/L
			当期適用される法定実効税率	32.34%	

（注1）　事業税は、実際には、課税所得が、年400万円以下の金額、年400万円を超え年800万円以下の金額、年800万円を超える金額ごとに適用される税率が異なり、上記は、年800万円を超える金額の税率を前提として計算しているため、地方税申告書で実際に算定した場合の税額と異なる。

福留興業株式会社の税金費用の妥当性を金額ベースで検証すると税金費用は下記算式で算定できる。

> 税金費用＝（税引前当期純利益＋永久差異）×法定実効税率（32.34%）＋住民税均等割額＋評価性引当額の増加額

税金費用（推定値）＝（税引前当期純利益－36,597,000円＋交際費2,000,000円

図表5-8-5　福留サービス(株)

会社名	福留サービス(株)
事業年度	2017年3月期

税引前当期純利益				P/L	-36,597,000	
						法定実効税率
永久差異						
交際費				別表四の二付表	2,000,000	×32.34%
役員賞与				別表四の二付表	600,000	×32.34%
寄附金の損金不算入額				別表四の二付表	500,000	×32.34%
受取配当等の益金不算入額				別表四の二付表	-500,000	×32.34%
計					-33,997,000	
					↓×32.34%	
					-10,994,630	
住民税均等割額				納税一覧表	180,000	×100%=
計					-10,814,630	
評価性引当額の増加額	前期	598,920	シート①		2,876,706	×100%=
	当期	3,475,626	シート⑦			
計（期待値）					-7,937,924	
						その他
計上額						
法人税、住民税及び事業税				P/L	-7,587,500	
法人税等調整額				P/L	-405,674	
計					-7,993,174	
差異					-55,250	
差異率					**0.7%**	
判定					○重要な差異なし	

＋役員賞与600,000円＋寄附金500,000円－受取配当金500,000円）×法定実効税率（32.34％）＋住民税均等割額（180,000円）＋評価性引当額の増加額（2,876,706円＝3,475,626円－598,920円）＝－7,937,924円

上記は，別表四の二付表から数字を抽出し，税引前利益＝当期利益－28,603,826円－法人税，住民税及び事業税7,587,500円－法人税等調整額405,674円＝－36,597,000円，交際費は交際費等の損金不算入額の個別帰属額，役員賞与は役員給与の損金不算入額，寄附金は寄附金の損金不算入額の個別帰属額，受取配当金は受取配当金等の個別帰属額となる。

評価性引当金は，「連結納税税効果シート①　連結納税税効果計算に関するワークシート」の当期末と前期末の評価性引当金の差額になる。

税金費用（推定値）の計算の結果，「計（期待値）」の欄が－7,937,924円となり，損益計算書計上額である法人税，住民税及び事業税－7,587,500円と法人税等調整額－405,674円の合計－7,993,174円との差異は－55,250円となり，差異率0.7％と僅少のため，法人税申告書及び地方税申告書で算定した法人税，住民

連結納税税効果シート⑤抜粋

（単位：円）

	32.34%	32.3% 法定実効税率	
646,800	△1.77%	△1.8% 交際費	
194,040	△0.53%	△0.5% 役員賞与	△2.7% 交際費等永久に損金に算入されない項目
161,700	△0.44%	△0.4% 寄附金	
−161,700	0.44%	0.4% 受取配当金等永久に益金に算入されない項目	
180,000	△0.49%	△0.5% 住民税均等割等	
2,876,706	△7.86%	△7.9% 評価性引当額	
	0.15%	0.2% その他	
	21.84%	21.8% 負担率	

税及び事業税と税効果会計で算定した法人税等調整額の算定はおおむね適切であるということが検証されたことになる。

なお，本来，連結納税申告書，地方税申告書で算定されるためワークシートは不要であるが，参考までに法人税，住民税及び事業税－7,587,500円の算定過程を「連結納税税効果シート⑥　損益計算書に計上される法人税，住民税及び事業税算定に関するワークシート」に示している（**図表5-8-6**）。

図表5-8-6　福留サービス㈱連結納税税効果シート⑥抜粋

会社名:	福留サービス㈱
事業年度:	2017年3月期

税区分						
		課税所得		税率	計算値	
法人税	法人税額	-32,500,000	別表四の二付表の所得金額又は欠損金額	23.9%	-7,767,500	
	法人税額合計				-7,767,500	
住民税	均等割額				180,000	
	法人税割=16.3%×法人税額	-	法人税額	16.3%	0	
	地方法人税=4.4%×法人税額	-		4.4%	0	
	住民税額合計				180,000	
事業税	所得割	-		5.16%	-	
	法人税、住民税及び事業税				-7,587,500	P/L
			当期適用される法定実効税率	32.34%		

（注1）　事業税は、実際には、課税所得が、年400万円以下の金額、年400万円を超え年800万円以下の金額、年800万円を超える金額ごとに適用される税率が異なり、上記は、年800万円を超える金額の税率を前提として計算しているため、地方税申告書で実際に算定した場合の税額と異なる。

図表5-8-7　連結納税主体福留聡㈱

連結納税税効果シート⑤　連結納税税効果プルーフに関するワークシート

Ⅰ連結財務諸表
（連結納税主体）

会社名:	福留聡㈱
事業年度:	2017年3月期

税引前当期純利益				P/L	123,766,000	
						法定実効税率
永久差異						
交際費				別表四の二	14,060,000	×32.34%
役員賞与				別表四の二	2,300,000	×32.34%
寄附金の損金不算入額				別表四の二	10,300,000	×32.34%
受取配当等の益金不算入額				別表四の二	-11,500,000	×32.34%
計					138,926,000	
					↓×32.34%	
					44,928,668	
住民税均等割額				納税一覧表	1,000,000	×100%=
計					45,928,668	
評価性引当額の増加額	前期	4,479,720	シート①		29,857,968	×100%=
	当期	34,337,688	シート⑦			
計（期待値）					75,786,636	
						その他
計上額						
法人税、住民税及び事業税				P/L	30,639,857	
法人税等調整額				P/L	45,347,844	
計					75,987,701	
差異					201,065	
差異率					0.3%	
判定					○重要な差異なし	

(２)　連結財務諸表

本設例における「連結納税税効果シート⑤　連結納税税効果プルーフに関するワークシート」を参照いただきたい（**図表5-8-7**）。

連結納税主体福留聡㈱の税率差異項目は一時差異合計が各連結納税会社である福留聡㈱，福留興業㈱，福留サービス㈱の3社の合計になるため，連結財務諸表の連結納税税効果シート⑤も福留聡㈱，福留興業㈱，福留サービス㈱の3社の連結納税税効果シート⑤の合計となっている。

連結納税主体福留聡株式会社の税金費用の妥当性を金額ベースで検証すると税金費用は下記算式で算定できる。

> 税金費用＝(税引前当期純利益＋永久差異)×法定実効税率（32.34％)＋住民税均等割額＋評価性引当額の増加額

連結納税税効果シート⑤抜粋

税率差異の開示

（単位:円）			
	32.34%	32.3% 法定実効税率	
4,547,004	3.67%	3.7% 交際費	
743,820	0.60%	0.6% 役員賞与	7.0% 交際費等永久に損金に算入されない項目
3,331,020	2.69%	2.7% 寄附金	
−3,719,100	△3.00%	△3.0% 受取配当金等永久に益金に算入されない項目	
1,000,000	0.81%	0.8% 住民税均等割等	
29,857,968	24.12%	24.1% 評価性引当額	
	0.16%	0.2% その他	
	61.40%	61.4% 負担率	

税金費用（推定値）＝（税引前当期純利益123,766,000円＋交際費14,060,000円＋役員賞与2,300,000円＋寄附金10,300,000円－受取配当金11,500,000円）×法定実効税率（32.34％）＋住民税均等割額（1,000,000円）＋評価性引当額の増加額（29,857,968円＝34,337,688円－4,479,720円）＝75,786,636円

上記は，別表四の二及び別表四の二付表から数字を抽出し，税引前利益＝当期利益47,778,298円＋法人税，住民税及び事業税30,639,857円＋法人税等調整額45,347,844円＝123,766,000円，交際費は交際費等の損金不算入額の個別帰属額，役員賞与＝役員給与の損金不算入額3,100,000円＋役員賞与引当金否認1,000,000円－役員賞与引当金認容1,800,000円＝2,300,000円，寄附金は寄付金の損金不算入額の個別帰属額，受取配当金は受取配当金等の個別帰属額となる。

評価性引当金は，「連結納税税効果シート①　連結納税税効果計算に関するワークシート」の当期末と前期末の評価性引当金の差額になる。

税金費用（推定値）の計算の結果，「計（期待値）」の欄が75,786,636円となり，損益計算書計上額である法人税，住民税及び事業税30,639,857円と法人税等調整額45,347,844円の合計75,987,701円との差異は201,065円となり，差異率0.3％と僅少のため，法人税申告書及び地方税申告書で算定した法人税，住民税及び事業税と税効果会計で算定した法人税等調整額の算定はおおむね適切であるということが検証されたことになる。

なお，本来，連結納税申告書，地方税申告書で算定されるためワークシートは不要であるが，参考までに法人税，住民税及び事業税30,639,857円の算定過程を「連結納税税効果シート⑥　損益計算書に計上される法人税，住民税及び事業税算定に関するワークシート」に示している（**図表5-8-8**）。

なお，地方税（住民税及び事業税）計上額は単体納税で各々の地方税申告書で算定され，福留聡㈱，福留興業㈱，福留サービス㈱の3社の合計になる。

図表5-8-8　連結納税主体福留聡㈱連結納税税効果シート⑥抜粋

連結納税税効果シート⑥　損益計算書に計上される法人税、住民税及び事業税算定に関するワークシート（参考）

（連結納税主体）

会社名	福留聡㈱
事業年度	2017年3月期

税区分		課税所得		税率	計算値	
法人税	法人税額	83,125,000	別表四の二の所得金額又は欠損金額	23.9%	19,866,875	
	法人税額合計				19,866,875	
住民税	均等割額				1,000,000	
	法人税割=16.3%×法人税額		法人税額	16.3%	3,681,437	
	地方法人税＝4.4%×法人税額			4.4%	1,215,913	
	住民税額合計				5,897,349	
事業税	所得割			5.16%	4,875,633	
	法人税、住民税及び事業税				30,639,857	P/L
			当期適用される法定実効税率	32.34%		

（注1）　事業税は、実際には、課税所得が、年400万円以下の金額、年400万円を超え年800万円以下の金額、年800万円を超える金額ごとに適用される税率が異なり、上記は、年800万円を超える金額の税率を前提として計算しているため、地方税申告書で実際に算定した場合の税額と異なる。

9　連結納税における税効果会計に係る仕訳と連結財務諸表及び財務諸表における表示

（1）　連結納税税効果会計に係る仕訳

STEP1～STEP7の作業により得られた回収可能性考慮後の繰延税金資産及び繰延税金資産の金額をもとに，当期末の繰延税金資産及び繰延税金負債を計上するとともに，前期末の繰延税金資産及び繰延税金負債を取崩す仕訳を「連結納税税効果シート①　連結納税税効果計算に関するワークシート」を用いて仕訳を行う。

①　個別財務諸表

仕訳は，各個社の「連結納税税効果シート①　連結納税税効果計算に関するワークシート」の会計処理欄を参考にされたい。

②　連結財務諸表

仕訳は，連結納税会社福留聡㈱の「連結納税税効果シート①　連結納税税効果計算に関するワークシート」の会計処理欄を参考にされたい。

Ⅱ個別財務諸表
（連結納税会社）

会社名:	福留聡㈱	国税	地方税
事業年度:	2017年3月期	3	3

項目	A:前期末残高 =別表五の二(一)付表一期首現在利益積立金額	B:加算 =別表五の二(一)付表一当期中の増減の増	C:減算 =別表五の二(一)付表一当期中の増減の減	D:期末残高 =別表五の二(一)付表一差引翌期首現在利益積立金額	E:評価性引当額控除前繰延税金資産 =D.期末残高×32.34%	F:回収不能一時差異	G:評価性引当額 =回収不能一時差異×32.34%
賞与引当金	38,000,000	30,000,000	38,000,000	30,000,000	9,702,000	0	0
未払事業税(注1)	6,000,000	10,514,475	6,000,000	10,514,475	3,400,381	0	0
賞与引当金(社会保険料)	5,240,000	4,200,000	5,240,000	4,200,000	1,358,280	0	0
貸倒引当金(流動)	20,000,000	30,000,000	20,000,000	30,000,000	9,702,000	0	0
小計	69,240,000	74,714,475	69,240,000	74,714,475	24,162,661	0	0
退職給付引当金	4,000,000	300,000	50,000	4,250,000	1,374,450	0	0
役員退職慰労引当金	3,500,000	1,000,000		4,500,000	1,455,300	(1,000,000)	(323,400)
土地減損損失		54,000,000		54,000,000	17,463,600	(54,000,000)	(17,463,600)
減価償却超過額(機械装置)	150,000	100,000	70,000	180,000	58,212	(30,000)	(9,702)
貸倒引当金(固定)		2,000,000		2,000,000	646,800	(2,000,000)	(646,800)
資産除去債務	10,000,000	200,000		10,200,000	3,298,680	(10,200,000)	(3,298,680)
減価償却超過額(建物)		10,000,000		10,000,000	3,234,000	0	0
繰越欠損金(注2)国税	190,000,000		141,906,250	48,093,750	11,412,647	0	0
繰越欠損金(注2)地方税	190,000,000		162,500,000	27,500,000	2,367,750	0	0
建物減損損失		36,000,000		36,000,000	11,642,400	(27,000,000)	(8,731,800)
小計	397,650,000	103,600,000	304,526,250	196,723,750	52,953,839	(94,230,000)	(30,473,982)
合計	466,890,000	178,314,475	373,766,250	271,438,225	77,116,500	(94,230,000)	(30,473,982)
固定資産圧縮積立金		(10,000,000)		(10,000,000)	(3,234,000)		
有形固定資産(除去資産)	(10,000,000)	500,000		(9,500,000)	(3,072,300)		
その他有価証券評価差額金	(500,000)	(300,000)	(500,000)	(300,000)	(97,020)		
合計	(10,500,000)	(9,800,000)	(500,000)	(19,800,000)	(6,403,320)	0	0

（注1）未払事業税の金額は、別表五の二(一)付表一、別表五(一)、納税一覧表又は事業税・都道府県民税の内訳明細書から転記する。

（注2）繰越欠損金の金額は、国税は、別表七の二付表一、地方税は別表七(一)から転記する。
（注3）前期末の数字は、前期末の開示用ではなく、当期の仕訳作成、評価性引当額の増加額算定のために参考として作成している。

会計処理（2017年3月期）

その他包括利益項目以外の税効果仕訳　法人税等調整額 42,418,608　（固定）繰延税金資産 41,116,753
（流動）繰延税金資産 1,770,445　（固定）繰延税金負債 3,072,300

その他包括利益項目の税効果仕訳　その他有価証券評価差額金 106,970　投資有価証券 200,000
（固定）繰延税金負債 93,030

会社名:	福留興業㈱	国税	地方税
事業年度:	2017年3月期	3	3

項目	A:前期末残高 =別表五の二(一)付表一期首現在利益積立金額	B:加算 =別表五の二(一)付表一当期中の増減の増	C:減算 =別表五の二(一)付表一当期中の増減の減	D:期末残高 =別表五の二(一)付表一差引翌期首現在利益積立金額	E:評価性引当額控除前繰延税金資産 =D.期末残高×32.34%	F:回収不能一時差異	G:評価性引当額 =回収不能一時差異×32.34%
賞与引当金	4,000,000	5,000,000	4,000,000	5,000,000	1,617,000	0	0
未払事業税(注1)	0	361,158	0	361,158	116,798	0	0
賞与引当金(社会保険料)	548,000	685,000	548,000	685,000	221,529	0	0
繰越欠損金(注2)国税	15,000,000		12,468,750	2,531,250	600,666	0	0
繰越欠損金(注2)地方税	15,000,000		13,000,000	2,000,000	172,200	0	0
小計	34,548,000	6,046,158	30,016,750	10,577,408	2,728,193	0	0
役員退職慰労引当金	1,000,000	200,000		1,200,000	388,080	(1,200,000)	(388,080)
減価償却超過額(工具器具備品)	200,000	100,000	50,000	250,000	80,850	0	0
減価償却超過額(建物)	5,000,000	1,000,000	250,000	5,750,000	1,859,550	0	0
小計	6,200,000	1,300,000	300,000	7,200,000	2,328,480	(1,200,000)	(388,080)
合計	40,748,000	7,346,158	30,316,750	17,777,408	5,056,673	(1,200,000)	(388,080)

（注1）未払事業税の金額は、別表五の二(一)付表一、別表五(一)、納税一覧表又は事業税・都道府県民税の内訳明細書から転記する。

（注2）繰越欠損金の金額は、国税は、別表七の二付表一、地方税は別表七(一)から転記する。
（注3）前期末の数字は、前期末の開示用ではなく、当期の仕訳作成、評価性引当額の増加額算定のために参考として作成している。

会計処理（2017年3月期）

その他包括利益項目以外の税効果仕訳　法人税等調整額 3,334,910　（流動）繰延税金資産 3,593,630
（固定）繰延税金資産 258,720

会社名:	福留サービス㈱	国税	地方税
事業年度:	2017年3月期	3	4

項目	A:前期末残高 =別表五の二(一)付表一期首現在利益積立金額	B:加算 =別表五の二(一)付表一当期中の増減の増	C:減算 =別表五の二(一)付表一当期中の増減の減	D:期末残高 =別表五の二(一)付表一差引翌期首現在利益積立金額	E:評価性引当額控除前繰延税金資産 =D.期末残高×32.34%	F:回収不能一時差異	G:評価性引当額 =回収不能一時差異×32.34%
賞与引当金	2,000,000	3,000,000	2,000,000	3,000,000	970,200	0	0
賞与引当金(社会保険料)	274,000	411,000	274,000	411,000	132,917	0	0
小計	2,274,000	3,411,000	2,274,000	3,411,000	1,103,117	0	0
役員退職慰労引当金	1,000,000	200,000		1,200,000	388,080	(1,200,000)	(388,080)
減価償却超過額(車両運搬具)	200,000	50,000	40,000	210,000	67,914	(210,000)	(18,081)
減価償却超過額(建物)	3,000,000	300,000	150,000	3,150,000	1,018,710	(3,150,000)	(271,215)
繰越欠損金(注2)地方税	0	32,500,000	0	32,500,000	2,798,250	(32,500,000)	(2,798,250)
小計	4,200,000	33,050,000	190,000	37,060,000	4,272,954	(37,060,000)	(3,475,626)
合計	6,474,000	36,461,000	2,464,000	40,471,000	5,376,071	(37,060,000)	(3,475,626)

（注1）未払事業税の金額は、別表五の二(一)付表一、別表五(一)、納税一覧表又は事業税・都道府県民税の内訳明細書から転記する。

（注2）繰越欠損金の金額は、国税は、別表七の二付表一、地方税は別表七(一)から転記する。
（注3）前期末の数字は、前期末の開示用ではなく、当期の仕訳作成、評価性引当額の増加額算定のために参考として作成している。

会計処理（2017年3月期）

その他包括利益項目以外の税効果仕訳　（流動）繰延税金資産 367,706　法人税等調整額 405,674
（固定）繰延税金資産 37,968

5-9-1

（単位：円）　（参考：前期末）　（単位：円）

H:評価性引当額控除後一時差異=D+F	I:評価性引当額控除後繰延税金資産=E+G		J:前期末評価性引当額控除前繰延税金資産＝A×32.34%	K:前期末評価性引当額=回収不能一時差異×32.34%	L:前期末の開示ベースの繰延税金資産=J+K	
30,000,000	9,702,000		12,289,200		12,289,200	
10,514,475	3,400,381		1,940,400		1,940,400	
4,200,000	1,358,280		1,694,616		1,694,616	
30,000,000	9,702,000		6,466,000		6,468,000	
74,714,475	24,162,661	①	22,392,216	0	22,392,216	①'
4,250,000	1,374,450		1,293,600		1,293,600	
3,500,000	1,131,900		1,131,900	(323,400)	808,500	
0	0		0		0	
150,000	48,510		48,510		48,510	
0	0		0		0	
0	0		3,234,000	(3,234,000)	0	
10,000,000	3,234,000		0		0	
48,093,750	11,412,647		45,087,000		45,087,000	
27,500,000	2,367,750		16,359,000		16,359,000	
9,000,000	2,910,600		0		0	
102,493,750	22,479,857	②	67,154,010	(3,557,400)	63,596,610	②'
177,208,225	46,642,518		89,546,226	(3,557,400)	85,988,826	
(10,000,000)	(3,234,000)		0		0	
(9,500,000)	(3,072,300)		(3,234,000)		(3,234,000)	
(300,000)	(97,020)		(190,050)		(190,050)	
(19,800,000)	(6,403,320)	④	(3,424,050)	0	(3,424,050)	④'

期末将来減算一時差異合計	195,844,475	
（流動）繰延税金資産	24,162,661	①
（固定）繰延税金資産	22,479,857	②
繰延税金資産合計	46,642,518	③=①+②
（固定）繰延税金負債	(6,403,320)	④
開示　（固定）繰延税金資産	16,076,537	⑤=②+④
法人税等調整額	42,418,608	⑥=③'−③

期末将来減算一時差異合計	86,890,000		
（流動）繰延税金資産	22,392,216	①'	前期末B/Sと一致確認
（固定）繰延税金資産	63,596,610	②'	
繰延税金資産合計	85,988,826	③'=①'+②'	
（固定）繰延税金負債	(3,424,050)	④'	
開示　（固定）繰延税金資産	60,172,560	⑤'=②'+④'	前期末B/Sと一致確認

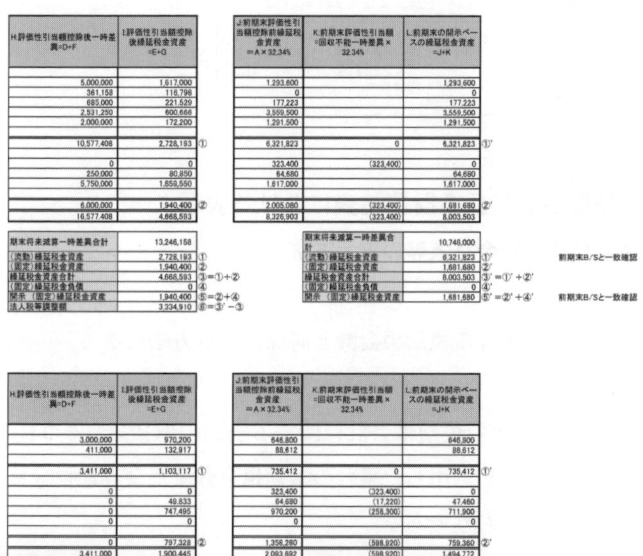

H:評価性引当額控除後一時差異=D+F	I:評価性引当額控除後繰延税金資産=E+G		J:前期末評価性引当額控除前繰延税金資産＝A×32.34%	K:前期末評価性引当額=回収不能一時差異×32.34%	L:前期末の開示ベースの繰延税金資産=J+K	
5,000,000	1,617,000		1,293,600		1,293,600	
361,158	116,798		0		0	
685,000	221,529		177,223		177,223	
2,531,250	600,666		3,559,500		3,559,500	
2,000,000	172,200		1,291,500		1,291,500	
10,577,408	2,728,193	①	6,321,823	0	6,321,823	①'
0	0		323,400	(323,400)	0	
250,000	80,850		64,680		64,680	
5,750,000	1,859,550		1,617,000		1,617,000	
6,000,000	1,940,400	②	2,005,080	(323,400)	1,681,680	②'
16,577,408	4,668,593		8,326,903	(323,400)	8,003,503	

期末将来減算一時差異合計	13,246,158	
（流動）繰延税金資産	2,728,193	①
（固定）繰延税金資産	1,940,400	②
繰延税金資産合計	4,668,593	③=①+②
（固定）繰延税金負債	0	④
開示　（固定）繰延税金資産	1,940,400	⑤=②+④
法人税等調整額	3,334,910	⑥=③'−③

期末将来減算一時差異合計	10,748,000		
（流動）繰延税金資産	6,321,823	①'	前期末B/Sと一致確認
（固定）繰延税金資産	1,681,680	②'	
繰延税金資産合計	8,003,503	③'=①'+②'	
（固定）繰延税金負債	0	④'	
開示　（固定）繰延税金資産	1,681,680	⑤'=②'+④'	前期末B/Sと一致確認

H:評価性引当額控除後一時差異=D+F	I:評価性引当額控除後繰延税金資産=E+G		J:前期末評価性引当額控除前繰延税金資産＝A×32.34%	K:前期末評価性引当額=回収不能一時差異×32.34%	L:前期末の開示ベースの繰延税金資産=J+K	
3,000,000	970,200		646,800		646,800	
411,000	132,917		88,612		88,612	
3,411,000	1,103,117	①	735,412	0	735,412	①'
0	0		323,400	(323,400)	0	
0	49,833		64,680	(17,220)	47,460	
0	747,495		970,200	(258,300)	711,900	
0	0		0		0	
0	797,328	②	1,358,280	(598,920)	759,360	②'
3,411,000	1,900,445		2,093,692	(598,920)	1,494,772	

期末将来減算一時差異合計	7,971,000	
（流動）繰延税金資産	1,103,117	①
（固定）繰延税金資産	797,328	②
繰延税金資産合計	1,900,445	③=①+②
（固定）繰延税金負債	0	④
開示　（固定）繰延税金資産	797,328	⑤=②+④
法人税等調整額	(405,674)	⑥=③'−③

期末将来減算一時差異合計	6,474,000		
（流動）繰延税金資産	735,412	①'	前期末B/Sと一致確認
（固定）繰延税金資産	759,360	②'	
繰延税金資産合計	1,494,772	③'=①'+②'	
（固定）繰延税金負債	0	④'	
開示　（固定）繰延税金資産	759,360	⑤'=②'+④'	前期末B/Sと一致確認

図表

連結納税税効果シート①　連結納税税効果計算に関するワークシート

I 連結財務諸表
（連結納税主体）

会社名：福留聡㈱　　国税
事業年度：2017年3月期　　3

項目	A:前期末残高 =別表五の二(一)及び別表五の二(一)付表一 期首現在利益積立金額	B:加算 =別表五の二(一)及び別表五の二(一)付表一 当期中の増減の増	C:減算 =別表五の二(一)及び別表五の二(一)付表一 当期中の増減の減	D:期末残高 =別表五の二(一)及び別表五の二(一)付表一 差引翌期首現在利益積立金額	E:評価性引当額控除前繰延税金資産 =D.期末残高×32.34%	F:回収不能一時差異
賞与引当金	44,000,000	38,000,000	44,000,000	38,000,000	12,289,200	0
未払事業税(注1)	6,000,000	10,875,633	6,000,000	10,875,633	3,517,180	0
賞与引当金(社会保険料)	6,062,000	5,296,000	6,062,000	5,296,000	1,712,726	0
貸倒引当金(流動)	20,000,000	30,000,000	20,000,000	30,000,000	9,702,000	0
繰越欠損金(注2)国税	15,000,000		12,468,750	2,531,250	600,666	0
繰越欠損金(注2)地方税	15,000,000		13,000,000	2,000,000	172,200	0
小計	106,062,000	84,171,633	101,530,750	88,702,883	27,993,972	0
退職給付引当金	4,000,000	300,000	50,000	4,250,000	1,374,450	0
役員退職慰労引当金	5,500,000	1,400,000	0	6,900,000	2,231,460	(3,400,000)
土地減損損失		54,000,000		54,000,000	17,463,600	(54,000,000)
減価償却超過額(機械装置)	150,000	100,000	70,000	180,000	58,212	(30,000)
減価償却超過額(工具器具備品)	200,000	100,000	50,000	250,000	80,850	0
減価償却超過額(車両運搬具)	200,000	50,000	40,000	210,000	67,914	(210,000)
貸倒引当金(固定)		2,000,000		2,000,000	646,800	(2,000,000)
資産除去債務	10,000,000	200,000		10,200,000	3,298,680	(10,200,000)
減価償却超過額(建物)	8,000,000	11,300,000	400,000	18,900,000	6,112,260	(3,150,000)
繰越欠損金(注2)国税	190,000,000		141,906,250	48,093,750	11,412,647	0
繰越欠損金(注2)地方税	190,000,000	32,500,000	162,500,000	60,000,000	5,166,000	(32,500,000)
建物減損損失		36,000,000		36,000,000	11,642,400	(27,000,000)
小計	408,050,000	137,950,000	305,016,250	240,983,750	59,555,273	(132,490,000)
合計	514,112,000	222,121,633	406,547,000	329,686,633	87,549,245	(132,490,000)
固定資産圧縮積立金		(10,000,000)		(10,000,000)	(3,234,000)	
有形固定資産(除去資産)	(10,000,000)	500,000		(9,500,000)	(3,072,300)	
その他有価証券評価差額金	(500,000)	(300,000)	(500,000)	(300,000)	(97,020)	
合計	(10,500,000)	(9,800,000)	(500,000)	(19,800,000)	(6,403,320)	0

（注1）未払事業税の金額は、各個社の合計で算定され、別表五の二(一)付表一、別表五(一)、納税一覧表又は事業税・都道府県民税の内訳明細書から転記する。

（注2）繰越欠損金の金額は、国税は、別表七の二、地方税は別表七(一)から転記する。

（注3）前期末の数字は、前期末の開示用ではなく、当期の仕訳作成、評価性引当額の増加額算定のために参考として作成している。

会計処理（2017年3月期）

	借方		貸方	
その他包括利益項目以外の税効果仕訳	法人税等調整額	45,347,844	(固定)繰延税金資産	40,820,065
			(固定)繰延税金負債	3,072,300
			(流動)繰延税金資産	1,455,479
その他包括利益項目の税効果仕訳	その他有価証券評価差額金	106,970	投資有価証券	200,000
	(固定)繰延税金負債	93,030		

(2)　連結納税税効果会計に係る財務諸表における表示

①　繰延税金資産及び繰延税金負債等の表示方法

(1)　個別財務諸表

単体納税の個別財務諸表における税効果会計と同様の表示方法になる。

(2)　連結財務諸表

連結納税制度を適用する場合の税効果会計に関する当面の取扱い（その1）のQ17によると，連結納税制度を適用した場合の繰延税金資産及び繰延税金負債等の表示及び開示は下記のとおりである。

異なる納税主体の繰延税金資産と繰延税金負債は，原則として相殺してはならない（税効果会計基準第三2）とされているが，連結納税主体は，法人税及び地方法人税について同一の納税主体となることから，連結財務諸表上の連結会

5-9-2

(単位:円)

G:評価性引当額=回収不能一時差異×32.34%	H:評価性引当額控除後一時差異=D+F	I:評価性引当額控除後繰延税金資産=E+G	
0	38,000,000	12,289,200	
0	10,875,633	3,517,180	
0	5,296,000	1,712,726	
0	30,000,000	9,702,000	
0	2,531,250	600,666	
0	2,000,000	172,200	
0	88,702,883	27,993,972	①
0	4,250,000	1,374,450	
(1,099,560)	3,500,000	1,131,900	
(17,463,600)	0	0	
(9,702)	150,000	48,510	
0	250,000	80,850	
(18,081)	0	49,833	
(646,800)	0	0	
(3,298,680)	0	0	
(271,215)	15,750,000	5,841,045	
0	48,093,750	11,412,647	
(2,798,250)	27,500,000	2,367,750	
(8,731,800)	9,000,000	2,910,600	
(34,337,688)	108,493,750	25,217,585	②
(34,337,688)	197,196,633	53,211,557	
	(10,000,000)	(3,234,000)	
	(9,500,000)	(3,072,300)	
	(300,000)	(97,020)	
0	(19,800,000)	(6,403,320)	④

期末将来減算一時差異合計	217,061,633	
(流動)繰延税金資産	27,993,972	①
(固定)繰延税金資産	25,217,585	②
繰延税金資産合計	53,211,557	③=①+②
(固定)繰延税金負債	(6,403,320)	④
開示　(固定)繰延税金資産	18,814,265	⑤=②+④
法人税等調整額	45,347,844	⑥=③'−③

(参考:前期末)　(単位:円)

J:前期末評価性引当額控除前繰延税金資産=A×32.34%	K:前期末評価性引当額=回収不能一時差異×32.34%	L:前期末の開示ベースの繰延税金資産=J+K	
14,229,600	0	14,229,600	
1,940,400	0	1,940,400	
1,960,451	0	1,960,451	
6,468,000		6,468,000	
3,559,500		3,559,500	
1,291,500		1,291,500	
29,449,451	0	29,449,451	①'
1,293,600		1,293,600	
1,778,700	(970,200)	808,500	
0		0	
48,510		48,510	
64,680		64,680	
64,680	(17,220)	47,460	
0		0	
3,234,000	(3,234,000)	0	
2,587,200	(258,300)	2,328,900	
45,087,000		45,087,000	
16,359,000	0	16,359,000	
0		0	
70,517,370	(4,479,720)	66,037,650	②'
99,966,821	(4,479,720)	95,487,101	
0		0	
(3,234,000)		(3,234,000)	
(190,050)		(190,050)	
(3,424,050)	0	(3,424,050)	④'

期末将来減算一時差異合計	104,112,000		
(流動)繰延税金資産	29,449,451	①'	前期末B/Sと一致確認
(固定)繰延税金資産	66,037,650	②'	
繰延税金資産合計	95,487,101	③'=①'+②'	
(固定)繰延税金負債	(3,424,050)	④'	
開示　(固定)繰延税金資産	62,613,600	⑤'=②'+④'	前期末B/Sと一致確認

社のうち，連結納税主体の法人税及び地方法人税に係る繰延税金資産と繰延税金負債は，流動項目と固定項目に分け，相殺して表示することとなる（連結実務指針第42項）。連結納税主体と連結納税主体以外の連結会社の繰延税金資産と繰延税金負債については，異なる納税主体の繰延税金資産と繰延税金負債であるため，原則として相殺しない。

すなわち，連結納税制度を採用している場合には，法人税及び地方法人税に係る部分については別会社であっても，同一納税主体となるので，法人税に係る部分は相殺表示し，地方税に係る部分は単体納税であり，納税主体が異なるため，相殺表示しない。

「連結納税税効果シート①　連結納税税効果計算に関するワークシート」のⅠ連結財務諸表　連結納税主体福留聡㈱の税効果シートを「連結納税税効果

連結納税税効果シート⑧　連結納税税効果開示用への分解に関するワークシート

Ⅰ連結財務諸表
（連結納税主体）

会社名	福留聡㈱	国税
事業年度	2017年3月期	3

項目	A:前期末残高 =別表五の二(一)及び別表五の二(一)付表一期首現在利益積立金額	B:加算 =別表五の二(一)及び別表五の二(一)付表一当期中の増減の増	C:減算 =別表五の二(一)及び別表五の二(一)付表一当期中の増減の減	D:期末残高 =別表五の二(一)及び別表五の二(一)付表一差引翌期首現在利益積立金額	E:評価性引当額控除前繰延税金資産 =D 期末残高×32.34%	F:回収不能一時差異	G:評価性引当額 =回収不能一時差異×32.34%
賞与引当金	44,000,000	38,000,000	44,000,000	38,000,000	12,289,200	0	0
未払事業税(注1)	6,000,000	10,875,633	6,000,000	10,875,633	3,517,180	0	0
賞与引当金(社会保険料)	6,062,000	5,296,000	6,062,000	5,296,000	1,712,726	0	0
貸倒引当金(流動)	20,000,000	30,000,000	20,000,000	30,000,000	9,702,000	0	0
繰越欠損金(注2)国税	15,000,000		12,468,750	2,531,250	600,666	0	0
繰越欠損金(注2)地方税	15,000,000		13,000,000	2,000,000	172,200	0	0
小計	106,062,000	84,171,633	101,530,750	88,702,883	27,993,972	0	0
退職給付引当金	4,000,000	300,000	50,000	4,250,000	1,374,450	0	0
役員退職慰労引当金	5,500,000	1,400,000	0	6,900,000	2,231,460	(3,400,000)	(1,099,560)
土地減損損失		54,000,000		54,000,000	17,463,600	(54,000,000)	(17,463,600)
減価償却超過額(機械装置)	150,000	100,000	70,000	180,000	58,212	(30,000)	(9,702)
減価償却超過額(工具器具備品)	200,000	100,000	50,000	250,000	80,850	0	0
減価償却超過額(車両運搬具)	200,000	50,000	40,000	210,000	67,914	(210,000)	(18,081)
貸倒引当金(固定)		2,000,000		2,000,000	646,800	(2,000,000)	(646,800)
資産除去債務	10,000,000	200,000		10,200,000	3,298,680	(10,200,000)	(3,298,680)
減価償却超過額(建物)	8,000,000	11,300,000	400,000	18,900,000	6,112,260	(3,150,000)	(271,215)
繰越欠損金(注2)国税	190,000,000		141,906,250	48,093,750	11,412,647	0	0
繰越欠損金(注2)地方税	190,000,000	32,500,000	162,500,000	60,000,000	5,166,000	(32,500,000)	(2,798,250)
建物減損損失		36,000,000		36,000,000	11,642,400	(27,000,000)	(8,731,800)
小計	408,050,000	137,950,000	305,016,250	240,983,750	59,555,273	(132,490,000)	(34,337,688)
合計	514,112,000	222,121,633	406,547,000	329,686,633	87,549,245	(132,490,000)	(34,337,688)
固定資産圧縮積立金		(10,000,000)		(10,000,000)	(3,234,000)		
有形固定資産(除去資産)	(10,000,000)	500,000		(9,500,000)	(3,072,300)		
その他有価証券評価差額金	(500,000)	(300,000)	(500,000)	(300,000)	(97,020)		
合計	(10,500,000)	(9,800,000)	(500,000)	(19,800,000)	(6,403,320)	0	0

シート④　連結納税税効果スケジューリング表に関するワークシート」の連結納税主体福留聡㈱，地方税の税効果を算定した各個社レベルの福留聡㈱，福留興業㈱，福留サービス㈱の4つのシートをもとに開示用へ分解していく。連結納税主体福留聡㈱，単体納税福留聡㈱，単体納税福留興業㈱，単体納税福留サービス㈱の4つの区分でそれぞれの「連結納税税効果シート④　連結納税税効果スケジューリング表に関するワークシート」をもとに分解して算定する。その際，連結納税主体福留聡㈱の繰延税金資産及び繰延税金負債は23.73%，単体納税の各個社は8.61%を乗じて算定する。

上記の結果算定された，「連結納税税効果シート⑧　連結納税税効果開示用への分解に関するワークシート」は上記のとおりである。

10　連結納税における税効果会計に係る注記の作成方法

有価証券報告書における税効果会計の注記は，税効果会計に係る会計基準第四注記事項，財務諸表等規則第8条の12税効果会計に関する注記に記載のとお

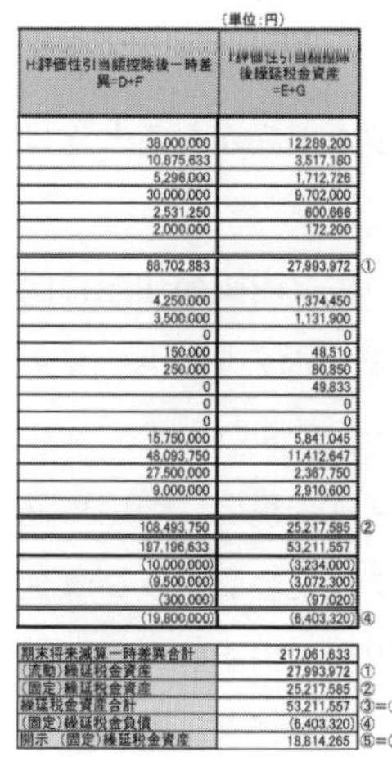

（単位：円）

H:評価性引当額控除後一時差異=D+F	I:評価性引当額控除後繰延税金資産=E+G	
38,000,000	12,289,200	
10,875,633	3,517,180	
5,296,000	1,712,726	
30,000,000	9,702,000	
2,531,250	600,666	
2,000,000	172,200	
88,702,883	27,993,972	①
4,250,000	1,374,450	
3,500,000	1,131,900	
0	0	
150,000	48,510	
250,000	80,850	
0	49,833	
0	0	
0	0	
15,750,000	5,841,045	
48,093,750	11,412,647	
27,500,000	2,367,750	
9,000,000	2,910,600	
108,493,750	25,217,585	②
197,196,633	53,211,557	
(10,000,000)	(3,234,000)	
(9,500,000)	(3,072,300)	
(300,000)	(97,020)	
(19,800,000)	(6,403,320)	④

期末将来減算一時差異合計	217,061,633	
(流動)繰延税金資産	27,993,972	①
(固定)繰延税金資産	25,217,585	②
繰延税金資産合計	53,211,557	③=①+②
(固定)繰延税金負債	(6,403,320)	④
開示 (固定)繰延税金資産	18,814,265	⑤=②+④

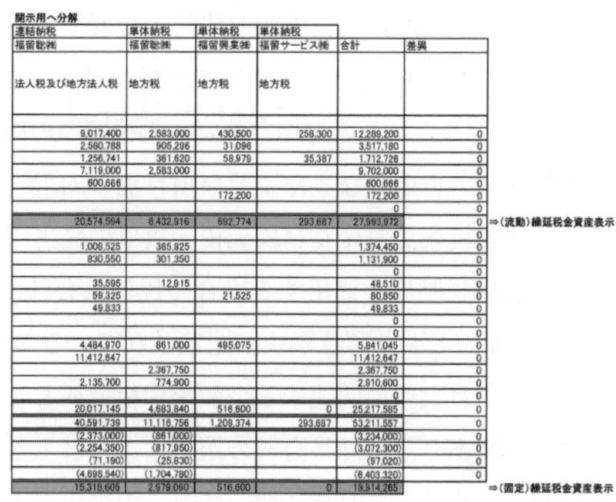

開示用へ分解

連結納税	単体納税	単体納税	単体納税			
福留聡㈱	福留聡㈱	福留興業㈱	福留サービス㈱	合計	差異	
法人税及び地方法人税	地方税	地方税	地方税			
9,017,400	2,583,000	430,500	258,300	12,289,200	0	
2,560,788	905,296	31,096		3,517,180	0	
1,256,741	361,620	58,979	35,387	1,712,726	0	
7,119,000	2,583,000			9,702,000	0	
600,666				600,666	0	
		172,200		172,200	0	
				0	0	
20,574,594	6,432,916	692,774	293,687	27,993,972	0	⇒(流動)繰延税金資産表示
				0	0	
1,008,525	365,925			1,374,450	0	
830,550	301,350			1,131,900	0	
				0	0	
35,595	12,915			48,510	0	
59,325		21,525		80,850	0	
49,833				49,833	0	
				0	0	
				0	0	
4,484,970	861,000	495,075		5,841,045	0	
11,412,647				11,412,647	0	
	2,367,750			2,367,750	0	
2,135,700	774,900			2,910,600	0	
				0	0	
20,017,145	4,683,840	516,600	0	25,217,585	0	
40,591,739	11,116,756	1,209,374	293,687	53,211,557	0	
(2,373,000)	(861,000)			(3,234,000)	0	
(2,254,350)	(817,950)			(3,072,300)	0	
(71,190)	(25,830)			(97,020)	0	
(4,698,540)	(1,704,780)			(6,403,320)	0	
15,318,605	2,979,060	516,600	0	18,814,265		⇒(固定)繰延税金資産表示

り，下記の注記が必要となり，連結納税における税効果会計においても同様である。

① 繰延税金資産及び繰延税金負債の発生原因別の主な内訳

② 税引前当期純利益又は税金等調整前当期純利益に対する法人税等（法人税等調整額を含む。）の比率と法定実効税率との間に重要な差異があるときは，当該差異の原因となった主要な項目別の内訳

③ 税率の変更により繰延税金資産及び繰延税金負債の金額が修正されたときは，その旨及び修正額

④ 決算日後に税率の変更があった場合には，その内容及びその影響

現状，福留聡株式会社では，2017年3月期に税率の変更は予定されていないため，上記4つの注記事項のうち，下記2つの注記が必要となる。

ただし，平成28年税制改正大綱により，税率の変更が予定されており，③，④の注記の要否を検討する必要がある。

① 繰延税金資産及び繰延税金負債の発生原因別の主な内訳

なお，税効果会計に係る会計基準第四注記事項，財務諸表等規則第8条の12

税効果会計に関する注記によると，繰延税金資産及び繰延税金負債の発生原因別の主な内訳で，評価制引当額の注記が必要である。

② 税引前当期純利益又は税金等調整前当期純利益に対する法人税等（法人税等調整額を含む。）の比率と法定実効税率との間に重要な差異があるときは，当該差異の原因となった主要な項目別の内訳

なお，①繰延税金資産及び繰延税金負債の発生原因別の主な内訳の注記に関して，連結納税制度を適用する場合の税効果会計に関する当面の取扱い（その2）Q9に下記のとおり留意事項が記載されているので紹介しておく。

税効果会計は利益に関連する金額を課税標準として課される税金について適用するものであり，税効果会計の適用により計上される繰延税金資産及び繰延税金負債は，当該税金全体に関して，その発生の主な原因別の内訳等を注記すれば足りると考えられる。したがって，その内訳を税金の種類ごとに注記する必要はないものと考えられる。ただし，繰延税金資産から控除された金額（財務諸表等規則第8条の12第2項）については，連結納税制度を適用した場合，繰延税金資産の回収可能性は税金の種類ごとに判断することとなるため，税金の種類によって回収可能性が異なる場合には，税金の種類を示して注記することが望ましい。

（1） 個別財務諸表

① 繰延税金資産及び繰延税金負債の発生原因別の主な内訳

繰延税金資産及び繰延税金負債の発生原因別の主な内訳の注記であるが，「連結納税税効果シート⑥ 繰延税金資産及び繰延税金負債の発生の主な原因別の内訳注記に関するワークシート」（**図表5-10-1**）をご覧いただきたい。連結納税税効果シート⑥ 繰延税金資産及び繰延税金負債の発生の主な原因別の内訳注記に関するワークシート（**図表5-10-1**）は，「連結納税税効果シート①連結納税税効果計算に関するワークシート」の"E：評価性引当額控除前繰延税金資産，"G：評価性引当額，"I：評価性引当額控除後繰延税金資産をそのまま転記して科目名を集計する方法により作成される。

図表5-10-1

Ⅱ個別財務諸表
（連結納税会社）

会社名:	福留総㈱
事業年度:	2017年3月期

（単位:円）

項目	E:評価性引当額控除前繰延税金資産 =D.期末残高×32.34%	G:評価性引当額 =回収不能一時差異×32.34%	I:評価性引当額控除後繰延税金資産 =G×32.34%
賞与引当金	9,702,000	0	9,702,000
未払事業税(注1)	3,400,381	0	3,400,381
賞与引当金(社会保険料)	1,358,280	0	1,358,280
貸倒引当金(流動)	9,702,000	0	9,702,000
小計	24,162,661	0	24,162,661
退職給付引当金	1,374,450	0	1,374,450
役員退職慰労引当金	1,455,300	(323,400)	1,131,900
土地減損損失	17,463,600	(17,463,600)	0
減価償却超過額(機械装置)	58,212	(9,702)	48,510
貸倒引当金(固定)	646,800	(646,800)	0
資産除去債務	3,298,680	(3,298,680)	0
減価償却超過額(建物)	3,234,000	0	3,234,000
繰越欠損金(注2)国税	11,412,647	0	11,412,647
繰越欠損金(注2)地方税	2,367,750	0	2,367,750
建物減損損失	11,642,400	(8,731,800)	2,910,600
小計	52,953,839	(30,473,982)	22,479,857
合計	77,116,500	(30,473,982)	46,642,518
固定資産圧縮積立金	(3,234,000)		(3,234,000)
有形固定資産(除去資産)	(3,072,300)		(3,072,300)
その他有価証券評価差額金	(97,020)		(97,020)
合計	(6,403,320)	0	(6,403,320)

（繰延税金資産及び繰延税金負債の発生の主な原因別の内訳の開示）

	2017/3/31 現在	
繰延税金資産		
賞与引当金	11,060,280	E
未払事業税	3,400,381	E
繰越欠損金	13,780,397	E
退職給付引当金	1,374,450	E
役員退職慰労引当金	1,455,300	E
固定資産減損損失	29,106,000	E
資産除去債務	3,298,680	E
減価償却超過額	3,292,212	E
貸倒引当金	10,348,800	E
繰延税金資産小計	77,116,500	E合計
評価制引当額	(30,473,982)	G合計
繰延税金資産合計	46,642,518	E+G=Iに一致
繰延税金負債		
固定資産圧縮積立金	(3,234,000)	E
除去資産	(3,072,300)	E
その他有価証券評価差額金	(97,020)	E
繰延税金負債合計	(6,403,320)	E+G=Iに一致
繰延税金資産の純額	40,239,198	

会社名:	福留興業㈱
事業年度:	2017年3月期

（単位:円）

項目	E:評価性引当額控除前繰延税金資産 =D.期末残高×32.34%	G:評価性引当額 =回収不能一時差異×32.34%	I:評価性引当額控除後繰延税金資産 =G×32.34%
賞与引当金	1,617,000	0	1,617,000
未払事業税(注1)	116,798	0	116,798
賞与引当金(社会保険料)	221,529	0	221,529
繰越欠損金(注2)国税	600,666	0	600,666
繰越欠損金(注2)地方税	172,200	0	172,200
小計	2,728,193	0	2,728,193
役員退職慰労引当金	388,080	(388,080)	0
減価償却超過額(工具器具備品)	80,850	0	80,850
減価償却超過額(建物)	1,859,550	0	1,859,550
小計	2,328,480	(388,080)	1,940,400
合計	5,056,673	(388,080)	4,668,593

（繰延税金資産及び繰延税金負債の発生の主な原因別の内訳の開示）

	2017/3/31 現在	
繰延税金資産		
賞与引当金	1,838,529	E
未払事業税	116,798	E
繰越欠損金	772,866	E
役員退職慰労引当金	388,080	E
減価償却超過額	1,940,400	E
繰延税金資産小計	5,056,673	E合計
評価制引当額	(388,080)	G合計
繰延税金資産合計	4,668,593	E+G=Iに一致

会社名:	福留サービス㈱
事業年度:	2017年3月期

（単位:円）

項目	E:評価性引当額控除前繰延税金資産 =D.期末残高×32.34%	G:評価性引当額 =回収不能一時差異×32.34%	I:評価性引当額控除後繰延税金資産 =G×32.34%
賞与引当金	970,200	0	970,200
賞与引当金(社会保険料)	132,917	0	132,917
小計	1,103,117	0	1,103,117
役員退職慰労引当金	388,080	(388,080)	0
減価償却超過額(車両運搬具)	67,914	(18,081)	49,833
減価償却超過額(建物)	1,018,710	(271,215)	747,495
繰越欠損金(注2)地方税	2,798,250	(2,798,250)	0
小計	4,272,954	(3,475,626)	797,328
合計	5,376,071	(3,475,626)	1,900,445

（繰延税金資産及び繰延税金負債の発生の主な原因別の内訳の開示）

	2017/3/31 現在	
繰延税金資産		
賞与引当金	1,103,117	E
繰越欠損金	2,798,250	E
役員退職慰労引当金	388,080	E
減価償却超過額	1,086,624	E
繰延税金資産小計	5,376,071	E合計
評価制引当額	(3,475,626)	G合計
繰延税金資産合計	1,900,445	E+G=Iに一致

図表5-10-2

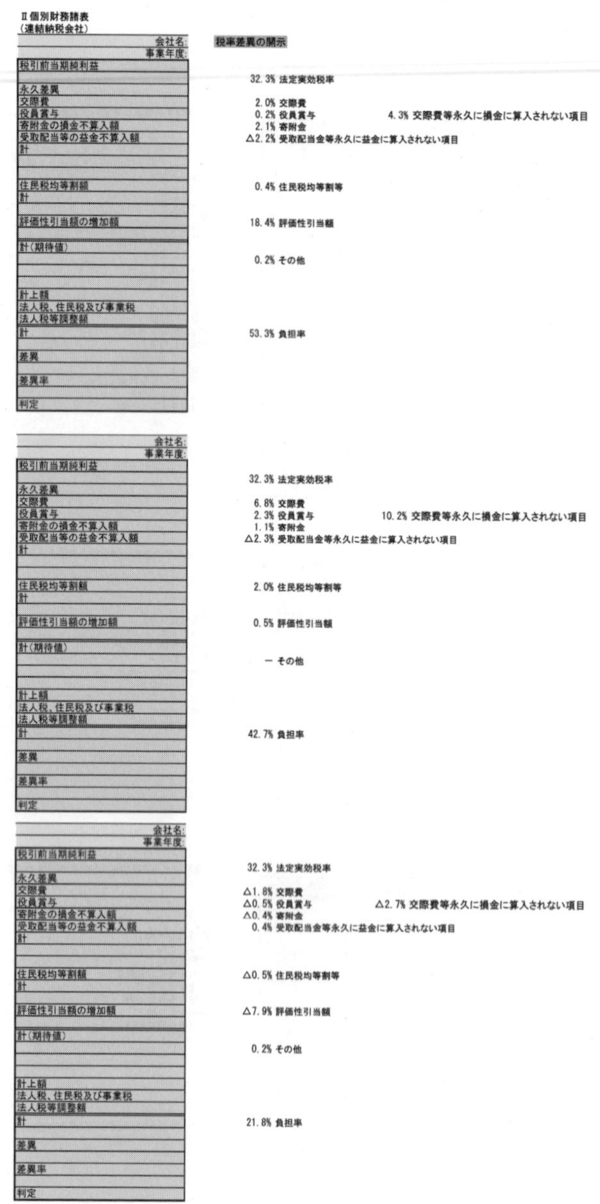

Ⅱ個別財務諸表
（連結納税会社）

会社名:	税率差異の開示		
事業年度:			
税引前当期純利益			
	32.3%	法定実効税率	
永久差異			
交際費	2.0%	交際費	
役員賞与	0.2%	役員賞与	4.3% 交際費等永久に損金に算入されない項目
寄附金の損金不算入額	2.1%	寄附金	
受取配当等の益金不算入額	△2.2%	受取配当金等永久に益金に算入されない項目	
計			
住民税均等割額	0.4%	住民税均等割等	
計			
評価性引当額の増加額	18.4%	評価性引当額	
計（期待値）			
	0.2%	その他	
計上額			
法人税、住民税及び事業税			
法人税等調整額			
計	53.3%	負担率	
差異			
差異率			
判定			

会社名:			
事業年度:			
税引前当期純利益			
	32.3%	法定実効税率	
永久差異			
交際費	6.8%	交際費	
役員賞与	2.3%	役員賞与	10.2% 交際費等永久に損金に算入されない項目
寄附金の損金不算入額	1.1%	寄附金	
受取配当等の益金不算入額	△2.3%	受取配当金等永久に益金に算入されない項目	
計			
住民税均等割額	2.0%	住民税均等割等	
計			
評価性引当額の増加額	0.5%	評価性引当額	
計（期待値）			
	ー	その他	
計上額			
法人税、住民税及び事業税			
法人税等調整額			
計	42.7%	負担率	
差異			
差異率			
判定			

会社名:			
事業年度:			
税引前当期純利益			
	32.3%	法定実効税率	
永久差異			
交際費	△1.8%	交際費	
役員賞与	△0.5%	役員賞与	△2.7% 交際費等永久に損金に算入されない項目
寄附金の損金不算入額	△0.4%	寄附金	
受取配当等の益金不算入額	0.4%	受取配当金等永久に益金に算入されない項目	
計			
住民税均等割額	△0.5%	住民税均等割等	
計			
評価性引当額の増加額	△7.9%	評価性引当額	
計（期待値）			
	0.2%	その他	
計上額			
法人税、住民税及び事業税			
法人税等調整額			
計	21.8%	負担率	
差異			
差異率			
判定			

②　法定実効税率と税効果会計適用後の法人税等の負担率との間に重要な差異があるときの当該差異の原因となった主要な項目別の内訳

「税効果シート⑤　税効果プルーフに関するワークシート」の税率差異の開示をそのまま注記で利用することになる（**図表5-10-2**）。

（2）　連結財務諸表

①　繰延税金資産及び繰延税金負債の発生原因別の主な内訳

繰延税金資産及び繰延税金負債の発生原因別の主な内訳の注記であるが，「連結納税税効果シート⑥　繰延税金資産及び繰延税金負債の発生の主な原因別の内訳注記に関するワークシート」（**図表5-10-3**）をご覧いただきたい。連結納税税効果シート⑥　繰延税金資産及び繰延税金負債の発生の主な原因別の内訳注記に関するワークシート（**図表5-10-3**）は，「連結納税税効果シート①　連結納税税効果計算に関するワークシート」の"E：評価性引当額控除前繰延

図表5-10-3

連結納税税効果シート⑦　繰延税金資産及び繰延税金負債の発生の主な原因別の内訳注記に関するワークシート

Ⅰ連結財務諸表
（連結納税主体）

会社名:	福留聡㈱
事業年度:	2017年3月期

（単位：円）

項目	E:評価性引当額控除前繰延税金資産=D.期末残高×32.34%	G:評価性引当額=回収不能一時差異×32.34%	I:評価性引当額控除後繰延税金資産=G×32.34%
賞与引当金	12,289,200	0	12,289,200
未払事業税(注1)	3,517,180	0	3,517,180
賞与引当金(社会保険料)	1,712,726	0	1,712,726
貸倒引当金(流動)	9,702,000	0	9,702,000
繰越欠損金(注2)国税	600,666	0	600,666
繰越欠損金(注2)地方税	172,200	0	172,200
小計	27,993,972	0	27,993,972
退職給付引当金	1,374,450	0	1,374,450
役員退職慰労引当金	2,231,460	(1,099,560)	1,131,900
土地減損損失	17,463,600	(17,463,600)	0
減価償却超過額(機械装置)	58,212	(9,702)	48,510
減価償却超過額(工具器具備品)	80,850	0	80,850
減価償却超過額(車両運搬具)	67,914	(18,081)	49,833
貸倒引当金(固定)	646,800	(646,800)	0
資産除去債務	3,298,680	(3,298,680)	0
減価償却超過額(建物)	6,112,260	(271,215)	5,841,045
繰越欠損金(注2)国税	11,412,647	0	11,412,647
繰越欠損金(注2)地方税	5,166,000	(2,798,250)	2,367,750
建物減損損失	11,642,400	(8,731,800)	2,910,600
小計	59,555,273	(34,337,688)	25,217,585
合計	87,549,245	(34,337,688)	53,211,557
固定資産圧縮積立金	(3,234,000)		(3,234,000)
有形固定資産(除去資産)	(3,072,300)		(3,072,300)
その他有価証券評価差額金	(97,020)		(97,020)
合計	(6,403,320)	0	(6,403,320)

（繰延税金資産及び繰延税金負債の発生の主な原因別の内訳の開示）

	2017/3/31 現在	
繰延税金資産		
賞与引当金	14,001,926	E
未払事業税	3,517,180	E
繰越欠損金	17,351,513	E
退職給付引当金	1,374,450	E
役員退職慰労引当金	2,231,460	E
固定資産減損損失	29,106,000	E
資産除去債務	3,298,680	E
減価償却超過額	6,319,236	E
貸倒引当金	10,348,800	E
繰延税金資産小計	87,549,245	E合計
評価制引当額	(34,337,688)	G合計
繰延税金資産合計	53,211,557	E+G=Iに一致
繰延税金負債		
固定資産圧縮積立金	(3,234,000)	E
除去資産	(3,072,300)	E
その他有価証券評価差額金	(97,020)	E
繰延税金負債合計	(6,403,320)	E+G=Iに一致
繰延税金資産の純額	46,808,237	

税金資産, "G：評価性引当額, "I：評価性引当額控除後繰延税金資産をそのまま転記して科目名を集計する方法により作成される。

②　法定実効税率と税効果会計適用後の法人税等の負担率との間に重要な差異があるときの当該差異の原因となった主要な項目別の内訳

「税効果シート⑤　税効果プルーフに関するワークシート」の税率差異の開示をそのまま注記で利用することになる（**図表5-10-4**）。

図表5-10-4

連結納税税効果シート⑤　連結納税税効果プルーフに関するワークシート

Ⅰ連結財務諸表
（連結納税主体）

会社名:	福留聡㈱
事業年度:	2017年3月期

税率差異の開示

税引前当期純利益				
	32.3%	法定実効税率		
永久差異				
交際費	3.7%	交際費		
役員賞与	0.6%	役員賞与	7.0%	交際費等永久に損金に算入されない項目
寄附金の損金不算入額	2.7%	寄附金		
受取配当等の益金不算入額	△3.0%	受取配当金等永久に益金に算入されない項目		
計				
住民税均等割額	0.8%	住民税均等割等		
計				
評価性引当額の増加額	24.1%	評価性引当額		
計（期待値）				
	0.2%	その他		
計上額				
法人税、住民税及び事業税				
法人税等調整額				
計	61.4%	負担率		
差異				
差異率				
判定				

11　第5章の本設例で利用したすべてのワークシートと連結納税申告書の別表の紹介

最後に，本設例で利用したすべてのワークシートと連結納税申告書の別表を掲載しておくので利用されたい。

連結所得の金額の計算に関する明細書

連結事業年度	28・4・1 29・3・31	法人名	福留 聡 株式会社

別表四の二 平二十八・一・一以後終了連結事業年度分

区分			総額 ①	処分 留保 ②	処分 社外流出 ③	
当期利益又は当期欠損の額の合計額（別表四の二付表「1」）		1	円 47,778,298	円 47,778,298	配当 その他	円
加算	減価償却の償却超過額	2	12,050,000	12,050,000		
加算	役員給与の損金不算入額	3	3,100,000		その他	3,100,000
加算	（別表合計）	4	213,949,518	213,949,518		
加算	小計	5	229,099,518	225,999,518		
減算	減価償却超過額の当期認容額	6	560,000	560,000		
減算	被合併法人等の最終の事業年度の欠損金の損金算入額	7			※	
減算	外国子会社から受ける剰余金の配当等の益金不算入額	8			※	
減算	受贈益の益金不算入額	9			※	
減算	適格現物分配に係る益金不算入額	10			※	
減算	（別表合計）	11	82,317,674	82,317,674		
減算	小計	12	82,877,674	82,877,674	外 ※	
仮計 (1)＋(5)－(12)		13	194,000,142	190,900,142	外 ※	3,100,000
加算	損金経理をした法人税、地方法人税及び復興特別法人税(附帯税を除く。)	14				
加算	損金経理をした連結法人税個別帰属額、連結地方法人税個別帰属額及び連結復興特別法人税個別帰属額	15	9,567,469	9,567,469		
加算	損金経理をした附帯税(利子税を除く。)の負担額	16			その他	
加算	損金経理をした道府県民税(利子割額を除く。)及び市町村民税	17	500,000	500,000		
加算	損金経理をした道府県民税利子割額	18				
加算	損金経理をした納税充当金	19	36,139,858	36,139,858		
加算	損金経理をした附帯税(利子税を除く。)、加算金、延滞金(延納分を除く。)及び過怠税	20			その他	
加算	小計	21	46,207,327	46,207,327		
減算	収益として経理した連結法人税個別帰属額、連結地方法人税個別帰属額及び連結復興特別法人税個別帰属額	22	9,567,469	9,567,469		
減算	収益として経理した附帯税(利子税を除く。)の受取額	23			※	
減算	納税充当金から支出した事業税等の金額	24	6,000,000	6,000,000		
減算	法人税等の中間納付額及び過誤納に係る還付金額	25				
減算	所得税額等及び連結欠損金の繰戻しによる還付金額等	26			※	
減算	小計	27	15,567,469	15,567,469	外 ※	
仮計 (13)＋(21)－(27)		28	224,640,000	221,540,000	外 ※	3,100,000
受取配当等の益金不算入額（別表八の二「17」）		29	△ 11,500,000		※	△ 11,500,000
交際費等の損金不算入額（別表十五の二「5」）		30	14,060,000		その他	14,060,000
仮計 ((28)から(30)までの計)		31			外 ※	
関連者等に係る支払利子等の損金不算入額（別表十七の二(二)「29」）		32			その他	
連結超過利子額の損金算入額（別表十七の二(三)「10」）		33	△		※	△
仮計 ((31)から(33)までの計)		34			外 ※	
寄附金の損金不算入額（別表十四の二「24」）		35	10,300,000		その他	10,300,000
沖縄の認定法人の連結所得の特別控除額（別表十の二(一)「14」＋「16」＋「17」）		36	△		※	△
国際戦略総合特別区域における指定特定事業法人の連結所得の金額の損金算入額又は益金算入額（別表四の二付表「37」）		37			※	
法人税額から控除される所得税額及び復興特別法人税額から控除される復興特別所得税額(別表六の二(一)「13」＋復興特別法人税申告書別表二「6の③」)		38			その他	
税額控除の対象となる外国法人税の額（別表四の二付表「39」）		39			その他	
連結組合等損失額の損金不算入額又は連結組合等損失超過合計額の損金算入額(別表四の二付表「40」)		40				
対外船舶運航事業者の日本船舶による収入金額に係る連結所得の金額の損金算入額又は益金算入額（別表四の二付表「41」）		41			※	
仮計 (34)＋(35)＋(36)±(37)＋(38)＋(39)＋(40)±(41)		42	237,500,000	221,540,000	外 ※	15,960,000
契約者配当の益金算入額（別表四の二付表「43」）		43				
非適格合併又は残余財産の全部分配等による移転資産等の譲渡利益額又は譲渡損失額		44			※	
仮計 ((42)から(44)までの計)		45	237,500,000	221,540,000	外 ※	15,960,000
連結欠損金等の当期控除額（別表七の二「3の計」又は「16」）		46	△ 154,375,000		※	△ 154,375,000
仮計 (45)＋(46)		47	83,125,000	221,540,000	外 ※	15,960,000 △ 154,375,000
新鉱床探鉱費又は海外新鉱床探鉱費の特別控除額（別表四の二付表「48」）		48	△		※	△
農業経営基盤強化準備金積立額の損金算入額（別表四の二付表「49」）		49	△	△		
農用地等を取得した場合の圧縮額の損金算入額（別表四の二付表「50」）		50	△	△		
関西国際空港用地整備準備金積立額の損金算入額（別表四の二付表「51」）		51	△	△		
中部国際空港整備準備金積立額の損金算入額（別表四の二付表「52」）		52	△	△		
再投資等準備金積立額の損金算入額（別表四の二付表「53」）		53	△	△		
残余財産の確定の日の属する連結事業年度に係る事業税の損金算入額		54	△	△		
連結所得金額又は連結欠損金額		55	83,125,000	221,540,000	外 ※	15,960,000 △ 154,375,000

法 0301−0400−02

連結所得の金額の計算に関する明細書
（次葉）

事業年度	平28・4・1 平29・3・31	法人名	福留聡株式会社

別表四の二

区分		総額	処分		
			留保	社外流出	
		①	②	③	
加算	福留聡株式会社	円 201,118,608	円 201,118,608		円
	福留興業株式会社	9,219,910	9,219,910		
	福留サービス株式会社	3,611,000	3,611,000		
	小計	213,949,518	213,949,518		
減算	福留聡株式会社	円 75,090,000	円 75,090,000		円
	福留興業株式会社	4,548,000	4,548,000		
	福留サービス株式会社	2,679,674	2,679,674		
	小計	82,317,674	82,317,674	※	

個別所得の金額の計算に関する明細書

連結事業年度	28・4・1 29・3・31	法人名	福留 聡 株式会社 （ 福留 聡 株式会社 ）

区	分		総額	処分		
				留保	社外流出	
			①	②	③	
当期利益又は当期欠損の額		1	円 68,157,059	円 68,157,059	配当 その他	円
加算	減価償却の償却超過額	2	10,600,000	10,600,000		
加算	役員給与の損金不算入額	3	1,500,000		その他	1,500,000
加算	(別表合計)	4	201,118,608	201,118,608		
加算	小計	5	213,218,608	211,718,608		1,500,000
減算	減価償却超過額の当期認容額	6	70,000	70,000		
減算	被合併法人等の最終の事業年度の欠損金の損金算入額	7			※	
減算	外国子会社から受ける剰余金の配当等の益金不算入額（別表八(二)「13」）	8			※	
減算	受贈益の益金不算入額	9			※	
減算	適格現物分配に係る益金不算入額	10			※	
減算	(別表合計)	11	75,090,000	75,090,000		
減算	小計	12	75,160,000	75,160,000	外※	
仮計 (1)＋(5)－(12)		13	206,215,667	206,215,667	外※	1,500,000
加算	損金経理をした法人税、地方法人税及び復興特別法人税(附帯税を除く。)	14				
加算	損金経理をした連結法人税個別帰属額、連結地方法人税個別帰属額及び連結復興特別法人税個別帰属額	15	7,767,500	7,767,500		
加算	損金経理をした附帯税(利子税を除く。)の負担額	16			その他	
加算	損金経理をした道府県民税（利子割額を除く。）及び市町村民税	17	265,000	265,000		
加算	損金経理をした道府県民税利子割額	18				
加算	損金経理をした納税充当金	19	35,191,802	35,191,802		
加算	損金経理をした附帯税（利子税を除く。）、加算金、延滞金（延納分を除く。）及び過怠税	20			その他	
加算	小計	21	43,224,302	43,224,302		
減算	収益として経理した連結法人税個別帰属額、連結地方法人税個別帰属額及び連結復興特別法人税個別帰属額	22	1,799,969	1,799,969		
減算	収益として経理した附帯税(利子税を除く。)の受取額	23			※	
減算	納税充当金から支出した事業税等の金額	24	6,000,000	6,000,000		
減算	法人税等の中間納付額及び過誤納に係る還付金額	25				
減算	所得税額等及び連結欠損金の繰戻しによる還付金額等	26			※	
減算	小計	27	7,799,969	7,799,969	外※	
仮計 (13)＋(21)－(27)		28	241,640,000	240,140,000	外※	1,500,000
受取配当等の益金不算入額の個別帰属額 (別表八の二付表「1」)		29	△ 10,000,000		※	△ 10,000,000
交際費等の損金不算入額の個別帰属額 (別表十五の二「22」又は「23」)		30	9,060,000		その他	9,060,000
仮計 ((28)から(30)までの計)		31	240,700,000	240,140,000	外※	560,000
関連者等に係る支払利子等の損金不算入額の個別帰属額 (別表十七の二(二)「30」)		32			その他	
連結超過利子額の損金算入額の個別帰属額 (別表十七の二(三)付表一「8の計」)		33	△		※	△
仮計 ((31)から(33)までの計)		34	240,700,000	240,140,000	外※	560,000
寄附金の損金不算入額の個別帰属額 (別表十四の二「36」)		35	9,300,000		その他	9,300,000
沖縄の認定法人の連結所得の特別控除額の個別帰属額 (別表十の二(一)「7」又は「12」)		36	△		※	△
国際戦略総合特別区域における指定特定事業法人の連結所得の金額の損金算入額又は益金算入額の個別帰属額 (別表十(二)「7」又は「9」のうち帰せられる金額)		37			※	
法人税額から控除される所得税額の個別帰属額及び復興特別法人税額から控除される復興特別所得税額の個別帰属額(別表六の二(一)「22」＋復興特別法人税申告書別表二「22」)		38			その他	
税額控除の対象となる個別外国法人税の額 (別表六(二の二)「7」)		39			その他	
連結組合等損失額の損金不算入額又は連結組合等損失超過合計額の損金算入額(別表九(二)「10」)		40				
対外船舶運航事業者の日本船舶による収入金額に係る連結所得の金額の損金算入額又は益金算入額 (別表十(四)「20」、「21」又は「23」)		41			※	
仮計 (34)＋(35)＋(36)±(37)＋(38)＋(39)＋(40)±(41)		42	250,000,000	240,140,000	外※	9,860,000
契約者配当の益金算入額 (別表九(一)「13」)		43				
非適格合併又は残余財産の全部分配等による移転資産等の譲渡利益額又は譲渡損失額		44			※	
仮計 ((42)から(44)までの計)		45	250,000,000	240,140,000	外※	9,860,000
連結欠損金等の当期控除額の個別帰属額(別表七の二付表一「19の計」＋(別表七の二付表三「9」若しくは「21」又は別表七の二付表四「10」))		46	△ 141,906,250		※	△ 141,906,250
仮計 (45)＋(46)		47	108,093,750	240,140,000	外※	△ 141,906,250 9,860,000
新鉱床探鉱費又は海外新鉱床探鉱費の特別控除額 (別表十(三)「40」)		48	△		※	△
農業経営基盤強化準備金積立額の損金算入額 (別表十二(十四)「10」)		49	△	△		
農用地等を取得した場合の圧縮額の損金算入額 (別表十二(十四)「43の計」)		50	△	△		
関西国際空港用地整備準備金積立額の損金算入額 (別表十二(十一)「15」)		51	△	△		
中部国際空港整備準備金積立額の損金算入額 (別表十二(十二)「10」)		52	△	△		
再投資等準備金積立額の損金算入額 (別表十二(十五)「12」)		53	△	△		
残余財産の確定の日の属する連結事業年度に係る事業税の損金算入額		54	△	△		
個別所得金額又は個別欠損金額		55	108,093,750	240,140,000	外※	△ 141,906,250 9,860,000

法 0301－0400－02－付

別表四の二付表 平二十七・四・一以後終了連結事業年度分

個別所得の金額の計算に関する明細書（次葉）

事業年度	平28・4・1 平29・3・31	法人名	福留聡株式会社

別表四の二付表

区分		総額 ①	処分 留保 ②	処分 社外流出 ③
		円	円	円
加算	賞与引当金否認（社会保険料）	4,200,000	4,200,000	
	貸倒引当金否認（固定）	2,000,000	2,000,000	
	土地減損損失	54,000,000	54,000,000	
	役員賞与引当金否認	1,000,000	1,000,000	
	利息費用否認（資産除去債務）	200,000	200,000	
	建物減損損失	36,000,000	36,000,000	
	法人税等調整額	42,418,608	42,418,608	
	貸倒引当金繰入額（流動）	30,000,000	30,000,000	
	賞与引当金否認	30,000,000	30,000,000	
	役員退職慰労引当金否認	1,000,000	1,000,000	
	退職給付引当金否認	300,000	300,000	
	小計	201,118,608	201,118,608	
減算	退職給付引当金認容	50,000	50,000	
	圧縮積立金認定損	10,000,000	10,000,000	
	貸倒引当金戻入額（流動）	20,000,000	20,000,000	
	役員賞与引当金認容	1,800,000	1,800,000	
	賞与引当金認容	38,000,000	38,000,000	
	賞与引当金認容（社会保険料）	5,240,000	5,240,000	
	小計	75,090,000	75,090,000	※

別表四の二付表　平二十七・四・一以後終了連結事業年度分

個別所得の金額の計算に関する明細書

連結事業年度	28・4・1 29・3・31	法人名	福留 聡 株式会社 (福留興業 株式会社)

区分			総額	処分 留保	社外流出	
			①	②	③	
当期利益又は当期欠損の額		1	8,225,065 円	8,225,065 円	配当 その他	円
加算	減価償却の償却超過額	2	1,100,000	1,100,000		
	役員給与の損金不算入額	3	1,000,000		その他	1,000,000
	(別表合計)	4	9,219,910	9,219,910		
	小計	5	11,319,910	10,319,910		1,000,000
減算	減価償却超過額の当期認容額	6	300,000	300,000		
	被合併法人等の最終の事業年度の欠損金の損金算入額	7			※	
	外国子会社から受ける剰余金の配当等の益金不算入額(別表八(二)「13」)	8			※	
	受贈益の益金不算入額	9			※	
	適格現物分配に係る益金不算入額	10			※	
	(別表合計)	11	4,548,000	4,548,000		
	小計	12	4,848,000	4,848,000	外※	
仮計 (1)+(5)−(12)		13	14,696,975	13,696,975	外※	1,000,000
加算	損金経理をした法人税、地方法人税及び復興特別法人税(附帯税を除く。)	14				
	損金経理をした連結法人税個別帰属額、連結地方法人税個別帰属額及び連結復興特別法人税個別帰属額	15	1,799,969	1,799,969		
	損金経理をした附帯税(利子税を除く。)の負担額	16			その他	
	損金経理をした道府県民税(利子割額を除く。)及び市町村民税	17	145,000	145,000		
	損金経理をした道府県民税利子割額	18				
	損金経理をした納税充当金	19	858,056	858,056		
	損金経理をした附帯税(利子税を除く。)、加算金、延滞金(延納分を除く。)及び過怠税	20			その他	
	小計	21	2,803,025	2,803,025		
減算	収益として経理した連結法人税個別帰属額、連結地方法人税個別帰属額及び連結復興特別法人税個別帰属額	22				
	収益として経理した附帯税(利子税を除く。)の受取額	23			※	
	納税充当金から支出した事業税等の金額	24				
	法人税等の中間納付額及び過誤納に係る還付金額	25				
	所得税額等及び連結欠損金の繰戻しによる還付金額等	26			※	
	小計	27			外※	
仮計 (13)+(21)−(27)		28	17,500,000	16,500,000	外※	1,000,000
受取配当等の益金不算入額の個別帰属額(別表八の二付表「1」)		29	△ 1,000,000		※	△ 1,000,000
交際費等の損金不算入額の個別帰属額(別表十五の二「22」又は「23」)		30	3,000,000		その他	3,000,000
仮計 ((28)から(30)までの計)		31			外※	
関連者等に係る支払利子等の損金不算入額の個別帰属額(別表十七の二(二)「30」)		32			その他	
連結超過利子額の損金算入額の個別帰属額(別表十七の二(三)付表一「8の計」)		33	△		※	△
仮計 ((31)から(33)までの計)		34	19,500,000	16,500,000	外※	3,000,000
寄附金の損金不算入額の個別帰属額(別表十四の二「36」)		35	500,000		その他	500,000
沖縄の認定法人の連結所得の特別控除額の個別帰属額(別表十の二(一)「7」又は「12」)		36	△		※	△
国際戦略総合特別区域における指定特定事業法人の連結所得の金額の損金算入額又は益金算入額の個別帰属額(別表十(二)「7」又は「9」のうち帰せられる金額)		37			※	
法人税額から控除される所得税額の個別帰属額及び復興特別法人税額から控除される復興特別所得税額の個別帰属額(別表六の二(一)「22」+復興特別法人税申告書別表二「22」)		38			その他	
税額控除の対象となる個別外国法人税の額(別表六(二の二)「7」)		39			その他	
連結組合等損失額の損金不算入額又は連結組合等損失超過合計額の損金算入額(別表九(二)「10」)		40				
対外船舶運航事業者の日本船舶による収入金額に係る連結所得の金額の損金算入額又は益金算入額(別表十(四)「20」、「21」又は「23」)		41			※	
仮計 (34)+(35)+(36)±(37)+(38)+(39)+(40)±(41)		42	20,000,000	16,500,000	外※	3,500,000
契約者配当の益金算入額(別表九(一)「13」)		43				
非適格合併又は残余財産の全部分配等による移転資産等の譲渡利益額又は譲渡損失額		44			※	
仮計 ((42)から(44)までの計)		45	20,000,000	16,500,000	外※	3,500,000
連結欠損金等の当期控除額の個別帰属額(別表七の二付表一「19の計」+(別表七の二付表三「9」若しくは「21」又は別表七の二付表四「10」))		46	△ 12,468,750		※	△ 12,468,750
仮計 (45)+(46)		47	7,531,250	16,500,000	外※	△ 12,468,750 3,500,000
新鉱床探鉱費又は海外新鉱床探鉱費の特別控除額(別表十(三)「40」)		48	△		※	△
農業経営基盤強化準備金積立額の損金算入額(別表十二(十四)「10」)		49	△	△		
農用地等を取得した場合の圧縮額の損金算入額(別表十二(十四)「43の計」)		50	△	△		
関西国際空港用地整備準備金積立額の損金算入額(別表十二(十一)「15」)		51	△	△		
中部国際空港整備準備金積立額の損金算入額(別表十二(十二)「10」)		52	△	△		
再投資等準備金積立額の損金算入額(別表十二(十五)「12」)		53	△	△		
残余財産の確定の日の属する連結事業年度に係る事業税の損金算入額		54	△	△		
個別所得金額又は個別欠損金額		55	7,531,250	16,500,000	外※	△ 12,468,750 3,500,000

法　0301−0400−02−付

個別所得の金額の計算に関する明細書
（次葉）

事業年度	平28・4・1 平29・3・31	法人名	福留興業株式会社

別表四の二付表

区分		総額	処分		
			留保	社外流出	
		①	②	③	
加算	賞与引当金否認（社会保険料）	685,000円	685,000円		円
	賞与引当金否認	5,000,000	5,000,000		
	役員退職慰労引当金繰入額	200,000	200,000		
	法人税等調整額	3,334,910	3,334,910		
	小計	9,219,910	9,219,910		
減算	賞与引当金認容	4,000,000	4,000,000		
	賞与引当金認容（社会保険料）	548,000	548,000		
	小計	4,548,000	4,548,000	※	

別表四の二付表　平二十七・四・一以後終了連結事業年度分

個別所得の金額の計算に関する明細書

連結事業年度	28・4・1 29・3・31	法人名	福留 聡 株式会社 （福留サービス株式会社）

区分			総額 ①	処分 留保 ②	処分 社外流出	社外流出 ③
当期利益又は当期欠損の額		1	円 △ 28,603,826	円 △ 28,603,826	配当 その他	円
加算	減価償却の償却超過額	2	350,000	350,000		
	役員給与の損金不算入額	3	600,000		その他	600,000
	(別表合計)	4	3,611,000	3,611,000		
	小計	5	4,561,000	3,961,000		600,000
減算	減価償却超過額の当期認容額	6	190,000	190,000		
	被合併法人等の最終の事業年度の欠損金の損金算入額	7			※	
	外国子会社から受ける剰余金の配当等の益金不算入額（別表八(二)「13」）	8			※	
	受贈益の益金不算入額	9			※	
	適格現物分配に係る益金不算入額	10			※	
	(別表合計)	11	2,679,674	2,679,674		
	小計	12	2,869,674	2,869,674	外※	
仮計 (1)＋(5)−(12)		13	△ 26,912,500	△ 27,513,500	外※	600,000
加算	損金経理をした法人税、地方法人税及び復興特別法人税(附帯税を除く。)	14				
	損金経理をした連結法人税個別帰属額、連結地方法人税個別帰属額及び連結復興特別法人税個別帰属額	15				
	損金経理をした附帯税(利子税を除く。)の負担額	16			その他	
	損金経理をした道府県民税（利子割額を除く。）及び市町村民税	17	90,000	90,000		
	損金経理をした道府県民税利子割額	18				
	損金経理をした納税充当金	19	90,000	90,000		
	損金経理をした附帯税(利子税を除く。)、加算金、延滞金(延納分を除く。)及び過怠税	20			その他	
	小計	21	180,000	180,000		
減算	収益として経理した連結法人税個別帰属額、連結地方法人税個別帰属額及び連結復興特別法人税個別帰属額	22	7,767,500	7,767,500		
	収益として経理した附帯税(利子税を除く。)の受取額	23			※	
	納税充当金から支出した事業税等の金額	24				
	法人税等の中間納付額及び過誤納に係る還付金額	25				
	所得税額等及び連結欠損金の繰戻しによる還付金額等	26			※	
	小計	27	7,767,500	7,767,500	外※	
仮計 (13)＋(21)−(27)		28	△ 34,500,000	△ 35,100,000	外※	600,000
受取配当等の益金不算入額の個別帰属額 (別表八の二付表「1」)		29	△ 500,000		※	△ 500,000
交際費等の損金不算入額の個別帰属額 (別表十五の二「22」又は「23」)		30	2000,000		その他	2,000,000
仮計 ((28)から(30)までの計)		31			外※	
関連者等に係る支払利子等の損金不算入額の個別帰属額 (別表十七の二(二)「30」)		32			その他	
連結超過利子額の損金算入額の個別帰属額 (別表十七の二(三)付表一「８の計」)		33	△		※	△
仮計 ((31)から(33)までの計)		34	△ 33,000,000	△ 35,100,000	外※	2,100,000
寄附金の損金不算入額の個別帰属額 (別表十四の二「36」)		35	500,000		その他	500,000
沖縄の認定法人の連結所得の特別控除額の個別帰属額 (別表十の二(一)「7」又は「12」)		36	△		※	△
国際戦略総合特別区域における指定特定事業法人の連結所得の金額の損金算入額又は益金算入額の個別帰属額（別表十(二)「7」又は「9」のうち帰せられる金額）		37			※	
法人税額から控除される所得税額の個別帰属額及び復興特別法人税額から控除される復興特別所得税額の個別帰属額(別表六の二(一)「22」＋復興特別法人税申告書別表二「22」)		38			その他	
税額控除の対象となる個別外国法人税の額 (別表六(二の二)「7」)		39			その他	
連結組合等損失額の損金不算入額又は連結組合等損失超過合計額の損金算入額(別表九(二)「10」)		40				
対外船舶運航事業者の日本船舶による収入金額に係る連結所得の金額の損金算入額又は益金算入額（別表十(四)「20」、「21」又は「23」）		41			※	
仮計 (34)＋(35)＋(36)±(37)＋(38)＋(39)＋(40)±(41)		42	△ 32,500,000	△ 35,100,000	外※	2,600,000
契約者配当の益金算入額 (別表九(一)「13」)		43				
非適格合併又は残余財産の全部分配等による移転資産等の譲渡利益額又は譲渡損失額		44			※	
仮計 ((42)から(44)までの計)		45			外※	
連結欠損金等の当期控除額の個別帰属額(別表七の二付表一「19の計」＋(別表七の二付表三「9」若しくは「21」又は別表七の二付表四「10」))		46	△		※	△
仮計 (45)＋(46)		47	△ 32,500,000	△ 35,100,000	外※	2,600,000
新鉱床探鉱費又は海外新鉱床探鉱費の特別控除額 (別表十(三)「40」)		48	△		※	△
農業経営基盤強化準備金積立額の損金算入額 (別表十二(十四)「10」)		49	△	△		
農用地等を取得した場合の圧縮額の損金算入額 (別表十二(十四)「43の計」)		50	△	△		
関西国際空港用地整備準備金積立額の損金算入額 (別表十二(十一)「15」)		51	△	△		
中部国際空港整備準備金積立額の損金算入額 (別表十二(十二)「10」)		52	△	△		
再投資等準備金積立額の損金算入額 (別表十二(十五)「12」)		53	△	△		
残余財産の確定の日の属する連結事業年度に係る事業税の損金算入額		54	△	△		
個別所得金額又は個別欠損金額		55	△ 32,500,000	△ 35,100,000	外※	2,600,000

法　0301−0400−02−付

個別所得の金額の計算に関する明細書（次葉）

事業年度	平28・4・1 平29・3・31	法人名	福留サービス株式会社

別表四の二付表

区分		総額 ①	処分 留保 ②	処分 社外流出 ③	
		円	円		円
加算	賞与引当金否認（社会保険料）	411,000	411,000		
	賞与引当金否認	3,000,000	3,000,000		
	役員退職慰労引当金繰入額	200,000	200,000		
	小計	3,611,000	3,611,000		
減算	賞与引当金認容	2,000,000	2,000,000		
	賞与引当金認容（社会保険料）	274,000	274,000		
	法人税等調整額	405,674	405,674		
	小計	2,679,674	2,679,674	※	

連結利益積立金額の計算に関する明細書

連結事業年度	28・4・1 29・3・31	法人名	福留 聡 株式会社

区分			期首現在連結利益積立金額	当期の増減		差引翌期首現在連結利益積立金額 ①−②+③
				減	増	
			①	②	③	④
各連結法人の連結個別利益積立金額	福留 聡 株式会社	1	974,935,174円	1,055,160,000円	1,264,551,073円	1,184,326,247円
	福留興業株式会社	2	152,744,497	154,848,000	170,344,944	168,241,441
	福留サービス株式会社	3	△ 5,220,772	△ 7,130,326	△ 42,410,326	△ 40,300,772
		4				
		5				
		6				
		7				
		8				
		9				
		10				
		11				
		12				
		13				
小計		14	1,122,658,899	1,202,877,674	1,392,485,691	1,312,266,916
納税充当金		15	6,265,000	6,265,000	36,139,858	36,139,858
未納法人税等（退職年金等積立金に対するものを除く。）	未納連結法人税、未納連結地方法人税及び未納連結復興特別法人税（附帯税を除く。）	16	△	△	中間 △ 確定 △ 13,899,344	△ 13,899,344
	未納法人税、未納地方法人税及び未納復興特別法人税（附帯税を除く。）	17	△	△	△	△
	未納道府県民税（均等割額及び利子割額を含む。）	18	△ 265,000	△ 765,000	中間 △ 500,000 確定 △ 5,397,350	△ 5,397,350
	未納市町村民税（均等割額を含む。）	19	△	△	中間 △ 確定 △	△
差引合計額		20	1,128,658,899	1,208,377,674	1,408,828,885	1,329,110,080

法 0301−0501−02

別表五の二(一) 平二十七・四・一以後終了連結事業年度分

連結個別利益積立金額及び連結個別資本金等の額の計算に関する明細書

連結事業年度	28・4・1 29・3・31	法人名	福留 聡 株式会社 (福留 聡 株式会社)

別表五の二(一)付表一　平二十七・四・一以後終了連結事業年度分

Ⅰ　連結個別利益積立金額の計算に関する明細書

<table>
<tr><th colspan="3" rowspan="2">区　　分</th><th rowspan="2">期首現在連結個別利益積立金額</th><th colspan="2">当期の増減</th><th rowspan="2">差引翌期首現在連結個別利益積立金額
①−②+③</th></tr>
<tr><th>減</th><th>増</th></tr>
<tr><th colspan="3"></th><th>①</th><th>②</th><th>③</th><th>④</th></tr>
<tr><td colspan="2">利益準備金</td><td>1</td><td>5,000,000円</td><td>円</td><td>円</td><td>5,000,000円</td></tr>
<tr><td colspan="2">固定資産圧縮積立金</td><td>2</td><td></td><td></td><td>6,766,000</td><td>6,766,000</td></tr>
<tr><td colspan="2">有価証券評価差額金</td><td>3</td><td>338,300</td><td>338,300</td><td>202,980</td><td>202,980</td></tr>
<tr><td colspan="2">繰延税金負債(有価証券評価差額金)</td><td>4</td><td>161,700</td><td>161,700</td><td>97,020</td><td>97,020</td></tr>
<tr><td colspan="2">有価証券評価差額金否認</td><td>5</td><td>△ 500,000</td><td>△ 500,000</td><td>△ 300,000</td><td>△ 300,000</td></tr>
<tr><td colspan="2">減価償却超過額(機械装置)</td><td>6</td><td>150,000</td><td>70,000</td><td>100,000</td><td>180,000</td></tr>
<tr><td colspan="2">減価償却超過額(建物)</td><td>7</td><td></td><td></td><td>10,000,000</td><td>10,000,000</td></tr>
<tr><td colspan="2">賞与引当金</td><td>8</td><td>38,000,000</td><td>38,000,000</td><td>30,000,000</td><td>30,000,000</td></tr>
<tr><td colspan="2">賞与引当金(社会保険料)</td><td>9</td><td>5,240,000</td><td>5,240,000</td><td>4,200,000</td><td>4,200,000</td></tr>
<tr><td colspan="2">役員退職慰労引当金</td><td>10</td><td>3,500,000</td><td></td><td>1,000,000</td><td>4,500,000</td></tr>
<tr><td colspan="2">退職給付引当金</td><td>11</td><td>4,000,000</td><td>50,000</td><td>300,000</td><td>4,250,000</td></tr>
<tr><td colspan="2">(別葉会計)</td><td>12</td><td>△ 80,954,826</td><td>11,800,000</td><td>136,118,608</td><td>43,363,782</td></tr>
<tr><td colspan="2">未払金(各法人との連結税個別帰属額の受払額等)</td><td>13</td><td></td><td></td><td>7,767,500</td><td>7,767,500</td></tr>
<tr><td colspan="2">未収入金(各法人との連結法人税個別帰属額の受払額等)</td><td>14</td><td></td><td></td><td>△ 1,799,969</td><td>△ 1,799,969</td></tr>
<tr><td colspan="2">未払連結法人税個別帰属受取額</td><td>15</td><td></td><td></td><td>△ 7,767,500</td><td>△ 7,767,500</td></tr>
<tr><td colspan="2">未収連結法人税個別帰属支払額</td><td>16</td><td></td><td></td><td>27,634,375</td><td>27,634,375</td></tr>
<tr><td colspan="2">未納連結法人税</td><td>17</td><td></td><td></td><td>△ 17,925,000</td><td>△ 17,925,000</td></tr>
<tr><td colspan="2">繰越損益金(損は赤)</td><td>18</td><td>1,000,000,000</td><td>1,000,000,000</td><td>1,068,157,059</td><td>1,068,157,059</td></tr>
<tr><td colspan="2">小計</td><td>19</td><td>974,935,174</td><td>1,055,166,000</td><td>1,264,551,073</td><td>1,184,326,247</td></tr>
<tr><td colspan="2">納税充当金</td><td>20</td><td>6,265,000</td><td>6,265,000</td><td>35,191,802</td><td>35,191,802</td></tr>
<tr><td rowspan="4">未払連結法人税個別帰属額等(退職年金等積立金に対するものを除く。)</td><td>未払連結法人税個別帰属額、未払連結地方法人税個別帰属額及び未払連結復興特別法人税個別帰属額</td><td>21</td><td></td><td></td><td>中間
確定 △ 19,866,875</td><td>△ 19,866,875</td></tr>
<tr><td>未納法人税、未納地方法人税及び未納復興特別法人税(附帯税を除く。)</td><td>22</td><td>△</td><td>△</td><td>△</td><td>△</td></tr>
<tr><td>未納道府県民税(均等割額及び利子割額を含む。)</td><td>23</td><td>△ 265,000</td><td>△ 530,000</td><td>中間 △ 265,000
確定 △ 4,810,452</td><td>△ 4,810,452</td></tr>
<tr><td>未納市町村民税(均等割額を含む。)</td><td>24</td><td>△</td><td>△</td><td>中間 △
確定 △</td><td>△</td></tr>
<tr><td colspan="2">差引合計額</td><td>25</td><td>980,935,174</td><td>1,060,895,000</td><td>1,274,800,548</td><td>1,194,840,722</td></tr>
</table>

Ⅱ　連結個別資本金等の額の計算に関する明細書

区　　分		期首現在連結個別資本金等の額	当期の増減		差引翌期首現在連結個別資本金等の額 ①−②+③
			減	増	
		①	②	③	④
資本金又は出資金	26	円	円	円	円
資本準備金	27				
	28				
	29				
差引合計額	30				

連結個別利益積立金額の額の計算に関する明細書（別葉）

事業年度	平28・4・1 平29・3・31	法人名	福留聡株式会社

Ⅰ 利益積立金額の計算に関する明細書					
区分		期首現在利益積立金額	当期中の増減		差引翌期首現在利益積立金額
			減	増	
		①	②	③	④
役員賞与引当金	1	1,800,000	1,800,000	1,000,000	1,000,000
土地減損損失	2			54,000,000	54,000,000
貸倒引当金（固定）	3			2,000,000	2,000,000
圧縮積立金認定損	4		10,000,000		△ 10,000,000
有形固定資産（除去資産）	5	△ 10,000,000		500,000	△ 9,500,000
資産除去債務	6	10,000,000		200,000	10,200,000
建物減損損失	7			36,000,000	36,000,000
繰延税金資産（法人税等調整額）	8	△ 82,754,826		42,418,608	△ 40,336,218
小計	9	△ 80,954,826	11,800,000	136,118,608	43,363,782

連結個別利益積立金額及び連結個別資本金等の額の計算に関する明細書

連結事業年度	28・4・1 29・3・31	法人名	福留 聡 株式会社 （福留興業株式会社）

別表五の二(一)付表一　平二十七・四・一以後終了連結事業年度分

Ⅰ　連結個別利益積立金額の計算に関する明細書

区分		期首現在連結個別利益積立金額	当期の増減			差引翌期首現在連結個別利益積立金額
			減	増		①－②＋③
		①	②	③		④
利益準備金	1	円	円	円		円
積立金	2					
賞与引当金	3	4,000,000	4,000,000	5,000,000		5,000,000
賞与引当金(社会保険料)	4	548,000	548,000	685,000		685,000
役員退職慰労引当金	5	1,000,000		200,000		1,200,000
減価償却超過額(建物)	6	5,000,000	250,000	1,000,000		5,750,000
減価償却超過額(工具器具備品)	7	200,000	50,000	100,000		250,000
繰延税金負債(法人税等調整額)	8	△8,003,503		3,334,910		△4,668,593
	9					
	10					
	11					
	12					
	13					
	14					
	15					
	16					
未払金(連結法人税個別帰属額)	17			1,799,969		1,799,969
繰越損益金(損は赤)	18	150,000,000	150,000,000	158,225,065		158,225,065
小計	19	152,744,497	154,848,000	170,344,944		168,241,441
納税充当金	20			858,056		858,056
未払連結法人税個別帰属額等（退職年金等積立金に対するものを除く。）未払連結法人税個別帰属額、未払連結地方法人税個別帰属額及び未払連結復興特別法人税個別帰属額	21			中間		△1,799,969
				確定	△1,799,969	
未納法人税、未納地方法人税及び未納復興特別法人税（附帯税を除く。）	22	△	△	△		△
未納道府県民税（均等割額及び利子割額を含む。）	23	△	△　145,000	中間	△　145,000	△　496,898
				確定	△　496,898	
未納市町村民税（均等割額を含む。）	24	△	△	中間	△	△
				確定	△	
差引合計額	25	152,744,497	154,703,000	168,761,133		166,802,630

Ⅱ　連結個別資本金等の額の計算に関する明細書

区分		期首現在連結個別資本金等の額	当期の増減		差引翌期首現在連結個別資本金等の額
			減	増	①－②＋③
		①	②	③	④
資本金又は出資金	26	円	円	円	円
資本準備金	27				
	28				
	29				
差引合計額	30				

別表五の二(一)付表一　平二十七・四・一以後終了連結事業年度分

連結個別利益積立金額及び連結個別資本金等の額の計算に関する明細書

連結事業年度	28・4・1 29・3・31	法人名	福留 聡 株式会社 （福留サービス株式会社）

Ⅰ 連結個別利益積立金額の計算に関する明細書					
区分		期首現在連結個別利益積立金額	当期の増減		差引翌期首現在連結個別利益積立金額 ①−②+③
			減	増	
		①	②	③	④
利益準備金	1	円	円	円	円
積立金	2				
賞与引当金	3	2,000,000	2,000,000	3,000,000	3,000,000
賞与引当金(社会保険料)	4	274,000	274,000	411,000	411,000
役員退職慰労引当金	5	1,000,000		200,000	1,200,000
減価償却超過額(建物)	6	3,000,000	150,000	300,000	3,150,000
減価償却超過額(車両運搬具)	7	200,000	40,000	50,000	210,000
繰延税金負債(法人税等調整額)	8	△ 1,494,772	405,674		△ 1,900,445
	9				
	10				
	11				
	12				
	13				
	14				
	15				
	16				
未収入金(連結法人税個別帰属額)	17			△ 7,767,500	△ 7,767,500
繰越損益金（損は赤）	18	△ 10,000,000	△ 10,000,000	△ 38,603,826	△ 38,603,826
小計	19	△ 5,020,772	△ 7,130,326	△ 42,410,326	△ 40,300,772
納税充当金	20			90,000	90,000
未払連結法人税個別帰属額等（退職年金等積立金に対するものを除く。） 未払連結法人税個別帰属額、未払連結地方法人税個別帰属額及び未払連結復興特別法人税個別帰属額	21			中間 確定 7,767,500	7,767,500
未納法人税、未納地方法人税及び未納復興特別法人税（附帯税を除く。）	22	△	△	△	△
未納道府県民税（均等割額及び利子割額を含む。）	23	△	△ 90,000	中間 △ 90,000 確定 △ 90,000	△ 90,000
未納市町村民税（均等割額を含む。）	24	△	△	中間 △ 確定 △	△
差引合計額	25	△ 5,020,772	△ 7,220,326	△ 34,732,826	△ 32,533,272

Ⅱ 連結個別資本金等の額の計算に関する明細書					
区分		期首現在連結個別資本金等の額	当期の増減		差引翌期首現在連結個別資本金等の額 ①−②+③
			減	増	
		①	②	③	④
資本金又は出資金	26	円	円	円	円
資本準備金	27				
	28				
	29				
差引合計額	30				

別表七の二　平二十七・四・一以後終了連結事業年度分

連結欠損金等の損金算入に関する明細書

連結事業年度	28・4・1 29・3・31	法人名	福留 聡 株式会社

連結事業年度	控除未済連結欠損金額 (前期の(5))又は(11)	(1)のうち特定連結欠損金額 (前期の(6))又は(11の内書)	当期控除額 (別表七の二付表「8」)	(3)のうち特定連結欠損金額 (別表七の二付表一「5」)	翌期繰越額 (1)－(3)	(5)のうち特定連結欠損金額 (2)－(4)
	1	2	3	4	5	6
・・ ・・	円	円	円	円		
27・4・1 28・3・31	205,000,000	5,000,000	154,375,000	5,000,000	円 50,625,000	円 0
・・ ・・						
・・ ・・						
・・ ・・						
・・ ・・						
・・ ・・						
・・ ・・						
・・ ・・						
計	205,000,000	5,000,000	154,375,000	5,000,000	50,625,000	0
当期分 連結欠損金額 (別表四の二「55の①」)			連結欠損金の繰戻し額			
合計						

控除未済連結欠損金額の調整計算

連結事業年度	調整前の控除未済連結欠損金額 (前期の(5))	連結納税の開始に伴うみなし連結欠損金額 〔別表七の二付表二「3の計」〕	控除未済連結欠損金額の調整額 加算額 〔別表七の二付表二「6の計」＋「14の計」〕	控除未済連結欠損金額の調整額 減算額 〔別表七の二付表二「19の計」〕	控除未済連結欠損金額 ((7)＋(9)－(10))又は(8)
	7	8	9	10	11
・・ ・・	内 円	内 円	内 円	内 円	内 円
・・ ・・	内	内	内	内	内
・・ ・・	内	内	内	内	内
・・ ・・	内	内	内	内	内
・・ ・・	内	内	内	内	内
・・ ・・	内	内	内	内	内
・・ ・・	内	内	内	内	内
・・ ・・	内	内	内	内	内
・・ ・・	内	内	内	内	内

更生欠損金等の当期控除額がある場合の連結欠損金等の当期控除額の合計額の計算

項目	番号	金額	項目	番号	金額
連結欠損金の当期控除額 (3の計)	12	円	民事再生等評価換えが行われる場合以外の場合の再生等欠損金及び解散の場合の欠損金の当期控除額 (各連結法人の別表七の二付表四「10」の合計)	15	円
更生欠損金の当期控除額 (各連結法人の別表七の二付表三「9」の合計)	13		連結欠損金等の当期控除額の合計額 (12)＋(13)＋(14)＋(15)	16	
民事再生等評価換えが行われる場合の再生等欠損金の当期控除額 (各連結法人の別表七の二付表三「21」の合計)	14				

法　0301－0700－02

連結欠損金当期控除額及び連結欠損金個別帰属額の計算に関する明細書

連結事業年度	28・4・1 29・3・31	法人名	福留 聡 株式会社

別表七の二付表一　平二十七・四・一以後終了連結事業年度分

連結欠損金当期控除額の計算

控除前連結所得金額 (別表四の二「45の①」)	1	237,500,000円	連結所得金額控除限度額 (1)×(50、65、80又は100)/100	2	134,375,000円

発生連結事業年度	控除未済連結欠損金額 (別表七の二「1」)	特定連結欠損金当期控除額の計算 (3)のうち特定連結欠損金に係る控除未済額 (別表七の二「2」)	当期控除額 (当該発生連結事業年度の(12)と((2)−当該発生連結事業年度前の(8)の合計額)のうち少ない金額)	非特定連結欠損金当期控除額の計算 (3)のうち非特定連結欠損金に係る控除未済額 (3)−(4)	当期控除額 (当該発生連結事業年度の(6)と((2)−当該発生連結事業年度前の(8)の合計額−当該発生連結事業年度の(5))のうち少ない金額)	連結欠損金当期控除額 (5)+(7)
	3	4	5	6	7	8
：：	円	円	円	円	円	円
27・4・1 28・3・31	205,000,000	5,000,000	5,000,000	200,000,000	149,375,000	154,375,000
：：						
：：						
：：						
：：						
：：						
：：						
：：						

連結欠損金個別帰属額の計算

連結法人名	福留 聡 株式会社

発生連結事業年度	控除未済連結欠損金個別帰属額 (前期の(20)又は(28))又は別表七の二付表二「21」	特定連結欠損金個別帰属額の計算 (9)のうち特定連結欠損金に係る控除未済額の個別帰属額 (前期の(14))又は別表七の二付表二「21の内書」	調整前当期控除額 (当該発生連結事業年度の(10)と(別表四の二付表「45の①」−当該発生連結事業年度前の(19)の合計額)のうち少ない金額)	各連結法人の調整前当期控除額の合計額 (各連結法人の(11)の合計額)	特定連結欠損金当期控除額の個別帰属額 (5)×(11)/(12)	特定連結欠損金個別帰属額の翌期繰越額 (10)−(13)
	9	10	11	12	13	14
：：	円	円	円	円	円	
27・4・1 28・3・31	190,000,000	0	0	10,000,000	0	0円
：：						
：：						
：：						
：：						
：：						
：：						
：：						
計	190,000,000	0			0	0

発生連結事業年度	非特定連結欠損金個別帰属額の計算 (9)のうち非特定連結欠損金に係る控除未済額の個別帰属額 (9)−(10)	各連結法人の非特定連結欠損金に係る控除未済額の個別帰属額の合計額 (各連結法人の(15)の合計額)	非特定連結欠損金の当期控除額の個別帰属額 (7)×(15)/(16)	非特定連結欠損金個別帰属額の翌期繰越額 (15)−(17)	連結欠損金当期控除額の個別帰属額 (13)+(17)	連結欠損金個別帰属額の翌期繰越額 (14)+(18)
	15	16	17	18	19	20
：：	円	円	円		円	
27・4・1 28・3・31	190,000,000	200,000,000	141,906,250	48,093,750円	141,906,250	48,093,750円
：：						
：：						
：：						
：：						
：：						
：：						
：：						
計	190,000,000		141,906,250	48,093,750	141,906,250	48,093,750

連結欠損金当期発生額に係る個別帰属額の計算

項目	番号	金額		項目	番号	金額
連結欠損金額 (別表四の二「55の①」)	21	円	繰戻し還付	連結欠損金の繰戻し額 (別表七の二「3の当期分」)	25	円
個別欠損金額 (別表四の二付表「55の①」)	22			各連結法人の連結欠損金当期発生額に係る個別帰属額の合計額 (各連結法人の(24)の合計額)	26	
各連結法人の個別欠損金額の合計額 (各連結法人の(22)の合計額)	23			連結欠損金の繰戻し額の個別帰属額 (25)×(24)/(26)	27	
連結欠損金当期発生額に係る個別帰属額 (21)×(22)/(23)	24			連結欠損金当期発生額に係る個別帰属額の翌期繰越額 (24)−(27)	28	

法　0301−0700−02−付1

連結欠損金当期控除額及び連結欠損金個別帰属額の計算に関する明細書

連結事業年度	28・4・1 29・3・31	法人名	福留 聡 株式会社

別表七の二付表一　平二十七・四・一以後終了連結事業年度分

連結欠損金当期控除額の計算

控除前連結所得金額 (別表四の二「45の①」)	1	237,500,000円	連結所得金額控除限度額 (1)×(50、65、80又は100)/100	2	154,375,000円

発生連結事業年度	控除未済連結欠損金額 (別表七の二「1」)	特定連結欠損金当期控除額の計算 (3)のうち特定連結欠損金に係る控除未済額 (別表七の二「2」)	当期控除額 (当該発生連結事業年度の(12)と((2)－当該発生連結事業年度前の(8)の合計額)のうち少ない金額)	非特定連結欠損金当期控除額の計算 (3)のうち非特定連結欠損金に係る控除未済額 (3)－(4)	当期控除額 (当該発生連結事業年度の(6)と((2)－当該発生連結事業年度前の(8)の合計額－当該発生連結事業年度の(5))のうち少ない金額)	連結欠損金当期控除額 (5)＋(7)
	3	4	5	6	7	8
：：	円	円	円	円	円	円
27・4・1 28・3・31	205,000,000	5,000,000	5,000,000	200,000,000	149,375,000	154,375,000
：：						
：：						
：：						
：：						
：：						
：：						
：：						
：：						

連結欠損金個別帰属額の計算

連結法人名　福留興業株式会社

発生連結事業年度	控除未済連結欠損金個別帰属額 (前期の(20)又は(28))又は別表七の二付表二「21」)	特定連結欠損金個別帰属額の計算 (9)のうち特定連結欠損金に係る控除未済額の個別帰属額 (前期の(14))又は別表七の二付表二「21の内書」)	調整前当期控除額 (当該発生連結事業年度の(10)と(別表四の二付表「45の①」－当該発生連結事業年度前の(19)の合計額)のうち少ない金額)	各連結法人の調整前当期控除額の合計額 (各連結法人の(11)の合計額)	特定連結欠損金当期控除額の個別帰属額 (5)×(11)/(12)	特定連結欠損金個別帰属額の翌期繰越額 (10)－(13)
	9	10	11	12	13	14
：：	円	円	円	円	円	
27・4・1 28・3・31	15,000,000	5,000,000	5,000,000	5,000,000	5,000,000	0円
：：						
：：						
：：						
：：						
：：						
：：						
：：						
：：						
計	15,000,000	5,000,000			5,000,000	0

発生連結事業年度	非特定連結欠損金個別帰属額の計算 (9)のうち非特定連結欠損金に係る控除未済額の個別帰属額 (9)－(10)	各連結法人の非特定連結欠損金に係る控除未済額の個別帰属額の合計額 (各連結法人の(15)の合計額)	非特定連結欠損金の当期控除額の個別帰属額 (7)×(15)/(16)	非特定連結欠損金個別帰属額の翌期繰越額 (15)－(17)	連結欠損金当期控除額の個別帰属額 (13)＋(17)	連結欠損金個別帰属額の翌期繰越額 (14)＋(18)
	15	16	17	18	19	20
：：	円	円	円		円	
27・4・1 28・3・31	10,000,000	200,000,000	7,468,750	2,531,250円	12,468,750	2,531,250円
：：						
：：						
：：						
：：						
：：						
：：						
：：						
：：						
計	10,000,000		7,468,750	2,531,250	12,468,750	2,531,250

連結欠損金当期発生額に係る個別帰属額の計算

連結欠損金額 (別表四の二「55の①」)	21	円	繰戻し還付	連結欠損金の繰戻し額 (別表七の二「3の当期分」)	25	円
個別欠損金額 (別表四の二付表「55の①」)	22			各連結法人の連結欠損金当期発生額に係る個別帰属額の合計額 (各連結法人の(24)の合計額)	26	
各連結法人の個別欠損金額の合計額 (各連結法人の(22)の合計額)	23			連結欠損金の繰戻し額の個別帰属額 (25)×(24)/(26)	27	
連結欠損金当期発生額に係る個別帰属額 (21)×(22)/(23)	24			連結欠損金当期発生額に係る個別帰属額の翌期繰越額 (24)－(27)	28	

法 0301－0700－02－付1

連結欠損金当期控除額及び連結欠損金個別帰属額の計算に関する明細書

連結事業年度	28・4・1 29・3・31	法人名	福留 聡 株式会社

別表七の二付表一　平二十七・四・一以後終了連結事業年度分

連結欠損金当期控除額の計算

控除前連結所得金額 (別表四の二「45の①」)	1	237,500,000円	連結所得金額控除限度額 (1)× ~~50、65、80~~又は100 / 100	2	154,375,000円

発生連結事業年度	控除未済連結欠損金額 (別表七の二「1」)	特定連結欠損金当期控除額の計算 (3)のうち特定連結欠損金に係る控除未済額 (別表七の二「2」)	特定連結欠損金当期控除額の計算 当期控除額 (当該発生連結事業年度の(12)と((2)－当該発生連結事業年度前の(8)の合計額)のうち少ない金額)	非特定連結欠損金当期控除額の計算 (3)のうち非特定連結欠損金に係る控除未済額 (3)－(4)	非特定連結欠損金当期控除額の計算 当期控除額 (当該発生連結事業年度の(6)と((2)－当該発生連結事業年度前の(8)の合計額－当該発生連結事業年度の(5))のうち少ない金額)	連結欠損金当期控除額 (5)＋(7)
	3	4	5	6	7	8
：　：	円	円	円	円	円	円
27・4・1 28・3・31	205,000,000	5,000,000	5,000,000	200,000,000	149,375,000	154,375,000
：　：						
：　：						
：　：						
：　：						
：　：						
：　：						
：　：						

連結欠損金個別帰属額の計算

連結法人名	福留サービス株式会社

発生連結事業年度	控除未済連結欠損金個別帰属額 ((前期の(20)又は(28))又は別表七の二付表二「21」)	特定連結欠損金個別帰属額の計算 (9)のうち特定連結欠損金に係る控除未済額の個別帰属額 ((前期の(14))又は別表七の二付表二「21の内書」)	特定連結欠損金個別帰属額の計算 調整前当期控除額 (当該発生連結事業年度の(10)と(別表四の二付表「45の①」－当該発生連結事業年度前の(19)の合計額)のうち少ない金額)	特定連結欠損金個別帰属額の計算 各連結法人の調整前当期控除額の合計額 (各連結法人の(11)の合計額)	特定連結欠損金個別帰属額の計算 特定連結欠損金当期控除額の個別帰属額 (5)×(11)/(12)	特定連結欠損金個別帰属額の計算 特定連結欠損金個別帰属額の翌期繰越額 (10)－(13)
	9	10	11	12	13	14
：　：	円	円	円	円	円	
27・4・1 28・3・31	0	0	0	10,000,000	0	0円
：　：						
：　：						
：　：						
：　：						
：　：						
：　：						
：　：						
計	0	0			0	0

発生連結事業年度	非特定連結欠損金個別帰属額の計算 (9)のうち非特定連結欠損金に係る控除未済額の個別帰属額 (9)－(10)	非特定連結欠損金個別帰属額の計算 各連結法人の非特定連結欠損金に係る控除未済額の個別帰属額の合計額 (各連結法人の(15)の合計額)	非特定連結欠損金個別帰属額の計算 非特定連結欠損金の当期控除額の個別帰属額 (7)×(15)/(16)	非特定連結欠損金個別帰属額の計算 非特定連結欠損金個別帰属額の翌期繰越額 (15)－(17)	連結欠損金当期控除額の個別帰属額 (13)＋(17)	連結欠損金個別帰属額の翌期繰越額 (14)＋(18)
	15	16	17	18	19	20
：　：	円	円	円		円	
27・4・1 28・3・31	0	200,000,000	0	0円	0	0円
：　：						
：　：						
：　：						
：　：						
：　：						
：　：						
：　：						
計	0		0	0	0	0

連結欠損金当期発生額に係る個別帰属額の計算

項目	番号	金額		項目	番号	金額
連結欠損金額 (別表四の二「55の①」)	21	円	繰戻し還付	連結欠損金の繰戻し額 (別表七の二「3の当期分」)	25	円
個別欠損金額 (別表四の二付表「55の①」)	22		繰戻し還付	各連結法人の連結欠損金当期発生額に係る個別帰属額の合計額 (各連結法人の(24)の合計額)	26	
各連結法人の個別欠損金額の合計額 (各連結法人の(22)の合計額)	23		繰戻し還付	連結欠損金の繰戻し額の個別帰属額 (25)×(24)/(26)	27	
連結欠損金当期発生額に係る個別帰属額 (21)×(22)/(23)	24			連結欠損金当期発生額に係る個別帰属額の翌期繰越額 (24)－(27)	28	

法　0301－0700－02－付1

連結欠損金当期控除前の連結欠損金個別帰属額の調整計算に関する明細書

連結事業年度	28・4・1 29・3・31	法人名	福留 聡 株式会社

別表七の二付表二　平二十七・四・一以後終了連結事業年度分

連結欠損金発生年度	27・4・1 28・3・31						
連結法人名				福留 聡 株式会社	福留興業株式会社		計
連結初年度における調整計算	連結納税の開始	連結親法人又は特定連結子法人の欠損金額等で連結欠損金額とみなされるもの	1	内　円	内　円	内　円	内　円
		連結親法人又は連結子法人の適格合併等による未処理欠損金額等の引継額	2	内	内	内	内
		連結欠損金当期控除前の連結欠損金個別帰属額 (1)＋(2)	3	内	内	内	内
	連結納税への加入	特定連結子法人の欠損金額等で連結欠損金額とみなされるもの	4	内	内	内	内
		連結子法人の適格合併等による未処理欠損金額等の引継額	5	内	内	内	内
		連結欠損金当期控除前の連結欠損金個別帰属額 (4)＋(5)	6	内	内	内	内
上記以外の連結事業年度における調整計算	前期の連結欠損金個別帰属額の翌期繰越額（前期の別表七の二付表一「20」又は「28」）		7	内 0 190,000,000	内 5,000,000 15,000,000	内	内 5,000,000 205,000,000
	加算額の計算	連結親法人又は連結子法人の適格合併等による未処理欠損金額等の引継額	8	内	内	内	内
		連結内適格合併等による引継額：被合併法人等となる連結子法人名	9				
		連結内適格合併等による引継額：同上の連結子法人の前期の連結欠損金個別帰属額の翌期繰越額（当該連結子法人の(7)）	10	内　円	内　円	内　円	内　円
		連結内適格合併等による引継額：同上の連結子法人の最終の事業年度において欠損金額とみなされて繰越控除された金額［当該連結子法人の最終の事業年度の別表七(一)「4」］	11	内	内	内	内
		連結内適格合併等による引継額：同上の連結子法人の最終の事業年度において欠損金額からないものとする金額［当該連結子法人の最終の事業年度の別表七(二)「26」又は別表七(三)「14」］	12	内	内	内	内
		連結内適格合併等による引継額：差引計 (10)－(11)－(12)	13	内	内	内	内
		連結欠損金個別帰属額の加算額 (8)＋(13)	14	内	内	内	内
	減算額の計算	離脱をした連結子法人の前期の連結欠損金個別帰属額の翌期繰越額（当該連結子法人の(7)）	15	内	内	内	内
		連結欠損金の繰戻し還付の特例の基礎となった連結欠損金額の個別帰属額	16				
		共同事業要件に該当する場合又は5年継続支配関係がある場合のいずれにも該当しないことによりないものとされる連結欠損金額	17	内	内	内	内
		欠損等連結法人の適用連結事業年度前の連結欠損金額のうち当該欠損等連結法人に帰せられる金額	18	内	内	内	内
		連結欠損金個別帰属額の減算額 (15)＋(16)＋(17)＋(18)	19	内	内	内	内
	連結欠損金当期控除前の連結欠損金個別帰属額 (7)＋(14)－(19)		20	内	内	内	内
連結欠損金当期控除前の調整後の連結欠損金個別帰属額 (3)若しくは(6)又は(20)			21	内 0 190,000,000	内 5,000,000 15,000,000	内	内 5,000,000 205,000,000

法　0301－0700－02－付2

連結納税税効果シート①　連結納税税効果計算に関するワークシート

Ⅰ連結財務諸表
（連結納税主体）

会社名:	福留聡㈱	国税
事業年度:	2017年3月期	3

項目	A:前期末残高 =別表五の二(一)及び別表五の二(一)付表一期首現在利益積立金額	B:加算 =別表五の二(一)及び別表五の二(一)付表一当期中の増減の増	C:減算 =別表五の二(一)及び別表五の二(一)付表一当期中の増減の減	D:期末残高 =別表五の二(一)及び別表五の二(一)付表一差引翌期首現在利益積立金額	E:評価性引当額控除前繰延税金資産 =D.期末残高×32.34%	F:回収不能一時差異	G:評価性引当額 =回収不能一時差異×32.34%
賞与引当金	44,000,000	38,000,000	44,000,000	38,000,000	12,289,200	0	0
未払事業税(注1)	6,000,000	10,875,633	6,000,000	10,875,633	3,517,180	0	0
賞与引当金(社会保険料)	6,062,000	5,296,000	6,062,000	5,296,000	1,712,726	0	0
貸倒引当金(流動)	20,000,000	30,000,000	20,000,000	30,000,000	9,702,000	0	0
繰越欠損金(注2)国税	15,000,000		12,468,750	2,531,250	600,666	0	0
繰越欠損金(注2)地方税	15,000,000		13,000,000	2,000,000	172,200	0	0
小計	106,062,000	84,171,633	101,530,750	88,702,883	27,993,972	0	0
退職給付引当金	4,000,000	300,000	50,000	4,250,000	1,374,450	0	0
役員退職慰労引当金	5,500,000	1,400,000	0	6,900,000	2,231,460	(3,400,000)	(1,099,560)
土地減損損失		54,000,000		54,000,000	17,463,600	(54,000,000)	(17,463,600)
減価償却超過額(機械装置)	150,000	100,000	70,000	180,000	58,212	(30,000)	(9,702)
減価償却超過額(工具器具備品)	200,000	100,000	50,000	250,000	80,850	0	0
減価償却超過額(車両運搬具)	200,000	50,000	40,000	210,000	67,914	(210,000)	(18,081)
貸倒引当金(固定)		2,000,000		2,000,000	646,800	(2,000,000)	(646,800)
資産除去債務	10,000,000	200,000		10,200,000	3,298,680	(10,200,000)	(3,298,680)
減価償却超過額(建物)	8,000,000	11,300,000	400,000	18,900,000	6,112,260	(3,150,000)	(271,215)
繰越欠損金(注2)国税	190,000,000		141,906,250	48,093,750	11,412,647	0	0
繰越欠損金(注2)地方税	190,000,000	32,500,000	162,500,000	60,000,000	5,166,000	(32,500,000)	(2,798,250)
建物減損損失		36,000,000		36,000,000	11,642,400	(27,000,000)	(8,731,800)
小計	408,050,000	137,950,000	305,016,250	240,983,750	59,555,273	(132,490,000)	(34,337,688)
合計	514,112,000	222,121,633	406,547,000	329,686,633	87,549,245	(132,490,000)	(34,337,688)
固定資産圧縮積立金		(10,000,000)		(10,000,000)	(3,234,000)		
有形固定資産(除去資産)	(10,000,000)	500,000		(9,500,000)	(3,072,300)		
その他有価証券評価差額金	(500,000)	(300,000)	(500,000)	(300,000)	(97,020)		
合計	(10,500,000)	(9,800,000)	(500,000)	(19,800,000)	(6,403,320)	0	0

（注1）未払事業税の金額は、各個社の合計で算定され、別表五の二(一)付表一、別表五(一)、納税一覧表又は事業税・都道府県民税の内訳明細書から転記する。

（注2）繰越欠損金の金額は、国税は、別表七の二、地方税は別表七(一)から転記する。
（注3）前期末の数字は、前期末の開示用ではなく、当期の仕訳作成、評価性引当額の増加額算定のために参考として作成している。

会計処理(2017年3月期)

	借方		貸方	
その他包括利益項目以外の税効果仕訳	法人税等調整額	45,347,844	(固定)繰延税金資産	40,820,065
			(固定)繰延税金負債	3,072,300
			(流動)繰延税金資産	1,455,479
その他包括利益項目の税効果仕訳	その他有価証券評価差額金	106,970	投資有価証券	200,000
	(固定)繰延税金負債	93,030		

Ⅱ個別財務諸表
（連結納税会社）

会社名:	福留聡㈱	国税	地方税
事業年度:	2017年3月期	3	3

項目	A:前期末残高 =別表五の二(一)付表一期首現在利益積立金額	B:加算 =別表五の二(一)付表一当期中の増減の増	C:減算 =別表五の二(一)付表一当期中の増減の減	D:期末残高 =別表五の二(一)付表一差引翌期首現在利益積立金額	E:評価性引当額控除前繰延税金資産 =D.期末残高×32.34%	F:回収不能一時差異	G:評価性引当額 =回収不能一時差異×32.34%
賞与引当金	38,000,000	30,000,000	38,000,000	30,000,000	9,702,000	0	0
未払事業税(注1)	6,000,000	10,514,475	6,000,000	10,514,475	3,400,381	0	0
賞与引当金(社会保険料)	5,240,000	4,200,000	5,240,000	4,200,000	1,358,280	0	0
貸倒引当金(流動)	20,000,000	30,000,000	20,000,000	30,000,000	9,702,000	0	0
小計	69,240,000	74,714,475	69,240,000	74,714,475	24,162,661	0	0
退職給付引当金	4,000,000	300,000	50,000	4,250,000	1,374,450	0	0
役員退職慰労引当金	3,500,000	1,000,000		4,500,000	1,455,300	(1,000,000)	(323,400)
土地減損損失		54,000,000		54,000,000	17,463,600	(54,000,000)	(17,463,600)
減価償却超過額(機械装置)	150,000	100,000	70,000	180,000	58,212	(30,000)	(9,702)
貸倒引当金(固定)		2,000,000		2,000,000	646,800	(2,000,000)	(646,800)
資産除去債務	10,000,000	200,000		10,200,000	3,298,680	(10,200,000)	(3,298,680)
減価償却超過額(建物)		10,000,000		10,000,000	3,234,000	0	0
繰越欠損金(注2)国税	190,000,000		141,906,250	48,093,750	11,412,647	0	0
繰越欠損金(注2)地方税	190,000,000		162,500,000	27,500,000	2,367,750	0	0
建物減損損失		36,000,000		36,000,000	11,642,400	(27,000,000)	(8,731,800)
小計	397,650,000	103,600,000	304,526,250	196,723,750	52,953,839	(94,230,000)	(30,473,982)
合計	466,890,000	178,314,475	373,766,250	271,438,225	77,116,500	(94,230,000)	(30,473,982)
固定資産圧縮積立金		(10,000,000)		(10,000,000)	(3,234,000)		
有形固定資産(除去資産)	(10,000,000)	500,000		(9,500,000)	(3,072,300)		
その他有価証券評価差額金	(500,000)	(300,000)	(500,000)	(300,000)	(97,020)		
合計	(10,500,000)	(9,800,000)	(500,000)	(19,800,000)	(6,403,320)	0	0

（注1）未払事業税の金額は、別表五の二(一)付表一、別表五(一)、納税一覧表又は事業税・都道府県民税の内訳明細書から転記する。

（注2）繰越欠損金の金額は、国税は、別表七の二付表一、地方税は別表七(一)から転記する。
（注3）前期末の数字は、前期末の開示用ではなく、当期の仕訳作成、評価性引当額の増加額算定のために参考として作成している。

会計処理(2017年3月期)

	借方		貸方	
その他包括利益項目以外の税効果仕訳	法人税等調整額	42,418,608	(固定)繰延税金資産	41,116,753
	(流動)繰延税金資産	1,770,445	(固定)繰延税金負債	3,072,300
その他包括利益項目の税効果仕訳	その他有価証券評価差額金	106,970	投資有価証券	200,000
	(固定)繰延税金負債	93,030		

（注）
（参考：前期末）

（単位：円）

H:評価性引当額控除後一時差異=D+F	I:評価性引当額控除後繰延税金資産 =E+G		J:前期末評価性引当額控除前繰延税金資産 =A×32.34%	K:前期末評価性引当額=回収不能一時差異×32.34%	L:前期末の開示ベースの繰延税金資産 =J+K	
38,000,000	12,289,200		14,229,600	0	14,229,600	
10,875,633	3,517,180		1,940,400	0	1,940,400	
5,296,000	1,712,726		1,960,451	0	1,960,451	
30,000,000	9,702,000		6,468,000		6,468,000	
2,531,250	600,666		3,559,500		3,559,500	
2,000,000	172,200		1,291,500		1,291,500	
88,702,883	27,993,972	①	29,449,451	0	29,449,451	①'
4,250,000	1,374,450		1,293,600		1,293,600	
3,500,000	1,131,900		1,778,700	(970,200)	808,500	
0	0		0		0	
150,000	48,510		48,510		48,510	
250,000	80,850		64,680		64,680	
0	49,833		64,680	(17,220)	47,460	
0	0		0		0	
0	0		3,234,000	(3,234,000)	0	
15,750,000	5,841,045		2,587,200	(258,300)	2,328,900	
48,093,750	11,412,647		45,087,000		45,087,000	
27,500,000	2,367,750		16,359,000	0	16,359,000	
9,000,000	2,910,600		0		0	
108,493,750	25,217,585	②	70,517,370	(4,479,720)	66,037,650	②'
197,196,633	53,211,557		99,966,821	(4,479,720)	95,487,101	
(10,000,000)	(3,234,000)		0		0	
(9,500,000)	(3,072,300)		(3,234,000)		(3,234,000)	
(300,000)	(97,020)		(190,050)		(190,050)	
(19,800,000)	(6,403,320)	④	(3,424,050)	0	(3,424,050)	④'

期末将来減算一時差異合計	217,061,633	
（流動）繰延税金資産	27,993,972	①
（固定）繰延税金資産	25,217,585	②
繰延税金資産合計	53,211,557	③＝①＋②
（固定）繰延税金負債	(6,403,320)	④
開示　（固定）繰延税金資産	18,814,265	⑤＝②＋④
法人税等調整額	45,347,844	⑥＝③'－③

期末将来減算一時差異合計	104,112,000		
（流動）繰延税金資産	29,449,451	①'	前期末B/Sと一致確認
（固定）繰延税金資産	66,037,650	②'	
繰延税金資産合計	95,487,101	③'＝①'＋②'	
（固定）繰延税金負債	(3,424,050)	④'	
開示　（固定）繰延税金資産	62,613,600	⑤'＝②'＋④'	前期末B/Sと一致確認

（注）
（参考：前期末）

（単位：円）

H:評価性引当額控除後一時差異=D+F	I:評価性引当額控除後繰延税金資産 =E+G		J:前期末評価性引当額控除前繰延税金資産 =A×32.34%	K:前期末評価性引当額=回収不能一時差異×32.34%	L:前期末の開示ベースの繰延税金資産 =J+K	
30,000,000	9,702,000		12,289,200		12,289,200	
10,514,475	3,400,381		1,940,400		1,940,400	
4,200,000	1,358,280		1,694,616		1,694,616	
30,000,000	9,702,000		6,468,000		6,468,000	
74,714,475	24,162,661	①	22,392,216	0	22,392,216	①'
4,250,000	1,374,450		1,293,600		1,293,600	
3,500,000	1,131,900		1,131,900	(323,400)	808,500	
0	0		0		0	
150,000	48,510		48,510		48,510	
0	0		0		0	
0	0		3,234,000	(3,234,000)	0	
10,000,000	3,234,000		0		0	
48,093,750	11,412,647		45,087,000		45,087,000	
27,500,000	2,367,750		16,359,000		16,359,000	
9,000,000	2,910,600		0		0	
102,493,750	22,479,857	②	67,154,010	(3,557,400)	63,596,610	②'
177,208,225	46,642,518		89,546,226	(3,557,400)	85,988,826	
(10,000,000)	(3,234,000)		0		0	
(9,500,000)	(3,072,300)		(3,234,000)		(3,234,000)	
(300,000)	(97,020)		(190,050)		(190,050)	
(19,800,000)	(6,403,320)	④	(3,424,050)	0	(3,424,050)	④'

期末将来減算一時差異合計	195,844,475	
（流動）繰延税金資産	24,162,661	①
（固定）繰延税金資産	22,479,857	②
繰延税金資産合計	46,642,518	③＝①＋②
（固定）繰延税金負債	(6,403,320)	④
開示　（固定）繰延税金資産	16,076,537	⑤＝②＋④
法人税等調整額	42,418,608	⑥＝③'－③

期末将来減算一時差異合計	86,890,000		
（流動）繰延税金資産	22,392,216	①'	前期末B/Sと一致確認
（固定）繰延税金資産	63,596,610	②'	
繰延税金資産合計	85,988,826	③'＝①'＋②'	
（固定）繰延税金負債	(3,424,050)	④'	
開示　（固定）繰延税金資産	60,172,560	⑤'＝②'＋④'	前期末B/Sと一致確認

連結納税税効果シート① 連結納税税効果計算に関するワークシート（つづき）

会社名	福留興業㈱	国税	地方税
事業年度	2017年3月期	3	3

項目	A:前期末残高 =別表五の二(一)付表一期首現在利益積立金額	B:加算 =別表五の二(一)付表一当期中の増減の増	C:減算 =別表五の二(一)付表一当期中の増減の減	D:期末残高 =別表五の二(一)付表一差引翌期首現在利益積立金額	E:評価性引当額控除前繰延税金資産 =D.期末残高×32.34%	F:回収不能一時差異	G:評価性引当額 =回収不能一時差異×32.34%
賞与引当金	4,000,000	5,000,000	4,000,000	5,000,000	1,617,000	0	0
未払事業税(注1)	0	361,158	0	361,158	116,798	0	0
賞与引当金(社会保険料)	548,000	685,000	548,000	685,000	221,529	0	0
繰越欠損金(注2)国税	15,000,000		12,468,750	2,531,250	600,666	0	0
繰越欠損金(注2)地方税	15,000,000		13,000,000	2,000,000	172,200	0	0
小計	34,548,000	6,046,158	30,016,750	10,577,408	2,728,193	0	0
役員退職慰労引当金	1,000,000	200,000		1,200,000	388,080	(1,200,000)	(388,080)
減価償却超過額(工具器具備品)	200,000	100,000	50,000	250,000	80,850	0	0
減価償却超過額(建物)	5,000,000	1,000,000	250,000	5,750,000	1,859,550	0	0
小計	6,200,000	1,300,000	300,000	7,200,000	2,328,480	(1,200,000)	(388,080)
合計	40,748,000	7,346,158	30,316,750	17,777,408	5,056,673	(1,200,000)	(388,080)

（注1）未払事業税の金額は、別表五の二(一)付表一、別表五(一)、納税一覧表又は事業税・都道府県民税の内訳明細書から転記する。

（注2）繰越欠損金の金額は、国税は、別表七の二付表一、地方税は別表七(一)から転記する。
（注3）前期末の数字は、前期末の開示用ではなく、当期の仕訳作成、評価性引当額の増加額算定のために参考として作成している。

会計処理（2017年3月期）

その他包括利益項目以外の税効果仕訳	法人税等調整額	3,334,910	(流動)繰延税金資産	3,593,630
	(固定)繰延税金資産	258,720		

会社名	福留サービス㈱	国税	地方税
事業年度	2017年3月期	3	4

項目	A:前期末残高 =別表五の二(一)付表一期首現在利益積立金額	B:加算 =別表五の二(一)付表一当期中の増減の増	C:減算 =別表五の二(一)付表一当期中の増減の減	D:期末残高 =別表五の二(一)付表一差引翌期首現在利益積立金額	E:評価性引当額控除前繰延税金資産 =D.期末残高×32.34%	F:回収不能一時差異	G:評価性引当額 =回収不能一時差異×32.34%
賞与引当金	2,000,000	3,000,000	2,000,000	3,000,000	970,200	0	0
賞与引当金(社会保険料)	274,000	411,000	274,000	411,000	132,917	0	0
小計	2,274,000	3,411,000	2,274,000	3,411,000	1,103,117	0	0
役員退職慰労引当金	1,000,000	200,000		1,200,000	388,080	(1,200,000)	(388,080)
減価償却超過額(車両運搬具)	200,000	50,000	40,000	210,000	67,914	(210,000)	(18,081)
減価償却超過額(建物)	3,000,000	300,000	150,000	3,150,000	1,018,710	(3,150,000)	(271,215)
繰越欠損金(注2)地方税	0	32,500,000	0	32,500,000	2,798,250	(32,500,000)	(2,798,250)
小計	4,200,000	33,050,000	190,000	37,060,000	4,272,954	(37,060,000)	(3,475,626)
合計	6,474,000	36,461,000	2,464,000	40,471,000	5,376,071	(37,060,000)	(3,475,626)

（注1）未払事業税の金額は、別表五の二(一)付表一、別表五(一)、納税一覧表又は事業税・都道府県民税の内訳明細書から転記する。

（注2）繰越欠損金の金額は、国税は、別表七の二付表一、地方税は別表七(一)から転記する。
（注3）前期末の数字は、前期末の開示用ではなく、当期の仕訳作成、評価性引当額の増加額算定のために参考として作成している。

会計処理（2017年3月期）

その他包括利益項目以外の税効果仕訳	(流動)繰延税金資産	367,706	法人税等調整額	405,674
	(固定)繰延税金資産	37,968		

H:評価性引当額控除後一時差異=D+F	I:評価性引当額控除後繰延税金資産=E+G		J:前期末評価性引当額控除前繰延税金資産=A×32.34%	K:前期末評価性引当額=回収不能一時差異×32.34%	L:前期末の開示ベースの繰延税金資産=J+K	
5,000,000	1,617,000		1,293,600		1,293,600	
361,158	116,798		0		0	
685,000	221,529		177,223		177,223	
2,531,250	600,666		3,559,500		3,559,500	
2,000,000	172,200		1,291,500		1,291,500	
10,577,408	2,728,193	①	6,321,823	0	6,321,823	①'
0	0		323,400	(323,400)	0	
250,000	80,850		64,680		64,680	
5,750,000	1,859,550		1,617,000		1,617,000	
6,000,000	1,940,400	②	2,005,080	(323,400)	1,681,680	②'
16,577,408	4,668,593		8,326,903	(323,400)	8,003,503	

期末将来減算一時差異合計	13,246,158	
(流動)繰延税金資産	2,728,193	①
(固定)繰延税金資産	1,940,400	②
繰延税金資産合計	4,668,593	③=①+②
(固定)繰延税金負債	0	④
開示　(固定)繰延税金資産	1,940,400	⑤=②+④
法人税等調整額	3,334,910	⑥=③'−③

期末将来減算一時差異合計	10,748,000		
(流動)繰延税金資産	6,321,823	①'	前期末B/Sと一致確認
(固定)繰延税金資産	1,681,680	②'	
繰延税金資産合計	8,003,503	③'=①'+②'	
(固定)繰延税金負債	0	④'	
開示　(固定)繰延税金資産	1,681,680	⑤'=②'+④'	前期末B/Sと一致確認

H:評価性引当額控除後一時差異=D+F	I:評価性引当額控除後繰延税金資産=E+G		J:前期末評価性引当額控除前繰延税金資産=A×32.34%	K:前期末評価性引当額=回収不能一時差異×32.34%	L:前期末の開示ベースの繰延税金資産=J+K	
3,000,000	970,200		646,800		646,800	
411,000	132,917		88,612		88,612	
3,411,000	1,103,117	①	735,412	0	735,412	①'
0	0		323,400	(323,400)	0	
0	49,833		64,680	(17,220)	47,460	
0	747,495		970,200	(258,300)	711,900	
0	0		0		0	
0	797,328	②	1,358,280	(598,920)	759,360	②'
3,411,000	1,900,445		2,093,692	(598,920)	1,494,772	

期末将来減算一時差異合計	7,971,000	
(流動)繰延税金資産	1,103,117	①
(固定)繰延税金資産	797,328	②
繰延税金資産合計	1,900,445	③=①+②
(固定)繰延税金負債	0	④
開示　(固定)繰延税金資産	797,328	⑤=②+④
法人税等調整額	(405,674)	⑥=③'−③

期末将来減算一時差異合計	6,474,000		
(流動)繰延税金資産	735,412	①'	前期末B/Sと一致確認
(固定)繰延税金資産	759,360	②'	
繰延税金資産合計	1,494,772	③'=①'+②'	
(固定)繰延税金負債	0	④'	
開示　(固定)繰延税金資産	759,360	⑤'=②'+④'	前期末B/Sと一致確認

連結納税税効果シート②　法定実効税率算定に関するワークシート

会社名:	福留聡㈱
事業年度:	2017年3月期

都道府県	東京都
区市町村	文京区
資本金(円)	500,000,000
資本金等(円)	500,000,000
法人税率	23.90%
地方法人税率	4.40%
県(都)民税率	16.30%
市民税率	
小計　住民税率	20.70%
事業税率(超過税率)	2.26%
事業税率(標準税率)	1.90%
地方法人特別税率	152.60%
小計　事業税率	5.16%
2016(H28)/4～法定実効税率	32.34%
法人税及び地方法人税の法定実効税率	23.73%
住民税の法定実効税率	3.70%
事業税の法定実効税率	4.91%

連結納税税効果シート③　繰延税金資産の回収可能性　会社分類判定に関するワークシート

Ⅰ連結財務諸表
（連結納税主体）

会社名:	福留聡㈱
事業年度:	2017年3月期
分類	3

単位:円
監査委員会報告66号　会社の過去の業績並びに過去の課税所得と将来減算一時差異の推移

	2014年3月期	2015年3月期	2016年3月期	2017年3月期
経常利益	70,000,000	96,000,000	20,600,000	213,798,469
課税所得（繰越欠損金控除前）	72,800,000	108,500,000	(199,000,000)	230,500,000
将来減算一時差異	68,500,000	66,000,000	106,610,158	214,563,475
繰越欠損金（国税）	0	5,000,000	205,000,000	50,625,000

Ⅱ個別財務諸表
（連結納税会社）

会社名:	福留聡㈱
事業年度:	2017年3月期
分類	3

単位:円
監査委員会報告66号　会社の過去の業績並びに過去の課税所得と将来減算一時差異の推移

	2014年3月期	2015年3月期	2016年3月期	2017年3月期
経常利益	50,000,000	100,000,000	20,000,000	236,032,469
課税所得（繰越欠損金控除前）	51,000,000	110,000,000	(190,000,000)	250,000,000
将来減算一時差異	52,500,000	50,000,000	86,890,000	195,844,475
繰越欠損金(国税)			190,000,000	48,093,750
繰越欠損金(地方税)			190,000,000	27,500,000

会社名:	福留興業㈱
事業年度:	2017年3月期
分類	3

単位:円
監査委員会報告66号　会社の過去の業績並びに過去の課税所得と将来減算一時差異の推移

	2014年3月期	2015年3月期	2016年3月期	2017年3月期
経常利益	10,000,000	(7,000,000)	100,000	14,363,000
課税所得（繰越欠損金控除前）	10,800,000	(5,000,000)	(10,000,000)	13,000,000
将来減算一時差異	11,000,000	10,000,000	13,246,158	10,748,000
繰越欠損金(国税)		5,000,000	15,000,000	2,531,250
繰越欠損金(地方税)		5,000,000	15,000,000	2,000,000

会社名:	福留サービス㈱
事業年度:	2017年3月期
分類	4

単位:円
監査委員会報告66号　会社の過去の業績並びに過去の課税所得と将来減算一時差異の推移

	2014年3月期	2015年3月期	2016年3月期	2017年3月期
経常利益	10,000,000	3,000,000	500,000	(36,597,000)
課税所得（繰越欠損金控除前）	11,000,000	3,500,000	1,000,000	(32,500,000)
将来減算一時差異	5,000,000	6,000,000	6,474,000	7,971,000
繰越欠損金(地方税)				32,500,000

連結納税税効果シート③　繰延税金資産の回収可能性　会社分類判定に関するワークシート

Ⅰ連結財務諸表
（連結納税主体）

会社名:	福留聡㈱
事業年度:	2017年3月期
分類	3

単位：円

企業会計基準適用指針第26号　会社の過去の課税所得並びに将来減算一時差異と将来の一時差異等加減算前課税所得見積額の推移

	2014年3月期	2015年3月期	2016年3月期	2017年3月期	2018年3月期	2019年3月期	2020年3月期	2021年3月期	2022年3月期
課税所得（繰越欠損金控除前で臨時的な原因により生じたものを除く）	72,800,000	108,500,000	(199,000,000)	230,500,000	N/A	N/A	N/A	N/A	N/A
課税所得（繰越欠損金控除前）	72,800,000	108,500,000	(199,000,000)	230,500,000	N/A	N/A	N/A	N/A	N/A
将来減算一時差異	68,500,000	66,000,000	106,610,158	214,563,475	N/A	N/A	N/A	N/A	N/A
繰越欠損金（国税）	0	5,000,000	205,000,000	50,625,000	N/A	N/A	N/A	N/A	N/A
将来の一時差異等加減算前課税所得見積額	N/A	N/A	N/A	N/A	68,800,000	68,800,000	168,800,000	68,800,000	68,800,000

Ⅱ個別財務諸表
（連結納税会社）

会社名:	福留聡㈱
事業年度:	2017年3月期
分類	3

単位：円

企業会計基準適用指針第26号　会社の過去の課税所得並びに将来減算一時差異と将来の一時差異等加減算前課税所得見積額の推移

	2014年3月期	2015年3月期	2016年3月期	2017年3月期	2018年3月期	2019年3月期	2020年3月期	2021年3月期	2022年3月期
課税所得（繰越欠損金控除前で臨時的な原因により生じたものを除く）	51,000,000	110,000,000	(190,000,000)	250,000,000	N/A	N/A	N/A	N/A	N/A
課税所得（繰越欠損金控除前）	51,000,000	110,000,000	(190,000,000)	250,000,000	N/A	N/A	N/A	N/A	N/A
将来減算一時差異	52,500,000	50,000,000	86,890,000	195,844,475	N/A	N/A	N/A	N/A	N/A
繰越欠損金（国税）			190,000,000	48,093,750	N/A	N/A	N/A	N/A	N/A
繰越欠損金（地方税）			190,000,000	27,500,000	N/A	N/A	N/A	N/A	N/A
将来の一時差異等加減算前課税所得見積額	N/A	N/A	N/A	N/A	57,800,000	57,800,000	157,800,000	57,800,000	57,800,000

会社名:	福留興業㈱
事業年度:	2017年3月期
分類	3

単位:円

企業会計基準適用指針第26号　会社の過去の課税所得並びに将来減算一時差異と将来の一時差異等加減算前課税所得見積額の推移

	2014年3月期	2015年3月期	2016年3月期	2017年3月期	2018年3月期	2019年3月期	2020年3月期	2021年3月期	2022年3月期
課税所得(繰越欠損金控除前で臨時的な原因により生じたものを除く)	10,800,000	(5,000,000)	(10,000,000)	13,000,000	N/A	N/A	N/A	N/A	N/A
課税所得(繰越欠損金控除前)	10,800,000	(5,000,000)	(10,000,000)	13,000,000	N/A	N/A	N/A	N/A	N/A
将来減算一時差異	11,000,000	10,000,000	13,246,158	10,748,000	N/A	N/A	N/A	N/A	N/A
繰越欠損金(国税)		5,000,000	15,000,000	2,531,250	N/A	N/A	N/A	N/A	N/A
繰越欠損金(地方税)		5,000,000	15,000,000	2,000,000	N/A	N/A	N/A	N/A	N/A
将来の一時差異等加減算前課税所得見積額	N/A	N/A	N/A	N/A	11,000,000	11,000,000	11,000,000	11,000,000	11,000,000

会社名:	福留サービス㈱
事業年度:	2017年3月期
分類	4

単位:円

企業会計基準適用指針第26号　会社の過去の課税所得並びに将来減算一時差異と将来の一時差異等加減算前課税所得見積額の推移

	2014年3月期	2015年3月期	2016年3月期	2017年3月期	2018年3月期	2019年3月期	2020年3月期	2021年3月期	2022年3月期
課税所得(繰越欠損金控除前で臨時的な原因により生じたものを除く)	11,000,000	3,500,000	1,000,000	(32,500,000)	N/A	N/A	N/A	N/A	N/A
課税所得(繰越欠損金控除前)	11,000,000	3,500,000	1,000,000	(32,500,000)	N/A	N/A	N/A	N/A	N/A
将来減算一時差異	5,000,000	6,000,000	6,474,000	7,971,000	N/A	N/A	N/A	N/A	N/A
繰越欠損金(地方税)				32,500,000	N/A	N/A	N/A	N/A	N/A
将来の一時差異等加減算前課税所得見積額	N/A	N/A	N/A	N/A	0	0	0	0	0

連結納税税効果シート④　連結納税税効果スケジューリング表に関するワークシート

Ⅰ連結財務諸表
（連結納税会社）

会社名	福留聡㈱
事業年度	2017年3月期

（国税）
監査委員会報告66号分類3→おおむね5年以内のスケジューリングの範囲内で回収可能　　（単位：円）

項目			当期末残	解消予測					5年超解消
				2018年3月期	2019年3月期	2020年3月期	2021年3月期	2022年3月期	
			実効税率	32.34%	32.34%	32.34%	32.34%	32.34%	
課税所得①									
	税引前当期純利益			59,000,000	59,000,000	59,000,000	59,000,000	59,000,000	
	損金不算入項目（交際費）			10,000,000	10,000,000	10,000,000	10,000,000	10,000,000	
	損金不算入項目（寄付金）			2,000,000	2,000,000	2,000,000	2,000,000	2,000,000	
	益金不算入項目（受取配当金）			△ 2,500,000	△ 2,500,000	△ 2,500,000	△ 2,500,000	△ 2,500,000	
	退職給付引当金			300,000	300,000	300,000	300,000	300,000	
	その他恒常的加減算項目			49,296,000					
	小計			118,096,000	68,800,000	68,800,000	68,800,000	68,800,000	
	将来加算一時差異の解消予定額								
	固定資産圧縮積立金			500,000	500,000	500,000	500,000	500,000	
	有形固定資産（除去資産）			500,000	500,000	500,000	500,000	500,000	
	タックスプランニング（土地売却等）	ア				100,000,000			
	その他調整								
	課税所得① 合計	A		119,096,000	69,800,000	169,800,000	69,800,000	69,800,000	
将来減算一時差異解消額									
	賞与引当金		38,000,000	38,000,000					－
	賞与引当金（社会保険料）		5,296,000	5,296,000					－
	未払事業税		10,875,633	10,875,633					－
	貸倒引当金（流動）		30,000,000	30,000,000					－
	退職給付引当金		4,250,000	50,000	50,000	50,000	50,000	50,000	4,000,000
	減価償却超過額（機械装置）		180,000	30,000	30,000	30,000	30,000	30,000	30,000
	減価償却超過額（工具器具備品）		250,000	50,000	50,000	50,000	50,000	50,000	－
	減価償却超過額（車両運搬具）		210,000	50,000	40,000	40,000	40,000	40,000	－
	役員退職慰労引当金		6,900,000	－	1,000,000	－	1,500,000	1,000,000	3,400,000
	土地減損損失		54,000,000						54,000,000
	貸倒引当金（固定）		2,000,000						2,000,000
	資産除去債務		10,200,000						10,200,000
	減価償却超過額（建物）		18,900,000	1,500,000	1,500,000	1,500,000	1,500,000	1,500,000	11,400,000
	建物減損損失		36,000,000	1,800,000	1,800,000	1,800,000	1,800,000	1,800,000	27,000,000
	計	B	217,061,633	87,651,633	4,470,000	3,470,000	4,970,000	4,470,000	
	回収可能額	C	105,031,633	87,651,633	4,470,000	3,470,000	4,970,000	4,470,000	
	回収不能・繰越欠損金発生	イ		－	－	－	－	－	
	差引 課税所得②	ウ		31,444,367	65,330,000	166,330,000	64,830,000	65,330,000	
	（スケジューリング不能額）	エ							
	減価償却の償却超過額（機械装置）		30,000						
	役員退職慰労引当金		3,400,000						
	土地減損損失		54,000,000						
	貸倒引当金（固定）		2,000,000						
	資産除去債務		10,200,000						
	建物減損損失		27,000,000						
	計	D	96,630,000						
繰越欠損金		オ							
	当期末残		50,625,000	15,722,184	－	－	－	－	
	2018年3月期			－	－	－	－	－	
	2019年3月期								
	2020年3月期								
	2021年3月期								
	2022年3月期								
	未回収残高	E	50,625,000	15,722,184	－	－	－	－	
	回収可能額	F	50,625,000	34,902,816	15,722,184	－	－	－	
	回収不能額	G							
（繰延税金資産）			【国税分】						
資産計上	回収可能額		155,656,633	（＝C＋F）					
	長期解消項目一時差異	カ	15,400,000						
	回収可能額 合計		171,056,633	（＝B－D＋E）					
	税率		23.73%						
	金額		40,591,739	（繰延税金負債考慮前）					
資産未計上	回収不能額		96,630,000	（＝D＋G）			国税	地方税	計
	税率		23.73%			計上	40,591,739	12,619,818	53,211,557
	金額		22,930,299	（評価性引当額と一致）		未計上	22,930,299	11,407,389	34,337,688
							63,522,038	24,027,207	87,549,245

	記載要領
	経営計画数値を記載。
	経営計画に織り込んでいる交際費を戻し5年分記載。
	経営計画に織り込んでいる寄附金を戻し5年分記載。
	経営計画に織り込んでいる受取配当金をもとに5年分記載。
	経営計画に織り込んでいる退職給付費用を戻し5年分記載。
	左記は流動分の賞与引当金、賞与引当金に係る社会保険料、事業税外形標準（税前利益から開始のため所得割除く）の合計。流動分の賞与引当金、賞与引当金に係る社会保険料はスケジューリング表の減算額とほぼ同額の加算と考え記載、事業税はスケジューリング表が税前利益から始まるためここは計画の外形標準課税分を加算、2期以降は流動項目は加算減算ほぼ同額と考え調整しない。
OK	
OK	
OK	
OK	過去の損金算入実績をもとにスケジューリングを行い、解消年度に記入する。
	会社負担年金掛金拠出額と一時金支払額の合計、区分3の場合、年金掛金拠出額は5年間の拠出予定額、一時金支払額は定年支給予定額を5年間分記載、実務指針66号5(2)、税効果会計に関するQ＆Aに従い5年間のスケジューリングを行った上で、その期間を超えた年度であっても最終解消年度までに解消されると見込まれる退職給付引当金は回収可能。
スケジューリング不能	スケジューリングを行い、解消年度に記入する。
OK	スケジューリングを行い、解消年度に記入する。
OK	スケジューリングを行い、解消年度に記入する。
スケジューリング不能	内規にしたがった解消年度に記入する。
スケジューリング不能	売却計画経たない限りスケジューリング不能。
スケジューリング不能	固定貸倒引当金は返済予定表あれば返済スケジュールに従い入力する。
スケジューリング不能	資産除去債務算定にあたり、見積で利用した履行時期をもとに入力する。
	実務指針66号5(2)に従い5年間のスケジューリングを行った上で、その期間を超えた年度であっても最終解消年度までに解消されると見込まれる建物減価償却超過額は回収可能。
スケジューリング不能	減損損失は実務指針66号5(2)の長期解消一時差異には該当せず、通常通りスケジューリングする。
	年度ごとに 一時差異解消予定額(B)が課税所得(A)以下の場合はBの金額。 一時差異解消予定額(B)が課税所得(A)以上の場合はAの金額。
	A＞Cの場合のみ、課税所得(A)-回収可能額(C)を記入
	分類3の場合、5年内の減算認容が見込まれないものがあれば、記載
	分類3の場合、5年内の減算認容が見込まれないものがあれば、記載
	分類3の場合、5年内の減算認容が見込まれないものがあれば、記載
	分類3の場合、5年内の減算認容が見込まれないものがあれば、記載
	上記課税所得の発生している年度に充当をしていく。大法人は、平成29年4月1日以後に終了した事業年度において生じた欠損金額からウ差引　課税所得②の50%の控除制限がある。
	上記課税所得の発生している年度に充当をしていく。大法人は、平成29年4月1日以後に終了した事業年度において生じた欠損金額からウ差引　課税所得②の50%の控除制限がある。
	充当できた金額を記入していく（1番左はその合計が記載される）。大法人は、平成29年4月1日以後に終了した事業年度において生じた欠損金額からウ差引　課税所得②の50%の控除制限がある。
	分類3の場合、上記で退職給付引当金、建物減価償却超過額の5年間のスケジューリングを行い、5年超分を回収可能額として記載する。

連結納税税効果シート④　連結納税税効果スケジューリング表に関するワークシート

Ⅱ個別財務諸表
（連結納税会社）

会社名	福留聡㈱
事業年度	2017年3月期

（国税）

監査委員会報告66号分類3→おおむね5年以内のスケジューリングの範囲内で回収可能　（単位：円）

	項目		当期末残	解消予測				
				2018年3月期	2019年3月期	2020年3月期	2021年3月期	2022年3月期
			実効税率	32.34%	32.34%	32.34%	32.34%	32.34%
課税所得①								
	税引前当期純利益			50,000,000	50,000,000	50,000,000	50,000,000	50,000,000
	損金不算入項目（交際費）			8,000,000	8,000,000	8,000,000	8,000,000	8,000,000
	損金不算入項目（寄付金）			1,000,000	1,000,000	1,000,000	1,000,000	1,000,000
	益金不算入項目（受取配当金）			△ 1,500,000	△ 1,500,000	△ 1,500,000	△ 1,500,000	△ 1,500,000
	退職給付引当金			300,000	300,000	300,000	300,000	300,000
	その他恒常的加減算項目			40,200,000				
	小計			98,000,000	57,800,000	57,800,000	57,800,000	57,800,000
	将来加算一時差異の解消予定額							
	固定資産圧縮積立金			500,000	500,000	500,000	500,000	500,000
	有形固定資産（除去資産）			500,000	500,000	500,000	500,000	500,000
	タックスプランニング（土地売却等）	ア				100,000,000		
	その他調整							
	課税所得① 合計	A		99,000,000	58,800,000	158,800,000	58,800,000	58,800,000
将来減算一時差異解消額								
	賞与引当金		30,000,000	30,000,000				
	賞与引当金（社会保険料）		4,200,000	4,200,000				
	未払事業税		10,514,475	10,514,475				
	貸倒引当金（流動）		30,000,000	30,000,000				
	退職給付引当金		4,250,000	50,000	50,000	50,000	50,000	50,000
	減価償却超過額（機械装置）		180,000	30,000	30,000	30,000	30,000	30,000
	役員退職慰労引当金		4,500,000		1,000,000		1,500,000	1,000,000
	土地減損損失		54,000,000					
	貸倒引当金（固定）		2,000,000					
	資産除去債務		10,200,000					
	減価償却超過額（建物）		10,000,000	500,000	500,000	500,000	500,000	500,000
	建物減損損失		36,000,000	1,800,000	1,800,000	1,800,000	1,800,000	1,800,000
	計	B	195,844,475	77,094,475	3,380,000	2,380,000	3,880,000	3,380,000
	回収可能額	C	90,114,475	77,094,475	3,380,000	2,380,000	3,880,000	3,380,000
	回収不能・繰越欠損金発生	イ		—	—	—	—	—
	差引 課税所得②	ウ		21,905,525	55,420,000	156,420,000	54,920,000	55,420,000
	（スケジューリング不能額）	エ						
	減価償却の償却超過額（機械装置）		30,000					
	役員退職慰労引当金		1,000,000					
	土地減損損失		54,000,000					
	貸倒引当金（固定）		2,000,000					
	資産除去債務		10,200,000					
	建物減損損失		27,000,000					
	計	D	94,230,000					
繰越欠損金		オ						
	当期末残		48,093,750	10,952,763	—	—	—	—
	2018年3月期			—	—	—	—	—
	2019年3月期							
	2020年3月期							
	2021年3月期							
	2022年3月期							
	未回収残高	E	48,093,750	10,952,763	—	—	—	—
	回収可能額	F	48,093,750	37,140,987	10,952,763	—	—	—
	回収不能額	G						
（繰延税金資産）			【国税分】					
資産計上	回収可能額		138,208,225	（＝C＋F）				
	長期解消項目一時差異	カ	11,500,000					
	回収可能額 合計		149,708,225	（＝B－D＋E）				
	税率		23.73%					
	金額		35,525,762	（繰延税金負債考慮前）				
資産未計上	回収不能額		94,230,000	（＝D＋G）			国税	地方税
	税率		23.73%			計上	35,525,762	11,116,756
	金額		22,360,779	（評価性引当額と一致）		未計上	22,360,779	8,113,203
							57,886,541	19,229,959

5年超解消		記載要領
		経営計画数値を記載。
		経営計画に織り込んでいる交際費を戻し5年分記載。
		経営計画に織り込んでいる寄附金を戻し5年分記載。
		経営計画に織り込んでいる受取配当金をもとに5年分記載。
		経営計画に織り込んでいる退職給付費用を戻し5年分記載。
		左記は流動分の賞与引当金、賞与引当金に係る社会保険料、事業税外形標準（税前利益から開始のため所得割除く）の合計。流動分の賞与引当金、賞与引当金に係る社会保険料はスケジューリング表の減算額とほぼ同額の加算と考え記載、事業税はスケジューリング表が税前利益から始まるためここは計画の外形標準課税分を加算、2期以降は流動項目は加算減算ほぼ同額と考え調整しない。
—	OK	
—	OK	
—	OK	
—	OK	過去の損金算入実績をもとにスケジューリングを行い、解消年度に記入する。
4,000,000		会社負担年金掛金拠出額と一時金支払額の合計、区分3の場合、年金掛金拠出額は5年間の拠出予定額、一時金支払額は定年支給予定額を5年間分記載、実務指針66号5(2)、税効果会計に関するQ&Aに従い5年間のスケジューリングを行った上で、その期間を超えた年度であっても最終解消年度までに解消されると見込まれる退職給付引当金は回収可能。
30,000	スケジューリング不能	スケジューリングを行い、解消年度に記入する。
1,000,000	スケジューリング不能	内規にしたがった解消年度に記入する。
54,000,000	スケジューリング不能	売却計画経たない限りスケジューリング不能。
2,000,000	スケジューリング不能	固定貸倒引当金は返済予定表あれば返済スケジュールに従い入力する。
10,200,000	スケジューリング不能	資産除去債務算定にあたり、見積で利用した履行時期をもとに入力する。
7,500,000		実務指針66号5(2)に従い5年間のスケジューリングを行った上で、その期間を超えた年度であっても最終解消年度までに解消されると見込まれる建物減価償却超過額は回収可能。
27,000,000	スケジューリング不能	減損損失は実務指針66号5(2)の長期解消一時差異には該当せず、通常通りスケジューリングする。
		年度ごとに 一時差異解消予定額(B)が課税所得(A)以下の場合はBの金額。 一時差異解消予定額(B)が課税所得(A)以上の場合はAの金額。
		A＞Cの場合のみ、課税所得(A)-回収可能額(C)を記入
		分類3の場合、5年内の減算認容が見込まれないものがあれば、記載
		分類3の場合、5年内の減算認容が見込まれないものがあれば、記載
		分類3の場合、5年内の減算認容が見込まれないものがあれば、記載
		分類3の場合、5年内の減算認容が見込まれないものがあれば、記載
		上記課税所得の発生している年度に充当をしていく。大法人は、平成29年4月1日以後に終了した事業年度において生じた欠損金額からウ差引　課税所得②の50%の控除制限がある。
		上記課税所得の発生している年度に充当をしていく。大法人は、平成29年4月1日以後に終了した事業年度において生じた欠損金額からウ差引　課税所得②の50%の控除制限がある。
		充当できた金額を記入していく(1番左はその合計が記載される)。大法人は、平成29年4月1日以後に終了した事業年度において生じた欠損金額からウ差引　課税所得②の50%の控除制限がある。
		分類3の場合、上記で退職給付引当金、建物減価償却超過額の5年間のスケジューリングを行い、5年超分を回収可能額として記載する。
計		
46,642,518		
30,473,982		
77,116,500		

連結納税税効果シート④　連結納税税効果スケジューリング表に関するワークシート

（地方税）

監査委員会報告66号分類3→おおむね5年以内のスケジューリングの範囲内で回収可能

（単位：円）

	項目		当期末残	解消予測				
				2018年3月期	2019年3月期	2020年3月期	2021年3月期	2022年3月期
			実効税率	32.34%	32.34%	32.34%	32.34%	32.34%
課税所得①								
	税引前当期純利益			50,000,000	50,000,000	50,000,000	50,000,000	50,000,000
	損金不算入項目（交際費）			8,000,000	8,000,000	8,000,000	8,000,000	8,000,000
	損金不算入項目（寄付金）			1,000,000	1,000,000	1,000,000	1,000,000	1,000,000
	益金不算入項目（受取配当金）			△ 1,500,000	△ 1,500,000	△ 1,500,000	△ 1,500,000	△ 1,500,000
	退職給付引当金			300,000	300,000	300,000	300,000	300,000
	その他恒常的加減算項目			40,200,000				
	小計			98,000,000	57,800,000	57,800,000	57,800,000	57,800,000
	将来加算一時差異の解消予定額							
	固定資産圧縮積立金			500,000	500,000	500,000	500,000	500,000
	有形固定資産(除去資産)			500,000	500,000	500,000	500,000	500,000
	タックスプランニング（土地売却等）	ア				100,000,000		
	その他調整							
	課税所得① 合計	A		99,000,000	58,800,000	158,800,000	58,800,000	58,800,000
将来減算一時差異解消額								
	賞与引当金		30,000,000	30,000,000				
	賞与引当金(社会保険料)		4,200,000	4,200,000				
	未払事業税		10,514,475	10,514,475				
	貸倒引当金(流動)		30,000,000	30,000,000				
	退職給付引当金		4,250,000	50,000	50,000	50,000	50,000	50,000
	減価償却超過額(機械装置)		180,000	30,000	30,000	30,000	30,000	30,000
	役員退職慰労引当金		4,500,000		1,000,000		1,500,000	1,000,000
	土地減損損失		54,000,000					
	貸倒引当金(固定)		2,000,000					
	資産除去債務		10,200,000					
	減価償却超過額(建物)		10,000,000	500,000	500,000	500,000	500,000	500,000
	建物減損損失		36,000,000	1,800,000	1,800,000	1,800,000	1,800,000	1,800,000
	計	B	195,844,475	77,094,475	3,380,000	2,380,000	3,880,000	3,380,000
	回収可能額	C	90,114,475	77,094,475	3,380,000	2,380,000	3,880,000	3,380,000
	回収不能･繰越欠損金発生	イ		−	−	−	−	−
	差引 課税所得②	ウ		21,905,525	55,420,000	156,420,000	54,920,000	55,420,000
	(スケジューリング不能額)	エ						
	減価償却の償却超過額(機械装置)		30,000					
	役員退職慰労引当金		1,000,000					
	土地減損損失		54,000,000					
	貸倒引当金(固定)		2,000,000					
	資産除去債務		10,200,000					
	建物減損損失		27,000,000					
	計	D	94,230,000					
繰越欠損金		オ						
	当期末残		27,500,000	10,952,763	−	−	−	−
	2016年3月期			−	−	−	−	−
	2019年3月期							
	2020年3月期							
	2021年3月期							
	2022年3月期							
	未回収残高	E	27,500,000	10,952,763	−	−	−	−
	回収可能額	F	27,500,000	16,547,237	10,952,763	−	−	−
	回収不能額	G						
(繰延税金資産)			【地方税分】					
資産計上	回収可能額		117,614,475	(＝C+F)				
	長期解消項目一時差異	カ	11,500,000					
	回収可能額 合計		129,114,475	(＝B−D+E)				
	税率		8.61%					
	金額		11,116,756	(繰延税金負債考慮前)				
資産未計上	回収不能額		94,230,000	(＝D+G)			国税	地方税
	税率		8.61%			計上	35,525,762	11,116,756
	金額		8,113,203	(評価性引当額と一致)		未計上	22,360,779	8,113,203
							57,886,541	19,229,959

（つづき）

5年超解消		記載要領
		経営計画数値を記載。
		経営計画に織り込んでいる交際費を戻し5年分記載。
		経営計画に織り込んでいる寄附金を戻し5年分記載。
		経営計画に織り込んでいる受取配当金をもとに5年分記載。
		経営計画に織り込んでいる退職給付費用を戻し5年分記載。
		左記は流動分の賞与引当金、賞与引当金に係る社会保険料、事業税外形標準（税前利益から開始のため所得割除く）の合計。流動分の賞与引当金、賞与引当金に係る社会保険料はスケジューリング表の減算額とほぼ同額の加算と考え記載、事業税はスケジューリング表が税前利益から始まるためここは計画の外形標準課税分を加算、2期以降は流動項目は加算減算ほぼ同額と考え調整しない。
－	OK	
－	OK	
－		
		過去の損金算入実績をもとにスケジューリングを行い、解消年度に記入する。
4,000,000		会社負担年金掛金拠出額と一時金支払額の合計、区分3の場合、年金掛金拠出額は5年間の拠出予定額、一時金支払額は定年支給予定額を5年間分記載、実務指針66号5(2)、税効果会計に関するQ＆Aに従い5年間のスケジューリングを行った上で、その期間を超えた年度であっても最終解消年度までに解消されると見込まれる退職給付引当金は回収可能。
30,000		スケジューリングを行い、解消年度に記入する。
1,000,000	スケジューリング不能	内規にしたがった解消年度に記入する。
54,000,000		売却計画経たない限りスケジューリング不能。
2,000,000		固定貸倒引当金は返済予定表あれば返済スケジュールに従い入力する。
10,200,000	スケジューリング不能	資産除去債務算定にあたり、見積で利用した履行時期をもとに入力する。
7,500,000		実務指針66号5(2)に従い5年間のスケジューリングを行った上で、その期間を超えた年度であっても最終解消年度までに解消されると見込まれる建物減価償却超過額は回収可能。
27,000,000		減損損失は実務指針66号5(2)の長期解消一時差異には該当せず、通常通りスケジューリングする。
		年度ごとに 一時差異解消予定額（B）が課税所得（A）以下の場合はBの金額。 一時差異解消予定額（B）が課税所得（A）以上の場合はAの金額。
		A＞Cの場合のみ、課税所得（A）－回収可能額（C）を記入
		分類3の場合、5年内の減算認容が見込まれないものがあれば、記載
		分類3の場合、5年内の減算認容が見込まれないものがあれば、記載
		分類3の場合、5年内の減算認容が見込まれないものがあれば、記載
		分類3の場合、5年内の減算認容が見込まれないものがあれば、記載
		上記課税所得の発生している年度に充当をしていく。大法人は、平成29年4月1日以後に終了した事業年度において生じた欠損金額からウ差引　課税所得②の50%の控除制限がある。
		上記課税所得の発生している年度に充当をしていく。大法人は、平成29年4月1日以後に終了した事業年度において生じた欠損金額からウ差引　課税所得②の50%の控除制限がある。
		充当できた金額を記入していく（1番左はその合計が記載される）。大法人は、平成29年4月1日以後に終了した事業年度において生じた欠損金額からウ差引　課税所得②の50%の控除制限がある。
		分類3の場合、上記で退職給付引当金、建物減価償却超過額の5年間のスケジューリングを行い、5年超分を回収可能額として記載する。
計		
46,642,518		
30,473,982		
77,116,500		

連結納税税効果シート④　連結納税税効果スケジューリング表に関するワークシート

Ⅱ個別財務諸表
（連結納税会社）

会社名	福留興業㈱
事業年度	2017年3月期

（国税）
監査委員会報告66号分類3→おおむね5年以内のスケジューリングの範囲内で回収可能

項目			当期末残	解消予測			
				2018年3月期	2019年3月期	2020年3月期	2021年3月期
課税所得①			実効税率	32.34%	32.34%	32.34%	32.34%
	税引前当期純利益			10,000,000	10,000,000	10,000,000	10,000,000
	損金不算入項目（交際費）			1,000,000	1,000,000	1,000,000	1,000,000
	損金不算入項目（寄付金）			500,000	500,000	500,000	500,000
	益金不算入項目（受取配当金）			△ 500,000	△ 500,000	△ 500,000	△ 500,000
	その他恒常的加減算項目			5,685,000			
	小計			16,685,000	11,000,000	11,000,000	11,000,000
	将来加算一時差異の解消予定額						
	タックスプランニング（土地売却等）	ア					
	その他調整						
	課税所得① 合計	A		16,685,000	11,000,000	11,000,000	11,000,000
将来減算一時差異解消額							
	賞与引当金		5,000,000	5,000,000			
	賞与引当金（社会保険料）		685,000	685,000			
	未払事業税		361,158	361,158			
	減価償却超過額（工具器具備品）		250,000	50,000	50,000	50,000	50,000
	役員退職慰労引当金		1,200,000				
	減価償却超過額（建物）		5,750,000	500,000	500,000	500,000	500,000
	計	B	13,246,158	6,596,158	550,000	550,000	550,000
	回収可能額	C	8,796,158	6,596,158	550,000	550,000	550,000
	回収不能・繰越欠損金発生	イ		−	−	−	−
	差引 課税所得②	ウ		10,088,842	10,450,000	10,450,000	10,450,000
	（スケジューリング不能額）	エ					
	役員退職慰労引当金		1,200,000				
	計	D	1,200,000				
繰越欠損金		オ					
	当期末残		2,531,250	−	−	−	−
	2018年3月期			−	−	−	−
	2019年3月期						
	2020年3月期						
	2021年3月期						
	2022年3月期						
	未回収残高	E	2,531,250	−	−	−	−
	回収可能額	F	2,531,250	2,531,250	−	−	−
	回収不能額	G					
（繰延税金資産）			【国税分】				
資産計上	回収可能額		11,327,408	（＝C＋F）			
	長期解消項目一時差異	カ	3,250,000				
	回収可能額　合計		14,577,408	（＝B－D＋E）			
	税率		23.73%				
	金額		3,459,219	（繰延税金負債考慮前）			
資産未計上	回収不能額		1,200,000	（＝D＋G）			国税
	税率		23.73%			計上	3,459,219
	金額		284,760	（評価性引当額と一致）		未計上	284,760
							3,743,979

（単位：円）

2022年3月期	5年超解消		記載要領
32.34%			
10,000,000			経営計画数値を記載。
1,000,000			経営計画に織り込んでいる交際費を戻し5年分記載。
500,000			経営計画に織り込んでいる寄附金を戻し5年分記載。
△ 500,000			経営計画に織り込んでいる受取配当金をもとに5年分記載。
			左記は流動分の賞与引当金、賞与引当金に係る社会保険料、事業税外形標準（税前利益から開始のため所得割除く）の合計。流動分の賞与引当金、賞与引当金に係る社会保険料はスケジューリング表の減算額とほぼ同額の加算と考え記載、事業税はスケジューリング表が税前利益から始まるためここは計画の外形標準課税分を加算、2期以降は流動項目は加算減算ほぼ同額と考え調整しない。
11,000,000			
11,000,000			
	—	OK	
	—	OK	
	—	OK	
50,000	—	OK	スケジューリングを行い、解消年度に記入する。
	1,200,000	スケジューリング不能	内規にしたがった解消年度に記入する。
500,000	3,250,000		実務指針66号5(2)に従い5年間のスケジューリングを行った上で、その期間を超えた年度であっても最終解消年度までに解消されると見込まれる建物減価償却超過額は回収可能。
550,000			
550,000			年度ごとに 一時差異解消予定額(B)が課税所得(A)以下の場合はBの金額。 一時差異解消予定額(B)が課税所得(A)以上の場合はAの金額。
—			
10,450,000			A＞Cの場合のみ、課税所得(A)−回収可能額(C)を記入
			分類3の場合、5年内の減算認容が見込まれないものがあれば、記載
—			上記課税所得の発生している年度に充当をしていく。大法人は、平成29年4月1日以後に終了した事業年度において生じた欠損金額からウ差引　課税所得②の50%の控除制限がある。
—			上記課税所得の発生している年度に充当をしていく。大法人は、平成29年4月1日以後に終了した事業年度において生じた欠損金額からウ差引　課税所得②の50%の控除制限がある。
—			
—			充当できた金額を記入していく（1番左はその合計が記載される）。大法人は、平成29年4月1日以後に終了した事業年度において生じた欠損金額からウ差引　課税所得②の50%の控除制限がある。
			分類3の場合、上記で退職給付引当金、建物減価償却超過額の5年間のスケジューリングを行い、5年超分を回収可能額として記載する。
地方税	計		
1,209,374	4,668,593		
103,320	388,080		
1,312,694	5,056,673		

連結納税税効果シート④　連結納税税効果スケジューリング表に関するワークシート

（地方税）

監査委員会報告66号分類3→おおむね5年以内のスケジューリングの範囲内で回収可能

項目			当期末残	解消予測			
				2018年3月期	2019年3月期	2020年3月期	2021年3月期
			実効税率	32.34%	32.34%	32.34%	32.34%
課税所得①							
	税引前当期純利益			10,000,000	10,000,000	10,000,000	10,000,000
	損金不算入項目（交際費）			1,000,000	1,000,000	1,000,000	1,000,000
	損金不算入項目（寄付金）			500,000	500,000	500,000	500,000
	益金不算入項目（受取配当金）			△ 500,000	△ 500,000	△ 500,000	△ 500,000
	その他恒常的加減算項目			5,685,000			
	小計			16,685,000	11,000,000	11,000,000	11,000,000
	将来加算一時差異の解消予定額						
	タックスプランニング（土地売却等）	ア					
	その他調整						
	課税所得①　合計	A		16,685,000	11,000,000	11,000,000	11,000,000
将来減算一時差異解消額							
	賞与引当金		5,000,000	5,000,000			
	賞与引当金(社会保険料)		685,000	685,000			
	未払事業税		361,158	361,158			
	減価償却超過額(工具器具備品)		250,000	50,000	50,000	50,000	50,000
	役員退職慰労引当金		1,200,000				
	減価償却超過額(建物)		5,750,000	500,000	500,000	500,000	500,000
	計	B	13,246,158	6,596,158	550,000	550,000	550,000
	回収可能額	C	8,796,158	6,596,158	550,000	550,000	550,000
	回収不能・繰越欠損金発生	イ		−	−	−	−
	差引　課税所得②	ウ		10,088,842	10,450,000	10,450,000	10,450,000
	（スケジューリング不能額）	エ					
	役員退職慰労引当金		1,200,000				
	計	D	1,200,000				
繰越欠損金		オ					
	当期末残		2,000,000	−	−	−	−
	2018年3月期			−	−	−	−
	2019年3月期						
	2020年3月期						
	2021年3月期						
	2022年3月期						
	未回収残高	E	2,000,000	−	−	−	−
	回収可能額	F	2,000,000	2,000,000	−	−	−
	回収不能額	G					
（繰延税金資産）			【地方税分】				
資産計上	回収可能額		10,796,158	（＝C＋F）			
	長期解消項目一時差異	カ	3,250,000				
	回収可能額　合計		14,046,158	（＝B−D＋E）			
	税率		8.61%				
	金額		1,209,374	（繰延税金負債考慮前）			
資産未計上	回収不能額		1,200,000	（＝D＋G）			国税
	税率		8.61%			計上	3,459,219
	金額		103,320	（評価性引当額と一致）		未計上	284,760
							3,743,979

(つづき)

(単位:円)

2022年3月期	5年超解消		記載要領
32.34%			
10,000,000			経営計画数値を記載。
1,000,000			経営計画に織り込んでいる交際費を戻し5年分記載。
500,000			経営計画に織り込んでいる寄附金を戻し5年分記載。
△ 500,000			経営計画に織り込んでいる受取配当金をもとに5年分記載。
			左記は流動分の賞与引当金、賞与引当金に係る社会保険料、事業税外形標準(税前利益から開始のため所得割除く)の合計。流動分の賞与引当金、賞与引当金に係る社会保険料はスケジューリング表の減算額とほぼ同額の加算と考え記載、事業税はスケジューリング表が税前利益から始まるためここは計画の外形標準課税分を加算、2期以降は流動項目は加算減算ほぼ同額と考え調整しない。
11,000,000			
11,000,000			
	—	OK	
	—	OK	
	—		
50,000	—		スケジューリングを行い、解消年度に記入する。
	1,200,000	スケジューリング不能	内規にしたがった解消年度に記入する。
500,000	3,250,000		実務指針66号5(2)に従い5年間のスケジューリングを行った上で、その期間を超えた年度であっても最終解消年度までに解消されると見込まれる建物減価償却超過額は回収可能。
550,000			
550,000			年度ごとに 一時差異解消予定額(B)が課税所得(A)以下の場合はBの金額。 一時差異解消予定額(B)が課税所得(A)以上の場合はAの金額。
—			
10,450,000			A>Cの場合のみ、課税所得(A)－回収可能額(C)を記入
			区分Ⅲの場合、5年内の減算認容が見込まれないものがあれば、記載
–			上記課税所得の発生している年度に充当をしていく。大法人は、平成29年4月1日以後に終了した事業年度において生じた欠損金額からウ差引　課税所得②の50%の控除制限がある。
–			上記課税所得の発生している年度に充当をしていく。大法人は、平成29年4月1日以後に終了した事業年度において生じた欠損金額からウ差引　課税所得②の50%の控除制限がある。
–			
–			充当できた金額を記入していく(1番左はその合計が記載される)。大法人は、平成29年4月1日以後に終了した事業年度において生じた欠損金額からウ差引　課税所得②の50%の控除制限がある。
			区分Ⅲの場合、上記で退職給付引当金、建物減価償却超過額の5年間のスケジューリングを行い、回収可能な場合のみ5年超分を回収可能として記載する。)
地方税	計		
1,209,374	4,668,593		
103,320	388,080		
1,312,694	5,056,673		

連結納税税効果シート④　連結納税税効果スケジューリング表に関するワークシート

Ⅱ個別財務諸表
（連結納税会社）

会社名:	福留サービス㈱
事業年度:	2017年3月期

（国税）
監査委員会報告66号分類3→おおむね5年以内のスケジューリングの範囲内で回収可能

項目			当期末残	解消予測			
				2018年3月期	2019年3月期	2020年3月期	2021年3月期
			実効税率	32.34%	32.34%	32.34%	32.34%
課税所得①							
	税引前当期純利益			△ 1,000,000	△ 1,000,000	△ 1,000,000	△ 1,000,000
	損金不算入項目（交際費）			1,000,000	1,000,000	1,000,000	1,000,000
	損金不算入項目（寄付金）			500,000	500,000	500,000	500,000
	益金不算入項目（受取配当金）			△ 500,000	△ 500,000	△ 500,000	△ 500,000
	その他恒常的加減算項目			3,411,000			
	小計			3,411,000	－	－	－
	将来加算一時差異の解消予定額						
	タックスプランニング（土地売却等）	ア					
	その他調整						
	課税所得①　合計	A		3,411,000	－	－	－
将来減算一時差異解消額							
	賞与引当金		3,000,000	3,000,000			
	賞与引当金（社会保険料）		411,000	411,000			
	減価償却超過額（車両運搬具）		210,000	50,000	40,000	40,000	40,000
	役員退職慰労引当金		1,200,000				
	減価償却超過額（建物）		3,150,000	500,000	500,000	500,000	500,000
	計	B	7,971,000	3,961,000	540,000	540,000	540,000
	回収可能額	C	3,411,000	3,411,000	－	－	－
	回収不能・繰越欠損金発生	イ		550,000	540,000	540,000	540,000
	差引　課税所得②	ウ		－	－	－	－
	（スケジューリング不能額）	エ					
	役員退職慰労引当金		1,200,000				
	計	D	1,200,000				
繰越欠損金		オ					
	当期末残		－	－	－	－	－
	2018年3月期			－	－	－	－
	2019年3月期						
	2020年3月期						
	2021年3月期						
	2022年3月期						
	未回収残高	E	－	－	－	－	－
	回収可能額	F	－	－	－	－	－
	回収不能額	G					
（繰延税金資産）			【国税分】				
資産計上	回収可能額		3,411,000	（＝C＋F）			
	長期解消項目一時差異	カ	650,000				
	回収可能額　合計		6,771,000	（＝B－D＋E）			
	税率		23.73%				
	金額		1,606,758	（繰延税金負債考慮前）			
資産未計上	回収不能額		1,200,000	（＝D＋G）			国税
	税率		23.73%			計上	1,606,758
	金額		284,760	（評価性引当額と一致）		未計上	284,760
							1,891,518

（単位：円）

2022年3月期	5年超解消		記載要領
32.34%			
△ 1,000,000			経営計画数値を記載。
1,000,000			経営計画に織り込んでいる交際費を戻し5年分記載。
500,000			経営計画に織り込んでいる寄附金を戻し5年分記載。
△ 500,000			経営計画に織り込んでいる受取配当金をもとに5年分記載。
			左記は流動分の賞与引当金、賞与引当金に係る社会保険料、事業税外形標準（税前利益から開始のため所得割除く）の合計。流動分の賞与引当金、賞与引当金に係る社会保険料はスケジューリング表の減算額とほぼ同額の加算と考え記載、事業税はスケジューリング表が税前利益から始まるためここは計画の外形標準課税分を加算、2期以降は流動項目は加算減算ほぼ同額と考え調整しない。
－			
－			
	－	OK	
	－	OK	
40,000	－	OK	スケジューリングを行い、解消年度に記入する。
	1,200,000	スケジューリング不能	内規にしたがった解消年度に記入する。
500,000	650,000		実務指針66号5(2)に従い5年間のスケジューリングを行った上で、その期間を超えた年度であっても最終解消年度までに解消されると見込まれる建物減価償却超過額は回収可能。
540,000			
－			年度ごとに 一時差異解消予定額(B)が課税所得(A)以下の場合はBの金額。 一時差異解消予定額(B)が課税所得(A)以上の場合はAの金額。
540,000			
－			A＞Cの場合のみ、課税所得(A)－回収可能額(C)を記入
			分類3の場合、5年内の減算認容が見込まれないものがあれば、記載
－			上記課税所得の発生している年度に充当をしていく。大法人は、平成29年4月1日以後に終了した事業年度において生じた欠損金額からウ差引　課税所得②の50%の控除制限がある。
－			上記課税所得の発生している年度に充当をしていく。大法人は、平成29年4月1日以後に終了した事業年度において生じた欠損金額からウ差引　課税所得②の50%の控除制限がある。
－			
－			充当できた金額を記入していく（1番左はその合計が記載される）。大法人は、平成29年4月1日以後に終了した事業年度において生じた欠損金額からウ差引　課税所得②の50%の控除制限がある。
			分類3の場合、上記で退職給付引当金、建物減価償却超過額の5年間のスケジューリングを行い、5年超分を回収可能額として記載する。
地方税	計		
293,687	1,900,445		
3,190,866	3,475,626		
3,484,553	5,376,071		

連結納税税効果シート④　連結納税税効果スケジューリング表に関するワークシート

（地方税）

監査委員会報告66号分類4→翌年の確実な所得のスケジューリングの範囲内で回収可能

項目			当期末残	解消予測			
				2018年3月期	2019年3月期	2020年3月期	2021年3月期
			実効税率	32.34%	32.34%	32.34%	32.34%
課税所得①							
	税引前当期純利益			△ 1,000,000	△ 1,000,000	△ 1,000,000	△ 1,000,000
	損金不算入項目（交際費）			1,000,000	1,000,000	1,000,000	1,000,000
	損金不算入項目（寄付金）			500,000	500,000	500,000	500,000
	益金不算入項目（受取配当金）			△ 500,000	△ 500,000	△ 500,000	△ 500,000
	その他恒常的加減算項目			3,411,000			
	小計			3,411,000	−	−	−
	将来加算一時差異の解消予定額						
	タックスプランニング（土地売却等）	ア					
	その他調整						
	課税所得① 合計	A		3,411,000	−	−	−
将来減算一時差異解消額							
	賞与引当金		3,000,000	3,000,000			
	賞与引当金(社会保険料)		411,000	411,000			
	減価償却超過額(工具器具備品)		210,000	50,000	40,000	40,000	40,000
	役員退職慰労引当金		1,200,000				
	減価償却超過額(建物)		3,150,000	500,000	500,000	500,000	500,000
	計	B	7,971,000	3,961,000	540,000	540,000	540,000
	回収可能額	C	3,411,000	3,411,000	−	−	−
	回収不能・繰越欠損金発生	イ		550,000	540,000	540,000	540,000
	差引 課税所得②	ウ		−	−	−	−
	(スケジューリング不能額)	エ					
	減価償却超過額(工具器具備品)		210,000				
	減価償却超過額(建物)		3,150,000				
	役員退職慰労引当金		1,200,000				
	計	D	4,560,000				
繰越欠損金		オ					
	当期末残		32,500,000	32,500,000	32,500,000	32,500,000	32,500,000
	2018年3月期			550,000	550,000	550,000	550,000
	2019年3月期				540,000	540,000	540,000
	2020年3月期					540,000	540,000
	2021年3月期						540,000
	2022年3月期						
	未回収残高	E	32,500,000	33,050,000	33,590,000	34,130,000	34,670,000
	回収可能額	F	−	−	−	−	−
	回収不能額	G	32,500,000				
(繰延税金資産)			【地方税分】				
資産計上	回収可能額		3,411,000	(=C+F)			
	長期解消項目一時差異	カ	−				
	回収可能額 合計		3,411,000	(=B−D+E)			
	税率		8.61%				
	金額		293,687	(繰延税金負債考慮前)			
資産未計上	回収不能額		37,060,000	(=D+G)			国税
	税率		8.61%			計上	1,606,758
	金額		3,190,866	(評価性引当額と一致)		未計上	284,760
							1,891,518

（つづき）

（単位：円）

2022年3月期	5年超解消		記載要領
33.34%			
△ 1,000,000			経営計画数値を記載。
1,000,000			経営計画に織り込んでいる交際費を戻し5年分記載。
500,000			経営計画に織り込んでいる寄附金を戻し5年分記載。
△ 500,000			経営計画に織り込んでいる受取配当金をもとに5年分記載。
			左記は流動分の賞与引当金、賞与引当金に係る社会保険料、事業税外形標準（税前利益から開始のため所得割除く）の合計。流動分の賞与引当金、賞与引当金に係る社会保険料はスケジューリング表の減算額とほぼ同額の加算と考え記載、事業税はスケジューリング表が税前利益から始まるためここは計画の外形標準課税分を加算、2期以降は流動項目は加算減算ほぼ同額と考え調整しない。
―			
―			
	―	OK	
	―	OK	
40,000	―	OK	スケジューリングを行い、解消年度に記入する。
	1,200,000	スケジューリング不能	内規にしたがった解消年度に記入する。
500,000	650,000	スケジューリング不能	
540,000			
―			年度ごとに 一時差異解消予定額（B）が課税所得（A）以下の場合はBの金額。 一時差異解消予定額（B）が課税所得（A）以上の場合はAの金額。
540,000			
―			A＞Cの場合のみ、課税所得（A）－回収可能額（C）を記入
			分類4の場合、1年内の減算認容が見込まれないものがあれば、記載
32,500,000			上記課税所得の発生している年度に充当をしていく。大法人は、平成29年4月1日以後に終了した事業年度において生じた欠損金額からウ差引　課税所得②の50%の控除制限がある。
550,000			上記課税所得の発生している年度に充当をしていく。大法人は、平成29年4月1日以後に終了した事業年度において生じた欠損金額からウ差引　課税所得②の50%の控除制限がある。
540,000			
540,000			
540,000			
540,000			
35,210,000			
―			充当できた金額を記入していく（1番左はその合計が記載される）。大法人は、平成29年4月1日以後に終了した事業年度において生じた欠損金額からウ差引　課税所得②の50%の控除制限がある。
地方税	計		
293,687	1,900,445		
3,190,866	3,475,626		
3,484,553	5,376,071		

連結納税税効果シート⑤　連結納税税効果プルーフに関するワークシート

Ⅰ連結財務諸表
（連結納税主体）

会社名:	福留聡㈱
事業年度:	2017年3月期

税引前当期純利益				P/L	123,766,000	
						法定実効税率
永久差異						
交際費				別表四の二	14,060,000	×32.34%
役員賞与				別表四の二	2,300,000	×32.34%
寄附金の損金不算入額				別表四の二	10,300,000	×32.34%
受取配当等の益金不算入額				別表四の二	−11,500,000	×32.34%
計					138,926,000	
					↓×32.34%	
					44,928,668	
住民税均等割額				納税一覧表	1,000,000	×100%=
計					45,928,668	
評価性引当額の増加額	前期	4,479,720	シート①		29,857,968	×100%=
	当期	34,337,688	シート⑦			
計（期待値）					75,786,636	
						その他
計上額						
法人税、住民税及び事業税				P/L	30,639,857	
法人税等調整額				P/L	45,347,844	
計					75,987,701	
差異					201,065	
差異率					0.3%	
判定					○重要な差異なし	

Ⅱ個別財務諸表
（連結納税会社）

会社名:	福留聡㈱
事業年度:	2017年3月期

税引前当期純利益				P/L	146,000,000	
						法定実効税率
永久差異						
交際費				別表四の二付表	9,060,000	×32.34%
役員賞与				別表四の二付表	700,000	×32.34%
寄附金の損金不算入額				別表四の二付表	9,300,000	×32.34%
受取配当等の益金不算入額				別表四の二付表	−10,000,000	×32.34%
計					155,060,000	
					↓×32.34%	
					50,146,404	
住民税均等割額				納税一覧表	530,000	×100%=
計					50,676,404	
評価性引当額の増加額	前期	3,557,400	シート①		26,916,582	×100%=
	当期	30,473,982	シート⑦			
計（期待値）					77,592,986	
						その他
計上額						
法人税、住民税及び事業税				P/L	35,424,333	
法人税等調整額				P/L	42,418,608	
計					77,842,941	
差異					249,955	
差異率					0.3%	
判定					○重要な差異なし	

税率差異の開示

（単位：円）

	32.34%	32.3% 法定実効税率	
4,547,004	3.67%	3.7% 交際費	
743,820	0.60%	0.6% 役員賞与	7.0% 交際費等永久に損金に算入されない項目
3,331,020	2.69%	2.7% 寄附金	
−3,719,100	△3.00%	△3.0% 受取配当金等永久に益金に算入されない項目	
1,000,000	0.81%	0.8% 住民税均等割等	
29,857,968	24.12%	24.1% 評価性引当額	
	0.16%	0.2% その他	
	61.40%	61.4% 負担率	

税率差異の開示

（単位：円）

	32.34%	32.3% 法定実効税率	
2,930,004	2.01%	2.0% 交際費	
226,380	0.16%	0.2% 役員賞与	4.3% 交際費等永久に損金に算入されない項目
3,007,620	2.06%	2.1% 寄附金	
−3,234,000	△2.22%	△2.2% 受取配当金等永久に益金に算入されない項目	
530,000	0.36%	0.4% 住民税均等割等	
26,916,582	18.44%	18.4% 評価性引当額	
	0.17%	0.2% その他	
	53.32%	53.3% 負担率	

連結納税税効果シート⑤　連結納税税効果プルーフに関するワークシート

会社名: 福留興業㈱
事業年度: 2017年3月期

税引前当期純利益				P/L	14,363,000	
						法定実効税率
永久差異						
交際費				別表四の二付表	3,000,000	×32.34%
役員賞与				別表四の二付表	1,000,000	×32.34%
寄附金の損金不算入額				別表四の二付表	500,000	×32.34%
受取配当等の益金不算入額				別表四の二付表	−1,000,000	×32.34%
計					17,863,000	
					↓×32.34%	
					5,776,894	
住民税均等割額				納税一覧表	290,000	×100%=
計					6,066,894	
評価性引当額の増加額	前期	323,400	シート①		64,680	×100%=
	当期	388,080	シート⑦			
計(期待値)					6,131,574	
						その他
計上額						
法人税、住民税及び事業税				P/L	2,803,025	
法人税等調整額				P/L	3,334,910	
計					6,137,935	
差異					6,361	
差異率					0.1%	
判定					○重要な差異なし	

会社名: 福留サービス㈱
事業年度: 2017年3月期

税引前当期純利益				P/L	−36,597,000	
						法定実効税率
永久差異						
交際費				別表四の二付表	2,000,000	×32.34%
役員賞与				別表四の二付表	600,000	×32.34%
寄附金の損金不算入額				別表四の二付表	500,000	×32.34%
受取配当等の益金不算入額				別表四の二付表	−500,000	×32.34%
計					−33,997,000	
					↓×32.34%	
					−10,994,630	
住民税均等割額				納税一覧表	180,000	×100%=
計					−10,814,630	
評価性引当額の増加額	前期	598,920	シート①		2,876,706	×100%=
	当期	3,475,626	シート⑦			
計(期待値)					−7,937,924	
						その他
計上額						
法人税、住民税及び事業税				P/L	−7,587,500	
法人税等調整額				P/L	−405,674	
計					−7,993,174	
差異					−55,250	
差異率					0.7%	
判定					○重要な差異なし	

(つづき)

（単位：円）

	32.34%	32.3% 法定実効税率
970,200	6.75%	6.8% 交際費
323,400	2.25%	2.3% 役員賞与　10.2% 交際費等永久に損金に算入されない項目
161,700	1.13%	1.1% 寄附金
−323,400	△2.25%	△2.3% 受取配当金等永久に益金に算入されない項目
290,000	2.02%	2.0% 住民税均等割等
64,680	0.45%	0.5% 評価性引当額
	0.04%	ー その他
	42.73%	42.7% 負担率

（単位：円）

	32.34%	32.3% 法定実効税率
646,800	△1.77%	△1.8% 交際費
194,040	△0.53%	△0.5% 役員賞与　△2.7% 交際費等永久に損金に算入されない項目
161,700	△0.44%	△0.4% 寄附金
−161,700	0.44%	0.4% 受取配当金等永久に益金に算入されない項目
180,000	△0.49%	△0.5% 住民税均等割等
2,876,706	△7.86%	△7.9% 評価性引当額
	0.15%	0.2% その他
	21.84%	21.8% 負担率

連結納税税効果シート⑥　損益計算書に計上される法人税、住民税及び事業税算定に関するワークシート（参考）

（連結納税主体）

会社名:	福留聡㈱
事業年度:	2017年3月期

税区分		課税所得		税率	計算値	
法人税	法人税額	83,125,000	別表四の二の所得金額又は欠損金額	23.9%	19,866,875	
	法人税額合計				19,866,875	
住民税	均等割額				1,000,000	
	法人税割=16.3%×法人税額		法人税額	16.3%	3,681,437	
	地方法人税＝4.4%×法人税額			4.4%	1,215,913	
	住民税額合計				5,897,349	
事業税	所得割			5.16%	4,875,633	
	法人税、住民税及び事業税				30,639,857	P/L
			当期適用される法定実効税率	32.34%		

（注1）事業税は、実際には、課税所得が、年400万円以下の金額、年400万円を超え年800万円以下の金額、年800万円を超える金額ごとに適用される税率が異なり、
上記は、年800万円を超える金額の税率を前提として計算しているため、地方税申告書で実際に算定した場合の税額と異なる。

（連結納税会社）

会社名:	福留聡㈱
事業年度:	2017年3月期

税区分		課税所得		税率	計算値	
法人税	法人税額	108,093,750	別表四の二付表の所得金額又は欠損金額	23.9%	25,834,406	
	法人税額合計				25,834,406	
住民税	均等割額				530,000	
	法人税割=16.3%×法人税額	20,912,500		16.3%	3,408,738	
	地方法人税＝4.4%×法人税額	25,834,406	法人税額	4.4%	1,136,714	
	住民税額合計				5,075,451	
事業税	所得割	87,500,000		5.16%	4,514,475	
	法人税、住民税及び事業税				35,424,333	P/L
			当期適用される法定実効税率	32.34%		

（注1）事業税は、実際には、課税所得が、年400万円以下の金額、年400万円を超え年800万円以下の金額、年800万円を超える金額ごとに適用される税率が異なり、
上記は、年800万円を超える金額の税率を前提として計算しているため、地方税申告書で実際に算定した場合の税額と異なる。

会社名:	福留興業㈱
事業年度:	2017年3月期

税区分					
		課税所得		税率	計算値
法人税	法人税額	7,531,250	別表四の二付表の所得金額又は欠損金額	23.9%	1,799,969
	法人税額合計				1,799,969
住民税	均等割額				290,000
	法人税割=16.3%×法人税額	1,673,000		16.3%	272,699
	地方法人税＝4.4%×法人税額	1,799,969	法人税額	4.4%	79,199
	住民税額合計				641,898
事業税	所得割	7,000,000		5.16%	361,158
	法人税、住民税及び事業税				2,803,025 P/L
			当期適用される法定実効税率	32.34%	

（注1）事業税は、実際には、課税所得が、年400万円以下の金額、年400万円を超え年800万円以下の金額、年800万円を超える金額ごとに適用される税率が異なり、上記は、年800万円を超える金額の税率を前提として計算しているため、地方税申告書で実際に算定した場合の税額と異なる。

会社名:	福留サービス㈱
事業年度:	2017年3月期

税区分					
		課税所得		税率	計算値
法人税	法人税額	−32,500,000	別表四の二付表の所得金額又は欠損金額	23.9%	−7,767,500
	法人税額合計				−7,767,500
住民税	均等割額				180,000
	法人税割=16.3%×法人税額	−	法人税額	16.3%	0
	地方法人税＝4.4%×法人税額	−		4.4%	0
	住民税額合計				180,000
事業税	所得割	−		5.16%	−
	法人税、住民税及び事業税				−7,587,500 P/L
			当期適用される法定実効税率	32.34%	

（注1）事業税は、実際には、課税所得が、年400万円以下の金額、年400万円を超え年800万円以下の金額、年800万円を超える金額ごとに適用される税率が異なり、上記は、年800万円を超える金額の税率を前提として計算しているため、地方税申告書で実際に算定した場合の税額と異なる。

連結納税税効果シート⑦　繰延税金資産及び繰延税金負債の発生の主な原因別の内訳注記に関するワークシート

Ⅰ連結財務諸表
（連結納税主体）

会社名	福留聡㈱
事業年度	2017年3月期

（単位：円）

項目	E:評価性引当額控除前繰延税金資産 =D.期末残高×32.34%	G:評価性引当額 =回収不能一時差異×32.34%	I:評価性引当額控除後繰延税金資産 =G×32.34%
賞与引当金	12,289,200	0	12,289,200
未払事業税（注1）	3,517,180	0	3,517,180
賞与引当金（社会保険料）	1,712,726	0	1,712,726
貸倒引当金（流動）	9,702,000	0	9,702,000
繰越欠損金（注2）国税	600,666	0	600,666
繰越欠損金（注2）地方税	172,200	0	172,200
小計	27,993,972	0	27,993,972
退職給付引当金	1,374,450	0	1,374,450
役員退職慰労引当金	2,231,460	(1,099,560)	1,131,900
土地減損損失	17,463,600	(17,463,600)	0
減価償却超過額（機械装置）	58,212	(9,702)	48,510
減価償却超過額（工具器具備品）	80,850	0	80,850
減価償却超過額（車両運搬具）	67,914	(18,081)	49,833
貸倒引当金（固定）	646,800	(646,800)	0
資産除去債務	3,298,680	(3,298,680)	0
減価償却超過額（建物）	6,112,260	(271,215)	5,841,045
繰越欠損金（注2）国税	11,412,647	0	11,412,647
繰越欠損金（注2）地方税	5,166,000	(2,798,250)	2,367,750
建物減損損失	11,642,400	(8,731,800)	2,910,600
小計	59,555,273	(34,337,688)	25,217,585
合計	87,549,245	(34,337,688)	53,211,557
固定資産圧縮積立金	(3,234,000)		(3,234,000)
有形固定資産（除去資産）	(3,072,300)		(3,072,300)
その他有価証券評価差額金	(97,020)		(97,020)
合計	(6,403,320)	0	(6,403,320)

（繰延税金資産及び繰延税金負債の発生の主な原因別の内訳の開示）

	2017/3/31 現在	
繰延税金資産		
賞与引当金	14,001,926	E
未払事業税	3,517,180	E
繰越欠損金	17,351,513	E
退職給付引当金	1,374,450	E
役員退職慰労引当金	2,231,460	E
固定資産減損損失	29,106,000	E
資産除去債務	3,298,680	E
減価償却超過額	6,319,236	E
貸倒引当金	10,348,800	E
繰延税金資産小計	87,549,245	E合計
評価制引当額	(34,337,688)	G合計
繰延税金資産合計	53,211,557	E+G=Iに一致
繰延税金負債		
固定資産圧縮積立金	(3,234,000)	E
除去資産	(3,072,300)	E
その他有価証券評価差額金	(97,020)	E
繰延税金負債合計	(6,403,320)	E+G=Iに一致
繰延税金資産の純額	46,808,237	

Ⅱ個別財務諸表
（連結納税会社）

会社名	福留聡㈱
事業年度	2017年3月期

（単位：円）

項目	E:評価性引当額控除前繰延税金資産 =D.期末残高×32.34%	G:評価性引当額 =回収不能一時差異×32.34%	I:評価性引当額控除後繰延税金資産 =G×32.34%
賞与引当金	9,702,000	0	9,702,000
未払事業税（注1）	3,400,381	0	3,400,381
賞与引当金（社会保険料）	1,358,280	0	1,358,280
貸倒引当金（流動）	9,702,000	0	9,702,000
小計	24,162,661	0	24,162,661
退職給付引当金	1,374,450	0	1,374,450
役員退職慰労引当金	1,455,300	(323,400)	1,131,900
土地減損損失	17,463,600	(17,463,600)	0
減価償却超過額（機械装置）	58,212	(9,702)	48,510
貸倒引当金（固定）	646,800	(646,800)	0
資産除去債務	3,298,680	(3,298,680)	0
減価償却超過額（建物）	3,234,000	0	3,234,000
繰越欠損金（注2）国税	11,412,647	0	11,412,647
繰越欠損金（注2）地方税	2,367,750	0	2,367,750
建物減損損失	11,642,400	(8,731,800)	2,910,600
小計	52,953,839	(30,473,982)	22,479,857
合計	77,116,500	(30,473,982)	46,642,518
固定資産圧縮積立金	(3,234,000)		(3,234,000)
有形固定資産（除去資産）	(3,072,300)		(3,072,300)
その他有価証券評価差額金	(97,020)		(97,020)
合計	(6,403,320)	0	(6,403,320)

（繰延税金資産及び繰延税金負債の発生の主な原因別の内訳の開示）

	2017/3/31 現在	
繰延税金資産		
賞与引当金	11,060,280	E
未払事業税	3,400,381	E
繰越欠損金	13,780,397	E
退職給付引当金	1,374,450	E
役員退職慰労引当金	1,455,300	E
固定資産減損損失	29,106,000	E
資産除去債務	3,298,680	E
減価償却超過額	3,292,212	E
貸倒引当金	10,348,800	E
繰延税金資産小計	77,116,500	E合計
評価制引当額	(30,473,982)	G合計
繰延税金資産合計	46,642,518	E+G=Iに一致
繰延税金負債		
固定資産圧縮積立金	(3,234,000)	E
除去資産	(3,072,300)	E
その他有価証券評価差額金	(97,020)	E
繰延税金負債合計	(6,403,320)	E+G=Iに一致
繰延税金資産の純額	40,239,198	

連結納税税効果シート⑦　繰延税金資産及び繰延税金負債の発生の主な原因別の内訳注記に関するワークシート（つづき）

会社名：福留興業㈱
事業年度：2017年3月期

（単位：円）

項目	E:評価性引当額控除前繰延税金資産 =D.期末残高×32.34%	G:評価性引当額 =回収不能一時差異×32.34%	I:評価性引当額控除後繰延税金資産 =G×32.34%
賞与引当金	1,617,000	0	1,617,000
未払事業税(注1)	116,798	0	116,798
賞与引当金(社会保険料)	221,529	0	221,529
繰越欠損金(注2)国税	600,666	0	600,666
繰越欠損金(注2)地方税	172,200	0	172,200
小計	2,728,193	0	2,728,193
役員退職慰労引当金	388,080	(388,080)	0
減価償却超過額(工具器具備品)	80,850	0	80,850
減価償却超過額(建物)	1,859,550	0	1,859,550
小計	2,328,480	(388,080)	1,940,400
合計	5,056,673	(388,080)	4,668,593

（繰延税金資産及び繰延税金負債の発生の主な原因別の内訳の開示）

	2017/3/31 現在	
繰延税金資産		
賞与引当金	1,838,529	E
未払事業税	116,798	E
繰越欠損金	772,866	E
役員退職慰労引当金	388,080	E
減価償却超過額	1,940,400	E
繰延税金資産小計	5,056,673	E合計
評価制引当額	(388,080)	G合計
繰延税金資産合計	4,668,593	E+G=Iに一致

会社名：福留サービス㈱
事業年度：2017年3月期

（単位：円）

項目	E:評価性引当額控除前繰延税金資産 =D.期末残高×32.34%	G:評価性引当額 =回収不能一時差異×32.34%	I:評価性引当額控除後繰延税金資産 =G×32.34%
賞与引当金	970,200	0	970,200
賞与引当金(社会保険料)	132,917	0	132,917
小計	1,103,117	0	1,103,117
役員退職慰労引当金	388,080	(388,080)	0
減価償却超過額(車両運搬具)	67,914	(18,081)	49,833
減価償却超過額(建物)	1,018,710	(271,215)	747,495
繰越欠損金(注2)地方税	2,798,250	(2,798,250)	0
小計	4,272,954	(3,475,626)	797,328
合計	5,376,071	(3,475,626)	1,900,445

（繰延税金資産及び繰延税金負債の発生の主な原因別の内訳の開示）

	2017/3/31 現在	
繰延税金資産		
賞与引当金	1,103,117	E
繰越欠損金	2,798,250	E
役員退職慰労引当金	388,080	E
減価償却超過額	1,086,624	E
繰延税金資産小計	5,376,071	E合計
評価制引当額	(3,475,626)	G合計
繰延税金資産合計	1,900,445	E+G=Iに一致

連結納税税効果シート⑧　連結納税税効果開示用への分解に関するワークシート

Ⅰ連結財務諸表
（連結納税主体）

会社名	福留聡㈱
事業年度	2017年3月期

国税
3

項目	A:前期末残高 =別表五の二(一)及び別表五の二(一)付表一期首現在利益積立金額	B:加算 =別表五の二(一)及び別表五の二(一)付表一当期中の増減の増	C:減算 =別表五の二(一)及び別表五の二(一)付表一当期中の増減の減	D:期末残高 =別表五の二(一)及び別表五の二(一)付表一差引翌期首現在利益積立金額	E:評価性引当額控除前繰延税金資産 =D:期末残高×32.34%	F:回収不能一時差異	G:評価性引当額 =回収不能一時差異×32.34%
賞与引当金	44,000,000	38,000,000	44,000,000	38,000,000	12,289,200	0	0
未払事業税(注1)	6,000,000	10,875,633	6,000,000	10,875,633	3,517,180	0	0
賞与引当金(社会保険料)	6,062,000	5,296,000	6,062,000	5,296,000	1,712,726	0	0
貸倒引当金(流動)	20,000,000	30,000,000	20,000,000	30,000,000	9,702,000	0	0
繰越欠損金(注2)国税	15,000,000		12,468,750	2,531,250	600,666	0	0
繰越欠損金(注2)地方税	15,000,000		13,000,000	2,000,000	172,200	0	0
小計	106,062,000	84,171,633	101,530,750	88,702,883	27,993,972	0	0
退職給付引当金	4,000,000	300,000	50,000	4,250,000	1,374,450	0	0
役員退職慰労引当金	5,500,000	1,400,000	0	6,900,000	2,231,460	(3,400,000)	(1,099,560)
土地減損損失		54,000,000		54,000,000	17,463,600	(54,000,000)	(17,463,600)
減価償却超過額(機械装置)	150,000	100,000	70,000	180,000	58,212	(30,000)	(9,702)
減価償却超過額(工具器具備品)	200,000	100,000	50,000	250,000	80,850	0	0
減価償却超過額(車両運搬具)	200,000	50,000	40,000	210,000	67,914	(210,000)	(18,081)
貸倒引当金(固定)		2,000,000		2,000,000	646,800	(2,000,000)	(646,800)
資産除去債務	10,000,000	200,000		10,200,000	3,298,680	(10,200,000)	(3,298,680)
減価償却超過額(建物)	8,000,000	11,300,000	400,000	18,900,000	6,112,260	(3,150,000)	(271,215)
繰越欠損金(注2)国税	190,000,000		141,906,250	48,093,750	11,412,647	0	0
繰越欠損金(注2)地方税	190,000,000	32,500,000	162,500,000	60,000,000	5,166,000	(32,500,000)	(2,798,250)
建物減損損失		36,000,000		36,000,000	11,642,400	(27,000,000)	(8,731,800)
小計	408,050,000	137,950,000	305,016,250	240,983,750	59,555,273	(132,490,000)	(34,337,688)
合計	514,112,000	222,121,633	406,547,000	329,686,633	87,549,245	(132,490,000)	(34,337,688)
固定資産圧縮積立金		(10,000,000)		(10,000,000)	(3,234,000)		
有形固定資産(除去資産)	(10,000,000)	500,000		(9,500,000)	(3,072,300)		
その他有価証券評価差額金	(500,000)	(300,000)	(500,000)	(300,000)	(97,020)		
合計	(10,500,000)	(9,800,000)	(500,000)	(19,800,000)	(6,403,320)	0	0

（単位：円）

H:評価性引当額控除後一時差異=D+F	I:評価性引当額控除後繰延税金資産=E+G	
38,000,000	12,289,200	
10,875,633	3,517,180	
5,296,000	1,712,726	
30,000,000	9,702,000	
2,531,250	600,666	
2,000,000	172,200	
88,702,883	27,993,972	①
4,250,000	1,374,450	
3,500,000	1,131,900	
0	0	
150,000	48,510	
250,000	80,850	
0	49,833	
0	0	
0	0	
15,750,000	5,841,045	
48,093,750	11,412,647	
27,500,000	2,367,750	
9,000,000	2,910,600	
108,493,750	25,217,585	②
197,196,633	53,211,557	
(10,000,000)	(3,234,000)	
(9,500,000)	(3,072,300)	
(300,000)	(97,020)	
(19,800,000)	(6,403,320)	④

期末将来減算一時差異合計	217,061,633	
(流動)繰延税金資産	27,993,972	①
(固定)繰延税金資産	25,217,585	②
繰延税金資産合計	53,211,557	③=①+②
(固定)繰延税金負債	(6,403,320)	④
開示 (固定)繰延税金資産	18,814,265	⑤=②+④

開示用へ分解

連結納税	単体納税	単体納税	単体納税			
福留聡(株)	福留聡(株)	福留興業(株)	福留サービス(株)	合計	差異	
法人税及び地方法人税	地方税	地方税	地方税			
9,017,400	2,583,000	430,500	258,300	12,289,200	0	
2,580,788	905,296	31,096		3,517,180	0	
1,256,741	361,620	58,979	35,387	1,712,726	0	
7,119,000	2,583,000			9,702,000	0	
600,666				600,666	0	
		172,200		172,200	0	
				0	0	
20,574,594	6,432,916	692,774	293,687	27,993,972	0	⇒(流動)繰延税金資産表示
				0	0	
1,008,525	365,925			1,374,450	0	
830,550	301,350			1,131,900	0	
				0	0	
35,595	12,915			48,510	0	
59,325		21,525		80,850	0	
49,833				49,833	0	
				0	0	
				0	0	
4,484,970	861,000	495,075		5,841,045	0	
11,412,647				11,412,647	0	
	2,367,750			2,367,750	0	
2,135,700	774,900			2,910,600	0	
				0	0	
20,017,145	4,683,840	516,600	0	25,217,585	0	
40,591,739	11,116,756	1,209,374	293,687	53,211,557	0	
(2,373,000)	(861,000)			(3,234,000)	0	
(2,254,350)	(817,950)			(3,072,300)	0	
(71,190)	(25,830)			(97,020)	0	
(4,698,540)	(1,704,780)			(6,403,320)	0	
15,318,605	2,979,060	516,600	0	18,814,265		⇒(固定)繰延税金資産表示

第6章　IFRSにおける税効果会計

IFRSにおける税効果会計を解説するが，一般的に日本の上場企業のIFRS連結財務諸表の作成プロセスは下記STEPを経る。

STEP1　日本基準で作成した個別財務諸表を各個社単位でIFRSへ組替て個別IFRS財務諸表を作成する。

STEP2　STEP1で作成したIFRS個別財務諸表をもとに，IFRS連結仕訳を行い，IFRS連結財務諸表を作成する。

上記が一般的なIFRS連結財務諸表作成プロセスであるが，本設例では，第2章連結財務諸表における税効果会計及び持分法における税効果会計で作成した日本基準（JGAAP）の連結財務諸表をもとに上記STEP1で行う個別財務諸表ベースでのIFRS修正仕訳及びSTEP2で行う連結財務諸表ベースで行うIFRS修正仕訳をまとめてIFRS連結精算表でIFRS修正仕訳を行いIFRSベースの連結財務諸表を作成して解説している。

なお，修正仕訳とは，日本基準からIFRSへの修正仕訳のことをいう。

したがって，IFRSにおける税効果会計の作成のポイントは概ね下記のステップを検討することにある。

STEP1　IFRS修正仕訳（税効果仕訳を含む）を行う。

STEP2　IFRS連結精算表にSTEP1で作成したIFRS修正仕訳（税効果仕訳を含む）を反映させ，日本基準（JGAAP）の連結財務諸表からIFRSの連結財務諸表を作成する。

STEP3　IFRS連結財務諸表における税金費用のプルーフテストを行い，税金費用の妥当性を検証する。

ポイントとなる3つのSTEPを，STEP1は**図表1**，STEP2は**図表2**，STEP3は**図表3**の3つのシートに主要論点を落とし込むことにより整理する。

繰延税金資産及び繰延税金負債の発生の主な原因別の内訳注記は，**図表4**（IFRS繰延税金資産及び繰延税金負債の発生の主な原因別の内訳注記に関するワークシート）に，税率差異の注記は，**図表3**（IFRS連結税効果プルーフに関するワークシート）を用いて整理する。

章末に，設例で利用したすべてのワークシートを掲載したので参照されたい。

1　IFRS修正仕訳（税効果仕訳を含む）を行う

IFRS税効果会計の最初のSTEPであるSTEP1は，IFRS修正仕訳（税効果仕訳を含む）を行うことである。

下記が**図表1**　IFRS修正仕訳サマリーである。1項目ずつ修正仕訳を解説する。

図表1

IFRSでは、日本基準の個別財務諸表と連結財務諸表をもとに下記部分が日本基準から修正され、修正仕訳は下記とおりである。
(単位;円)

①資産除去債務及び除去資産に係る税効果は認識しない。

(借方)	繰延税金資産(固定)	3,072,300	(貸方)	利益剰余金期首残高	3,234,000
(借方)	法人税等調整額	161,700			

②当期は、有給休暇引当金3,000,000円を計上し、税効果会計を認識する。なお前期の有給休暇引当金は2,000,000円を計上していたものとする。

(借方)	有給休暇引当金繰入額	1,000,000	(貸方)	有給休暇引当金	3,000,000
(借方)	利益剰余金期首残高	2,000,000			
(借方)	繰延税金資産(固定)	970,200	(貸方)	法人税等調整額	323,400
			(貸方)	利益剰余金期首残高	646,800

③未実現利益の税効果は、日本基準の繰延法でなく、IFRSでは、資産負債法で認識する。
今回の設例では、上記による影響なし。

④　のれん及びのれん相当額は償却しないが、税効果も認識しない。

(借方)	のれん	41,821,200	(貸方)	のれん償却額(販管費)	41,821,200
(借方)	投資有価証券	31,940,400	(貸方)	持分法による投資損益(営業外損益)	31,940,400

⑤　スケジューリング不能な一時差異、5年超の一時差異も繰延税金資産を認識する。

(借方)	繰延税金資産(固定)	27,175,302	(貸方)	法人税等調整額	26,851,902
			(貸方)	利益剰余金期首残高	323,400

⑥　繰延税金資産、繰延税金負債は、すべて非流動へ表示を振替える。

(借方)	繰延税金資産(固定)	31,924,261	(貸方)	繰延税金資産(流動)	31,924,261

⑦　均等割は法人税、住民税及び事業税から販売費及び一般管理費の租税公課へ振替える。また、外形標準課税及び均等割の対応する負債は、未払法人税等から未払金へ振替える。

(借方)	租税公課	820,000	(貸方)	法人税、住民税及び事業税	820,000
(借方)	未払法人税等	6,555,000	(貸方)	未払金	6,555,000

⑧ 日本基準の営業外収益及び特別利益を全額その他の収益、営業外費用及び特別損失を全額その他の費用に組み替えるものとする。

(借方)	営業外収益	184,242,000	(貸方)	その他の収益	274,242,000
(借方)	特別利益	90,000,000			
(借方)	その他の費用	325,729,800	(貸方)	営業外費用	165,729,800
			(貸方)	特別損失	160,000,000

①　資産除去債務の税効果

下記仕訳は，福留聡㈱で認識していた有形固定資産（除去資産）に係る繰延税金負債（固定）の取崩を行っている。なお，勘定科目が繰延税金資産（固定）になっているのは，日本基準の連結財務諸表ベースで福留聡㈱に係る税効果は固定資産と固定負債を相殺後繰延税金資産（固定）で表示しているため，繰延税金資産（固定）の調整をしている。

また，日本基準ベースでは，資産除去債務に係る繰延税金資産はスケジューリング不能とみなして繰延税金資産は計上していない。

IFRSにおいて，資産除去債務関連の税効果を認識しないのは下記理由による。

IAS12号24項において，企業結合でなく，取引時に会計上の利益にも課税所得にも影響を与えない取引における資産又は負債の当初認識から生じる将来減算一時差異については繰延税金資産を認識しない。

また，IAS12号15項において，のれんの当初認識，企業結合でない取引であり，かつ取引時に会計上の利益にも課税所得（欠損金）にも影響を与えない取引における資産又は負債の当初認識から生じる将来加算一時差異については繰延税金負債を認識しない。

そのため，資産除去債務と対応する資産を別個に取り扱う場合は，資産除去債務は取引時点において，資産及び負債を同額計上し，会計上の利益にも課税所得にも影響しない取引に該当し，繰延税金資産及び繰延税金負債は当初認識されない。

また，上記とは別に，資産除去債務と対応する資産を一体として純額で考える考え方もあり，その場合でも，当初認識時は一時差異が生じず，繰延税金資産は認識しないが，事後の資産の減価償却により生じる資産の減少及び資産除去債務の変動により生じる正味の一時差異については繰延税金資産及び繰延税金負債を認識する。

なお，本設例では，資産除去債務と対応する資産を別個に取り扱い，資産除去債務関連の税効果を認識しないものとする。

①資産除去債務及び除去資産に係る税効果は認識しない。					
(借方)	繰延税金資産(固定)	3,072,300	(貸方)	利益剰余金期首残高	3,234,000
(借方)	法人税等調整額	161,700			

②　有給休暇引当金の税効果

有給休暇引当金は，日本基準とIFRSの差異項目として有名であり，有給休暇の消化により，IFRSの有給休暇引当金残高が減少し，対する日本基準では，有給休暇引当金を計上しないため，一時差異となり，税効果を認識する。

②当期は、有給休暇引当金3,000,000円を計上し、税効果会計を認識する。なお前期の有給休暇引当金は2,000,000円を計上していたものとする。						
(借方)	有給休暇引当金繰入額	1,000,000	(貸方)	有給休暇引当金	3,000,000	
(借方)	利益剰余金期首残高	2,000,000				
(借方)	繰延税金資産(固定)	970,200	(貸方)	法人税等調整額	323,400	
			(貸方)	利益剰余金期首残高	646,800	

③　未実現利益の税効果

本設例では，第2章連結財務諸表における税効果会計及び持分法における税効果会計の設例の前提22福留聡㈱は66号分類3，㈱福留商事は66号分類2，㈱福留コンサルティング66号分類1とし，ともに実効税率は毎期32.34％とし，繰延税金資産の回収可能性に問題はないものとされ，各社の法定実効税率は同じであり，各社とも繰延税金資産の回収可能性（＝課税所得）に問題ないとされたため，修正仕訳はないが，IFRSと日本基準の大きな差異の一つであるため解説を行う。

日本基準においては，第2章で解説したとおり，未実現利益の消去に関する税効果は繰延法で行うが，IFRSにおいては，未実現利益の消去に関する税効果については，特別な規定はなく，原則どおり資産負債法に基づき税効果を認識する。

また，日本基準においては，繰延法を採用し，売却元ですでに支払われた税金を繰延べるという考え方のため，売却元の法定実効税率を適用して税効果計算し，売却元に適用される税率が今後改正されても税率の変更の影響を受けないが，IFRSでは，資産負債法を採用しているため，売却先が保有する資産を売却したときに未実現利益が実現し課税されると考えるため，売却先の法定実効税率を適用して税効果計算し，売却先が保有する資産を売却する期に適用される将来の法定実効税率も税率の改正により改正されるため，改正後の法定実効税率を適用して税効果計算する。

上記により，未実現利益の消去に関する繰延税金資産の回収可能性も，日本基準では，繰延法で，売却元ですでに支払われた税金を繰延べるという考え方のため，未実現利益の実現に応じて取崩すが，IFRSでは，資産負債法のため，他の繰延税金資産と同様に，売却が見込まれる期間において課税所得の発生可能性が高いかどうかにより判断する。

③未実現利益の税効果は、日本基準の繰延法でなく、IFRSでは，資産負債法で認識する。			
今回の設例では、上記による影響なし。			

④　のれんの税効果

IFRSにおいて，のれんは非償却，対して日本基準では償却されるため，IFRS修正仕訳を行う。

なお，IAS12号15項において，のれんの当初認識から生じる将来加算一時差異については繰延税金負債を認識しない。

④　のれん及びのれん相当額は償却しないが、税効果も認識しない。					
（借方）	のれん	41,821,200	（貸方）	のれん償却額（販管費）	41,821,200
（借方）	投資有価証券	31,940,400	（貸方）	持分法による投資損益（営業外損益）	31,940,400

⑤　IFRSにおける繰延税金資産の回収可能性の検討

IFRSにおいては，繰延税金資産の回収可能性の検討について，日本基準の監査委員会報告66号のような詳細なガイダンスはない。

そのため，IFRSにおいて，一般的に下記のような事項を検討し，ポジティブな証拠もネガティブな証拠の双方を検討したうえで，繰延税金資産の回収可能性を検証することになる。

・過去の課税所得の安定性や将来の展望

・ビジネスの発展段階

・将来減算一時差異が生じている資産の公正価値

・他の会計上の見積もりで使用した前提と重要な点の首尾一貫性（減損会計の使用価値の見積もり，継続企業の前提等）

次に，課税所得を見積もる期間の制限であるが，日本基準では，監査委員会報告66号の分類3及び4のただし書きでは5年，分類4では1年等課税所得を見積もる期間の制限の定めがあるが，IFRSでは，課税所得を見積もる期間を一定期間に制限するのは，必ずしも適切でないと考えられており，監査委員会報告66号で定められた一定期間経過後も現在の利益水準が継続しないという証拠がなく，一定期間経過後の課税所得も繰延税金資産の回収可能性の検討にあたり考慮する。

また，企業の予算，利益計画等の予測期間が3年又は5年程度作成されているケースが実務上多いが，一定期間経過後の課税所得の発生可能性が高い場合には，3年や5年に限らず，一定期間経過後の課税所得も考慮したうえで繰延税金資産の回収可能性を考慮する。その際に，もちろん，課税所得を見込む期間が後になればなるほど，課税所得の実現可能性は低くなる。

また，監査委員会報告66号の分類1以外は，スケジューリング不能な一時差異に係る繰延税金資産を計上できないが，IFRSにおいては，一時差異の解消のスケジューリングがたたないという理由のみで繰延税金資産を計上してはならないということはなく，他の証拠により課税所得が生じる可能性が高い場合には，スケジューリング不能な一時差異に係る繰延税金資産を認識できる。

退職給付引当金，建物減価償却超過額等将来解消見込み年度が長期にわたる将来減算一時差異について，日本基準では監査委員会報告66号の分類4（ただし書き除く）及び分類5の場合を除き回収可能性があるとされるが，IFRSにおいては，このような特別な規定はなく，他の一時差異と同様に，課税所得の発生可能性が高い場合は，将来解消見込み年度が長期にわたる将来減算一時差異について回収可能と判断され，繰延税金資産を認識できる。

繰越欠損金は，重要な繰越欠損金が存在するとき，日本基準では，異常臨時に発生した場合に分類4のただし書きになる場合を除き監査委員会報告66号の分類4又は分類5として扱われるが，IFRSでは，IAS12号35項によると，繰越欠損金の存在は，将来課税所得が稼得されないという強い証拠になり，近年に損失発生の事実がある場合は，十分な将来加算一時差異を有する範囲内でのみ，又は繰越欠損金の使用対象となる十分な課税所得が稼得されるという他の信頼すべき根拠がある場合のみ繰延税金資産を認識し，そのような状況においては，82項に従い，繰延税金資産の額及び認識の根拠となった証拠の開示が必要である。

本設例において，福留聡㈱は66号分類3であるが，5年経過後の課税所得の発生可能性が高く，スケジューリング不能な一時差異についても，他の証拠により課税所得が生じる可能性が高いと判断され，スケジューリング不能な一時差異及び5年超の一時差異も繰延税金資産を認識する。

⑤　スケジューリング不能な一時差異、5年超の一時差異も繰延税金資産を認識する。					
(借方)	繰延税金資産(固定)	27,175,302	(貸方)	法人税等調整額	26,851,902
			(貸方)	利益剰余金期首残高	323,400

⑥　繰延税金資産及び繰延税金負債の表示組替

日本基準では，繰延税金資産及び繰延税金負債は流動固定分類されるが，IFRSではIAS1号56項に従い，繰延税金資産及び繰延税金負債は全て非流動へ分類される。

また，日本基準では，異なる納税主体の繰延税金資産と繰延税金負債の相殺表示は認められていないが，IFRSでは，IAS12号74項によると，繰延税金資産・負債については，次のいずれも満たす場合のみ，繰延税金資産と繰延税金負債を相殺しなければならない。

企業が当期税金資産と当期税金負債を相殺する法律上強制力のある権利を有し，かつ繰延税金資産と繰延税金負債が，同一の税務当局によって同じ納税主体又は重要な金額の繰延税金負債，もしくは資産が決済，もしくは回収されると予想される将来の各期に，当期税金負債と資産とを純額で決済すること，又は資産を実現させると同時に負債を決済することを意図している異なった納税主体のいずれかに対して課された法人所得税に関するものである。

⑥　繰延税金資産、繰延税金負債は、すべて非流動へ表示を振替える。					
(借方)	繰延税金資産(固定)	31,924,261	(貸方)	繰延税金資産(流動)	31,924,261

⑦　外形標準課税や住民税均等割の表示組替

日本基準では，住民税均等割も法人税，住民税及び事業税として処理されるが，IFRSでは利益に比例して発生する税金費用のみが法人所得税とされ，住民税均等割も租税公課（販売費及び一般管理費）に組替える。なお，外形標準課税は日本基準では，租税公課（販売費及び一般管理費）として処理されるが，IFRSでは，全て租税公課（販売費及び一般管理費）として処理する又は付加価値割の利益に関連する単年度損益部分のみを法人所得税とし，それ以外は，租税公課（販売費及び一般管理費）として処理する方法があるが，本設例では，日本基準同様，全て租税公課（販売費及び一般管理費）として処理することとしている。

また，日本基準では，未払法人税等には住民税均等割や外形標準課税も含むが，IFRSでは，法人所得税処理されるもの以外は含まないため，住民税均等割や外形標準課税に係る未払法人税等は未払金へ組替える。

⑦　均等割は法人税、住民税及び事業税から販売費及び一般管理費の租税公課へ振替える。また、外形標準課税及び均等割の対応する負債は、未払法人税等から未払金へ振替える。					
(借方)	租税公課	820,000	(貸方)	法人税、住民税及び事業税	820,000
(借方)	未払法人税等	6,555,000	(貸方)	未払金	6,555,000

⑧　損益の表示組替

日本基準の営業外収益及び特別利益はIFRSでは，営業外収益及び特別利益項目はないため，日本基準の営業外収益及び特別利益を全額その他の収益，営業外費用及び特別損失を全額その他の費用に組み替えるものとする。

⑧　日本基準の営業外収益及び特別利益を全額その他の収益、営業外費用及び特別損失を全額その他の費用に組み替えるものとする。					
(借方)	営業外収益	184,242,000	(貸方)	その他の収益	274,242,000
(借方)	特別利益	90,000,000			
(借方)	その他の費用	325,729,800	(貸方)	営業外費用	165,729,800
			(貸方)	特別損失	160,000,000

2　IFRS連結精算表にSTEP1で作成したIFRS修正仕訳（税効果仕訳を含む）を反映させ，日本基準（JGAAP）の連結財務諸表からIFRSの連結財務諸表を作成する

IFRS税効果会計の2番目のステップは，IFRS連結精算表にSTEP1で作成したIFRS修正仕訳（税効果仕訳を含む）を反映させ，日本基準（JGAAP）の連結財務諸表からIFRSの連結財務諸表を作成することである。

IFRS修正仕訳をIFRS連結精算表に追加してIFRS連結精算表を作成すると**図表2**のようになる。

3　IFRS連結財務諸表における税金費用のプルーフテストを行い，税金費用の妥当性を検証する

IFRS税効果会計の最終ステップであるSTEP3は，IFRS連結財務諸表における税金費用のプルーフテストを行い，税金費用の妥当性を検証することである。

(**図表3**)「IFRS連結税効果プルーフに関するワークシート」を参照されたい。

第2章の設例で作成した日本基準（JGAAP）の連結財務諸表をもとにIFRS連結財務諸表を作成しているため，日本基準（JGAAP）の連結財務諸表の連結税効果プルーフに関するワークシートからIFRS修正仕訳により，変更された点を中心に解説する。

これまでの連結財務諸表税効果会計及び持分法税効果会計の作成プロセスをSTEP3までみてきて分かるように，連結財務諸表税効果及び持分法税効果は連結グループ各社の個別財務諸表に係る税効果と連結仕訳及び持分法仕訳に係る税効果から構成されていることがわかる。

したがって，連結財務諸表における税率差異についても，作成プロセス同様に，連結グループ各社の個別財務諸表自体に生じている税率差異と連結仕訳及び持分法仕訳から生じる税率差異で構成されることになる。

①　住民税均等割額

日本基準では，法人税，住民税及び事業税処理されるため，住民税均等割額の100％の820,000円が税率差異に影響を与えていたが，IFRSでは，租税公課（販売費及び一般管理費）として処理され，出発点の税引前当期純利益から控除されているため，足し戻しを行う。住民税均等割額は，税金額のため，税効果は認識されないため，法定実効税率32.34％を乗じた265,188円が税率差異に影響を与える。

図表2　IFRS連結精算表

①連結貸借対照表

勘定科目	JGAAP 連結貸借対照表	IFRS仕訳①	IFRS仕訳②	IFRS仕訳③
現金預金	828,000,000			
受取手形	300,000,000			
売掛金	590,000,000			
棚卸資産	292,000,000			
繰延税金資産（流動）	31,924,261			
短期貸付金	0			
貸倒引当金	(24,500,000)			
土地	1,000,000,000			
建物	300,000,000			
機械装置	1,000,000			
のれん	167,284,800			
投資有価証券	505,071,800			
繰延税金資産（固定）	15,552,177	3,072,300	970,200	
破産更生債権等	2,000,000			
貸倒引当金（固定）	(2,000,000)			
資産合計	4,006,333,038			
買掛金	(600,000,000)			
未払金	(198,569,826)			
未払法人税等	(88,054,863)			
短期借入金	(990,000,000)			
賞与引当金	(34,200,000)			
役員賞与引当金	(1,000,000)			
有給休暇引当金			(3,000,000)	
役員退職慰労引当金	(4,500,000)			
退職給付引当金	0			
退職給付に係る負債	(4,400,000)			
資産除去債務	(10,200,000)			
繰延税金負債（固定）	(64,680,000)			
資本金	(500,000,000)			
利益準備金	(5,000,000)			
固定資産圧縮積立金	(6,766,000)			
利益剰余金	0			
期首残高	(1,088,468,000)	(3,234,000)	1,353,200	
当期純利益	(79,486,859)	161,700	676,600	
配当	0			
その他有価証券評価差額金	(20,500,980)			
退職給付に係る調整累計額	101,490			
少数株主持分	(310,608,000)			
負債純資産合計	(4,006,333,038)	0	0	

②連結損益計算書

勘定科目	連結損益計算書	IFRS仕訳①	IFRS仕訳②	IFRS仕訳③
売上高	(13,695,500,000)			
売上原価	9,725,000,000			
販売費及び一般管理費	3,646,321,200		1,000,000	
営業外収益	(184,242,000)			
営業外費用	197,670,200			
特別利益	(90,000,000)			
特別損失	160,000,000			
その他の収益				
その他の費用				
税金等調整前当期純利益	(240,750,600)		1,000,000	
法人税、住民税及び事業税	82,319,863			
法人税等調整額	38,463,878	161,700	(323,400)	
少数株主調整前当期純利益	(176,374,632)			
少数株主損益	40,480,000			
当期純利益	(79,486,859)	161,700	676,600	

IFRS仕訳④	IFRS仕訳⑤	IFRS仕訳⑥	IFRS仕訳⑦	IFRS仕訳⑧	IFRS 連結貸借対照表
					828,000,000
					300,000,000
					590,000,000
					292,000,000
		(31,924,261)			0
					0
					(24,500,000)
					1,000,000,000
					300,000,000
					1,000,000
41,821,200					209,106,000
31,940,400					537,012,200
	27,175,302	31,924,261			78,694,240
					2,000,000
					(2,000,000)
					4,006,333,038
					(600,000,000)
			(6,555,000)		(205,124,826)
			6,555,000		(81,499,863)
					(990,000,000)
					(34,200,000)
					(1,000,000)
					(3,000,000)
					(4,500,000)
					0
					(4,400,000)
					(10,200,000)
					(64,680,000)
					(500,000,000)
					(5,000,000)
					(6,766,000)
					0
	(323,400)				(1,090,672,200)
(73,761,600)	(26,851,902)				(179,262,061)
					0
					(20,500,980)
					101,490
					(310,608,000)
0	0	0	0		(4,006,333,038)

IFRS仕訳④	IFRS仕訳⑤	IFRS仕訳⑥	IFRS仕訳⑦	IFRS仕訳⑧	連結損益計算書
					(13,695,500,000)
					9,725,000,000
(41,821,200)			820,000		3,606,320,000
				184,242,000	0
(31,940,400)				(165,729,800)	0
				90,000,000	0
				(160,000,000)	0
				(274,242,000)	(274,242,000)
				325,729,800	325,729,800
(73,761,600)			820,000		(312,692,200)
			(820,000)		81,499,863
	(26,851,902)				11,450,276
					(176,374,632)
					40,480,000
(73,761,600)	(26,851,902)		0		(179,262,061)

図表3　IFRS連結税効果プルーフに関するワークシート

会社名:	福留聡㈱
事業年度:	2017年3月期

税引前当期純利益			P/L	312,692,200
永久差異				
交際費			別表四	9,060,000
役員賞与			別表四	700,000
寄附金の損金不算入額			別表四	9,300,000
住民税均等割額			親会社と連結子会社均等割	820,000
受取配当等の益金不算入額			別表四−連結仕訳	−4,000,000
計				328,572,200
				↓×32.34%
				106,260,249
持分法アップストリーム			連結仕訳×税率	656,437
当期純利益の持分法投資損益への振替			連結仕訳×税率	−13,111,283
子会社投資に係る親会社の税効果			連結仕訳×税率	−1,080,027
計				92,725,377
評価性引当額の増加額	前期			226,380
	当期	226,380	資産除去債務除去資産	
計（期待値）				92,951,757
計上額				
法人税、住民税及び事業税			P/L	81,499,863
法人税等調整額			P/L	11,450,276
計				92,950,139
差異				−1,618
差異率				0.0%
判定				○重要な差異なし

②　のれん償却額及び持分法のれん相当額償却額

日本基準では，のれん及びのれん相当額を償却するため，税効果を認識しないと税率差異になっていたが，IFRSでは，のれん及びのれん相当額は非償却のため税率差異に影響しない。

③　評価性引当額の増加額

日本基準では，スケジューリング不能な一時差異，5年超の一時差異に税効果を認識していないため，評価性引当額の増減が生じるが，IFRSでは，スケジューリング不能な一時差異，5年超の一時差異に税効果を認識したため，評価性引当額は生じないように見受けられるが，資産除去債務の税効果に関して，事後の資産の減価償却により生じる資産の減少及び資産除去債務の変動により

（単位：円）

法定実効税率		32.34%	32.3% 法定実効税率
×32.34%	2,930,004	0.94%	0.9% 交際費
×32.34%	226,380	0.07%	0.1% 役員賞与　2.0% 交際費等永久に損金に算入されない項目
×32.34%	3,007,620	0.96%	1.0% 寄附金
×32.34%	265,188	0.08%	0.1% 住民税均等割等
×32.34%	−1,293,600	△0.41%	△0.4% 受取配当金等永久に益金に算入されない項目
×100%=	656,437	0.21%	0.21%　△4.0% 持分法投資損益
×100%=	−13,111,283	△4.19%	△4.19%
×100%=	−1,080,027	△0.35%	△0.35% 連結子会社への投資に係る一時差異
×100%=	226,380	0.07%	0.1% 評価性引当額
その他		△0.00%	－ その他
		29.73%	

生じる正味の一時差異についても税効果を認識していないため，この部分について評価性引当額の増減が生じる。

福留聡㈱の「税効果シート①　税効果計算に関するワークシート」によると，資産除去債務の当期変動200,000円－有形固定資産（除去資産）の当期変動（－500,000円）＝700,000円のため，これに法定実効税率32.34％を乗じて算定した226,380円が評価性引当額の増加額となる。

なお，本設例のように，資産除去債務と対応する資産を別個に取り扱う場合は，上記のとおりになるが，資産除去債務と対応する資産を一体として純額で考える考え方の場合は，資産除去債務の税効果に関して，事後の資産の減価償却により生じる資産の減少及び資産除去債務の変動により生じる正味の一時差異についても税効果を認識するため税率差異は生じない。

以上を踏まえ，福留聡株式会社のIFRS連結財務諸表の税金費用の妥当性を金額ベースで検証すると税金費用は下記算式で算定できる。

税金費用＝（税引前当期純利益＋永久差異＋住民税均等割）×法定実効税率（32.34％）＋連結仕訳及び持分法仕訳から生じる税率差異＋評価性引当額の増加額

税金費用（推定値）＝（税引前当期純利益312,692,200円＋交際費9,060,000円＋役員賞与700,000円＋寄附金9,300,000円－受取配当金10,000,000円＋受取配当金の消去額6,000,000円＋住民税均等割額820,000円）×法定実効税率（32.34％）＋連結仕訳及び持分法仕訳から生じる税率差異の合計額（－13,534,872円）＋評価性引当額の増加額（226,380円＝226,380円－0円）＝92,951,757円

税金費用（推定値）の計算の結果，「計（期待値）」の欄が92,951,757円となり，損益計算書計上額である法人税，住民税及び事業税81,499,863円と法人税等調整額11,450,276円の合計92,950,139円との差異は1,618円となり，差異率0.0％と僅少のため，法人税申告書及び地方税申告書で算定した法人税，住民税及び事業税の連結グループの単純合算と税効果会計で算定した法人税等調整額の算定はおおむね適切であるということが検証されたことになる（**図表3**）。

4　IFRSにおける税効果会計に係る注記の作成方法

IFRSにおける税効果会計の注記事項は，IAS12号80項に記載のとおり多岐にわたる。

したがって，本設例では，日本基準で注記が要求される繰延税金資産及び繰延税金負債の発生の主な原因別の内訳注記と税率差異の注記のみ参考までに解説する。

①　繰延税金資産及び繰延税金負債の発生原因別の主な内訳

図表4「IFRS繰延税金資産及び繰延税金負債の発生の主な原因別の内訳注記に関するワークシート」を参照されたい。

図表4　IFRS繰延税金資産及び繰延税金負債の発生の主な原因別の内訳注記に関するワークシート

会社名:福留聡㈱
事業年度:2017年3月期

(単位:円)

項目	2016年4月1日残高	純損益を通じて認識	その他包括利益において認	2017年3月31日残高
一時差異				
賞与引当金	12,289,200	(2,587,200)		9,702,000
未払事業税	1,940,400	1,459,981		3,400,381
賞与引当金(社会保険料)	1,694,616	(336,336)		1,358,280
有給休暇引当金	646,800	323,400		970,200
貸倒引当金(流動)	6,468,000	1,455,300		7,923,300
連結会社間内部利益消去	0	9,540,300		9,540,300
退職給付に係る負債	1,293,600	80,850	48,510	1,422,960
役員退職慰労引当金	1,131,900	323,400		1,455,300
土地減損損失	0	17,463,600		17,463,600
減価償却超過額(機械装置)	48,510	9,702		58,212
貸倒引当金(固定)	0	646,800		646,800
減価償却超過額(建物)	0	3,234,000		3,234,000
建物減損損失	0	11,642,400		11,642,400
連結子会社への投資に係る一時差異	0	1,080,027		1,080,027
小計	25,513,026	44,336,224	48,510	69,897,760
固定資産圧縮積立金	0	(3,234,000)		(3,234,000)
その他有価証券評価差額金	(16,360,050)		(16,076,970)	(32,437,020)
土地評価差額	0	0	(32,340,000)	(32,340,000)
小計	(16,360,050)	(3,234,000)	(48,416,970)	(68,011,020)
税務上の繰越欠損金				
税務上の繰越欠損金				
繰越欠損金	64,680,000	(52,552,500)		12,127,500
小計	64,680,000	(52,552,500)	0	12,127,500
純額	73,832,976	(11,450,276)	(48,368,460)	14,014,240

P/L法人税等調整額

	JGAAP (個別財務諸表単純合算	JGAAP 連結調整	JGAAP (連結財務諸表	IFRS IFRS調整	IFRS (連結財務諸表)
項目	繰延税金資産	連結調整	繰延税金資産	IFRS調整	繰延税金資産
賞与引当金	9,702,000		9,702,000		9,702,000
未払事業税(注1)	3,400,381		3,400,381		3,400,381
賞与引当金(社会保険料)	1,358,280		1,358,280		1,358,280
有給休暇引当金				970,200	970,200
貸倒引当金(流動)	9,702,000	(1,778,700)	7,923,300		7,923,300
連結会社間内部利益消去		9,540,300	9,540,300		9,540,300
退職給付に係る負債	1,374,450	48,510	1,422,960		1,422,960
役員退職慰労引当金	1,131,900		1,131,900	323,400	1,455,300
土地減損損失	0	0	0	17,463,600	17,463,600
減価償却超過額(機械装置)	48,510		48,510	9,702	58,212
貸倒引当金(固定)	0	0	0	646,800	646,800
減価償却超過額(建物)	3,234,000		3,234,000		3,234,000
繰越欠損金(注2)	12,127,500		12,127,500		12,127,500
建物減損損失	2,910,600		2,910,600	8,731,800	11,642,400
連結子会社への投資に係る一時差異		1,080,027	1,080,027		1,080,027
合計	44,989,621	8,890,137	53,879,758	28,145,502	82,025,260
固定資産圧縮積立金	(3,234,000)		(3,234,000)		(3,234,000)
有形固定資産(除去資産)	(3,072,300)		(3,072,300)	3,072,300	0
その他有価証券評価差額金	(32,437,020)		(32,437,020)		(32,437,020)
土地評価差額		(32,340,000)	(32,340,000)		(32,340,000)
合計	(38,743,320)	(32,340,000)	(71,083,320)	3,072,300	(68,011,020)

会社名：福留聡㈱
事業年度：2016年3月期

（単位：円）

項目	JGAAP（個別財務諸表単純合算） 繰延税金資産	JGAAP 連結調整 連結調整	JGAAP（連結財務諸表） 繰延税金資産	IFRS IFRS調整 IFRS調整	IFRS（連結財務諸表） 繰延税金資産
賞与引当金	12,289,200		12,289,200		12,289,200
未払事業税（注1）	1,940,400		1,940,400		1,940,400
賞与引当金（社会保険料）	1,694,616		1,694,616		1,694,616
有給休暇引当金				646,800	646,800
貸倒引当金（流動）	6,468,000		6,468,000		6,468,000
連結会社間内部利益消去			0		0
退職給付に係る負債	1,293,600		1,293,600		1,293,600
役員退職慰労引当金	808,500		808,500	323,400	1,131,900
土地減損損失			0		0
減価償却超過額（機械装置）	48,510		48,510		48,510
貸倒引当金（固定）			0		0
減価償却超過額（建物）			0		0
繰越欠損金（注2）	64,680,000		64,680,000		64,680,000
建物減損損失			0		0
連結子会社への投資に係る一時差異			0		0
合計	89,222,826	0	89,222,826	970,200	90,193,026
固定資産圧縮積立金			0		0
有形固定資産（除去資産）	(3,234,000)		(3,234,000)	3,234,000	0
その他有価証券評価差額金	(16,360,050)		(16,360,050)		(16,360,050)
土地評価差額			0		0
合計	(19,594,050)	0	(19,594,050)	3,234,000	(16,360,050)

まず，2016年3月期及び2017年3月期のIFRS連結財務諸表上の繰延税金資産及び繰延税金負債を算定し，その後，2016年3月期と2017年3月期の数値の差額から損益（法人税等調整額）処理されるものとその他包括利益で調整されるものに分けると作成できる。

具体的な手順は下記とおりである。

STEP1　日本基準の個別財務諸表の繰延税金資産及び繰延税金負債の内訳を単純合算する。

STEP2　日本基準の税効果に係る連結仕訳を連結調整欄に入れる。

STEP3　STEP1及びSTEP2の合計で日本基準の連結財務諸表の繰延税金資産及び繰延税金負債の内訳を作成する。

STEP4　IFRSの税効果に係る修正仕訳をIFRS調整欄に入れる。

STEP5　STEP3及びSTEP4の合計でIFRSの連結財務諸表の繰延税金資産及び繰延税金負債の内訳を作成する。

STEP6　期首（2016年3月期）及び期末（2017年3月期）ともSTEP1～STEP5の方法で作成後，差額を把握する。

STEP7　STEP6の差額のうち，その他包括利益で認識する項目の税効果調整額を認識する。

STEP8　STEP6の差額からSTEP7その他包括利益で認識する項目の税効果調整額を差し引いて損益を通じて調整する項目を算定後合計額を連結損益計算書の法人税等調整額と照合する。

②　法定実効税率と税効果会計適用後の法人税等の負担率との間に重要な差異があるときの当該差異の原因となった主要な項目別の内訳

図表3「IFRS連結税効果プルーフに関するワークシート」の税率差異の開示をそのまま注記で利用することになる。

IFRS連結税効果プルーフに関するワークシート

会社名：福留聡㈱　(単位：円)
事業年度：2017年3月期

税引前当期純利益			
	32.34%	32.3% 法定実効税率	
永久差異			
交際費	0.94%	0.9% 交際費	
役員賞与	0.07%	0.1% 役員賞与	2.0% 交際費等永久に損金に算入されない項目
寄附金の損金不算入額	0.96%	1.0% 寄附金	
住民税均等割額	0.08%	0.1% 住民税均等割等	
受取配当等の益金不算入額	△0.41%	△0.4% 受取配当金等永久に益金に算入されない項目	
計			
持分法アップストリーム	0.21%	0.21%	△4.0% 持分法投資損益
当期純利益の持分法投資損益への振替	△4.19%	△4.19%	
子会社投資に係る親会社の税効果	△0.35%	△0.35% 連結子会社への投資に係る一時差異	
計			
評価性引当額の増加額	0.07%	0.1% 評価性引当額	
計（期待値）			
	△0.00%	― その他	
計上額			
法人税、住民税及び事業税			
法人税等調整額			
計	29.73%		
差異			
差異率			
判定			

5　第6章の本設例で利用したすべてのワークシートの紹介

最後に，本設例で利用したすべてのワークシートを掲載しておくので利用されたい。

IFRSでは、日本基準の個別財務諸表と連結財務諸表をもとに下記部分が日本基準から修正され、修正仕訳は下記とおりである。
(単位;円)

①資産除去債務及び除去資産に係る税効果は認識しない。

(借方)	繰延税金資産(固定)	3,072,300	(貸方)	利益剰余金期首残高	3,234,000
(借方)	法人税等調整額	161,700			

②当期は、有給休暇引当金3,000,000円を計上し、税効果会計を認識する。なお前期の有給休暇引当金は2,000,000円を計上していたものとする。

(借方)	有給休暇引当金繰入額	1,000,000	(貸方)	有給休暇引当金	3,000,000
(借方)	利益剰余金期首残高	2,000,000			
(借方)	繰延税金資産(固定)	970,200	(貸方)	法人税等調整額	323,400
			(貸方)	利益剰余金期首残高	646,800

③未実現利益の税効果は、日本基準の繰延法でなく、IFRSでは、資産負債法で認識する。
今回の設例では、上記による影響なし。

④　のれん及びのれん相当額は償却しないが、税効果も認識しない。

(借方)	のれん	41,821,200	(貸方)	のれん償却額(販管費)	41,821,200
(借方)	投資有価証券	31,940,400	(貸方)	持分法による投資損益(営業外損益)	31,940,400

⑤　スケジューリング不能な一時差異、5年超の一時差異も繰延税金資産を認識する。

(借方)	繰延税金資産(固定)	27,175,302	(貸方)	法人税等調整額	26,851,902
			(貸方)	利益剰余金期首残高	323,400

⑥　繰延税金資産、繰延税金負債は、すべて非流動へ表示を振替える。

(借方)	繰延税金資産(固定)	31,924,261	(貸方)	繰延税金資産(流動)	31,924,261

⑦　均等割は法人税、住民税及び事業税から販売費及び一般管理費の租税公課へ振替える。また、外形標準課税及び均等割の対応する負債は、未払法人税等から未払金へ振替える。

(借方)	租税公課	820,000	(貸方)	法人税、住民税及び事業税	820,000
(借方)	未払法人税等	6,555,000	(貸方)	未払金	6,555,000

⑧ 日本基準の営業外収益及び特別利益を全額その他の収益、営業外費用及び特別損失を全額その他の費用に組み替えるものとする。

(借方)	営業外収益	184,242,000	(貸方)	その他の収益	274,242,000
(借方)	特別利益	90,000,000			
(借方)	その他の費用	325,729,800	(貸方)	営業外費用	165,729,800
			(貸方)	特別損失	160,000,000

IFRS連結精算表

①連結貸借対照表　JGAAP

勘定科目	連結貸借対照表	IFRS仕訳①	IFRS仕訳②	IFRS仕訳③	IFRS仕訳④	IFRS仕訳⑤
現金預金	828,000,000					
受取手形	300,000,000					
売掛金	590,000,000					
棚卸資産	292,000,000					
繰延税金資産(流動)	31,924,261					
短期貸付金	0					
貸倒引当金	(24,500,000)					
土地	1,000,000,000					
建物	300,000,000					
機械装置	1,000,000					
のれん	167,284,800				41,821,200	
投資有価証券	505,071,800				31,940,400	
繰延税金資産(固定)	15,552,177	3,072,300	970,200			27,175,302
破産更生債権等	2,000,000					
貸倒引当金(固定)	(2,000,000)					
資産合計	4,006,333,038					
買掛金	(600,000,000)					
未払金	(198,569,826)					
未払法人税等	(88,054,863)					
短期借入金	(990,000,000)					
賞与引当金	(34,200,000)					
役員賞与引当金	(1,000,000)					
有給休暇引当金			(3,000,000)			
役員退職慰労引当金	(4,500,000)					
退職給付引当金	0					
退職給付に係る負債	(4,400,000)					
資産除去債務	(10,200,000)					
繰延税金負債(固定)	(64,680,000)					
資本金	(500,000,000)					
利益準備金	(5,000,000)					
固定資産圧縮積立金	(6,766,000)					
利益剰余金	0					
期首残高	(1,088,468,000)	(3,234,000)	1,353,200			(323,400)
当期純利益	(79,486,859)	161,700	676,600		(73,761,600)	(26,851,902)
配当	0					
その他有価証券評価差額金	(20,500,980)					
退職給付に係る調整累計額	101,490					
少数株主持分	(310,608,000)					
負債純資産合計	(4,006,333,038)	0	0		0	0

IFRS仕訳⑥	IFRS仕訳⑦	IFRS仕訳⑧	IFRS 連結貸借対照表
			828,000,000
			300,000,000
			590,000,000
			292,000,000
(31,924,261)			0
			0
			(24,500,000)
			1,000,000,000
			300,000,000
			1,000,000
			209,106,000
			537,012,200
31,924,261			78,694,240
			2,000,000
			(2,000,000)
			4,006,333,038
			(600,000,000)
	(6,555,000)		(205,124,826)
	6,555,000		(81,499,863)
			(990,000,000)
			(34,200,000)
			(1,000,000)
			(3,000,000)
			(4,500,000)
			0
			(4,400,000)
			(10,200,000)
			(64,680,000)
			(500,000,000)
			(5,000,000)
			(6,766,000)
			0
			(1,090,672,200)
			(179,262,061)
			0
			(20,500,980)
			101,490
			(310,608,000)
0	0		(4,006,333,038)

②連結損益計算書

勘定科目	連結損益計算書	IFRS仕訳①	IFRS仕訳②	IFRS仕訳③	IFRS仕訳④	IFRS仕訳⑤
売上高	(13,695,500,000)					
売上原価	9,725,000,000					
販売費及び一般管理費	3,646,321,200		1,000,000		(41,821,200)	
営業外収益	(184,242,000)					
営業外費用	197,670,200				(31,940,400)	
特別利益	(90,000,000)					
特別損失	160,000,000					
その他の収益						
その他の費用						
税金等調整前当期純利益	(240,750,600)		1,000,000		(73,761,600)	
法人税、住民税及び事業税	82,319,863					
法人税等調整額	38,463,878	161,700	(323,400)			(26,851,902)
少数株主調整前当期純利益	(176,374,632)					
少数株主損益	40,480,000					
当期純利益	(79,486,859)	161,700	676,600		(73,761,600)	(26,851,902)

IFRS連結税効果プルーフに関するワークシート

会社名:	福留聡㈱
事業年度:	2017年3月期

税引前当期純利益			P/L	312,692,200
永久差異				
交際費			別表四	9,060,000
役員賞与			別表四	700,000
寄附金の損金不算入額			別表四	9,300,000
住民税均等割額			親会社と連結子会社均等割	820,000
受取配当等の益金不算入額			別表四−連結仕訳	−4,000,000
計				328,572,200
				↓ ×32.34%
				106,260,249
持分法アップストリーム			連結仕訳×税率	656,437
当期純利益の持分法投資損益への振替			連結仕訳×税率	−13,111,283
子会社投資に係る親会社の税効果			連結仕訳×税率	−1,080,027
計				92,725,377
評価性引当額の増加額	前期			226,380
	当期	226,380	資産除去債務除去資産	
計(期待値)				92,951,757
計上額				
法人税、住民税及び事業税			P/L	81,499,863
法人税等調整額			P/L	11,450,276
計				92,950,139
差異				−1,618
差異率				0.0%
判定				○重要な差異なし

IFRS仕訳⑥	IFRS仕訳⑦	IFRS仕訳⑧	連結損益計算書
			(13,695,500,000)
			9,725,000,000
	820,000		3,606,320,000
		184,242,000	0
		(165,729,800)	0
		90,000,000	0
		(160,000,000)	0
		(274,242,000)	(274,242,000)
		325,729,800	325,729,800
	820,000		(312,692,200)
	(820,000)		81,499,863
			11,450,276
			(176,374,632)
			40,480,000
	0		(179,262,061)

（単位：円）

法定実効税率		32.34%	32.3% 法定実効税率
×32.34%	2,930,004	0.94%	0.9% 交際費
×32.34%	226,380	0.07%	0.1% 役員賞与
×32.34%	3,007,620	0.96%	1.0% 寄附金
			2.0% 交際費等永久に損金に算入されない項目
×32.34%	265,188	0.08%	0.1% 住民税均等割等
×32.34%	−1,293,600	△0.41%	△0.4% 受取配当金等永久に益金に算入されない項目
×100%=	656,437	0.21%	0.21%
×100%=	−13,111,283	△4.19%	△4.19%
			△4.0% 持分法投資損益
×100%=	−1,080,027	△0.35%	△0.35% 連結子会社への投資に係る一時差異
×100%=	226,380	0.07%	0.1% 評価性引当額
その他		△0.00%	― その他
		29.73%	

IFRS繰延税金資産及び繰延税金負債の発生の主な原因別の内訳注記に関するワークシート

会社名:	福留聡㈱
事業年度:	2017年3月期

（単位：円）

項目	2016年4月1日残高	純損益を通じて認識	その他包括利益において認	2017年3月31日残高
一時差異				
賞与引当金	12,289,200	(2,587,200)		9,702,000
未払事業税	1,940,400	1,459,981		3,400,381
賞与引当金(社会保険料)	1,694,616	(336,336)		1,358,280
有給休暇引当金	646,800	323,400		970,200
貸倒引当金(流動)	6,468,000	1,455,300		7,923,300
連結会社間内部利益消去	0	9,540,300		9,540,300
退職給付に係る負債	1,293,600	80,850	48,510	1,422,960
役員退職慰労引当金	1,131,900	323,400		1,455,300
土地減損損失	0	17,463,600		17,463,600
減価償却超過額(機械装置)	48,510	9,702		58,212
貸倒引当金(固定)	0	646,800		646,800
減価償却超過額(建物)	0	3,234,000		3,234,000
建物減損損失	0	11,642,400		11,642,400
連結子会社への投資に係る一時差異	0	1,080,027		1,080,027
小計	25,513,026	44,336,224	48,510	69,897,760
固定資産圧縮積立金	0	(3,234,000)		(3,234,000)
その他有価証券評価差額金	(16,360,050)		(16,076,970)	(32,437,020)
土地評価差額	0	0	(32,340,000)	(32,340,000)
小計	(16,360,050)	(3,234,000)	(48,416,970)	(68,011,020)
税務上の繰越欠損金				
税務上の繰越欠損金				
繰越欠損金	64,680,000	(52,552,500)		12,127,500
小計	64,680,000	(52,552,500)	0	12,127,500
純額	73,832,976	(11,450,276)	(48,368,460)	14,014,240

		P/L法人税等調整額			
	JGAAP（個別財務諸表単純合算	JGAAP 連結調整	JGAAP（連結財務諸表	IFRS IFRS調整	IFRS（連結財務諸表）
項目	繰延税金資産	連結調整	繰延税金資産	IFRS調整	繰延税金資産
賞与引当金	9,702,000		9,702,000		9,702,000
未払事業税(注1)	3,400,381		3,400,381		3,400,381
賞与引当金(社会保険料)	1,358,280		1,358,280		1,358,280
有給休暇引当金				970,200	970,200
貸倒引当金(流動)	9,702,000	(1,778,700)	7,923,300		7,923,300
連結会社間内部利益消去		9,540,300	9,540,300		9,540,300
退職給付に係る負債	1,374,450	48,510	1,422,960		1,422,960
役員退職慰労引当金	1,131,900		1,131,900	323,400	1,455,300
土地減損損失	0	0	0	17,463,600	17,463,600
減価償却超過額(機械装置)	48,510		48,510	9,702	58,212
貸倒引当金(固定)	0	0	0	646,800	646,800
減価償却超過額(建物)	3,234,000		3,234,000		3,234,000
繰越欠損金(注2)	12,127,500		12,127,500		12,127,500
建物減損損失	2,910,600		2,910,600	8,731,800	11,642,400
連結子会社への投資に係る一時差異		1,080,027	1,080,027		1,080,027
合計	44,989,621	8,890,137	53,879,758	28,145,502	82,025,260
固定資産圧縮積立金	(3,234,000)		(3,234,000)		(3,234,000)
有形固定資産(除去資産)	(3,072,300)		(3,072,300)	3,072,300	0
その他有価証券評価差額金	(32,437,020)		(32,437,020)		(32,437,020)
土地評価差額		(32,340,000)	(32,340,000)		(32,340,000)
合計	(38,743,320)	(32,340,000)	(71,083,320)	3,072,300	(68,011,020)

会社名: 福留聡㈱
事業年度: 2016年3月期

(単位:円)

	JGAAP (個別財務諸表単純合算	JGAAP 連結調整	JGAAP (連結財務諸表	IFRS IFRS調整	IFRS (連結財務諸表)
項目	繰延税金資産	連結調整	繰延税金資産	IFRS調整	繰延税金資産
賞与引当金	12,289,200		12,289,200		12,289,200
未払事業税(注1)	1,940,400		1,940,400		1,940,400
賞与引当金(社会保険料)	1,694,616		1,694,616		1,694,616
有給休暇引当金				646,800	646,800
貸倒引当金(流動)	6,468,000		6,468,000		6,468,000
連結会社間内部利益消去			0		0
退職給付に係る負債	1,293,600		1,293,600		1,293,600
役員退職慰労引当金	808,500		808,500	323,400	1,131,900
土地減損損失			0		0
減価償却超過額(機械装置)	48,510		48,510		48,510
貸倒引当金(固定)			0		0
減価償却超過額(建物)			0		0
繰越欠損金(注2)	64,680,000		64,680,000		64,680,000
建物減損損失			0		0
連結子会社への投資に係る一時差異			0		0
合計	89,222,826	0	89,222,826	970,200	90,193,026
固定資産圧縮積立金			0		0
有形固定資産(除去資産)	(3,234,000)		(3,234,000)	3,234,000	0
その他有価証券評価差額金	(16,360,050)		(16,360,050)		(16,360,050)
土地評価差額			0		0
合計	(19,594,050)	0	(19,594,050)	3,234,000	(16,360,050)

著者紹介

福留　聡（ふくどめ　さとし）
【主な経歴】
公認会計士税理士ワシントン州米国公認会計士米国税理士　福留　聡　事務所所長
（日本・米国ワシントン州）公認会計士・（日本・米国）税理士
昭和51年，高知県生まれ広島県育ち。平成11年，慶應義塾大学商学部卒業。
平成10年国家公務員Ⅰ種試験（現　国家公務員採用総合職試験）経済職合格。
平成14年，公認会計士第二次試験合格後，監査法人トーマツ（現　有限責任監査法人トーマツ）入所。平成18年，公認会計士第三次試験合格。その後，あずさ監査法人（現　有限責任あずさ監査法人）を経て，平成22年独立開業。
平成22年米国公認会計士試験合格。平成26年米国税理士試験合格。
主に，監査法人で上場企業の監査業務を経験した後，現在は，日本及び海外証券取引所（主にカナダ及び香港）のIPO支援，財務デユーディリジェンス，バリュエーション，上場企業の決算支援，IFRS導入支援，監査法人対応支援，IFRS・USGAAP・JGAAPのコンバージョン，US-SOX・J-SOXのコンバージョン，日本及び米国の税務（法人，個人事業主の顧問及び相続税），セミナーなどを行っている。
また，アメブロの日米公認会計士・日米税理士・国家公務員Ⅰ種試験経済職合格者　福留　聡のブログは会計・税務・監査等の時事テーマを中心に投稿しており，週間約3万PV，月間約12万PVを超えるアクセスを獲得している。
【主な出版】
（実務書）
『7つのステップでわかる　税効果会計実務入門』（税務経理協会）
『経理業務を標準化する　ワークシート活用ガイド』（中央経済社）
『公認会計士・税理士・米国公認会計士・米国税理士　資格取得・就職・転職・開業ガイドブック』（税務経理協会）
（記事執筆）
・旬刊経理情報2012年12月1日号
　減損会計のワークシートの上手な作り方（中央経済社）
・旬刊経理情報2013年2月20日号
　税率差異ワークシートの上手な作り方（中央経済社）

・旬刊経理情報2013年8月1日号
退職給付会計ワークシートの上手な作り方（中央経済社）
・旬刊経理情報2013年11月10日号
非上場関係会社の株式・債権評価ワークシートの上手な作り方（中央経済社）
・旬刊経理情報2014年1月10日・20日合併号
「連結特有のポイントを押さえ誤りを防ぐ
連結財務諸表仕訳と分析的手続ワークシートの上手な作り方」（中央経済社）
・旬刊経理情報2014年5月10日・20日合併号　持分法会計仕訳と分析的手続のワークシートの上手な作り方（中央経済社）

（DVD　全て　一般社団法人　日本士業協会）
・IFRSってなーに
・IFRS講義1　IFRS入門編
・IFRS講義2　日本電波工業決算書を用いて日本基準とIFRSの差異の説明と分析
・IFRS講義3　HOYA編（レジュメe-Pub対応　DVD6巻）
・IFRS講義4　DIVA編
・IFRS講義5　住友商事編
・IFRS講義6　日本板硝子編
・平成23年税制改正と税効果会計等会計に与える影響
・相続税＆贈与税入門
・相続税申告書作成入門
・財産評価入門
・取引相場のない株式（出資）評価明細書作成入門
・米国所得税入門
・米国所得税申告書作成入門
・米国法人税入門
・米国法人税申告書作成入門
・所得税入門
・所得税申告書作成入門
・法人税入門
・法人税申告書作成入門
・消費税入門
・消費税申告書作成入門

・連結納税入門
・連結納税税効果会計
・企業再編会計
・決算書ってなーに
・財務分析ってなーに
・会計6の誤解を解く
・“脳に注射！”会計必須英単語100（IFRS対応）
・本音で教える公認会計士のすべて
（やりがい・仕事内容・適正・試験・年収・将来）
・本音で教えるUSCPA（米国公認会計士）のすべて　試験・収入・やりがい・キャリアアップ
・本音で教える米国税理士（EA）のすべて
・自分を活かす　会計資格の選び方・取り方・生かし方
・TPPで日本の会計業界はどうなるか　～会計資格の相互承認は可能か，米国公認会計士資格を取るべきか，語学の壁はあるか～
・TPP　資格の相互承認　緊急座談会
・3大大手監査法人　決算書分析

【連絡先等】

公認会計士税理士ワシントン州米国公認会計士米国税理士　福留　聡　事務所
福留聡国際会計アドバイザリー株式会社
連絡先
（電話番号）03-6380-4698，090-4894-1388
（メールアドレス）satoshifukudome.sf@gmail.com
（HP）http://cpasatoshifukudome.biz/
（アメブロ）http://ameblo.jp/satoshifukudome/

著者との契約により検印省略

平成28年 4 月20日　初版第1刷発行
平成28年 7 月20日　初版第2刷発行

7つのステップでわかる
税効果会計実務
完全ガイドブック

著　者　福　留　聡
発行者　大　坪　嘉　春
製版所　美研プリンティング株式会社
印刷所　税経印刷株式会社
製本所　牧製本印刷株式会社

発行所　〒161-0033 東京都新宿区下落合2丁目5番13号　株式会社 税務経理協会
振替 00190-2-187408　電話 (03) 3953-3301 (編集部)
FAX (03) 3565-3391　(03) 3953-3325 (営業部)
URL http://www.zeikei.co.jp/
乱丁・落丁の場合は，お取替えいたします。

ISBN978－4－419－06332－0　C3034